马克思哲学论坛丛书

Marx Philosophy Forum

第十一届

马克思主义哲学与中国共产党90年

主　编◎孙　麾　何怀远

中国社会科学出版社

图书在版编目（CIP）数据

马克思主义哲学与中国共产党 90 年／孙麾，何怀远主编 . —北京：中国社会科学出版社，2015.9

（马克思哲学论坛丛书）

ISBN 978 – 7 – 5161 – 6861 – 5

Ⅰ.①马… Ⅱ.①孙…②何… Ⅲ.①马克思主义哲学—发展—中国—文集②中国共产党—党史—文集 Ⅳ.①B27–53②D23 – 53

中国版本图书馆 CIP 数据核字（2015）第 208548 号

出 版 人	赵剑英	
责任编辑	王　茵	
特约编辑	马　明	
责任校对	张依婧	
责任印制	王　超	

出　　版	中国社会科学出版社	
社　　址	北京鼓楼西大街甲 158 号	
邮　　编	100720	
网　　址	http://www.csspw.cn	
发 行 部	010 – 84083685	
门 市 部	010 – 84029450	
经　　销	新华书店及其他书店	

印刷装订	北京君升印刷有限公司
版　　次	2015 年 9 月第 1 版
印　　次	2015 年 9 月第 1 次印刷

开　　本	710×1000　1/16
印　　张	27.5
字　　数	466 千字
定　　价	96.00 元

目　　录

马克思主义与中国共产党

马克思主义哲学创新及其中国化、大众化

中国发展模式、中国道路与中国经验

马克思主义与中国共产党

北京大学与中国共产党的创立

王 东[*]

　　北京大学与中国共产党创立的关系——这是一个亟待深入研究的重大问题。在迎接党的创立90年之际，这的确是一个值得我们，尤其是北大人、北大学者、北大马克思主义学者，作出深入研究、认真回答的重大问题。

　　同时，以下四种情况要求我们更应重视北京大学与中国共产党创立的关系问题。一是毛泽东在《新民主主义论》这篇名著中，留下了一句脍炙人口的名言，"五四运动是在思想上和干部上准备了1921年中国共产党的成立"，[①] 为我们分析这个问题指出了方向，提供了一把钥匙，具体解答这个问题还有待我们作出细致努力。二是现有的党史著作，包括一些影响较大的重要著作，多半只是在谈到个别人物、个别事件、个别问题时，零散地论及中国共产党成立与北京大学的关系，大都没有专门回答过这个问题，有的还有意无意地回避或淡化这个问题。三是萧超然、沙建孙、梁柱等北大学者，也包括笔者在内，曾先后在不同程度上研究或论及了这个问题，然而或因理论概括不够，未能产生应有的重大影响。四是国际思想界对于中国共产党及其马克思主义理论研究中提出的两个挑战性问题。一种看法认为，中国共产党及其马克思主义不过是舶来品，先是移植日本的一些思想和语言，后是照搬共产国际、实乃苏联模式的一些僵化教条，并没有什么中国人自己的东西；另一种看法，如柯拉科夫斯基的三卷本《马克思主义的主要流派》，认为中国共产党的马克思主义，尤其是毛泽

---

　　* 王东，北京大学哲学系教授。

　　① 《毛泽东选集》第2卷，人民出版社1991年版，第700页。

东思想，本质上是"农民的社会主义"、"山沟里的马克思主义"，根本却背离了人类近代工业化文明大道，最终必然走向崩溃，这是一种在劫难逃的历史命运。近几年来，尤其是 2007 年十七大前后，谢韬等人鼓吹民主社会主义的一系列文章，其实不过是对这种国际思潮的回应而已。

正是上述几点汇总到一起，促使我们进一步研究这一问题。在笔者看来，北京大学与中国共产党的关系可以言简意赅地概括为"一个主要发源地，五个方面的准备"："五四"时期的北京大学，是 1921 年中国共产党创立的主要发源地，从"思想基础——理论基础——组织基础——群众基础——人才干部基础"这五个方面，为建党作了重要准备；这种在中国历史乃至世界历史上都独树一帜的特殊关系，使北京大学成为中国历史、世界历史上马克思主义传统最深厚的现代创新型大学，更使中国共产党成为国际共产主义运动史上历史文化底蕴最深厚的马克思主义学习型、创新型政党；也就是说，使中国共产党与北京大学双双成为世界历史上的东方奇葩，至今仍是 21 世纪中国创新的重要源头活水。

一　中国共产党创立的重要思想基础——辛亥革命后 1915 年陈独秀创办《新青年》倡导民主科学，1917 年蔡元培倡导北大教育创新

中国共产党虽说是 1921 年 7 月在上海秘密创立的，然而其创立却离不开一定的社会环境、文化氛围、思想基础、社会共识。

1911 年孙中山先生领导的辛亥革命，推翻了历时中国两千年之久的封建帝制，为后来的思想解放、党的创立，提供了不可或缺的社会前提。辛亥革命后，陈独秀从 1915 年开始创立《新青年》、倡导民主科学的思想解放运动。1917 年蔡元培到北大倡导的大学教育创新，为中国共产党创立提供了重要的思想基础。不过需要补充说明的是，辛亥革命并未真正使中国走上独立自主的道路，但是，由于辛亥革命推翻了压在中国人民头上两千多年的皇权体系、封建专制，也就冲破了封建专制主义思想统治的罗网，打开了思想解放的闸门，以排山倒海之势，昭示着中国思想解放的春天必然到来！

也正是在孙中山领导的辛亥革命风雷呼唤下，1915 年陈独秀在上海创办《新青年》杂志，树起德先生与赛先生、民主与科学两面大旗，反

对封建专制、封建礼教。1919 年 1 月，陈独秀在《新青年》罪案之答辩书中旗帜鲜明地阐明了自己创办《新青年》、倡导思想解放的主旨："要拥护那德先生，便不得不反对孔教、礼法、贞节、旧伦理、旧政治。要拥护那赛先生，便不得不反对孔教、礼法、贞节、旧伦理、旧政治。要拥护那赛先生便不得不反对旧艺术，旧宗教。要拥护德先生又要拥护赛先生，便不得不反对国粹和旧文学。大家平心细想，本志除了拥护德、赛两先生之外，还有别项罪案没有呢？若是没有，请你们不用专门非难本志，要有气力、有胆量来反对德、赛两先生，才算是好汉，才算是根本的办法。"

从 1917 年起，蔡元培担任北京大学校长，力倡大学教育创新，也为解放思想作了重要铺垫。蔡元培担任北大校长伊始，立即聘任陈独秀担任北大文科学长，并支持他"把杂志带到（北大）学校里来办好了"。从此陈独秀主办的《新青年》倡导的思想解放运动与蔡元培倡导的北大教育革新运动，就有机地结合在一起，为"五四"爱国救亡运动奠定了重要的思想基础与人才基础。

蔡元培身为翰林学士，深谙北京大学学术传统的功过得失，不惑之年又留学德、法等西方国家，特别注重吸收 19 世纪世界教育思想的潮头——德国洪堡在创办柏林大学时首倡的新人文主义教育思想。在此基础上，他把注重价值的中国古典人文主义教育思想，与立足科学的西方近代新人文主义教育思想，综合创新为一种东西合璧的新型科学人文主义教育思想，努力倡导一种富于时代精神与中国特色的新教育观、新大学观，努力将北大创办为一所极富中国特色的现代世界新型大学。这既是蔡元培先生在"五四"新文化运动中开创的北大传统，又是新中国成立近 60 年来，尤其是改革开放 30 多年来的发展趋势，更是北大跨向 21 世纪的科学发展、创新发展目标。

在我们看来，蔡元培倡导的北大教育革新运动和陈独秀在《新青年》上倡导的思想解放运动，同是"五四"新文化运动的两大主要支柱；蔡元培、李大钊、鲁迅是"五四"时期综合创新论文化观的主要代表，这一思潮具有不同于陈独秀、胡适的全盘西化论文化观的显著特征；蔡元培应当视为"五四"新文化运动的主要思想领袖之一，他所倡导的融会中西文化的综合创新论应当视为"五四"新文化运动的主要理论旗帜之一；过去常说陈独秀是"五四运动时期的总司令"，今天或许可以更确切地

说，蔡元培才是"五四"新文化运动的总司令，陈独秀是一员主将或急
先锋。以蔡元培为代表的"五四"时期北大校方，对于李大钊等人传播
马克思主义，筹建共产党的活动，采取了包容甚至同情的态度，这是北大
的一大特色，在世界教育史上独树一帜，别开生面：蔡元培积极支持李大
钊先后担任北大图书馆主任（1917）、教授（1920）、校长室秘书
（1922）；正是在北大校长蔡元培支持下，1921 年 11 月北大马克思学说研
究会成立启事，得以在《北京大学日刊》上完全公开地正式发表；1921
年 11 月马克思学说研究会是在蔡元培校长办公室举行的成立大会，蔡元
培亲自出席了会议；在校长蔡元培支持下，北京大学还专门把西斋宿舍中
的两间宽敞房子，作为马克思学说研究会办公会址，并作为保存马克思主
义、社会主义进步书籍的图书资料室——"亢慕义斋"。

支持研究马克思主义，不仅是李大钊等人的个人行为，而且是蔡元培
校长领导的北大校方行为。这是那个时期各国大学中独一无二的。

二　中国共产党创立的重要理论基础——1918 年冬李大钊在北京大学首创马克思学说研究会，1920 年重组，1921 年公开

在这里，笔者要澄清一个基本事实：李大钊在北京大学最早创立马克
思学说研究会，是在 1918 年冬，而不是现在流行的说法，"1920 年秘密
创立，1921 年公开成立"。实际上，马克思学说研究会是"五四"运动的
精神砥柱与领导核心。

笔者以为，有证据表明，流行的说法是站不住脚的。为了证实这一新
观点，兹列举出三位主要当事人高一涵、朱务善、许德珩提供的珍贵
史料。

当年与李大钊相知甚深，过往最密，并协助李大钊，一起发起北大马
克思学说研究会的高一涵教授曾回忆道："五四前不到半年，守常在北京
大学组织了一个研究马克思主义的学会。我们不是用马克思，而是用马尔
克斯这个名字，为的是要欺骗警察。他们回去报告，上司一听研究马尔萨
斯（与'马尔克斯'相混），认为这是研究人口论的，也就不来干涉了，
这个学会，先是公开的，后来就秘密起来。它的对内活动是研究马克思学
说，对外则是举办一些讲演会……1918 年底我们办一个《每周评论》，经

常是我们几个人写稿。"①

后来，参与发起马克思学说研究会，加入中国共产党，并先后担任过北大学生会主席、北京学生联合会主席的北大学生朱务善回忆道："记得还在 1918 年，李大钊同志为要宣传和研究马克思主义，曾与当时北大教授高一涵等发起组织一个研究马克思主义的团体。为避免当局的注意，这个团体并不叫马克思主义研究会。因为当时'马克思'有译为'马尔格士时'的，与马尔萨士之音相近似，所以他们把这个团体好像是定名为'马尔格士学说研究会'，以便在必要时对警厅机构说这个团体是研究人口论的而非研究共产主义的。开始这个团体并没有展开它的工作，没有吸收广大的革命青年参加。"这说明马克思学说研究会 1918 年最初发起时曾使用与马尔萨士之音相近的译名，以避免当局注意。这一回忆得到了相关回忆和文献的印证。

许德珩先生回忆说："为了对马克思主义作精深研究，1918 年冬，大钊同志在北大组织了'马客士主义研究会'，对外以研究马尔萨斯人口论作掩护。"② 这一说法与高一涵、朱务善的回忆基本相同。

李大钊恰恰在 1918 年底发生两大转变，有助于证实上述说法：一是发表在中国传播马克思主义的第一批文章，如《庶民的胜利》等 4 篇文章，标志着他从革命民主主义转向马克思主义。二是从《新青年》杂志不谈时事政治转向强调理论与实践、思想文化与政治实践的统一。这可以作为第四个证据。

另一个证据见之于中央编译局马恩室编的《马克思恩格斯著作在中国的传播》。其中讲 1917 年冬，李大钊受聘任北大图书馆馆长之后，迅速在北大学生中开展学习和研究马克思主义的活动。他大量扩充了图书馆中马克思主义的书籍，包括许多英文、法文和德文版的马克思主义的原著，把图书馆变成学习和研讨马克思主义的主要场所。1918 年底，李大钊和高一涵、朱务善等还发起组织了"马尔格士学说研究会"。它是秘密组织，对外以研究马尔萨斯人口论作掩护。为了迷惑敌人，把马克思译成与"马尔萨斯"相似的"马尔格士"。这个研究会培养了一些信仰马克思主

① 高一涵：《回忆"五四"时期的李大钊同志》，载中国社会科学院近代史研究所编《"五四"运动回忆录》（上册），中国社会科学出版社 1979 年版，第 340、341 页。

② 许德珩：《为了民主与科学——许德珩回忆录》，中国青年出版社 1987 年版，第 38 页。

义的青年知识分子。①

　　据"五四"运动与中国共产党创立的重要当事人之一的罗章龙，在《回忆北京大学马克思学说研究会》一文中，亦写道："在关于记述'五四'运动的书中，我看过一本日文书《昭和八年年鉴》，书中提到，'五四'运动的指导者是北京马克思学说研究会（马客士主义研究会），该书并附有年表，我认为它的话是有根据的。参照马克思学说研究会的酝酿、筹备、组织的经过历程，可以说以李大钊为代表的马克思主义的激进分子在'五四'前夕已形成一种组织力量，这种组织力量就是马克思学说研究会的前身，由他们从思想上，同时也从组织上领导和发动了五四运动。"②

　　第七个证据，1960 年开始写作，1979 年才得以问世的第一部《李大钊传》，对此作了明确记载："对于在日本时他已开始接触到的马克思主义，大钊同志这时更深入地进行了探讨。1918 年冬，他在北大组织了马尔格斯学说研究会，邀请了几个教授参加……"③

　　日本方面的有关历史记载、历史文献，有助于证实这一点。美国哈佛大学的有关研究成果，也有助于证实这一点。

　　1918 年底，李大钊在北京大学首次秘密创立马克思学说研究会，主要作用在于马克思主义在北大、在中国的最初传播，从而使"五四"运动有了主导思想与骨干队伍，尽管当时还未直接和建党联系在一起。1920 年初，李大钊在秘密护送陈独秀离京赴沪过程中，两人对建党问题，有进一步的磋商与共识，于是就有了 1920 年 3 月，在李大钊指导下，邓中夏等 19 人，秘密创立"北京大学马克思学说研究会"。这时的目的，不仅是研究更主要的是为建党做准备。1920 年 12 月，李大钊教授又和政治系学生郭梦良、费觉天等人，公开成立了"北京大学社会主义研究会"。1921 年 11 月，北京大学马克思学说研究会公开宣布成立，并在北大校方主办的《北京大学日刊》上，发表了《启事》。这份《启事》，是一份非常珍贵的历史文献，反映了追根溯源的北大精神，在马克

---

　　①　参见中共中央编译局马恩室编《马克思恩格斯著作在中国的传播》，人民出版社 1983 年版，第 247 页。

　　②　中国社会科学院近代史研究所：《"五四"运动回忆录》，中国社会科学出版社 1979 年版，第 410 页。

　　③　《李大钊传》编写组《李大钊传》，人民出版社 1979 年版，第 34、35 页。

思主义研究史上独树一帜。可惜前人多半只片段引用，现今不厌其详，原文照录如下①：

北京大学发起马克思学说研究会启事

马克思学说在近代学术思想界底价值，用不着这里多说了。但是我们愿意研究他的同志，现在大家都觉得有两层缺憾：（一）关于这类著作博大渊深，便是他们德意志人，对此尚且有"皓首穷经"的感想。何况我们研究的时候，更加上一重或二重文字上的障碍，不消说，单独研究是件比较不甚容易完成的事业了。（二）搜集此项书籍，也是我们研究上的重要任务。但是现在图书馆简单的设备，实不能应我们的要求。个人藏书，因经济的限制，也是一样的贫乏。那么，关于书籍一项，也是个人没有解决的问题。

我们根据这两个要求，所以各人都觉得应有一个分工互助的共学组织，祛除事实上的困难。上年三月间便发起了这一个研究会。现在我们已有同志十九人了。筹集了一百二十元的购书费，至少要购备《马克思全集》英、德、法三种文字的各一份。各书现已陆续寄到，并且马上就要找定一个事务所，可以供藏书、阅览、开会、讨论之用。我们的意思在凭着这个单纯的组织，渐次完成我们理想中应有的希望。

现在谨致意校内外的同志们，盼望你们热心的赞助，并欢迎你们加入共同研究。今将我们暂拟的几行规约写在下面：

一、本会叫做"马克思学说研究会"，以研究关于马克思派的著述为目的。

二、对于马克思派学说研究有兴味的和愿意研究马氏学说的人，都可以做本会底会员。入会手续，由会员介绍和自己请愿，但须经会中认可。

三、研究的方法分四项：

1、搜集马氏学说底德、英、法、日、中文各种图书；

2、讨论会；

3、讲演会；

---

① 参见罗章龙《椿园载记》，生活·读书·新知三联书店1984年版，第59、60页。

4、编译刊印《马克思全集》和其他有关的论文。

四、本会设书记二人，担任购置、管理和分配书籍事务。

五、会员有分担购置书籍费的义务。

六、本会书籍，会员得自由借阅，但须限期缴还。如会外人想借阅时，须经本会特别许可，并交纳保证金。

通讯处：（一）北京大学第一院王有德君

（二）北京大学西斋罗章龙君

发起人　高崇焕王有德邓中夏罗章龙吴汝铭

黄绍谷王复生黄日葵李　骏杨人杞

李梅羹吴容沧刘仁静范鸿劼宋天放

高尚德何孟雄朱务善范齐韩

三　中国共产党创立的重要群众基础——1919 年，以李大钊领导的马克思学说研究会为主要骨干，倡导"五四"运动、"六三"运动

"五四"运动的骨干力量是什么？这个问题看似简单，实则不然，至今还是一个未能很好解决的争论问题。在这个问题上，有三种流行观点：

其一，是群众自发，没有组织，更没有任何组织的领导核心。

其二，是有个人作用，无组织作用，过去多强调陈独秀是"五四运动总司令"，近年来又常讲胡适似乎是"五四"精神首要代表。

其三，是群众组织，前有学生联合会，后有工人联合会，随聚随散，没有领导核心。

这里提出"五四"核心论新问题、新观点："五四"时期先进知识分子有四位代表，是蔡元培、陈独秀、胡适、李大钊（如果讲精神领袖还应加上鲁迅），他们代表了"五四"运动的四种骨干力量，并在一定程度上起了作为精神领袖的某种领导作用。

北大四位名教授蔡元培、陈独秀、胡适、李大钊，是当时先进知识分子的四位代表——"五四"运动四大精神领袖。

（1）蔡元培领导的北京大学，主要代表同情马克思主义、劳动群众的左翼自由主义知识分子群，蔡元培是倡导北大教育创新的第一人。

（2）陈独秀领导的《新青年》杂志编辑部，代表激进革命民主主义

知识分子群，陈独秀是创办《新青年》、倡导解放思想的第一人。

（3）胡适影响下的《新潮》学生群，包括傅斯年、罗家伦等北大青年学生在内的自由主义知识分子群，胡适是倡导白话文运动的第一人。

（4）李大钊发起的北大马克思学说研究会骨干队伍，代表中青年马克思主义先进知识分子群。

四种骨干力量比较研究：李大钊领导的北大马克思学说研究会，领导骨干作用最为突出；李大钊不仅是在中国传播马克思主义的第一人，而且是直接影响"五四"群众运动的第一人！

凭什么这样说？我们可以列出 10 条论据：

（1）李大钊 1918 年底创立北大马克思学说研究会，开始传播马克思主义。

通常认为，北大马克思学说研究会，是 1920 年 3 月成立，1921 年 11 月正式公开。而当年与李大钊一起发起组织北大马克思学说研究会的两个当事人——北大教授高一涵、学生朱务善提供的珍贵史料表明，李大钊在北京大学首倡马克思学说研究会，时间应提前至"五四"之前半年多的 1918 年底。

（2）李大钊与北大马克思学说研究会，用全新的民主观科学观，从根本上推动了思想解放走上新阶段、新水平：从自由主义思想启蒙走向马克思主义、科学社会主义思想启蒙，其中首要问题是彻底破除了对帝国主义的迷信幻想，即在"中国向何处去，走什么道路"问题上照搬西方模式的空想。

在此之前，甚至直到 1918 年底在天安门广场举行的聚会上北大教授演说中，胡适等自由主义者们竭力鼓吹美国总统威尔逊的"和平十四条"，说"这一次协约国所以能大胜，全靠美国的帮助"；连当时还是激进革命民主主义者的陈独秀都说："美国大总统威尔逊屡次的演说，都是光明正大，可算得现在世界上第一个好人。"

后来历史的发展，加上李大钊等人的马克思主义观点，帮助人们破除迷信，去掉幻想，解放思想。

（3）1918 年"五四"运动后，有两次重要的预演：一是 1918 年 5 月 20 日，2000 多名学生集会新华门，抗议（中日共同防敌军事协定）；二是 1918 年底的集会天安门——在这两次预演中，李大钊及其他影响较大的学生邓中夏、许德珩、高君宇、黄日葵等，都起了重要骨干作用。

（4）1918年10月20日，以北大爱国学生为骨干的学生救国会，为了加强联系，扩大宣传，创办了《国民》杂志，其中骨干分子主要是受李大钊影响较大的邓中夏、高君宇、黄日葵、许德珩等人，李大钊先生受聘为顾问，起了重要指导作用。

（5）"五四"运动还有一项重要准备，就是在李大钊的马克思主义观点影响下，由北大中文系学生邓中夏（时名邓康）在1919年3月，创办平民教育讲演团，开创了中国知识分子和知识青年到工厂去、到农村去，走与工农相结合的道路，也为从"五四"学生运动，发展到"六三"工人运动作了重要铺垫。邓中夏等北大青年学生还协助李大钊组织"少年中国协会"，团结爱国青年与马克思主义进步青年。

（6）受李大钊马克思主义思想影响较大的一批北大学生，在"五四"运动中起了重要骨干作用，如邓中夏、高君宇、许德珩等人。1919年5月2日最早从蔡元培校长那里听到巴黎和会消息的，主要是两批学生：一是许德珩等（国民）杂志社的北大学生，二是受胡适影响较大的新潮社学生傅斯年、罗家枪等人。5月3日晚上，讨论决定"五四"游行的北大学生全体会议上，经大家推选，黄日葵担任会议记录，许德珩负责起草"五四"宣言。后来许德珩起草了文言文的"五四"宣言，罗家伦起草了白话文的"五四"宣言。

（7）北大学生选举邓中夏、高君宇二人，担任北大学生代表，参与北京市学生联合会的组织领导工作。

（8）与其他北大著名教授相比，李大钊更直接地参与指导"五四"运动。5月4日下午，他与一些学生骨干座谈，提出了一些指导性意见。并且他还身先士卒，甚至不惜冒生命危险，直接参与学生游行活动。他还与蔡元培校长等人一起，积极组织营救被捕学生。

（9）1919年6月12日前后，李大钊与陈独秀、高一涵等北大教授，还直接参与《北京市民宣言》的起草与散发工作，陈独秀在散发传单过程中被捕入狱。这一条列活动，对于从"五四"学生运动，发展到"六三"工人运动，起了重要铺垫作用。

（10）北京学生联合会成立不久，决定派代表南下宣传扩大影响，其中黄日葵、许德珩等人，沿津浦线一路南下，到天津、南京、上海做广泛联系，为"五四"学生运动发展到"六三"工人运动，做了直接准备工作。

　　"五四"运动当事人、"五四"宣言的起草者许德珩深有感触地说："五四运动之所以能成为战斗的力量，是因为各方面的团结，首先是北京大学内部的团结，以及全国青年的团结，而把大家联合起来的，则是李大钊同志。"①

　　北大教授高一涵，专门写了两篇回忆性文章《"五四"运动中看究竟谁领导革命》、《回忆"五四"时期的李大钊同志》。他说，"李大钊、陈独秀等人在'五四'运动以前，就已经取得了新文化运动的领导地位。'五四'运动爆发时，李大钊同志是一位亲身参加者，并且是一位运动的组织者和领导者。到了六月三日运动进入了新的阶段，参加斗争的就不以知识分子为限，广大无产阶级群众这时走上了政治斗争的舞台，形成了革命运动的骨干和主人。"②

　　"五四"时期北大先进知识分子，开始走上同工农结合的道路。

　　第一，李大钊的倡导作用。

　　李大钊不仅首倡马克思主义在中国的传播，而且首倡中国先进知识分子、知识青年，应当走同工农群众相结合的道路。

　　李大钊出生在河北乐亭县的农村中，一直在那里生长到 16 岁，以后虽曾留学日本，执教北京大学，但始终同农村、农民、农业保持着血肉联系。他在 1919 年 2 月写成的《青年与农村》一文，就提出："我们中国是一个农国——我们青年应该到农村去，拿出当年俄罗斯青年在俄罗斯农村宣传运动的精神，来作些开发农村的事，是万不容缓的。"③

　　第二，邓中夏等人到长辛店工人中去。

　　李大钊亲自到工人中做调查研究，并支持邓中夏等人到长辛店参加工人运动。邓中夏是北大青年学生中，率先走上与工农结合道路的先锋。1919 年 2 月他上书北大校长蔡元培，建议由北大师生带头，在全国各个乡镇普遍设立图书报室，"极力提倡于社会教育"。蔡元培则把邓中夏信函，全文发表于《北京大学日刊》。于是 1919 年 3 月，为了普及国民教育，为人民群众服务，邓中夏倡办"北京大学平民教育讲师团"，身任总

　　① 许德珩：《"五四"运动 60 周年》，《文史资料选辑》第 61 辑，文史资料出版社 1979 年版，第 18 页。

　　② 中国社会科学院近代史研究所编：《"五四"运动回忆录》，第 337 页。

　　③ 《李大钊文集》（上），人民出版社 1984 年版，第 648、649 页。

干事,走上街头,到闹市去,到工厂去,到郊区去,到农村去,动员群众反帝反封,蔚然成风。"五四"当天,他带领同学,发动群众。"五四"以后,他以北京学联代表身份去长沙,同毛泽东一道商讨如何实现长沙学生与各界民众的大联合,而后赴上海筹组全国学生会。1920 年冬天邓中夏受李大钊领导的北京共产主义小组派遣与张国焘等人,一起到长辛店,到工人中创办了长辛店劳动补习学报,与工人同吃同住同学习。1920 年 5 月 1 日,他在长辛店组织了我国工人第一次纪念五一劳动节活动,并创办长辛店工人俱乐部。

第三,"五四"先锋南下宣传。

许德珩、黄日葵等"五四"之后的南下宣传,推动北京学生运动向上海工人运动发展。北大发动的北京学生运动如火如荼,但也遭到反动政府、反动军警的重重包围,形成对峙。5 月 24 日,北京等校学生代表推举北大学生许德珩、黄日葵,南下天津、济南、南京、长沙、上海,呼吁援助。由于北大三院会场,被军警重重包围,许、黄二人,跳墙出来,化妆出京,到天津等城市去宣传,其中最后最重要的一站,是工人阶级最集中的上海。6 月 3 日,上海各界举行民众大会,号召全国罢工罢市,支援爱国学生。6 月 3 日,七八万上海工人实行总罢工,标志着中国工人第一次登上中国政治舞台。6 月 6 日,上海各界召开联合会,许德珩代表北京学生,报告"五四"运动经过,声泪俱下,全场动容,群情激愤⋯⋯

第四,青年毛泽东成长道路。

青年毛泽东也是在"五四"运动中成长起来,呼吁"民众大联合",开始走上与工农相结合的道路。毛泽东后来在延安时期先后发表《"五四"运动》、《青年运动的方向》等名篇,正是"五四"时期亲身体验的理论总结与思想升华,并且深化上升到一个新的高度⋯⋯

四 中国共产党创立的组织基础——从北大马克思学说研究会最初基础,发展为上海北京等地共产主义小组

中国共产党的组织创立,主要经历三个阶段,或许可称建党过程三部曲:

第一阶段,从 1918 年春天起,而后在 1920 年,创立马克思学说研究

会等组织，作为中国共产党的预备性组织。

第二阶段，1920 年，先后在上海、北京，以及山东济南、广东广州、湖南长沙、湖北武汉、四川重庆七大城市创立共产党组织或共产主义小组，作为中国共产党的地方性组织，相当于过去讲的各地"共产主义小组"，历史上其实多半自称"共产党"，后来党史著作改称为"共产主义小组"，可能是在一定程度上受《苏联共产党历史简明教程》的影响。

第三阶段，1921 年 7 月，在上海召开中国共产党第一次全国代表大会，正式确立党的全国性组织。

在第一阶段，主要发源地集中在北京，尤其是北京大学，这一点上面已经说过；而在第二个阶段，则是 1920 年在上海、北京、济南、广州、长沙、武汉、重庆七大城市，先后出现共产党的地方组织，有的当时就直接称之为共产党，后来党史研究中统一称之为"共产主义小组"，实际上就是中国共产党创立过程中形成的地方性党组织，也被称为地方支部。

在第二阶段，李大钊与北京大学所在的北京，与陈独秀带着《新青年》杂志回归的上海，成了中国共产党地方性组织的南北两大中心。为什么会形成这种格局呢？

实际上，具体分析起来，1920 年，中国共产党地方性组织成立、各地共产主义小组成立，既不是执行外部指令的舶来品，也不完全是自然过程，无意巧合，应当把这一过程，如实地看成有机联系的三个环节：李陈相约，南北合作，共同建党——上海北京，率先行动，建立组织——五大城市，先后行动，建立党的地方组织。在这个以中国本土为主的建党过程中，也穿插着列宁领导的共产国际几次派人来支持与指导。

中国共产党的创立，不同于其他许多国家，甚至也不同于俄国的特点是，从 1918 年李大钊立足北大首创马克思学说研究之后，又经过"五四"运动的实践洗礼，因而已经形成了一个以李大钊、陈独秀二位北大教授为核心的共产主义先进知识分子群，并且开始走上与工农群众相结合的大道。

李、陈二人，相约北大，南北合作，共同建党。

过去，萧超然先生把这一过程形象地概括为"南陈北李，相约建党"。其实，二人相约建党之时，尚没有南陈北李之分，二人都还是北大人，还处于陈独秀出狱之后，李大钊护送他出京、南下上海过程中。

因而这里借鉴萧超然先生的研究成果，又试图作出一点更为确切的新概括。

首先描述了这一历史过程的历史文献，首推李大钊友人、北大教授高一涵。1927年5月22日高先生在武昌中山大学讲演《报告李守常同志事略》：李大钊"调入北大，任图书馆主任，并授《唯物史观》及《社会进化史》；此为先生思想激变之时。时陈独秀先生因反对段祺瑞入狱三月，出狱后，与先生同至武汉讲演，北京各报均登载其演讲词，先生亦因此大触政府之忌。返京后则化装同行避入先生本籍家中。在途中则计划组织中国共产党事"。时光过去36载后，1963年10月，高一涵又作过一次内容相似的回忆，并对"化装同行"的情节讲得更为具体动人了。他说："时当阴历年底，正是北京一带生意人前往各地收账的时候。李大钊同志雇了一辆骡车，从朝阳门出走南下，陈独秀头戴毡帽，身换王星拱家厨师的一件背心，油迹满衣，光着亮发，坐在车子里面，李大钊同志跨在车把上，携带几本账簿，印成店家红纸片子。沿途上住店一切交涉都由李大钊同志出面办理，不要陈独秀开口，恐怕漏出南方人口音。因此一路顺利到了天津，即购外国船票，让陈独秀坐船前往上海。"①

李大钊在此前后的相关论著、相关思想，有助于证实这段历史。

早在1913年4月1日，李大钊写了《大哀篇——（一）哀吾民之失所也》，痛陈民国建设中的两大悲哀：一是反动政客结党营私，二是各省都督军阀专制。政党问题，列在首位："彼等见夫共和国有所谓政党者矣，于是集乌合之众，各竖一帜，以涣汗人间，或则诩为稳健，或则夸为急进，或则矫其偏，而自矜为折衷。要皆拥戴一二旧时党人、首义将士，标为自党历史上之光荣。实则所谓稳健者，狡狯万恶之官僚也；急进者，蛮横躁妄之暴徒也；而折其衷者，则又将伺二者之隙以与鸡鹜争禽者也。以言党纲，有一主政，亦足以强吾国而福吾民。以言党德，有一得志，吾国必亡，吾民无噍类矣！"

"吾侪小民，固不识政党之作用类似，但见吾国今之所谓党者，敲吾骨吸吾髓耳。夫何言哉！夫何言哉！"②

看来，正如李大钊《狱中自述》所云，"赴日本东京留学，入早稻田

---

① 萧超然：《北京大学与近现代中国》，中国社会科学出版社2005年版，第265、266页。

② 《李大钊全集》第1卷，人民出版社2006年版，第10、11页。

大学政治本科"①。因而，他对现代政治实质上是政党政治，可谓洞若观火，看得一清二楚。

后来他组织翻译介绍马克思主义著作，《共产党宣言》又被他当做马克思学说体系与哲学基础的主要代表作之一。他 1919 年在《新青年》上发表的名文《我的马克思主义观》，其中提到马克思主义及其哲学基础的四部代表作，《共产党宣言》占有特别重要地位。

正是在此基础上，他在少年中国学会上的两次讲话，集中回答了"为什么中国需要新型政党"的大问题，可视为筹备建党宣言。

第一次讲话，是 1920 年 8 月 19 日《在少年中国学会北京会员茶话会上的讲话》，实际上是提出超越学会组织，建立新型政党的问题：

"本会之创立，原系研究学问团体，思想须极自由，主义自不一致，惟两年以来，世界思潮既有显然之倾向，而国内应时发生之无数小团体，亦莫不各有鲜明之旗帜；本会同人已经两载之切实研究，对内对外似均应有标明本会主义之必要，盖主义不明，对内既不足以齐一全体之心志，对外尤不足与人为联合之行动也。"②

第二次讲话，是 1921 年 3 月他又发表《团体的训练与革新的呼声》，旗帜鲜明地提出建党号召，甚至相当于筹建中国共产党的呼吁与宣言：

"最近时代的劳动团体，以及各种社会党，组织更精密，势力更强大。试看各国罢工风潮及群众运动之壮烈，不难想见。俄罗斯共产党，党员 60 万人，以 60 万人之大活跃，而建设了一个赤色国家。这种团体的组织与训练，真正可骇。"

"中国自满清道、咸海禁大开之日，就有受些欧化洗礼的两个大党产生，一是同盟会，一是强学会。强学会的成绩是戊戌变法。同盟会的功业，是辛亥革命。他们都自有他们的价值。既入民国以来的政党，都是趁火打劫，植党营私，呼朋啸侣，招摇撞骗，捧大老之粗腿，谋自己的饭碗，既无政党之精神，亦无团体的组织，指望由他们做出些改革事业为人民谋福利，只和盼望日头由西边出来一样。"

"近二三年来，人民厌弃政党已达极点，但是我们虽然厌弃政党，究竟也要另有种团体以为替代，否则不能实行改革事业"。

---

① 《李大钊全集》第 5 卷，人民出版社 2006 年版，第 226 页。
② 《李大钊全集》第 3 卷，人民出版社 2006 年版，第 212 页。

"闻特来中国讲学的某大学者，尝于私下对三两学生说：'中国这样政府，设有革命党千人，便要站不住了。'然而我们竟没有那样的人，竟没有那样的团体，说到这里我们只有惭愧。"

"所以我们现在还要急急组织一个团体。这个团体不是政客组织的政党，也不是中产阶级的民主党，乃是平民的劳动家的政党，即是社会主义团体。中国谈各种社会主义的都有人，最近谈 Communism 的也不少了，但是还没有强固精密的组织产生出来。"

"中国现在既无一个真能表现民众势力的团体，C 派的朋友若能成立一个强固精密的组织，并注意促进其分子之团体的训练，那么中国彻底的大改革，或者有所附托！"①

这篇文章在《曙光》杂志上发表时的署名为 S.C，实际上是"社会主义共产党"的英文缩写。可以认为，李大钊在这里已经打出了"建立共产党"的旗帜，公开发出了建党号召。

而在创建中国共产党地方性组织——共产主义小组的过程中，陈独秀领导的上海小组，有点后来居上，走在最前面。

看来，可能是陈独秀与李大钊一起出京时有共同约定，陈独秀南下到上海的建党步骤，与李大钊在北大所走的道路如出一辙，同时还更加突出了社会实践、与上海工人运动相结合的显著特征。

陈独秀到上海后不久，就开始到工人群众中宣传马克思主义。他先到码头工人中了解罢工情况，到中华工业协会、中华工会总会等劳动团体去作调查。1920 年 4 月 2 日，陈独秀出席上海码头工人发起的"船务栈房工界联合会"成立大会，并发表《劳动者底觉悟》的演说，高度评价工人阶级在社会中的重要地位。

陈独秀除了到工人中进行调查外，还约请北大的进步学生和各地革命青年，深入工人中开展调查，了解工人的状况，并在此基础上编辑出版了《新青年》第 7 卷第 6 号《劳动节纪念号》。这个纪念专刊共发表 28 篇文章，其中大部分反映了上海、北京、天津、长沙、芜湖、无锡、南京、唐山等地工人的状况，介绍了各国劳动组织和工人运动的情况。陈独秀本人撰写了《上海厚生纱厂湖南女工问题》的文章。《劳动节纪念号》的编辑发行，是中国先进分子与工人运动相结合的产物。在陈独秀的指导下，上

---

① 《李大钊全集》第 3 卷，人民出版社 2006 年版，第 269—271 页。

海各业5000多工人于5月1日举行集会，提出"劳工万岁"等口号，通过了《上海工人宣言》。此后，陈独秀又主持创办《劳动界》、《伙友》等刊物，向工人宣传马克思主义，以启发工人的觉悟，组织真正的工会。

为开展建党的准备工作，陈独秀于5月组织了一个秘密团体——马克思主义研究会，负责人是陈独秀，成员有李汉俊、沈玄庐、邵力子、陈望道、施存统、俞秀松、沈雁冰、杨明斋等。戴季陶、张东荪起初也参加研究会的活动，不久退出。

6月间，陈独秀、俞秀松、李汉俊、施存统、陈公博5人开会，筹备成立共产党。7月19日举行筹备会议。8月，由陈独秀、李汉俊、沈玄庐、陈望道、俞秀松、施存统（时在日本）、杨明斋、李达8人发起，正式成立上海共产党组织。11月，上海共产党组织制定了《中国共产党宣言》。①

1920年底，陈独秀由沪赴粤，参与孙中山领导的国民革命政府工作。李达、李汉俊这"二李"授命负责党的筹建工作，甚至比陈独秀本人更加注重思想建党、理论奠基——马克思主义著作的翻译出版工作。

在创建中国共产党地方组织——共产主义小组过程中，与陈独秀领导的上海小组并驾齐驱，共同起作用的，还有李大钊创立并领导的北京小组，其主要根据地就在北京大学，时间稍晚于上海小组，大体上是前后脚。

北京的共产党早期组织是在李大钊的直接指导和筹划下成立的，主要依托于北京大学。1920年3月成立的北京大学马克思学说研究会的成员，邓中夏等大多是"五四"运动中的骨干和积极分子。这个研究会通过收集宣传马克思主义的书籍、举办座谈讨论、组织出版工作等，把活动开展得有声有色，其成员也发展很快。它既是中国最早学习和研究马克思主义的团体，也为建党作了重要准备。李大钊在介绍维经斯基一行去上海后，与陈独秀通信相商，一致认为需要加快建党的进程，并同时在北方和南方从事建党的筹备工作。②

① 中共中央党史研究室：《中国共产党历史》第1卷（上册），中共党史出版社2002年版，第72、73页。

② 同上书，第75、76、77页。

1920 年 8 月 16 日，少年中国学会、人道社、曙光社、青年互助团及天津觉悟社的代表 20 余人，在北京陶然亭举行茶话会。李大钊、周恩来、邓颖超、张申府在会上发言。李大钊认为各团体有表明本会主义的必要，更明确地提出建党准备。

经过一系列准备工作，北京的共产党早期组织于 1920 年 10 月在北京大学图书馆李大钊的办公室正式成立。当时取名为"共产党小组"。党组织的最初成员有李大钊、张申府、张国焘三人。不久，张申府经上海去法国。党组织吸收一批新的成员。内部分工是：李大钊负总责，并主持马克思学说研究会；张国焘担任职工运动的发动工作；黄凌霜、陈德荣编辑并发行《劳动音》周刊；罗章龙、刘仁静等负责建立社会主义青年团组织。

1920 年底，北京党组织召开会议，决定成立"共产党北京支部"，由李大钊任书记，张国焘负责组织工作，罗章龙负责宣传工作。随后，又陆续发展一些成员。到 1921 年 7 月，北京党组织的成员有李大钊、张国焘、邓中夏、罗章龙、刘仁静、高君宇、缪伯英、何孟雄、范鸿劼、张太雷、宋介、李梅羹、陈德荣等。他们大多是北京大学的进步师生。

1920 年，中国共产党建党准备过程的第三个环节，是以陈独秀、李大钊领导的上海、北京两个共产主义小组，或叫南北两个建党发起组为酵母，先后在武汉、长沙、广州、济南四大城市，建立起党的地方组织。

中国共产党创立过程中的这 6 个地方性组织，固然没有垂直隶属关系，但也不是简单平列关系，这个过程，如图 1 所示，大体近似于老子《道德经》所说的"一生二，二生三，三生万物"的发生模式。

为了帮助大家更好地通过图 1 了解这段建党过程，尤其是与北大的关系，下面简要作出说明。

武汉的共产党早期组织，是在上海的共产党早期组织直接指导下成立的，而当选为书记的包惠僧曾是北大人。1920 年夏，李汉俊从上海写信给董必武和张国恩，后又亲自到武汉面见董必武，商议在当地建立共产党组织的问题。同时，陈独秀也派刘伯垂到武汉筹建共产党组织。刘伯垂从上海带回了一份手抄的中国共产党党纲和一些新青年社出版的丛书。同年 8 月，在武昌抚院街董必武寓所，由刘伯垂主持召开会议，成立武汉的共产党早期组织。当时取名为"共产党武汉支部"。参加成立会议的人除刘

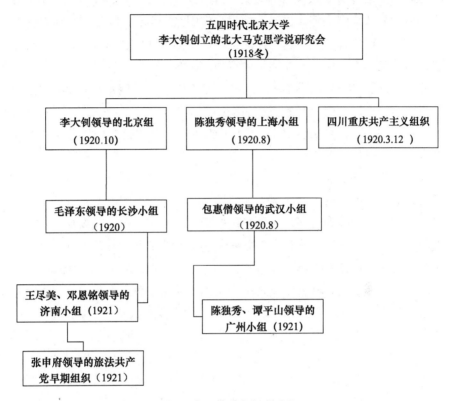

图1 中国共产党创建过程

伯垂外，还有董必武、张国恩、陈潭秋、郑凯卿、包惠僧、赵子健等。刘伯垂在会上介绍了上海的共产党早期组织成立的有关情况，与会者传阅了上海党组织起草的党纲草案，研究武汉党组织日后的工作安排。由刘伯垂提议，会议推选包惠僧任书记。

包惠僧，湖北黄冈县人，1917年毕业于湖北省立第一师范学校，曾任记者，1919年"五四"时期在北京大学文学系肄业，投身"五四"群众运动。可以说，武汉党的最初组织创立，上海小组的影响固然是重要的直接因素，北大马克思主义传统影响同样不可忽视，首任书记包惠僧是一个主要中介。

长沙的共产党早期组织是在毛泽东的筹划下建立的，显然受到北大李大钊与上海陈独秀的双重影响。1920年夏，在酝酿筹备建党期间，毛泽东先后在北京、上海与李大钊、陈独秀有了直接的接触和联系。这两个地区马克思主义传播的状况和共产主义者的活动，对毛泽东产生了很大影响。蔡和森从法国来信，提出必须建立中国共产党，"因为它是革命运动的发动者、宣传者、先锋队、作战部。以中国现在的情形看来，须先组织它，然后工团、合作社，才能发生有力的组织。革命运动、劳动运动，才有神经中枢"。毛泽东回信说：我对"和森的主张，表示深切的赞同"；①同时说陈独秀已在国内开始建党活动。

长沙的共产党早期组织于1920年初冬在新民学会的先进分子中秘密诞生，主要成员有毛泽东、何叔衡等人。

广州共产党早期组织，是在陈独秀直接指导推动创立的，继他之后担任书记的谭平山，曾是"五四"时期的北大学生。1920年8月，上海党组织创建之后，陈独秀写信给谭平山、谭植棠、陈公博，建议他们在广州发起建党工作。1920年12月陈独秀从上海来到广州在与无政府主义者划清界限之后，1921年春天，着手创立了"广州共产党"。其后由陈独秀、谭平山先后任书记，陈公博负责组织工作，谭植棠负责宣传工作。这四位都曾是北大人。陈公博，广东人，早年就读于北京大学文学院，"五四"运动后参加北大马克思学说研究会。谭植棠，广东省高明县人，1917年入北大读书，为"五四"运动积极分子。谭平山，广东高明（今高鹤）县人，早年加入同盟会，1917年考入北京大学文学院，为"五四"运动积极分子。因而可以说，陈独秀、谭平山先后担任广东早期共产党组织的书记，显然说明了北京大学的重要影响。

其中，四川重庆的情况多少有些特殊，他们是在不太清楚李大钊与陈独秀，以及北京与上海建党筹备工作的情况下，相对独立地开展建党准备工作的，时间上甚至更早些，早到1920年3月12日。

山东济南，在王尽美、邓恩铭等人带领下，1920年秋建立马克思学说研究会，作为公开的学术组织，1921年春天成立了共产党早期组织，看来受到李大钊领导的北京组织与陈独秀领导的上海小组的双重影响。

纵观中国共产党创立过程三部曲，多少有点像老子《道德经》所说的发生模式："一生二，二生三，三生万物。"这里所说的"一"，就是

---

① 中共中央党史研究室：《中国共产党历史》第1卷（上册），中共党史出版社2002年版，第77、78页。

"五四"时期北京大学；"二"就是李大钊领导的中国共产党北京小组和陈独秀领导的上海小组；"三"就是其他大城市的党的地方性组织。

五　中国共产党创立的重要人才基础、干部基础——"五四"时期北京大学培养造就的创新型人才

"五四"时期实行大学教育创新的北京大学，在相当程度上，可以称之为中国共产党创立的人才基地，或叫人才库，把中华民族优秀子孙、先进知识分子，送上了与工农群众结合的大道，送进了中国共产党创立时期早期组织的大门。

以下分六个层面，来回答这个问题。

第一层，"建党时期北大双星"。中国共产党创立时期的两个最主要领袖，或许可称之为"建党双星"——建党时期的双子星座，李大钊与陈独秀，都是北京大学著名教授。

对于李大钊的历史贡献与历史地位，我们常常讲到，但对于国内外学术界的认识并不真正到位。在《"五四"精神新论》一书中，我试着概括为六个要点：

（1）李大钊哲学思想核心实质，不是照搬俄国民粹派、日本河上肇，而是马克思主义哲学中国化的独特创造；

（2）李大钊不仅是马克思主义哲学在中国的最早传播者，而且是马克思主义哲学中国化的最早探索者；

（3）在"马克思主义观——国情观——中国革命道路观——文化观"四大层面，李大钊都有马克思主义哲学中国化的最初探索；

（4）毛泽东思想、邓小平理论是马克思主义中国化的两次飞跃，"五四"前后李大钊的最初探索则是其重要铺垫；

（5）毛泽东思想、邓小平理论不仅有马列主义作为国际理论来源，而且有李大钊哲学思想作为民族的理论来源；

（6）从李大钊言论到毛泽东思想、邓小平理论，乃至科学发展观、和谐社会论，马克思主义中国化是一以贯之的思想红线。

陈独秀固然在后期犯了重大错误，脱离了党的组织，但他在建党时期，功不可没，应当肯定他作为创建中国共产党的两个主要创始人之一的

历史地位。

从"五四"时期，到建党时期，陈独秀的历史功绩，主要是 6 条：

第一，他从 1915 年起创办《新青年》，倡导反帝反封、科学民主、思想解放，1917 年又受北大校长蔡元培之约，将《新青年》移入北大，与"五四"时期北京大学教育创新相结合，解放了一代人的思想，为培养一大批创新人才，奠定了思想基础。

第二，1920 年初，在李大钊护送出狱后的陈独秀离京赴沪路上，二人相约，南北合作，共同建党。中国共产党的创建道路，具有不同于其他国家、其他政党的两个鲜明特征。

它不是简单按照共产国际意旨，从外到内、从上到下建立的。早在共产国际代表（1920 年四五月间），到达中国北京、上海之前，尤其是 1920 年 1 月，北大李大钊教授亲自雇了骡车，护送陈独秀出京时，已经初步商定共同创立中国共产党相关事宜。

李大钊与陈独秀都是北大著名教授，他们的建党工作都是从建立马克思主义研究会入手，从翻译出版马克思主义著作入手，思想建党和理论建党为先，这是中国共产党创建之道的一个最大特色。

第三，陈独秀继李大钊之后，在 1920 年至 1921 年间，举起了马克思主义旗帜，产生了重大影响。

通常，人们谈到"五四"时期、建党初期，马克思主义在中国的传播，都较多地谈到李大钊的马克思主义观，尤其是他在《新青年》1919 年第六卷第 5 号，即通常被称为"马克思号"上发表的《我的马克思主义观（上）》一文。殊不知，继李大钊之后，陈独秀也在《新青年》等报刊上，公开、系统、简明扼要地阐明了自己的马克思主义观，主要见之于 1922 年 5 月的《马克思的两大精神》、1922 年 7 月《马克思学说》两篇文章。

第四，陈独秀 1920 年从北京大学重返上海，借鉴"五四"运动北大经验，开始把马克思主义传播与上海工人阶级运动结合起来，使中国共产党创立有更为坚实的阶级基础。

第五，陈独秀在 1920 年 8 月，1921 年春，先后创立"上海共产党"、"广州共产党"地方性组织，并直接或间接地参与了武汉、山东等地方性党组织的创建，为中国共产党的创立奠定了重要的组织基础。

第六，自中国共产党创立的 1921 年 7 月"一大"起，直到 1927 年 5

月"五大"止，陈独秀一直当选为党中央主要负责人。

第二层，从党的"一大"时党员状况、13 名代表、主持人、选举的中央机构这四个方面，看北京大学为中国共产党创立提供的人才及干部基础。

（1）1921 年 7 月，党的"一大"召开时，全国共有党员 53 人，其中北大人，或与北大有密切关系的人，共 21 名，约占 40%，几近一半。

在这方面，萧超然教授有深入研究与精辟论述。[①]

中国共产党成立时，共有党员 53 人，其成员除主要来自上海共产主义小组外，另一主要来源就是北京共产主义小组。北京小组是 1920 年 10 月在北大图书馆主任室成立的，第一批成员是三人：李大钊（教授）、张申府（讲师）、张国焘（学生）。随后，一批又一批北大进步学生相继加入。到 1921 年 7 月党的第一次全国代表大会召开前，在北京的党组织成员有李大钊、张国焘、邓中夏、罗章龙、刘仁静、高君宇、何孟雄、缪伯英、范鸿劼、朱务善、李骏、张太雷等 12 人。这 12 人中，除去缪伯英是北京女高师学生外，全是正在北大工作和学习，或曾在北大学习过（如张太雷）的"北大人"，而缪伯英由于是何孟雄的恋人，常随何一起在北大活动，可算是半个"北大人"。如果我们再加上外地小组中曾在北大学习或工作过的成员，如上海小组的陈独秀、沈雁冰、李季、袁振英，长沙小组的毛泽东，广州小组的谭平山、谭植棠、陈公博，武汉小组的包惠僧，巴黎小组的张申府，共计有 21 人，占了当时全国党员总数 53 名的几近一半。而在这 21 名"出身"北大的党员中，陈独秀、李大钊、毛泽东等是党的主要创始人；像邓中夏、高君宇、张国焘、刘仁静、罗章龙、何孟雄、范鸿劼、张太雷、沈雁冰、谭平山等，则是党在早期的重要领导骨干。由此可见，北大为中国共产党输送了多少风流人物，它为中国共产党的成立准备了多么重要的组织基础。

（2）1921 年 7 月召开的中国共产党第一次全国代表大会，全国各个地方性党组织推选出 13 名代表，参加这次大会，其中在北大学习工作过的有 5 人——毛泽东、张国焘、刘仁静、陈公博、包惠僧，同样约占 40% 的比重。

（3）从中共"一大"主持人来看，如果李大钊、陈独秀到会的话，

---

① 萧超然：《漫谈北大历史定位问题》，《北京大学学报》1998 年第 2 期，第 68 页。

几乎可以肯定会被会议推选为主持人，在他们二人因故未能到会的情况下，推选了张国焘主持会议；其实主要不是基于他个人作用特别突出，而是李大钊、陈独秀开创的北京大学马克思主义传统的龙头作用、历史地位特别突出，大家公认，无可争议，最后选举结果及后来二大、三大的情况，完全可以证实这一点。

（4）1927 年 7 月，中国共产党第一次全国代表大会选出的中央领导机构，称之为中央局，主要由陈独秀、张国焘、李达三人组成，其中北大人占三分之二。

"一大"选举结果如下：

"中共中央局"委员　陈独秀　张国焘　李达

书记　陈独秀

组织部主任　张国焘

宣传部主任　李达

第三层，1922 年 7 月党的"二大"代表与中央机构，北大人的作用甚至比"一大"时更为突出。

1922 年 7 月 16 日至 23 日，中国共产党在上海举行第二次全国代表大会。出席大会的有中央局成员、党的地方组织的代表和参加远东各国共产党及民族革命团体第一次代表大会后回国的部分代表。他们是陈独秀、张国焘、李达、杨明斋、罗章龙、王尽美、许白昊、蔡和森、谭平山、李震瀛、施存统等 12 人（尚有一人姓名不详），代表着全党 195 名党员。

在"二大"的 12 名代表中，明显有北大背景的 4 人——陈独秀、张国焘、邓中夏、高君宇，在 12 名代表中，占 1/3。

"二大"的一个重要历史特点，是党的历史文件、纲领草案起草更完备了一些。在这个过程中，北大人起了重要的历史作用。大会推举陈独秀、张国焘、蔡和森组成起草委员会，负责起草《中国共产党第二次全国代表大会宣言》和其他决议案。在这三人起草委员会中，北大人占了 2/3——陈独秀、张国焘。

而在"二大"选出的中央领导机构——中央执行委员会中，5 名中央委员中，北大人占了 4 名——陈独秀、张国焘、高君宇、邓中夏，高达 80%。

党的二大依据《中国共产党章程》的规定，选举产生了中央执行委员会。陈独秀、张国焘、蔡和森、高君宇、邓中夏被选为中央执行委员，另选出三名候补执行委员。陈独秀被选为中央执行委员会委员长，蔡和森、张国焘分别负责党的宣传、组织工作。

"二大"还选举了中央执行委员会3名候补委员，其中就包括这时期担任北大教授、蔡元培校长办公室秘书的李大钊。

1922年京汉铁路工人举行的"二七"大罢工，成为继"五四"时期"六三"运动之后，中国工人阶级运动的又一次高潮。据有些党史文献讲，原在上海的中央领导机构，在1922年10月至1923年2月，一度北移到北京，北大的作用更加彰显。

第四层，1923年6月召开党的"三大"，在大会上及其选出的中央领导机构，北大培养出的人才，起了特别突出作用。

在"三大"前后，以李大钊为代表的北大人，在倡导国共合作，建立统一战线，并保持中国工人阶级独立自主领导权方面，起了特别突出的历史作用。

众所周知，1939年毛泽东在《〈共产党人〉发刊词》中，总结中国共产党建党以来18年的奋斗历史与奋斗经验，把"统一战线——武装斗争——党的建设"，当做中国新民主主义革命中，关系全局而又不可分割的"三个基本问题"、"三大主要的法宝。"①

比较而言，鲜为人知的是"三大法宝"的最初探索者，不是别人，正是作为党的主要创始人之一的李大钊。他从理论与实践的高度，初步探讨了现代中国民主革命的特殊道路，初次提出一套初具特色的"中国民主革命道路观"，在"统一战线——武装斗争——党的建设"这三个方面，都有把马克思主义中国化的最初宝贵探索。

这里专讲李大钊对统一战线的最初探索。

李大钊是统一战线的最早倡导者，并且在"三大"前后是正确解决了领导权问题的主要代表者，是反"左"防右的正确路线代表者，今天我们应当拂去历史浮尘，恢复这一历史真实面目。

在领导"五四"爱国民主运动实践的过程中，李大钊很早就独立萌生了"大联合"的思想，1919年12月28日，他就公开发表了题为《大联合》的短文：

"'五四'、'六三'以来，全国学生已成了一个大联合。最近北京各

---

① 《毛泽东选集》第2卷，人民出版社1991年版，第605、606页。

校教职员也发起了一个联合，对于全国教育的根本和个人的生存权，有所运动。我很盼望全国的教职员，也组织一个大联合。更与学生联合联络起来，造成一个教育界的大联合。我很盼望全国各职业各种团体，都有小组织，都有大联合，立下真正民治的基础。"①

正是李大钊与孙中山这两位历史巨人联手，在 1922 年—1925 年间，努力排除共产党内"左"的干扰与国民党内右的干扰，倡导实现了第一次国共合作，为中国民主革命统一战线的建立奠定了最初基础。

1922 年 8 月 23 日，从北京南下的李大钊，代表中国共产党，在上海会见了从广州北上的孙中山，专门讨论了实现国共合作，"振兴国民党以振兴中国之问题"。

李大钊生前留下的最后宝贵文献《狱中自述》，真实生动地讲述了他与孙中山第一次会见时的历史情景，这两位历史巨人、思想知音，联手推动了第一次国共合作实现的历史过程：

"大约在四五年前，其时孙中山先生因陈炯明之叛变，避居上海。钊曾亲赴上海与孙先生晤面，讨论振兴国民党以振兴中国之问题。曾忆有一次孙先生与我畅论其建国方略，亘数时间，即由先生亲自主盟，介绍我入国民党。是为创献身于中国国民党之始。翌年夏，先生又召我赴粤一次，讨论外交政策。又翌年一月，国民党在广州召集第一次全国代表大会，钊曾被孙先生指派而出席，被选为中央执行委员。前岁先生北来，于临入医院施行手术时，又任钊为政治委员。"

在描述二人第一次见面时，自述的第一次草稿还十分生动地描述道："先生与我等畅谈不倦，几乎忘食。"②

经过 1922 年 8 月底"西湖会议"，乃至 1923 年 6 月的第三次代表大会，李大钊代表的正确思想终于战胜了张国焘、陈独秀等人的"左"倾思想苗头，才得以确立了建立统一战线的正确路线。陈独秀和李大钊都因故未能参加 1921 年 7 月召开的第一次党的代表大会，张国焘主持了这次会议。这次会议选出的中央局，陈独秀任书记，张国焘任组织委员，李达任宣传委员。张国焘在思想上是有点偏"左"的，他起草的"一大"的

---

① 《李大钊全集》第 3 卷，人民出版社 2006 年版，第 140 页。
② 《李大钊全集》第 5 卷，人民出版社 2006 年版，第 227、524 页。

决议中甚至规定"不同其他党派建立任何关系"。为了扭转这种"左"的苗头，1922 年 8 月 29 日、30 日，中国共产党在杭州西湖召开会议，参加者为七人：李大钊、陈独秀、张国焘、蔡和森、高君宇、张太雷、马林。其中马林是共产国际代表，他按照共产国际指示，提出应以共产党员个人参加国民党的方式，实现国共合作，建立统一战线。在会上，李大钊力排众议，坚决赞成建立统一战线的主张。张国焘等多数与会者起初都表示反对，经过反复讨论后，陈独秀表示改变意见，在个别问题有所保留的前提下，服从共产国际决议。1923 年 6 月在广州召开党的第三次代表大会，会上张国焘仍然坚持他的"左"的主张："发展共产党唯一途径是独立行动，而不是在国民党内活动"，"我们宁可保持左，左的错误比右的错误容易改正"，"希望这次会议通过略左一些的决定"①。会上，李大钊、毛泽东、瞿秋白、邓培等人批评了这种"左"的主张，阐发了建立统一战线的正确主张。陈独秀在代表中央执委会所做的总结报告中，也转向支持建立统一战线。6 月 20 日，马林在向共产国际的汇报中写道：以陈独秀为首贯彻国际指示的意见"占主导地位"，"李大钊教授和他们最好的助手年轻的瞿秋白同志与他看法相同"。②

　　李大钊在这方面的一个独特历史贡献还在于，早在 1923 年 6 月党的三大上以及在此前后，他最先敏锐地提出，在统一战线问题上不仅要反"左"，而且要防右，必须坚持无产阶级及其政党在统一战线中的领导权问题。当时，在党的三大前后，共产国际代表马林，还有党的主要领导者陈独秀，在积极倡导国共合作、建立统一战线的初期，在克服张国焘"左"的关门主义苗头的同时，另一个极端即右的苗头，开始有点露头了。那就是走向"一切通过国民党"、"一切依靠国民党"，忽视无产阶级及其政党在统一战线中政治思想上的独立性和领导权问题。按照党史学界多年流行的主流看法，提出统一战线中的无产阶级领导权问题，最早是在接到共产国际指示后，1923 年 9 月，瞿秋白的论文《自民治主义到社会主义》③。一份 1989 年才第一次以中文发表的新发现的历史文献，却使我

---

　　① 《共产国际、联工（布）与中国革命文献资料选辑》（2），北京图书馆出版社 1997 年版，第 475—476 页。

　　② 《李大钊全集》第 4 卷，人民出版社 2006 年版，第 479 页。

　　③ 中共中央党史研究室：《中国共产党历史》第 1 卷上册，中共党史出版社 2002 年版，第 94 页。

们对这个问题刮目相看。这份新发现的历史文献，是共产国际代表马林用俄文记录的李大钊《在中共第三次代表大会上关于国共合作问题的意见》要点，那里旗帜鲜明地提出无产阶级在统一战线中的领导权问题，比瞿秋白论文还早三个月，也是在接到共产国际相关指示之前：

"一、过去和将来国民运动的领导因素都是无产阶级，而不是其他阶级。

二、由于这个原因，我们不要害怕参加国民运动，我们应站在运动的前列。

三、我们已加入国民党，但还没有工作。没有迹象表明我们没有希望。"①

李大钊是不是真的早在 1923 年 6 月党的三大期间就明确提出了统一战线中的领导权问题？上述材料是不是一个孤证呢？否。还有一份 1986 年在荷兰皇家科学院国际社会历史研究所新发现的历史文献，正好和上述文件相互印证，那就是 1923 年 6 月 25 日，陈独秀、李大钊、蔡和森、谭平山、毛泽东 5 人，以国民党员身份写的《致孙中山的信》，那里同样提出了统一战线的领导权问题，并且用两个词、八个字，"居于首位"、"重要任务"，来强调这个问题的极端重要性："如果我们这样做，我们就不会丧失我们在国民革命运动中的领导地位。这是居于首位的重要任务。"②

这里还留下一个有待考证的复杂微妙问题：从署名来看，陈独秀排在第一位，李大钊排在第二位，这里表述的统一战线领导权问题的思想，主要是陈独秀的思想，还是李大钊的思想？实际上基本可以判定，尽管陈独秀排名在前，而其基本思想却非李大钊莫属。根据至少可以列出三条：

第一，对比党的三大前后，李大钊与陈独秀二人的思想轨迹，可以证实这一点；

第二，这封信一开头就讲"北方的政治危机"，"最近的北京危机"，有助于证实信件主要执笔起草者是李大钊，而不是陈独秀；

第三，从共产国际代表马林致共产国际领导季诺维也夫、布哈林、越飞和达夫谦的信，可以看出，熟知整个事件信件内幕的马林，在介绍上述

---

① 《李大钊全集》第 4 卷，人民出版社 2006 年版，第 182 页。
② 《李大钊全集》第 5 卷，人民出版社 2006 年版，第 386 页。

信件时，非常明确地把李大钊放在第一位，而不是把陈独秀放在第一位：

"李大钊和陈独秀同志仍在设法同孙谈一次话，尽快做出一个决定。关于这件事，我早已经同国民党左派领导人谈过。如果这些人和孙一道不能同意朝新的方向前进，因为他们至今还不相信能建成一个现代化的有群众基础的党，李大钊在北京和其他城市的其他同志就要着手去把国民党的地方支部争取过来，采取党的这个新策略。"①

看来，瞿秋白可能是在党的三大期间，听李大钊讲到统一战线中的领导权问题，"三大"结束后一个月，又从马林那里看到共产国际强调领导权的指示。加上他精通俄文，更了解列宁的有关观点，促使他在三个月后发表了谈论这一问题的论文。这一观点形成的具体过程尚有进一步研究，但首倡权属于李大钊，功不可没，则已是确定无疑的历史事实。问题是许多流行的党史著作，却只字未提李大钊的这一独特重大的理论贡献和历史贡献。

第三次全国代表大会选举了中央执行委员会。

中央执行委员9人：

陈独秀、蔡和森、李大钊、毛泽东、王荷波、朱少连、谭平山、项英、罗章龙

候补中央执行委员5人：

邓培、徐梅坤、邓中夏、瞿秋白、向警予（女）

"三大"还选举了中央执行委员会5名候补委员，其中北大人或与北大关系密切者2人。邓中夏是"五四"时期北大人。邓培1901年到京奉铁路的唐山当工人，1920年与李大钊创立的北大马克思学说研究会、北京共产主义小组，建立密切联系，并且是其成员之一。

"三大"选出的中央执行委员与候补委员，总共14人，其中北大人或与北大有密切关系者7人，正好占一半。

在中央执行委员会9名成员中，北大人或与北大有密切联系、受过北大直接培养教育者5人：陈独秀、李大钊、毛泽东、谭平山、罗章龙。这就占了中央执行委员会的半数以上。

第五层，建党初期，北大青年十杰。

"五四"时期，蔡元培校长倡导教育创新，陈独秀倡导思想解放，特

---

① 《李大钊全集》第5卷，人民出版社2006年版，第387页。

别是李大钊倡导马克思主义与中国实际相结合的北大传统，培养了一大批年轻才俊、创新型人才，在中国共产党建党初期，形成一个中华英雄群体，写下了动人篇章。其中最为突出者，或许可称之为建党初期"北大青年十杰"：毛泽东、邓中夏、高君宇、朱务善、许德珩、范鸿劼、何孟雄、刘仁静、张太雷、谭平山。

第六层，毛泽东、周恩来、邓小平，这三位 20 世纪中国共产党的伟大人物，在青年时代成长过程中，都曾以不同形式受到了李大钊、陈独秀开创的北大马克思主义传统熏陶。

可以说"五四"运动与建党时期北大传统，深刻影响了青年毛泽东、周恩来、邓小平的成长道路，由此影响到现代中国发展。

众所周知，毛泽东、周恩来、邓小平是中华人民共和国初创时代三个影响最大的政治家。这里要指出的是，他们在青年时代世界观形成关键期，都曾不同程度受到李大钊开创的北大马克思主义传统的深刻影响。

青年毛泽东和李大钊开创的北大马克思主义传统，联系最直接、最紧密。

在《毛泽东 1936 年同斯诺的谈话》中，无论从个人生活道路，还是从马克思主义理论研究角度讲，他都强调了李大钊对自己的先行引导作用：

"北京的生活费用对我来说太高了。我是借了朋友钱来到首都的，到了以后，非马上找工作不行。我从前在师范学校的伦理教师杨昌济当时是国立北京大学的教授。我请他帮我找工作，他把我介绍给北大图书馆的主任。这个人就是李大钊，他后来成为中国共产党的一位创始人，以后被张作霖杀害。李大钊让我担任图书馆的助理员，我每月可以领到一大笔钱——八块大洋。"

"1921 年 5 月，我到上海去出席共产党成立大会。在这个大会的组织工作中，起领导作用的是陈独秀和李大钊，这两人都是当时中国知识界最出色的领导人。我在李大钊手下担任国立北京大学图书馆助理员的时候，曾经迅速地朝着马克思主义的方向发展。"①

在党的七大讲话中，毛泽东更明确地指出，自己是李大钊、陈独秀

---

① 《毛泽东自述》，人民出版社 1996 年版，第 39、46 页。

"那一代人的学生"。

青年周恩来的成长，也和李大钊开创的北大马克思主义传统有较为直接的联系，这一点通常不太为人所知。

周恩来1913年考入天津南开学校，一度留学日本，1919年7月回国后主办了《学生联合会报》，并以《革新，革心》为题写了第一期社论，后又组织"觉悟社"。1936年，周恩来在同美国记者斯诺的谈话中说道，"在赴法国之前……我本人亦见过陈独秀与李大钊，他们都是中国共产党的创始者之一。"① 看来除了思想上的交往之外，周恩来与李大钊还至少有两次直接交往。一次是1919年9月，李大钊受觉悟社邀请，到天津与该社骨干座谈，给他们提出了"许多的建议"，起了重要的指导作用。第二次是1920年8月16日，天津"觉悟社"与"少年中国学会"等三个青年组织在陶然亭组织茶话会，特别邀请李大钊先生光临指导。会上先由邓颖超报告"觉悟社"组织经过与活动情况；周恩来阐述了他原在"觉悟社"年会上提出的"联合改造"的主张意义何在；然后请李大钊作了指导性发言。李大钊此时已有"本着主义做实际运动"的基本思想，并且萌生了建党思想，因而他特别鼓励周恩来等青年同志，要解决主义不明、不足以实现更大联合的问题，各个青年团体，大家要有一个共同的主义，也就是马克思主义。

从1920年五六月间周恩来在狱中五次讲述马克思唯物史观与《资本论》的思路框架来看，无疑受到李大钊的深刻影响。不久，周恩来响应"留法勤工俭学"号召，奔赴法国，并在那里入了党。他的入党介绍人，正是由李大钊派赴法国的、北大最早的三位中共党员之一的张申府。

青年邓小平的成长道路，也与李大钊开创的北大马克思主义传统有一定联系，不过这个联系更为间接，更加鲜为人知。

青年邓小平赴法国勤工俭学时，年仅16岁，只是间接地受到"五四"新文化运动中一些思想影响。1926年，先后到法国、俄国的邓小平回国工作，第一项任务就是受李大钊领导的中共北方委员会指派，到冯玉祥部做政治工作。而冯玉祥部不同于其他军阀部队的一个显著特点，就是受到中国共产党与李大钊马克思主义理论的重大影响。这一期间邓小平与

---

① 参见中国社会科学院近代史所编《"五四"回忆录》，第17页，第25页。

李大钊有无较为直接的交往，尚待研究。李大钊此时已有"党的领导——武装斗争——统一战线"的基本思想，有了既要统一战线，又要无产阶级领导权的基本思想。这对邓小平积极参与"八七"会议重大决策，独立领导百色起义，看来起了重要的思想奠基作用。也许正是由于这一原因，改革开放初期的 1982 年，邓小平亲自为李大钊烈士陵园题词："共产主义运动的先驱，伟大的马克思主义者，李大钊烈士永垂不朽！"

六　澄清北京大学与中国共产党创建关系的三重意义：寻根—定位—定向

综上所述，我们重点研究了"五四"时期李大钊开创的北大马克思主义教学研究传统，并从世界大学教育史的角度，进行了粗线条的比较研究，主要是同其他三所最早开设马克思主义课程的大学——拉布里奥拉所在的意大利罗马大学、布哈林所在的俄国红色教授学院、河上肇所在的日本京都大学，进行了历史具体的比较研究。

如果说，按照时间顺序来讲，那么 1920 年李大钊在北京大学最早开设"唯物史观教程"课程，占第二位，仅次于从 1890 年起拉布里奥拉在罗马大学开设马克思主义课程；如果更广泛地说，北京大学马克思主义教学研究传统，更具有学理系统性、实践性、独立创新性、持续性、影响力特别强的特点，比起其他三所大学来说，甚至有过之而无不及。

因而，我们作出一个总体性的结论：北京大学是世界大学教育史上马克思主义传统最深的新型大学，它同中国古代太学传统、积极推进现代化革新的西学传统一起，构成"三足鼎立"式的"北大传统"，是特别值得我们珍视的北大传统、北大精神、北大资源、北大优势之一，今天更应着力继承弘扬。

我们在这里，比前人更加详尽、更加具体、更加深入地澄清这段历史，追根溯源地搞清楚 90 年前中国共产党创立时期同北京大学的关系，究竟有什么意义呢？我想，至少有以下三重意义：

第一重意义，是寻根——为北京大学马克思主义传统，乃至北大传统、北大精神寻根，为中国共产党寻根，为中华文明现代复兴寻根。

第二重意义，是定位——重新认识与估价历史地位，其中包括"北京大学——中国共产党——中华文明现代复兴"的世界历史地位的重新评估问题：

前身是创立于公元 947 年辽南京太学的北京大学，不仅是世界历史上创立最早的国立综合大学，而且也是世界教育历史上马克思主义传统最深厚的现代创新型大学；

中国共产党不仅有发展到后来武装夺取政权的农村革命根据地，在其创立早期还有两大独特根据地，一是有源远流长的北京大学作为先进思想文化的根据地，二是上海等地作为工人运动的根据地，由此决定中国共产党不但不是一个思想文化水平低、理论准备不足的党，而且是国际共产主义运动史上历史文化底蕴最深厚、思想文化最先进的学习型、创新型马克思主义党；

中华文明现代复兴在其历史起点上，就有伟大的中国共产党作为领导核心力量，并且不仅有上海等地作为科学技术工人运动的根据地，星火燎原式的广大农村根据地，而且有北京大学等作为思想文化、教育创新、哲学创新的根据地，因而势必成为世界文明的东方源头，时代主潮。

第三重意义，是定向——我们澄清这段历史，主旨不在于发思古之幽情，而在于让历史告诉未来，更好地确定 21 世纪中国创新走向：

纵观 21 世纪的时代大潮，是中国必将成为引领世界潮流的创新型国家；

领导中国创新的核心力量是久经考验、千锤百炼、顶天立地的马克思主义学习型、创新型政党——中国共产党；

而支撑中国成为 21 世纪创新型国家，以及支撑中国共产党成为学习型创新型政党的一个重要文化、教育、人才支点，则是北大、清华等中国大学。它们不仅已成长为具有中国特色的世界一流的大学，而且将成为 21 世纪的创新型大学。

让我们每一个中国人、中国共产党人，尤其是北大人，都自豪地伸出双臂，去迎接美好的未来！

中国共产党推进马克思主义哲学中国化、时代化、大众化的基本经验

何怀远 *

中国共产党是马克思主义与中国工人运动相结合的产物。马克思主义哲学作为马克思主义的理论基础，始终是中国共产党认识和指导中国革命、建设、改革开放和自身建设的世界观、方法论。中国共产党为中华民族的独立解放和发展进步进行艰苦卓绝奋斗的 90 年，也是学习运用马克思主义哲学，大力推进马克思主义哲学中国化时代化大众化的 90 年。在这 90 年的伟大历程中，中国共产党既在实践上取得了巨大成功，也在马克思主义哲学理论上做出了卓越建树，有许多值得总结的宝贵经验。

一 把翻译出版马克思主义哲学经典著作与理解建构马克思主义哲学原理体系作为基础工程，使马克思主义哲学中国化时代化大众化具有精准文本根据和深厚学理基础

中国共产党把全面准确地翻译出版马克思主义全部著作、理解建构马克思主义哲学原理体系作为推进马克思主义哲学中国化时代化大众化的基础工程，90 年来持之以恒，精益求精。

---

* 何怀远，南京政治学院教授。

　　1. 翻译出版马克思主义经典著作，为马克思主义哲学中国化时代化大众化提供全面精准的文本根据

　　中国共产党成立 90 年来，持续、全面、精益求精地翻译出版马克思主义经典著作，把马克思主义经典著作作为推进马克思主义哲学中国化时代化大众化的首要形式、文本根据、理论基础和智慧源泉。笔者在这里只想指出两点：

　　第一，中国共产党筹备和建立伊始，就集中着中华民族的政治精英、文化精英和理论精英，他们在革命任务异常繁重、政治和意识形态环境异常恶劣的条件下，与革命运动一同进行理论准备，一边翻译出版马克思主义经典著作，一边组织"马克思主义新哲学大众化运动"，成为马克思主义哲学中国化时代化大众化奇丽睿智的开篇。马克思恩格斯的几乎所有经典著作的最早中文译本都是由共产党员翻译的。中国共产党成立两个月，就在上海创办了自己的第一个出版发行机构——人民出版社。最早翻译的马克思主义经典著作主要有：《共产党宣言》（陈望道译，译者 1920 年 8 月加入上海共产主义小组，该书 1920 年 8 月由上海社会主义研究社出版，是我国公开出版的第一本马克思主义经典著作的全译本）、《哥达纲领批判》（除第一个译本外，1925、1926 年的两个早期译本的译者全部是共产党员，柯伯年即李春蕃 1924 年入党，李一氓 1925 年入党）、《社会主义从空想到科学的发展》（译者朱镜我 1928 年入党，该书 1928 年上海创造社出版）、《路德维希·费尔巴哈与德国古典哲学的终结》（译者彭嘉生 1928 年入党，该书 1929 年 12 月上海南强书店出版）、《家庭、私有制和国家的起源》（译者李膺扬即杨贤江，1922 年入党，该书 1929 年 6 月上海新生命书局出版）、《反杜林论》（译者吴黎平 1927 年入党，该书 1930 年 11 月上海江南书店出版）、《哲学的贫困》（译者杜竹君即汪泽楷 1923 年入党，该书 1929 年 10 月上海水沫书店出版）、《自然辩证法》（译者杜畏之即屠庆祺 1926 年入党，该书 1932 年上海神州国光社出版）、《法兰西内战》（吴黎平、张闻天译，当时署名刘云，张闻天 1925 年入党，该书 1938 年延安解放出版社出版）、《德意志意识形态》（译者郭沫若，1927 年入党，该书 1938 年上海言行出版社出版）、《神圣家庭》（第一个节译本由李一氓译，收入 1930 年 2 月出版的《马克思论文选译》）和《资本论》（第一个节译本由李一氓译，收入 1930 年 2 月出版的《马克思论文选译》，其余的几个早期版本的译者陈启修 1925 年入党，侯外庐 1928 年入党）等。

第二，中国共产党翻译出版的马克思主义经典著作，从数量上说，经历了一个由党筹备和初建时期的"从无到有"、延安时期的"从少到多"，发展到新中国成立后的"从多到全"的阶段；从质量和表达形式上说，经历了一个"从文言到白话"、"从白话到现代汉语"、"从外国式到中国式"、"从粗括到精准"以至到"信达雅"高度完美统一的水平，加上各种注释和说明的逐步完备和准确，使翻译本身成了马克思主义经典著作中国化时代化大众化的首要形式。党成立不久就设立了中央编译委员会，[①]经过建党前后几年的艰苦努力，党的翻译工作积累了一定经验，到延安时期，马克思主义经典著作的翻译出版进入了有组织、有计划、成规模的阶段。1938 年 5 月在延安成立了中共中央马列学院编译部，专门负责马列主义著作的翻译、编辑和校阅。翻译出版了影响较大的 10 卷套的《马克思恩格斯丛书》、《恩格斯军事论文选集》、《列宁选集》（共 20 卷）和《斯大林选集》（共 5 卷）。新中国成立后，党掌握了国家政权，有了翻译出版马克思主义经典著作的更好条件，专门成立中央编译局[②]，尤其是 2004 年中共中央启动了马克思主义理论研究和建设工程后，马克思主义经典著作的翻译工作推进到新水平。据不完全统计，新中国成立后出版的马克思恩格斯的全集、选集、专题文选、文集、手稿、书信、语录、单篇著作等，计约近 600 种。[③]《马克思恩格斯全集》出版了 2 个中文版本，第 1 版共 50 卷 53 册。1995 年开始出版的第 2 版，计划出版 70 卷，目前已出版 21 卷。4 卷本的《马克思恩格斯选集》先后出版了 3 个中文版本，2 卷本的《马克思恩格斯文选》出版了 2 个版本，2009 年又编辑出版 10 卷本的《马克思恩格斯文集》。《列宁全集》出版了 2 个中文版本，第 1 版 39 卷，第 2 版 61 卷（含 1 卷增补卷），这一版是世界上收载列宁文献最丰富的版本。《列宁选集》出版了 2 个版本，2009 年又出版了 5 卷本的《列宁专题文集》。许多重要经典著作都有数个甚至数十个中文译本（如《共产党宣言》），译文质量不断提高，充分反映了中国共产党人对待马克

---

① 1925 年 1 月党的四大，就对中央编译委员会提出了明确的办刊和宣传任务。参见中共中央党史研究室《中国共产党历史》第 1 卷（1921—1949）上册，中央党史出版社 2011 年版，第 186 页。

② 最早为斯大林著作编译室，后改为中央俄文翻译局，1953 年改为中央编译局。

③ 参见中共中央编译局文献信息中心《国外书刊信息》2011 年第 1—2 期。

思主义著作的科学精神和一丝不苟的严谨态度。

马克思主义经典著作发行量是对马克思主义的大众化①的有力佐证。仅就人民出版社的统计,该社出版的马克思主义经典著作达 500 多种,印行 1.8 亿册,其中《马克思恩格斯全集》第 1 版印行 600 多万册,《列宁全集》第 1 版印行 427 万册,《马克思恩格斯选集》仅 1972 年版的印行量就达到 873.7 万套,《列宁选集》第 1、2 版共印行 86.5 万套。马克思主义产生 170 年来,没有哪一个国家、政党的马克思主义经典著作的发行量能与中国相比,换言之,没有哪一个国家、政党的马克思主义大众化能达到中国的程度。

中国共产党人所做的这些工作,为马克思主义哲学中国化时代化大众化奠定了丰厚的文本根基和首要形式,无论对于党的思想理论建设、国民素质提高,还是对于人类思想理论发展,都具有不朽价值。

2. 译介国外学者研究著作,发挥理论建设的后发优势,占领世界马克思主义哲学民族化、时代化、大众化的理论高地

为了更准确、快捷地理解把握马克思主义经典著作,系统掌握马克思主义哲学体系,学习借鉴国外马克思主义哲学研究的成果和经验,中国共产党充分发挥理论建设的后发优势,以开阔的世界眼光,通过大量翻译国际著名马克思主义学者的优秀哲学著作,一开始就站在了世界马克思主义哲学研究前沿的理论高地上。

早期的翻译主要集中在日本、法国、德国和苏联学者关于马克思主义哲学经典著作、唯物辩证法和唯物史观研究方面的重要著作。主要有日本马克思主义哲学家河上肇的《唯物史观研究》(郑里镇译,1930 年上海文华书局出版)、《唯物史观基础》(巴克译,1930 年上海明日书店出版)、《唯物论纲要》(周拱生译,1930 年上海乐华图书公司出版);法国著名马克思主义哲学家拉法格的《思想起源论》②、《在历史观中的唯物主义与

---

① 笔者认为,马克思主义大众化的实质是马克思主义普及化和影响最大化。参见何怀远《关于推进马克思主义中国化时代化大众化的几个问题》,《南京政治学院学报》2008 年第 3 期。

② 熊得山、张定夫根据日文本翻译,1930 年 9 月上海昆仑书店出版;刘初鸣根据法文本翻译,书名译为《思想起源论》,1931 年 2 月上海辛垦书店出版;张达根据英文本翻译,书名译为《社会与哲学的研究》(又名《哲学问题之唯物的研究》),1931 年 2 月上海新生命书局出版。

唯心主义》（青锐译，1930 年 7 月上海辛垦书店出版）、《财产之起源与进化》（杨伯恺译，1932 年上海辛垦书店出版）；德国著名马克思主义哲学家梅林的《历史的唯物主义》（屈章译，1929 年 1 月上海创造出版社出版），狄慈根的《辩证法的逻辑》（柯伯年译，1929 年 7 月上海南强书局出版）、《辩证法的唯物观》（杨东莼译，1929 年 7 月上海昆仑书店出版）、《新唯物论的认识论》（杨东莼译，1929 年 9 月上海昆仑书店出版）；苏联哲学家德波林的《唯物辩证法与自然科学》（林伯修译，1929 年 4 月上海光华书局出版）、《辩证法的唯物论入门》（林伯修译，1930 年 3 月上海南强书店出版）、《哲学与马克思主义》（张斯伟译，1930 年 8 月上海乐群书店出版）；布哈林的《历史唯物主义理论》（最早的译本由许楚生翻译，1929 年 12 月上海社会问题研究社出版，译名为《唯物史观与社会学》）；西洛可夫和爱森堡等人的《辩证法唯物论教程》（李达、雷仲坚合译，1932 年上海笔耕堂书店出版）；米丁的《辩证唯物论与历史唯物论》（沈志远译，1936 年 9 月上海商务印书馆出版）、《新哲学大纲》（艾思奇、郑易里合译，1936 年上海读书出版社出版）等。这些著作涉及到马克思主义哲学原理的方方面面，每个作者对马克思主义哲学的理解和体系把握都有各自的民族、国家、时代和文化特点，对于中国人及时、便捷、准确、全面、系统理解马克思主义哲学经典著作，掌握马克思主义哲学体系，建构中国人自己的马克思主义哲学原理体系，起到了先导作用。

3. 理解建构马克思主义哲学原理体系，为马克思主义哲学中国化、时代化大众化奠定深厚的学理基础

在学习借鉴国外马克思主义哲学家或研究者对马克思主义哲学体系理解的基础上，中国共产党始终把建构中国人自己的马克思主义哲学原理体系作为全面、系统、准确掌握马克思主义世界观方法论的标志，作为实现马克思主义哲学中国化时代化大众化的基本形式，从而使马克思主义哲学中国化时代化大众化扎根于深厚的学理基础之中。

马克思主义哲学原理体系，是蕴含在马克思主义经典著作、全面体现经典作家的世界观方法论的理论系统。自 20 世纪 90 年代来，中国人撰写了数以千计的马克思主义哲学原理著作，其中有 5 本成为马克思主义哲学

中国化时代化大众化的标志性成果。第一本是李达的《社会学大纲》。①
这是中国人第一次对马克思主义哲学基本原理作了全面、系统、深入的体
系性建构，被毛泽东称为"中国人自己写的第一本马克思主义哲学教科
书"，是中国人在新民主主义革命时期全面系统地理解表述马克思主义哲
学体系的标志。该书对毛泽东产生了较大影响，据毛泽东自己说，他读了
10 遍以上，仅阅读时的批注文字就有约 3400 字。毛泽东还把此书推荐为
延安抗日军政大学和干部学习的教材，在相当长的时间内，一直是中国人
学习马克思主义哲学的基本教材、编撰马克思主义哲学教科书的蓝本，对
于马克思主义哲学中国化时代化大众化发挥了范导作用。第二本是艾思奇
的《大众哲学》②。该书 1936 年出版，到新中国成立之前，共出版过 32
个版本。它不是一本完整马克思主义哲学原理的体系性著作，之所以深受
中国人喜爱，在于它把马克思主义哲学深刻的道理通俗化，开了中国马克
思主义哲学通俗化先河，同时，它适应了当时中国认识时局、开启民智、
救亡图存的强烈需要，是以通俗化而推进马克思主义哲学中国化时代化大
众化的标志。第三本是毛泽东的《辩证法唯物论讲授提纲》。这是 1937
年毛泽东在中共中央党校、抗日军政大学讲授马克思主义哲学的讲义，全
文 6 万多字，1937 年延安解放出版社出版。该书出版后，中国共产党在
陕北和各根据地开办的二十几所干部学校，均把这部著作列为马克思主义
哲学课程的教材，特别是其中的《实践论》、《矛盾论》，把马克思主义哲
学中国化时代化大众化推向历史高潮，也把用中国化时代化大众化马克思
主义哲学成果武装全党推向历史高潮，成了其后马克思主义哲学教科书相
关部分的基本内容。第四本是艾思奇的《辩证唯物主义历史唯物主义》。
该书 1961 年出版，这是新中国成立后中国人自己编写的第一本马克思主
义哲学教科书，但是，由于当时向苏联"一边倒"的政治大气候影响，
它在基本构架和理论原则取向上基本是哲学教科书体系的翻版，可它一出
版就成了全国高校、党校和党政干部学习培训的教材，多次再版，影响了
几代大学生和党政干部。它的主要不足是过分强调"唯物"原则而对

---

①　该书是李达在国立北平大学法商学院任教授的讲义，1935 年作为讲义首次印行，1937
年 5 月由上海笔耕堂书店出版，同年就再版 3 次。

②　《大众哲学》原名《哲学讲话》，是作者在 1934 年 11 月至 1935 年 10 月发表在《读书生
活》上的文章汇编，1936 年 1 月出第 1 版，当年 4 月出第 4 版时，改名《大众哲学》。

"辩证"原则重视不够。第五本是李秀林等主编的《辩证唯物主义和历史唯物主义原理》。该书的最大特点是试图突破苏联哲学教科书体系，强化了实践观、主体性、价值观、人的问题、科学技术问题等，在马克思主义哲学的问题域及其体系上有了较大程度的创新。1982 年出版后随即被普通高校、逐渐在党校系统选作哲学专业和哲学公共课教材，并作为各种等级考试的哲学课程用书。这本教材数次修订，发行超 1000 万册，大体上流行了十年。进入 20 世纪 90 年代，它被各级各类学校的自编教材所取代，我国的马克思主义哲学教材也随之进入了中国化、时代化、大众化的"战国时代"，虽然数百种马克思主义哲学原理教材少有新面孔，但大大推进了马克思主义哲学中国化时代化大众化的广度。

笔者在这里想要说明的是，不管我国现行的马克思主义哲学体系受到苏联哲学教科书模式的多大影响，但有两点是不能否定的：第一，这个体系中的一些基本范式、基本原理及其表达方式、阐述方式、基本内容都蕴含着中国实践、中国经验、中国文化、中国风格和中国气魄，包含了一代代中国马克思主义哲学工作者为马克思主义哲学体系中国化、时代化、大众化所作出的卓越贡献。第二，不管我们对这一体系的基本范式、基本理论的理解和阐述有多少局限，但它们仍然是我们认识世界和改造世界无法回避、必须加以学习的理论。

二　把回答和解决中国革命和建设实践问题的世界观方法论作为根本目标,确保马克思主义哲学中国化时代化大众化的正确方向和不竭动力

马克思说过："理论在一个国家实现的程度，总是决定于理论满足这个国家的需要的程度。"[①] 马克思、恩格斯对人类社会规律的研究、对资本主义的批判、对无产阶级革命道路的设想、对未来社会的预测等，主要是根据欧洲各国的情况做出的，列宁的无产阶级革命和社会主义建设理论，也是根据俄国的历史与当时的现实条件作出的，就其具体内容而言，

---

① 《马克思恩格斯选集》第 1 卷，人民出版社 1995 年版，第 11 页。

都是"成为过去的死东西",然而,即使他们那些针对具体问题的专门论述,其中蕴含的世界观方法论却具有永恒的价值,是经典著作中"属于现在的活东西"。在中国这样一个半封建半殖民地社会,以及在这个基础上建立的社会主义社会,不可能指望从马克思主义经典著作中找到具体的现成答案,需要马克思主义哲学不断为中国革命和建设面临的现实问题提供回答和解决的世界观方法论。马克思主义哲学中国化时代化大众化,就是在与时俱进地为革命和建设实践面临的重大问题提供科学的世界观方法论,从而更好地满足中国革命和建设需要的过程中实现的。

在这里需要指出的是,马克思主义的中国化、时代化、大众化是三位一体的统一行为,核心是中国化,要求是时代化,目标是大众化。正如王伟光所认为的,马克思主义哲学中国化的进程,就是马克思主义哲学时代化、民族化、现实化和大众化的进程。① 因为只要运用马克思主义哲学回答和解决中国人高度关注、期待解决的现实问题,马克思主义哲学也就中国化、时代化了,这样的哲学,中国人愿意学、学得懂、听得进、乐意行,自然就大众化了。

1. 从世界观方法论高度凝炼中国革命和建设不同历史阶段的主题,确保马克思主义哲学中国化时代化大众化的正确方向

提出问题是解决问题的前提和开端。马克思主义哲学中国化时代化大众化的开端和递升,是从它在各个历史时期从世界观方法论高度提出中国革命和建设必须面对、必须解决的主题开始的。

中国共产党作为一个以马克思主义为指导思想的党,马克思主义始终是中国共产党自身建设和从事实践的理论前设,于是,以毛泽东为代表的中国共产党人以马克思主义的世界观方法论首先提出了一个总问题:什么是马克思主义、怎样坚持马克思主义? 在回答和解决这个总问题过程中,马克思主义哲学给予的一个基本方法论就是"结合",即把马克思主义基本原理与中国实际相结合,在结合中创新发展理论,在结合中创新拓展实践。90 年的艰辛探索,中国共产党创造了自己的理论——中国化马克思主义理论体系,它包括毛泽东思想和中国特色社会主义理论体系。新中国

---

① 王伟光:《努力推进马克思主义哲学中国化》,《人民日报》2010 年 9 月 28 日。

之前，中国共产党的根本任务是夺取中国革命胜利，掌握国家政权，为实现党的宏伟奋斗目标奠定政治基础，党在这一阶段要回答和解决的根本问题是：从事什么样的革命、怎样取得革命胜利？要在理论和实践上回答和解决这一根本问题，必须在理论和实践上破解四个问题：一是党的自身建设，发展壮大党员队伍，全面强化党组织；二是军队建设，发展壮大武装力量，夺取革命战争和民族解放战争的胜利；三是扩大党的社会基础，聚集支持革命和战争的深厚社会力量；四是确定中国革命的道路和战争的战略和策略，保证革命和战争的胜利。对这一系列问题的理论和实践探索，马克思主义中国化、时代化、大众化形成了第一个理论形态——毛泽东思想。民主革命胜利后，在这个曾经是半封建半殖民地的落后社会实现政治理想，中国共产党才真正遇到了马克思主义的实质性问题：建设什么样的国家、怎样建设国家？随着中华人民共和国建设实践的发展、世界格局的重大变化和人类实践面临的新问题，党在理论和实践中先后遇到三大问题：什么是社会主义、怎样建设社会主义？建设什么样的党、怎样建设党？实现什么样的发展、怎样发展？对这一系列问题的理论和实践探索，马克思主义中国化时代化大众化形成了第二个理论形态：中国特色社会主义理论体系。马克思主义哲学就是要围绕回答和解决上述重大问题进行理论思考和理论创新。

2. 运用马克思主义哲学基本原理回答和解决实践问题，使马克思主义哲学中国化时代化大众化获得强大动力

理论为实践而生，理论在实践中发展。在破解中国革命和建设遇到的上述一系列问题过程中，以下六个方面的马克思主义哲学基本观点成了中国共产党和绝大多数中国人认识世界和改造世界的基本立场、观点、思维方式和工作方法，发挥了基础性、关键性、持久性作用，成为马克思主义哲学中国化时代化大众化的精彩内容和经典形式。

一是实践观点与实事求是思想路线。马克思主义哲学的实践观点注重经验、注重条件、尊重规律。以毛泽东为代表的中国共产党人用马克思主义哲学的实践观点将传统文化的实用理性提升为一切从实际出发、理论联系实际、实事求是的思想路线。① 在 90 年的历史中，中国共产党就是凭

---

① 《毛泽东选集》第 3 卷，人民出版社 1991 年版，第 801 页。

着实事求是思想路线，既抵制了共产国际和党内的教条主义，也抵制了国际上和社会上的反马克思主义和非马克思主义思潮，在曲折中成功探索到了中国特色的新民主主义革命道路和中国特色社会主义建设道路。实事求是思想路线的本质要求是马克思主义基本理论与中国实际相结合，以求真务实的精神谋取革命和建设的成功。具体说来，就是从主客观实际条件出发，运用马克思主义基本理论，确定不同时期正当可行的实践目标，探索有效的策略和手段，实现既定目标。在民主革命时期确立实事求是思想路线，党摸索了14年（从建党到1935年遵义会议）才在革命的政治问题上成熟起来。在这期间，由于党处于幼年时期，理论准备和对中国国情的认识不足，加上革命任务异常繁重，国际共产主义运动中的教条主义盛行，第一次国共合作时期出现过对国民党妥协退让的错误，土地革命战争时期犯过"左"倾冒险主义、"左"的教条主义错误，"九一八"事变后又出现过冒险主义和关门主义错误。从遵义会议开始，党在政治上成熟起来，制定了正确的政治路线、阶级路线和军事路线，在"什么是马克思主义、如何坚持马克思主义"这一总问题下，比较好地回答和解决了"从事什么样的革命、怎样取得革命胜利"的问题。在社会主义革命和社会主义建设时期，党在曲折中摸索了28年（从新中国成立到1978年党的十一届三中全会）才在社会主义建设问题上成熟起来。在这期间，由于从革命党到执政党的角色转换，党对比革命更为复杂艰难的国家建设、社会主义建设缺乏中国化时代化的理论认识和实践经验，犯了一系列以急于求成为特征的"左"倾错误，社会主义改造时期犯了"急于过渡"的错误，社会主义建设时期接连犯了"大跃进"、"反右"和"文化大革命"的严重错误。以党的十一届三中全会为标志，中国共产党人恢复了实事求是的思想路线，在"建设什么样的国家、怎样建设国家"这一根本问题上，既反"左"，又反右，制定了"一个中心、两个基本点"的基本路线，在理论和实践上先后对三大课题——"什么是社会主义、怎样建设社会主义"、"建设什么样的党、怎样建设党"、"实现什么样的发展、怎样发展"——做出了重要探索，取得了辉煌成就。在全面建设小康社会的新时期新阶段，胡锦涛同志把坚持实事求是思想路线落实到大力弘扬求真务实精神、大兴求真务实之风上，并提醒全党："求真务实，是辩证唯物主义和历史唯物主义一以贯之的科学精神，是我们党的思想路线的核心内容，也是党的优良传统和共产党人应该具备的政治品格"，它在推进党和国家各项工作中具有"基础性、根本性意义"。① 90 年正反两方面的经验证明，实事求是思想路线是我们的法宝，坚持它，党就能从胜利走向更大胜利，离开它，党就会犯大错误。

二是阶级观点与阶级分析方法。阶级分化和阶级对立是 20 世纪上半叶中国这样一个半封建半殖民社会的鲜明特点。可是，在中国传统哲学中，以天定的命运观念消解了人们对社会不平等的认知，以祸福的个人际遇的偶然性掩盖了人与人社会经济差别的社会认知，以人与人之间亲善和睦与社会和谐的伦理观念缓和了阶级对立，以中庸之道的行为方式消磨了下层阶级的革命要求。历史唯物主义的阶级理论和阶级分析方法，使寻找救国救民真理的中国人豁然开朗，找到了破解中国社会问题奥秘的钥匙。正如列宁所说："马克思主义提供了一条指导性的线索，使我们能在这种看来扑朔迷离、一团混乱的状态中发现规律性。这条线索就是阶级斗争的理论。"② 以毛泽东为代表的中国共产党人把历史唯物主义的阶级理论和阶级分析方法，创造性地运用于半封建半殖民地的旧中国，将其具体化为三个相互联系、不可分割的理论要点：一是各阶级的经济地位和"生活条件"，这是阶级存在的客观形态；二是各阶级的革命态度或"意向"，这是阶级存在的政治倾向；三是各阶级之间的关系，这是阶级之间的利益结构及其政治倾向变动的结构力量。正是由于科学分析了中国社会的阶级状态，明确了革命的对象、主体、盟友和可争取的边缘力量，党才得以制定正确的政治路线、阶级政策和革命策略。为此，毛泽东先后写了《中国社会各阶级的分析》、《怎样分析农村阶级》、《中国革命和中国共产党》等重要文章。他鲜明地提出："谁是我们的敌人？谁是我们的朋友？这个问题是革命的首要问题。"认为"中国过去一切革命斗争成效甚少，其基本原因就是因为不能团结真正的朋友，以攻击真正的敌人"③。他以唯物史观的阶级理论对中国社会各阶级及其对革命的态度作出了科学分析，对中国革命的对象、任务、动力、性质和前途得出了全新的答案。首先是认识了当时中国社会矛盾和社会问题的阶级原因，这就是当时存在着三大阶

---

①　胡锦涛：《在全党大力弘扬求真务实精神，大兴求真务实之风》，《十六大以来重要文献选编》（上），第 724—725 页。

②　《卡尔·马克思》，载《列宁专题文集》，人民出版社 2009 年版，第 15 页。

③　《毛泽东选集》第 1 卷，人民出版社 1991 年版，第 3 页。

级矛盾：工人阶级和资产阶级的矛盾、农民阶级和地主阶级的矛盾、民族资本和官僚资本的矛盾及其与这种矛盾相联系的民族资产阶级和外国资产阶级的矛盾。其次是确定了革命的对象、主体、盟友和根本任务，为制定正确的阶级路线和革命路线找到了方法和根据。根据阶级分析的结果，封建地主阶级、官僚资产阶级是革命的对象，工人阶级是革命的领导阶级，农民阶级是工人阶级的天然盟友和革命的依靠力量，其他阶级都是革命要争取的力量。革命，就是在无产阶级及其政党——共产党的领导下，团结带领农民阶级和小资产阶级推翻封建地主阶级、官僚资产阶级和外国殖民者。再次，为党的力量壮大和统一战线的确立提供了阶级依据。虽然中国共产党也多次犯过"唯成分论"错误，① 但是，党又凭着中国化时代化大众化的马克思主义的阶级理论和阶级分析方法，克服了这些错误。可见，马克思主义的阶级观点和阶级分析方法是中国共产党认识和解决"从事什么样的革命、怎能取得革命胜利"问题的核心理论。新中国成立后，随着社会主义改造的完成，有产阶级被剥夺了生产资料，它们作为阶级已经失去存在基础。但是，在改革开放过程中，在党实行的以公有制为主体、多种所有制经济共同发展的基本经济制度下，分配差距拉大，有产阶层快速崛起，如何看待中国社会出现的新的阶层，关乎到中国特色社会主义的前途和命运。党的十六大对此及时作出界定："包括知识分子在内的工人阶级，广大农民，始终是推动我国先进生产力发展和社会全面进步的根本力量。在社会变革中出现的民营科技企业的创业人和技术人员、受聘于外资企业的管理人员、个体户、私营企业主、中介组织的从业人员、自由职业人员等社会阶层，都是中国特色社会主义事业的建设者。"同时表示："对为祖国富强贡献力量的社会各阶层人们都要团结，对他们的创业精神都要鼓励，对他们的合法权利都要保护，对他们中的优秀分子都要表

---

① 一次是党的八七会议，搞"唯成分论"，过分强调中央机关和党员成分工农化，把大批非工农出身但拥护党、愿意加入党的商人、学生等拒之于党组织之外；二是"九一八"事变后，搞左侧关门主义，当时的临时中央根本不懂得，在解决民族危机已经上升到主要矛盾时，不管哪个阶级、阶层、派别、组织、个人，只要主张抗日，反对不抵抗主义，就是倾向于革命，或者至少是有利于革命的；（参见中共中央党史研究室编《中国共产党历史》第1卷上册，第239、345页。）三是从"三反"、"五反"开始，不断地把"唯成分论"推向极端，几乎把所谓的"五类分子"及其后代甚至有直系亲属关系的人统统拒之于党外、军外和干部队伍之外，所有这些都给党的健康发展和力量扩大带来了严重危害，也给国家建设和社会和谐造成重要影响。

彰，努力形成全体人民各尽所能、各得其所而又和谐相处的局面。"之所以得出这一结论，在于中国共产党把马克思主义的阶级理论和阶级分析方法发展到了时代的新高度，这就是："不能简单地把有没有财产、有多少财产当作判断人们政治上先进与落后的标准，而主要应该看他们的思想政治状况和现实表现，看他们的财产是怎么得来的以及对财产怎么支配和使用，看他们以自己的劳动对中国特色社会主义事业所作出的贡献。"① 可见，在党执政条件下，判断一个阶层的先进与落后，要看五个条件：一是财产多少；二是财产的来源；三是对财产的支配和使用；四是财产所有者的思想政治状况和现实表现；五是财产所有者对社会的劳动贡献。这是中国共产党对马克思主义阶级理论和阶级分析方法以及人的社会本质理论中国化时代化大众化的最新成果，它为中国经济发展与社会和谐提供了思想基础和理论保障。

三是群众观点与群众路线。中国共产党马克思主义哲学的群众观点与中国传统哲学朴素民本思想结合起来，形成了中国化的马克思主义群众观点和群众路线。这就是用"人民，只有人民，才是创造世界历史的动力"来表达人民群众的历史作用；用"真正的铜墙铁壁"来表达人民群众的巨大力量；以"全心全意为人民服务"为党的宗旨融合党与人民的血肉联系；用"鱼水关系"建立军民关系的全新模式；用"从群众中来，到群众中去"把群众观点变成党的认识路线和工作方法；用"权为民所用，情为民所系，利为民所谋"把群众史观转化为共产党人的执政理念；用"以人为本"将群众史观转化为共产党人的全部实践的价值观。正是历史唯物主义关于人民群众是历史的创造者的观点，使中国共产党不仅认识到党的重要性、领袖的重要性，同时认识到阶级、群众的重要性；不仅认识到工人阶级的先进性，同时认识到农民和其他阶级阶层、社会力量的重要性，从而，正确处理了个人、阶级、政党、领袖和群众的关系。突出体现在以下两个方面：第一，在阶级政策上，既重视阶级分析又不唯阶级论，使中国共产党以群众观点超越了阶级纯粹主义，建立了工人阶级领导的、以工农联盟为基础的、各阶级联合的统一战线。有两个问题上的正确处理对党的事业起了决定性作用。一是农民问题。马克思对于德国、法国的农

---

① 江泽民：《全面建设小康社会，开创中国特色社会主义事业新局面》，载《江泽民文选》第 3 卷，人民出版社 2006 年版，第 539—540 页。

民曾作为小资产阶级给予很多批评，但他非常清楚农民对于无产阶级革命的重要性，在分析德国的革命时他说："德国的全部问题将取决于是否有可能由某种再版的农民战争来支持无产阶级革命。"[①] 农民是中国社会的主体、生产的主体，中国的农民绝大多数是自耕农、半自耕农和无地佃农，因而也是革命和战争的主力军。谁解决了农民问题，谁就能赢得农民的支持，谁赢得农民的支持，谁就能够赢得革命和战争。毛泽东的结论是："中国的民主主义者如不依靠三亿六千万农民的援助，他们就将一事无成。"[②] 中国共产党把政治革命与土地革命联系起来，政治上相信农民，实践上依靠农民，持续开展土地革命，建立了牢不可破的工农联盟，走出了一条农村包围城市、武装夺取政权的成功之路。二是知识分子问题。知识分子的阶级属性是一个十分复杂的问题，在一定程度上，其政治和社会态度取决于各政治力量对他们的态度。在国际共运史中，认识和对待知识分子问题，教训多于经验。中国共产党本来就是中国先进知识分子建立起来的无产阶级政党，但是，有时由于没有区分阶级先进性与个人先进性的关系，把个人的家庭阶级出身与个人先进性直接联系起来，于是，知识分子往往首先成为这种认识的受害者。可是，党就是凭着中国化时代化大众化的马克思主义阶级理论，一次又一次地纠正错误认识和做法，每一次成功处理知识分子问题，都使党的事业出现崭新局面。知识分子对社会发展具有特殊作用。1939 年，毛泽东专门为中央起草的《大量吸收知识分子》决定中提出："没有知识分子的参加，革命的胜利是不可能的。"[③] 正是在这种认识和政策的感召下，当时的延安成了中国知识分子向往的圣地。进入改革开放时期，邓小平根据社会主义经济结构和劳动性质的新变化，于1979 年提出了一个全新的判断："知识分子是工人阶级的一部分"，从而使知识分子由新民主主义革命时期"有条件的自己人"而成为社会主义建设时期的"原本的自己人"。大批知识分子因此彻底丢掉了思想包袱，自觉承担了国家创新的历史使命。一个工人阶级政党，有了农民，就有了从事革命和建设的深厚社会力量；有了知识分子，就有了创新发展的无穷智慧源泉，从而使中国共产党始终成为中华民族核心利益的代表

---

① 《马克思恩格斯全集》第 32 卷，人民出版社 1960 年版，第 69 页。
② 《毛泽东选集》第 3 卷，人民出版社 1991 年版，第 1077—1078 页。
③ 《毛泽东选集》第 2 卷，人民出版社 1991 年版，第 618 页。

者、维护者和发展者。第二，在工作方法上，形成了"从群众中来，到群众中去"的路线和方法。中国共产党把群众史观与认识论结合起来、把认识论与价值观结合起来，既把人民群众当作党获得正确认识、做出正确决策的智慧之源，也把人民群众当作检验和评价党的认识和决策是非得失的社会主体，把人民群众的根本利益作为评价是非得失的根本价值标准，这是中国共产党能够永远立于不败之地的认识论和价值观基础。

四是矛盾理论与矛盾分析方法。以毛泽东为代表的中国共产党人把马克思主义哲学的矛盾理论与中国传统哲学的朴素辩证法结合起来，运用于中国革命和建设实践，形成了中国化时代化大众化的矛盾理论与矛盾分析方法。第一，用"一分为二"来表达矛盾、矛盾普遍性观念，把正视"客观矛盾"与预见"潜在矛盾"结合起来，使矛盾理论自然融入实践能动性之中。在认识和处理客观矛盾时，深入分析矛盾双方的同一性和斗争性，寻找保证整体利益的矛盾处理办法。中国共产党在抗日战争中对阶级矛盾与民族矛盾的关系的处理，在国家统一问题上采取"一国两制"处理社会主义大陆与资本主义香港、澳门、台湾的关系，在改革开放过程中处理科学社会主义原则与中国特色、社会主义与资本主义、社会主义制度与市场经济体制的关系等，几乎都达到了炉火纯青、出神入化的水平，都将成为人类认识和处理对立面之间对立统一关系的经典案例。在认识和判断潜在矛盾问题时，深入认识对立面之间的同一性，科学分析对立面转化的可能性，防止矛盾向着否定我们的实践目标的方向转化，确保矛盾运行在有利于我们的实践目标的状态和方向上。坚持"一分为二"看问题，在成功顺利时看到困难和问题，做到"居安思危"、"警钟长鸣"；在遇到困难挫折时要看到成绩和光明；在认识优势与劣势关系上，要明白"尺有所短，寸有所长"，处于弱势时要看到自己的弱中之强，对手的强中之弱，防止悲观失望，处于强势时要认识自己的强中之弱，明白对手的弱中之强，克服骄傲自满，始终保持了认识和实践上的双重理性和双重清醒。第二，寻找对立面之间的同一性，创造一切可能的条件，促使矛盾向着有利于我们的实践目标的方向转化。在中国革命最艰难、许多人怀疑"红旗到底打得多久"的时候，毛泽东通过分析敌与我的强与弱、本质与现象后告诉全党："星星之火，可以燎原"①，中国共产党创造了以少胜多、以弱胜强的矛盾转化的神话；当中国革命即将胜利的时候，中国共产党在西柏坡召开七届二中全会，清醒地认识到取得民主革命的胜利只是万里长征走完了第一步，今后的路程更长，工作更伟大、更艰巨，及时提醒全党同志必须做到"两个警惕"、"两个务必"，即警惕骄傲自满、以功臣自居的情绪的滋长，警惕资产阶级用糖衣裹着的炮弹的攻击，务必继续地保持谦虚、谨慎、不骄、不躁的作风，务必继续地保持艰苦奋斗的作风；在改革开放过程中，中国共产党成功处理了改革、发展与稳定之间尖锐复杂的矛盾关系，使中国特色社会主义建设取得了让世界刮目相看的成绩。90年来，中国化时代化大众化的马克思主义矛盾理论，成了中国共产党人认识世界和改造世界的得心应手的锐利思想武器。

　　五是生产力观点与解放和发展生产力战略。中国共产党从它诞生的那一天起，就牢记历史唯物主义的生产力观点，把解放和发展中国的社会生产力作为根本任务和检验实践的标准。毛泽东1945年在《论联合政府》中指出："中国一切政党的政策及其实践在中国人民中所表现的作用的好坏、大小，归根到底，看它对于中国人民的生产力的发展是否有帮助及其帮助之大小，看它是束缚生产力的，还是解放生产力的。"②邓小平在改革开放之初把生产力与社会主义密切联系起来，提出贫穷不是社会主义，不发达也不是社会主义，社会主义的根本任务是大力发展生产力，告诫全党"发展才是硬道理"。之后，江泽民、胡锦涛一再强调"发展是党执政兴国的第一要务"。在90年的历史中，中国共产党为了解放和发展生产力，开展工人运动，解放中国最先进的生产主体——工人阶级；进行土地革命，改变农村生产关系，解放中国社会最大多数的生产主体——广大农民；推动北伐战争，结束军阀割据和军阀混战，为发展生产力创造统一安定的社会条件；进行抗日战争，推翻帝国主义压迫，捍卫民族独立自由，为发展中华民族的生产力创造国家条件；推翻代表大地主、大资产阶级的国民党政权，建立中华人民共和国，奠定了解放和发展生产力的政权基础；实行改革开放，为解放和发展生产力创造最先进的生产关系、经济体制、上层建筑和国际条件。为了快速解放和发展生产力，中国共产党在执

---

①　《毛泽东选集》第1卷，人民出版社1991年版，第99—100页。

②　《毛泽东选集》第3卷，人民出版社1991年版，第1079页。

政后的前 28 年，甚至多次犯过急于求成的错误。中国共产党 90 年的奋斗史，本质上是一部始终代表中华民族的核心利益、解放和发展生产力、谋求中华民族繁荣富强的历史。

三　把反对教条主义和经验主义作为重要任务，为马克思主义哲学中国化时代化大众化清理思维障碍和观念包袱

教条主义和经验主义是对待马克思主义的两个极端，是马克思主义中国化时代化大众化的两大障碍。中国共产党人与此进行了长期的、坚决的斗争，斗争的理论成果集中体现在毛泽东的一些重要著作和中共中央1945 年、1981 年《关于若干历史问题的决议》和《关于建国以来党的若干历史问题的决议》中。

1. 坚持与教条主义作斗争，在实现马克思主义与中国实践结合中以中国经验推进马克思主义哲学中国化时代化大众化

"教条主义的特点，是不从实际情况出发，而从书本上的个别词句出发"①，概括说来，一是"条条"至上，二是拒绝变通。民主革命时期的王明、"文革"时期的"四人帮"、如今的一些反对中国特色社会主义理论体系的极"左"思潮，都是教条主义的典型代表。教条主义的产生有其必然性。一个以马克思主义为指导思想的党，学习马列、信仰马列、坚持马列、运用马列是其基本的理论信仰、政治品格和实践要求。可是，理论的认同、信念的坚定、情感的共鸣却往往使人在信仰和坚持理论的同时，忘记了理论与实践的关系。所以不难理解，尽管党在成立伊始，就把"努力研究中国的客观的实际情形，而求得一合宜的实际的解决中国问题的方案"当作"第一任务"（《先驱》，1922 年 1 月，发刊词），但教条主义却仍然不时成为妨碍马克思主义与中国实际结合的思维顽症。

中国共产党与教条主义进行了坚持不懈的斗争。毛泽东把"扫除教

---

① 《毛泽东选集》第 3 卷，人民出版社 1991 年版，第 938 页。

条主义"作为思想建设的主要目标,① 先后发表了《反对本本主义》、《实践论》、《矛盾论》、《改造我们的学习》、《整顿党的作风》、《反对党八股》等重要文章和讲话。其思想要点有三:第一,他把学习"本本"与"本本主义"区别开来,认为"马克思主义的'本本'是要学习的,但是必须同我国的实际情况相结合。我们需要'本本',但是一定要纠正脱离实际情况的本本主义"②。第二,他用"有的放矢"来阐述马克思主义与中国革命的关系,从根本上端正学习的目的。他说:"'的'是中国革命,'矢'就是马克思列宁主义。我们中国共产党人所以要找这根'矢',就是要射中国革命和东方革命这个'的'的。"这就叫"有的放矢"的态度。③ 因此,"对于马克思主义理论,要能够精通它、应用它,精通的目的全在于应用"④。第三,他用马克思主义中国化时代化大众化来从根本上防止教条主义。他在党的六届六中全会上提出:"使马克思主义在中国具体化,使之在其每一表现中带着必须有的中国的特性,即是说,按照中国的特点去应用它",使之具有"新鲜活泼的、为中国老百姓所喜闻乐见的中国作风和中国气派"。⑤

教条主义的错误在于不懂得理论理想、现实条件与策略手段的关系,固守理论理想,不研究现实条件,把理想当作"完美不变"的目标,把书本上的理论、方法当作包医百病的药方。防止教条主义,从方法论上说,就是正确处理实践中的价值取向、理想目标、现实条件与策略手段的关系。为了实现社会理想,在一定时期所采取的正当手段,是由现实条件决定的。但是,不管采取什么手段,衡量的标准只有一个:看它能否实现理想以及实现的效率。中国共产党人正是在以求真务实的态度处理中国革命和建设中的价值取向、理想目标、现实条件与实践策略关系中,发挥理论创新的先导作用,形成自己的哲学理念和实践理论,推进了马克思主义哲学和整个马克思主义的中国化时代化大众化。

---

① 《毛泽东选集》第 1 卷,人民出版社 1991 年版,第 299 页。

② 同上书,第 111—112 页。

③ 《毛泽东选集》第 3 卷,人民出版社 1991 年版,第 801 页。

④ 同上书,第 815 页。

⑤ 《毛泽东选集》第 2 卷,人民出版社 1991 年版,第 534 页。

2. 坚持与经验主义作斗争，在实现马克思主义与中国实践结合中，以马克思主义世界观方法论保证中国实践的正确方向

经验主义同教条主义的区别，是在于轻视马克思主义理论，满足于个人或他人的局部经验，把经验作为教条到处搬用。[①] 应当说，从事实际工作的同志所积累的成功经验，是处理新的矛盾和问题的重要参照模式，是科学理论的源泉，因而是极其可贵的。用成功的经验指导开展工作，并不必然是经验主义，但如果把经验当作不变的教条到处照搬，就犯了经验主义错误。经验主义之所以错误，就在于经验是个人或集团在特定条件下的成功，具有局限性、或然性而不具有必然性，一旦超出其存在的时间、地点、条件，经验就不再灵验。

中国共产党历史上的经验主义，产生于两种情况：其一，由于中国共产党自成立之日就投入到繁重而严酷的革命斗争中去，理论准备相对不足，加上许多党员和党的领导干部出身贫寒，虽然走上革命道路时文化水平较低，马克思主义理论水平不高，但他们在实际工作中积累了丰富经验，正是凭着这些经验取得了工作的成绩，很容易把经验当作教条，照搬照套。党内长期以极端的方式批判"外行不能领导内行"，实际上是经验主义的掩饰形式。其二，由于伟大革命的胜利，导致了革命经验崇拜，形成了不加反思的整体经验主义。党和毛泽东同志也与经验主义作过斗争，但是，革命胜利后，自觉不自觉地把革命战争的经验用于指导国家建设，犯了严重的经验主义错误。经济建设上急于求成，违背基本的科学规律和经济规律，以"敢打敢拼"精神制定了"7 年超英，15 年赶美"的冒进目标，以"人民战争"的形式组织工业生产，以"轰轰烈烈"的方式调动群众经济建设的积极性；生产关系上急于过渡，原本历史尺度意义上的"相当长的"社会主义过渡时期仅用了几年时间；把苏联经验绝对化、神圣化、教条化，照搬照抄，国际政治上"一边倒"；以阶级斗争方式解决党内问题和社会文化问题，发动"文化大革命"。经验主义与教条主义一起，给社会主义建设造成了极大破坏。

中共中央在《关于若干历史问题的决议》中深入分析了经验主义的错误思想方法论，指出它和教条主义在思想方法上的一致性。经验主义和

---

① 《毛泽东选集》第 3 卷，人民出版社 1991 年版，第 988 页。

教条主义，"他们都是把马克思列宁主义的普遍真理和中国革命的具体实践分分割开来；他们都违背辩证唯物论和历史唯物论，把片面的、相对的真理夸大为普遍的、绝对的真理；他们的思想都不符合客观的全面的实际情况"①。以 1978 年的"真理标准讨论"为标志，中国共产党在既反对教条主义也反对经验主义，大大推进了马克思主义哲学中国化时代化大众化。

3. 坚持马克思主义立场观点方法的统一性，保持马克思主义哲学中国化时代化大众化的科学性

马克思主义哲学以至整个马克思主义的科学性并不在于它的立场、观点、方法各自的无错误，而在于立场、观点、方法的统一性下的科学性。这种统一性告诉我们，只有反映了马克思主义立场、观点、方法的统一的内容，才是马克思主义的，才是我们应当坚持的。正如列宁所说："在这个由一整块钢铸成的马克思主义哲学中，决不可去掉任何一个基本前提、任何一个基本部分，不然就会离开客观真理"。②"立场"是马克思主义的价值观、根本目的和观察分析问题出发点和角度，它解决的根本问题是"为了谁"。但是，马克思主义不同于伦理社会主义、空想社会主义、主观社会学以及形形色色社会主义的根本之点，在于马克思主义的立场是建立在对资本主义社会内在矛盾、运动规律及其所决定的未来发展趋势的科学判断上的，所以，"观点"是马克思主义的科学依据。"方法"是为"立场"及其理想、目标服务的策略和手段，没有方法的立场和观点都会沦为一厢情愿。方法的正当性、有效性基于三个条件：一是立场所规定的实践目的和目标；二是目的和目标的正当性和可行性的理论根据；三是实现目的和目标所具备的条件。坚持马克思主义立场观点方法的统一性，才能防止把任何一种观点、论断、结论、方法不加分析地当作真理固守不放，犯教条主义错误。

---

① 《毛泽东选集》第 3 卷，人民出版社 1991 年版，第 989 页。
② 《列宁选集》第 2 卷，人民出版社 1991 年版，第 221 页。

四　把马克思主义哲学教育制度化,让马克思主义哲学中国化时代化大众化植根于人才成长的全过程

马克思主义哲学中国化、时代化都必须落实到大众化上,而大众化的实质和目标就是马克思主义哲学影响的最大化或"普及化"。中国共产党90 年的历史经验是:把马克思主义哲学教育制度化,用马克思主义哲学"武装全党,教育人民",从根本上确保了马克思主义哲学中国化时代化大众化的主渠道。

1. 始终把马克思主义哲学作为党的理论武装的首要内容,使马克思主义哲学获得了中国化时代化大众化的实践形态

作为一个以马克思主义理论为指导思想的政党,全体党员和党的各级领导干部掌握马克思主义世界观方法论是保证建党方向、成就党的事业的思想理论基础,也是学习、运用、发展马克思主义哲学从而将马克思主义哲学中国化时代化大众化的动力源泉。中国共产党对全体党员的马克思主义哲学教育主要采取两个途径:一是党校的课程(专题)教育,二是日常理论学习,特别是每逢重要历史关头,党中央总是通过开展马克思主义哲学学习教育活动,从世界观方法论上提高全党的思想水平。第一次是延安时期。经过近 20 年的发展和奋斗,党内的教条主义、经验主义、个人主义和宗派主义不断滋长,加上抗日战争过程中面临的民族矛盾和阶级矛盾复杂尖锐,党的六届六中全会号召"来一个全党的学习竞赛"①,马克思主义哲学是当时最重要的学习内容。我们党的许多高级干部,都是在这次学习中打下了扎实的马克思主义哲学理论功底,成了他们确立实事求是的思想路线、处理革命和建设中的复杂矛盾的理论本钱。第二次是新中国成立初期。由于中国共产党长期面临严酷的意识形态环境和战争状态,马克思主义哲学的传播和影响在许多地区、领域、人群中较为薄弱,相当多的人对马克思主义哲学了解甚少,资产阶级思想和封建主义残余的影响很深。这种状况与马克思主义对党和国家的指导地位极不适应。为此,中国

---

① 《毛泽东选集》第 2 卷,人民出版社 1991 年版,第 533 页。

共产党在全党、全国范围内开展了长达 10 多年的马克思主义哲学启蒙教育活动。从 1951 年到 1966 年，毛泽东多次提出要在全党、全国范围内学习马克思主义哲学，他的思想大体上有三个要点：第一，马克思主义哲学是整个马克思主义的基础，学好哲学才能从根本上掌握马克思主义；① 第二，"全党都要学习辩证法，提倡照辩证法办事"，学好马克思主义哲学，说话才能有共同语言，干事才能有共同办法；② 第三，要让哲学从哲学家的书斋走到人民群众中去。③ 为此，开展了工农兵学哲学用哲学运动，批判了胡适的实用主义和唯心论。第三次是 1978 年开始的关于真理标准的讨论。经过 10 年"文革"的影响，极"左"的思想观念、思维方式和习惯做法严重束缚着人们的思想和国家发展，恢复党的实事求是思想路线已成当务之急。1978 年 5 月 11 日《光明日报》发表的《实践是检验真理的唯一标准》突破了历史僵局，以哲学讨论的形式，从世界观方法论上打开了解放思想的闸门。"这场讨论为冲破'两个凡是'的严重束缚，重新确立马克思主义的思想路线、政治路线和组织路线奠定了理论基础，成为实现党和国家历史性伟大转折的思想先导。"④ 中国共产党开展的一次又一次的马克思主义哲学教育，高潮迭起，连绵不断，形成了党员终身学习、全党整体提高的机制。通过以世界观方法论为核心的理论武装，中国共产党获得了世界上其他一切政党都无法比拟的理论优势、政治优势和能力强势。

2. 把马克思主义哲学作为学校教育的基本课程（专题），使马克思主义哲学中国化时代化大众化融入了人才培养主渠道

中国共产党一直重视学校这一马克思主义传播的主渠道。从建党初期，就利用大学讲坛传播马克思主义哲学。李达、侯外庐、吴承仕、马非百等一批党的理论家和著名进步教授活跃在上海法政学院、上海暨南大学、上海艺术大学、北京大学等高等院校，为学生讲授马克思主义哲学，指导学生阅读马克思主义哲学著作。当中国共产党建立了自己的红军学

---

① 《毛泽东文集》第 6 卷，人民出版社 1999 年版，第 395—396 页。
② 同上；《毛泽东书信选集》，人民出版社 1983 年版，第 407、487 页。
③ 《毛泽东文集》第 7 卷，人民出版社 1999 年版，第 200 页。
④ 《中国共产党历史》第 2 卷（下册），中共党史出版社 2011 年版，第 1029 页。

校、干部学校一直到今天的各级党校，把马克思主义哲学作为重要教学内容。特别是从延安时期开始通过大规模办校培养人才后，马克思主义哲学就始终成为党校和普通学校的必修课程。中华人民共和国成立后，从党校到各级各类普通中学、大学和研究生教育，都把马克思主义哲学作为人才培养的基本课程，并在大部分本科院校中设立了马克思主义哲学专业，设立了相应的学位授权点，培养了大批党和国家所需要的专门人才。大体说来，通过教育这一主渠道，几乎凡是接受过中等水平教育的中国人，都接受了马克思主义哲学教育。今天的世界，没有哪一个国家、政党像中国共产党这样，如此持久地通过制度给马克思主义哲学以基础教育地位，没有哪一个国家的国民受到如此普遍系统的马克思主义哲学教育。

90 年持之以恒的教育，马克思主义哲学思想在中国已经深入人心，主要体现在三个方面：第一，马克思主义哲学的基本范式，已经成为中国人的基本思维方式。唯物主义与唯心主义、辩证法与形而上学、物质与意识、联系与发展、运动与静止、时间与空间、矛盾的普遍性与特殊性、主要矛盾与次要矛盾、矛盾的主要方面与次要方面、矛盾的同一性与斗争性、内容与形式、原因与结果、个别与一般（共性与个性）、绝对与相对、必然性与偶然性、可能性与现实性、认识与实践、主观与客观、真理与谬误、社会存在与社会意识、生产力与生产关系、经济基础与上层建筑、个人与群众、必然王国与自由王国、社会进步与人的全面发展等关系性理论，是中国人认识和把握世界的基本方式，我们可以丰富它、完善它，但不能抛弃它，否则，将无法认识和把握世界。第二，马克思主义哲学的基本观点，已经成了中国人基本的理论信仰、思想观念和价值观念。马克思主义哲学的唯物观点、辩证观点、联系观点、发展观点、实践观点、能动性观点、生产力观点、阶级观点、群众观点、人的发展观点等，仍然是共产党人认识世界和改造世界不可或缺的基本观点，同样，我们对此可以发展它、完善它，但不能背离它，否则，我们必将遭受挫折和失败。第三，马克思主义哲学方法论，已经成为中国人认识世界和改造世界的基本方法论。马克思主义哲学的唯物主义原理与调查研究的方法、主次矛盾原理与两点论和重点论相统一的方法、矛盾的普遍性特殊性关系原理与一般号召和个别指导相结合的方法、矛盾特殊性原理与具体问题具体分析的方法、人民群众创造历史原理与群众路线方法等，过去是、现在是、将来仍然是我们从事社会实践的重要的思想方法、领导方法和工作方法，丢弃或背离这些方法，我们难免不犯重大错误。

　　总之，上述这些基本经验，党自身自觉坚持时，就能从胜利走向更大的胜利，无视、忘记或抛弃这些经验时，就会遭受挫折。

李达与毛泽东哲学思想的形成和发展

汪信砚[*]

毛泽东曾经说过："山沟里出马克思主义，零陵出马克思主义。"[①] 前一句可谓夫子自道，后一句则是指李达，而将李达与毛泽东紧密地联系在一起的，正是马克思主义的理想信念与无产阶级的革命道路。两人同是马克思主义哲学中国化的重要代表人物，但扮演着不同的角色，李达是大学教授型的哲学家，毛泽东则是革命领袖型的哲学家。两人之间长期密切而深入的哲学交往，展现了马克思主义哲学中国化在两种不同类型的哲学家的互动交流中逐渐展开的生动图景。

一 李达与毛泽东的哲学交往历程

1920 年前后，在俄国十月革命与"五四"运动的影响下，李达与毛泽东先后选择了马克思主义，走上了无产阶级革命的道路，也开始了他们近半个世纪的哲学交往。

受到十月革命的影响，当时留学日本的李达毅然放弃理科学习，开始学习马克思列宁主义著作，研读了《共产党宣言》、《资本论》第 1 卷、《〈政治经济学批判〉序言》、《国家与革命》等一大批马列著作以及其他介绍马克思主义的书籍。1920 年，怀着"回国寻找同志干社会革命"的希望，李达从东京回国，在上海与陈独秀、李汉俊、陈望道等建立共产主

* 汪信砚，武汉大学哲学学院教授。

① 湘人：《李达诞辰一百周年纪念活动综述》，《纪念李达诞辰一百周年》，湖南出版社1991 年版，第 355 页。

义小组，共同发起组建中国共产党。

　　为了迎接即将成立的中国共产党，李达做了大量艰苦而卓有成效的工作。一方面，他翻译出版了一批介绍马克思主义的著作。1921 年他留学期间所翻译的《唯物史观解说》、《马克思经济学说》、《社会问题总览》在国内出版，基本涵盖了马克思主义的主要组成部分。另一方面，他发表了《张东荪现原形》、《讨论社会主义并质梁任公》、《无政府主义之解剖》等一系列论战文章，批判了各种非马克思主义思潮，包括梁启超、张东荪等的基尔特社会主义，黄凌霜、区声白等的无政府主义，以及张君劢、戴季陶等的第二国际修正主义。特别是他所主编的中国共产党的第一份党刊——《共产党》月刊，大力宣传马克思列宁主义的无产阶级革命和无产阶级专政的理论以及建党理论，介绍十月革命的成功经验，报道国际共产主义运动的消息，探讨中国革命和世界革命的问题，在当时影响甚大。《共产党》月刊虽然只出版了 6 期，但被各地共产主义小组列为必读材料之一，在革命青年中广泛流传。

　　1920 年前后，正是毛泽东的思想急遽转变的时期。当时充斥于中国思想界的各种思潮，让他颇有些无所适从。1920 年 3 月 14 日，毛泽东在给周世钊的信中谈道："老实说，现在我于种种主义，种种学说，都还没有得到一个较明了的概念，想从译本及时贤所作的报章杂志，将古今中外的学说剌〈刺〉取精华，使他们各构成一个明了的概念。"① 受到李大钊、陈独秀、蔡和森等人的影响，在经历了湖南自治运动的曲折之后，毛泽东最终选择了马克思主义，决心以无产阶级革命的方式来改造中国与世界。此后不久，1920 年 11 月至 12 月间，陈独秀、李达致信毛泽东，约请他在湖南开展建党活动，并寄来一批《共产党》月刊。这让毛泽东备受鼓舞。1921 年 1 月 21 日，毛泽东在写给身处法国的蔡和森的信中称赞《共产党》月刊"颇不愧'旗帜鲜明'四个字"②。他还把其中刊载的《俄国共产党的历史》、《列宁的历史》、《劳农制度研究》等文章推荐给湖南《大公报》发表。

　　1921 年 7 月，党的一大召开，李达与毛泽东作为一大代表出席了党

---

　　① 《毛泽东早期文稿》，湖南出版社 1990 年版，第 474 页。尖括号内的字为《毛泽东早期文稿》的编者所加。

　　② 《毛泽东书信选集》，中央文献出版社 2003 年版，第 15 页。

的成立大会。这是两人的初次晤面，但彼此都给对方留下了深刻的印象。党的二大前后，毛泽东两度邀请李达到长沙他所主持的湖南自修大学任教。在长沙，李达担任湖南自修大学学长，负责讲授唯物史观、剩余价值学说、科学社会主义等马克思主义基本理论，还编写了教学资料《马克思主义名词解释》。毛泽东和李达以自修大学的名义，创办了自修大学机关刊物《新时代》。《新时代》的发刊词阐明了他们共同的志趣，即"努力研究致用的学术，实行社会改造的准备"①。这期间，李达与毛泽东朝夕相处，共同研讨马克思列宁主义和中国革命问题，从此结下了深厚的友谊。1923年4月，毛泽东离开湖南到中央工作，李达则独自担负起自修大学的工作。半年之后，湖南自修大学遭军阀赵恒惕强令关闭。

李达与毛泽东的再次会面是在三年之后的武昌。1926年，李达应国民革命军总司令部政治部主任邓演达之邀，前往武汉主持中央军事政治学校招生工作，任政治教官，并兼任国民革命军总政治部编审委员会主席。当时，毛泽东正在武昌举办农民运动讲习所，得知这一消息后，他立即邀请李达给农讲所的学员讲授社会科学概论，宣传马克思主义理论。

1927年大革命失败后，毛泽东继续从事革命实际活动，而李达则战斗在理论战线的最前沿，先后辗转于武昌中山大学、上海法政大学、暨南大学、北平大学、中山大学、湖南大学等高校，在国民党的白色恐怖与日寇的铁蹄肆虐之下，坚持翻译、研究和讲授马克思主义，并出版了一大批马克思主义著译。

从1927年到新中国成立前夕，李达与毛泽东的哲学交往主要是以李达的哲学著译为中介。这期间，李达从日语翻译出版了《现代世界观》（德国塔尔海玛著）、《马克思主义经济学基础理论》（日本河上肇著）、《理论与实践的社会科学根本问题》（苏联卢波尔著）、《辩证法唯物论教程》（苏联西洛可夫、爱森堡等著，与雷仲坚合译）等4部著作，被时人誉为翻译介绍唯物辩证法工作"成绩最佳，影响最大"②之人。同时，他撰写了系统论述辩证唯物论和历史唯物论的专著《社会学大纲》、辅导读物《辩证法和唯物论问答》和以马克思主义的辩证唯物论观点分析经济、

---

① 《发刊词》，《新时代》（创刊号）1923年4月15日。

② 郭湛波：《近五十年中国思想史》，山东人民出版社1997年版，第281页。

法律问题的《经济学大纲》、《法理学大纲》、《货币学概论》等专著，"就达到的水平和系统性而言，（党内外）无一人能出李达之右"①。

　　在严酷的革命战争年代，纷飞的炮火与反动派的阻挠并没有隔断李达与毛泽东的哲学交往与革命情谊。1935 年，李达的《社会学大纲》由北平大学法商学院作为讲义刊印，后经过修改和扩充，于 1937 年 5 月由上海笔耕堂书店出版；1936 年，李达的《经济学大纲》也由北平大学法商学院作为讲义刊印。李达将这两本书先后寄给毛泽东，受到了毛泽东的高度赞赏。毛泽东称《社会学大纲》是中国人自己写的第一本马克思列宁主义的哲学教科书，并致信李达，称赞他是"真正的人"。毛泽东还向延安新哲学学会和中国抗日军政大学的同志推荐《社会学大纲》。在一次小型干部会议上，毛泽东说："李达同志给我寄了一本《社会学大纲》，我已经看了 10 遍。我写信让他再寄十本来，你们也可以看看。"② 毛泽东向延安理论界推荐《经济学大纲》说，李达"寄我一本《经济学大纲》，我现在已读了三遍半，也准备读它十遍"③。整风运动期间，毛泽东要求党的高级干部学习理论知识，指定"李译《辩证法唯物论教程》第六章'唯物辩证法与形式论理学'"为 6 种必读材料之一④。不仅如此，毛泽东对李达本人的情况也一直十分关切。1936 年 8 月 14 日，即毛泽东得到《辩证法唯物论教程》后不久，他致信早年好友易礼容，特别提及："李鹤鸣、王会悟夫妇与兄尚有联系否？我读了李之译著，甚表同情，有便乞为致意，能建立友谊通信联系更好。"⑤ 还曾在信中托蔡元培问候李达。1948 年春，毛泽东连续三次电示华南局护送李达到解放区，并通过党的"地下交通"给李达带信说："吾兄系本公司的发起人之一，现公司生意兴隆，望速前来参与经营。"⑥ 1949 年 5 月 18 日，在北平香山，李达与毛泽东重逢。毛泽东充分肯定了李达为党的理论事业所做出的贡献，他对李达说：你早年传播马克思列宁主义，是起了积极作用的；大革命失败后到

---

　　① 侯外庐：《韧的追求》，生活·读书·新知三联书店 1985 年版，第 35 页。

　　② 郭化若：《在毛主席身边工作的片断》，《解放军报》1978 年 12 月 28 日第 1 版。

　　③ 同上。

　　④ 《毛泽东书信选集》，中央文献出版社 2003 年版，第 171 页。

　　⑤ 同上书，第 40 页。

　　⑥ 陈力新、李梅彬：《毛泽东同志和李达同志的友谊》，《光明日报》1978 年 12 月 23 日理论版。

今天的 20 多年里，你在国民党统治区教书，一直坚持马克思列宁主义的理论阵地，写过些书，是有益的，人民不会轻易忘记的①。

新中国成立以后，李达与毛泽东的哲学交往更加频繁与密切。两人不仅在来往信件中探讨哲学问题，还经常晤谈，共同切磋讨论。李达在担任教育行政职务的同时，以主要精力从事马克思主义哲学、毛泽东哲学思想的研究与宣传工作，有力地推进了马克思主义哲学的大众化与通俗化。1950 年和 1952 年，毛泽东的哲学名篇《实践论》和《矛盾论》经修改后重新发表，李达很快完成了《〈实践论〉解说》和《〈矛盾论〉解说》等一系列著述。在"两论"解说的写作过程中，他与毛泽东以书信方式相互交流，得到了毛泽东的直接指导与高度评价。在内容方面，毛泽东审阅修改了"两论"解说中的一些观点与论述。例如，毛泽东对《〈实践论〉解说》稿第二部分中有关中国人民对列强作排外主义的自发斗争的论述、有关孙中山当年所倡导的民族主义完全以清政府为对象而从未提起过反帝国主义的论述，以及有关唯物论的"唯理论"是今日教条主义的来源和唯物论的"经验论"是今日经验主义的来源的论述，均作了重要修改。②在形式方面，毛泽东高度评价了李达的"两论"解说中准确且通俗的语言，认为"两论"解说对于宣传唯物论有很大的作用，并希望李达为辩证唯物论的通俗宣传工作多作努力。在 50 年代中后期，李达与毛泽东在具体问题与个别观点上出现了分歧。李达对于"大跃进"运动中提出的"人有多大胆，地有多高产"等口号，以及所谓的"顶峰论"，均提出了激烈的批评，与毛泽东在主观能动性问题上持不同看法。有些正确的反对意见后来被毛泽东所接受。1961 年，李达因病到庐山休养，在与毛泽东的一次谈话中，毛泽东提议李达将旧著《社会学大纲》修改后重新出版。李达接受任务后，决定重新编写一部辩证唯物主义和历史唯物主义的教科书，并命名为《马克思主义哲学大纲》。1965 年下半年，李达将已完成的《马克思主义哲学大纲》上册送毛泽东审阅。毛泽东认真阅读了书稿，并写下了关于辩证法的核心规律的重要批注。

总的来说，李达与毛泽东之间的哲学交往，始于中国共产党的创立时

①　陈力新、李梅彬：《毛泽东同志和李达同志的友谊》，《光明日报》1978 年 12 月 23 日理论版。

②　《毛泽东书信选集》，中央文献出版社 2003 年版，第 376 页。

期，历经革命战争年代的考验，建国后更为频繁与深入。两人虽有过分歧与争论，但始终坚持相同的立场与原则。作为我国传播马克思主义哲学的先驱与主将，李达在建党初期不遗余力地宣传马克思主义哲学，批判各种非社会主义思潮。李达对马克思主义哲学的卓有成效的宣传，极大地影响了当时正在积极寻求改造中国与世界之学说和方法的毛泽东，在一定程度上促成了毛泽东向马克思主义者的转变。两人相识以后，共同的革命信念与理论志趣，更加促进了两人之间的哲学交往。随着李达对马克思主义哲学研究的逐渐深入，在新民主主义革命时期与新中国成立以后，他对毛泽东哲学思想的形成与发展起着更为直接而重要的作用。

二　新民主主义革命时期李达对毛泽东哲学思想的影响

　　20 世纪 20 年代，正是通过认真学习、比较各种理论与学说，毛泽东最终选择了马克思主义的唯物史观与无产阶级革命的道路。自那时起，毛泽东始终坚持学习研究马克思主义理论，不断提高理论水平与哲学素养，以解决中国革命的实际问题。1920 年 12 月 1 日，毛泽东致信蔡和森等新民学会会友，强调研究学术之重要性，赞同肖子昇关于中国目前缺少研究学术的专门学者的观点，指出"思想进步是生活及事业进步之基，使思想进步的唯一方法，是研究学术"，并且坦承"弟为荒学，甚为不安，以后必要照诸君的办法，发奋求学"①。然而，20 世纪二三十年代，受客观条件的制约，毛泽东所能读到的马克思主义著作较为有限。1920 年，他读了马克思恩格斯的《共产党宣言》、考茨基的《阶级斗争》和柯卡普的《社会主义史》。1926 年，他读过列宁的《国家与革命》的部分内容。1932 年，他读到了恩格斯的《反杜林论》、列宁的《两个策略》（即《社会民主党在民主革命中的两个策略》）和《共产主义运动的"左派"幼稚病》。到达陕北以后，环境相对和平稳定，毛泽东得以抽出较多时间与精力认真研读马克思列宁主义著作。尽管当时理论书籍非常短缺，但毛泽东到处借书读，并拜托在国统区的同志购置书籍。他不仅读了列宁的《唯物论与经验批判论》和《关于辩证法的笔记》，以及普列汉诺夫的《论一

---

①　《毛泽东书信选集》，中央文献出版社 2003 年版，第 7 页。

元论历史观之发展》等经典著作，还读了中国古代的诸子百家、古希腊哲学家以及近代西方哲学家如斯宾诺莎、康德、黑格尔、费尔巴哈等人的著作。从现有资料来看，20 世纪三四十年代，毛泽东在延安时认真阅读了李达及其学生雷仲坚从日文翻译过来的西洛可夫、爱森堡等著的《辩证法唯物论教程》（中译本第 3 版、第 4 版）、由沈志远翻译的米丁主编的《辩证唯物论与历史唯物论》（上册）、李达著的《社会学大纲》以及艾思奇编的《哲学选辑》等哲学著作，并写下大量批注。其中，毛泽东阅读李达著译时所作的批注占有大量篇幅，占全部批注文字的 2/3 以上①。他还在自己的《读书日记》中详细记下了阅读《社会学大纲》的进度②。延安时期，正是毛泽东哲学思想得以系统化并多方面地展开的时期。毛泽东留下的这些批注真实记录了他在延安时期的哲学思考，也为我们考察这一时期李达著译对毛泽东哲学思想的影响提供了文本依据。我们认为，唯有将这一考察置于马克思主义哲学中国化的历史进程与 20 世纪 30 年代的中国革命实际的广阔历史背景下，才能揭示李达与毛泽东之间哲学交往的深远意义。

首先，李达著译为毛泽东学习掌握马克思主义哲学开阔了理论视野。

20 世纪二三十年代，马克思主义哲学在中国的传播的主要内容逐渐由唯物史观转向唯物辩证法。早在 20 年代，瞿秋白就已经从唯物辩证法的角度宣传马克思主义哲学，但唯物辩证法的广泛宣传与普及主要肇因于一场颇具规模的论战。20 世纪 30 年代初到 40 年代初，中国理论界围绕唯物辩证法的实质和作用、哲学本身能否消灭、辩证法和形式逻辑的关系，以及宇宙论、认识论、人生观、历史观等一系列问题展开了激烈的争论。有论者指出，"中国自 1927 年社会科学风起云涌，辩证唯物的思想有一日千里之势；因之俄国的思想介绍盛极一时"③。这一方面是因为 1927 年大革命的失败，以及 30 年代日本帝国主义的入侵，迫使中国共产党人

---

① 据统计，毛泽东批读《辩证法唯物论教程》（中译本第三版）的部分章节有 3 遍乃至 4 遍之多，写下了 12000 多字的批注文字；批读《社会学大纲》相当多的部分至少有两遍，并写下批注文字约为 3400 字；重点批读《辩证法唯物论教程》（中译本第四版），写下批注文字约为 1200 字。参见石仲泉《〈毛泽东哲学批注集〉导论》，中共中央党校出版社 1988 年版，第 23、45、86 页。

② 《毛泽东哲学批注集》，中央文献出版社 1988 年版，第 279—282 页。

③ 郭湛波：《近五十年中国思想史》，山东人民出版社 1997 年版，第 281 页。

和革命者思考中国革命的道路问题，客观上要求人们用科学的世界观和方法论分析中国社会、指导革命实践，正是在这种情况下，一批坚定的革命知识分子积极从事马克思主义哲学的编译、著述工作；另一方面则是因为受到了苏联马克思主义哲学研究的影响。20 世纪二三十年代苏联哲学界发生了一场激烈论战，在斯大林的支持下，以米丁、康斯坦丁诺夫、尤金等为代表的青年一代哲学家批判了机械论派和德波林派否定列宁哲学的倾向，倡导以列宁哲学为重心，研究辩证唯物主义和历史唯物主义，尤其是根据列宁关于辩证法、逻辑和认识论三者一致的观点阐发唯物辩证法的基本内容，强调马克思主义哲学的世界观功能。

在这场唯物辩证法运动中，李达亲自翻译介绍了国外学者尤其是苏联学者的唯物辩证法著作，还撰写了运用唯物辩证法观点研究中国社会的专著。他的功绩在当时就受到了学者的肯定。"今日辩证唯物论之所以澎湃于中国社会，固因时代潮流之所趋，非人力之所能左右，然李先生一番介绍翻译的工作，在近 50 年思想史之功绩不可忘记。"① 他所翻译的西洛可夫、爱森堡等著的《辩证法唯物论教程》是这一时期苏联哲学家编写的教科书中的代表作，它吸纳了苏联哲学界批判德波林派所取得的积极成果，突出了列宁哲学在马克思主义哲学发展史上的重要地位，代表了当时苏联马克思主义哲学研究的最新进展。正如李达在《辩证法唯物论教程》的"译者例言"中所指出的，"本书是集体研究的结晶，是最近哲学大论战的总清算，是辩证法唯物论的现阶段，是辩证法唯物论的系统的说明"。② 因此，李达选择翻译出版这一著作，主要目的是为了开阔中国马克思主义哲学研究者们的眼界，丰富和深化人们对于马克思主义哲学的理解③。事实上，这本《辩证法唯物论教程》与米丁主编的《辩证唯物论与历史唯物论》、米丁著的《新哲学大纲》等苏联哲学教科书中的一些观点被当时参与唯物辩证法论战的马克思主义学者广泛引用，对确立马克思主义哲学作为中国现代哲学的主流地位与世界观的指导地位发挥了重要作用。李达本人则在翻译、研究马克思主义哲学著作和吸纳国外学者最新研究成果的基础上写成了《社会学大纲》这一论述辩证唯物主义和历史唯

---

① 郭湛波：《近五十年中国思想史》，山东人民出版社 1997 年版，第 179 页。

② 转引自宋镜明《李达传记》，湖北人民出版社 1986 年版，第 100 页。

③ 汪信砚：《李达开创的学术传统及其意义》，《哲学研究》2010 年第 11 期。

物主义基本原理的专著。

尽管当时身处延安的毛泽东没有直接参与这场哲学论战，但是，通过阅读李达著译等一批哲学书籍，毛泽东得以充分了解苏联和中国哲学界的研究动态与理论成果，既开阔了理论视野，又吸收了思想资源。毛泽东对李达著译的重视，从他反复研读并写下大量批注文字可见一斑。这些批注文字的绝大部分是毛泽东在阅读李达著译等哲学书籍中的辩证唯物主义内容时留下的，相比较而言，他对历史唯物主义方面的内容的兴趣不大。这也表明，受到李达著译等哲学著作的影响，毛泽东学习与研究马克思主义哲学的重点由唯物史观转向了唯物辩证法。同时，他对苏联哲学教科书的吸收与掌握，集中表现为1937年4月至8月他为抗日军政大学授课而准备的《辩证法唯物论（讲授提纲）》与苏联哲学教科书的诸多共同之处①。在《辩证法唯物论（讲授提纲）》中，毛泽东指出，"由于中国社会进化的落后，中国今日发展着的辩证唯物主义哲学思潮，不是从继承与改造自己哲学的遗产而来的，而是从马克思列宁主义的学习而来的"②。

其次，李达著译为毛泽东解决中国革命问题提供了认识工具。

20世纪三四十年代，毛泽东在延安批读李达著译的时候，正是他集中反思中国革命道路、批判党内错误思想和路线之时。1927年轰轰烈烈的大革命失败的重要原因是陈独秀的右倾投降主义。在第二次国内革命战争时期，中国共产党内先后出现了"立三路线"的"左"倾盲动主义、张国焘的分裂主义和王明的"左"倾教条主义等错误路线。其中，以王明为代表的"左"倾教条主义路线在党内统治达4年之久，使整个中国革命濒临危亡险境。教条主义者生吞活剥马克思主义书籍中的只言片语和共产国际的指示，无视中国革命的具体实际，拒绝中国革命的丰富经验，给中国革命事业带来了沉痛的教训。遵义会议虽然确立了毛泽东在全党的领导地位，纠正了错误的军事路线和政治路线，但由于战争环境，没有来得及彻底清算"左"右倾等各种机会主义的思想路线。日本帝国主义的

---

① 胡为雄：《毛泽东与苏联"马哲"教科书：从研读到批判》，《毛泽东邓小平理论研究》2005年第4期。但是，这并不意味着毛泽东的哲学创造带有苏联哲学教科书的鲜明烙印，相反，毛泽东哲学思想具有鲜明的中国性格。参见李维武《毛泽东的"实践论"的中国性格》，载陶德麟等主编《马克思主义哲学中国化：历史与反思》，北京师范大学出版社2007年版，第355—385页。

② 《毛泽东集》第6卷，日本（东京）苍苍社1983年版，第275页。

入侵，进一步加剧了革命形势的复杂性，使中国革命面临着新的挑战。面对动荡的国内外形势与尖锐的政治斗争，从理论上纠正和消除党内各种错误思想和路线的影响，提高全党马克思主义理论水平，运用马克思主义的理论武器解决中国革命的现实问题，成为以毛泽东为代表的中国共产党人亟待解决的难题。

中国革命斗争的坎坷与曲折、党内各种错误思想路线的残余与遗患，客观上激发了毛泽东对马克思主义哲学的深入探索。与大多数早期中国马克思主义者一样，毛泽东起初是从唯物史观的角度理解马克思主义哲学的。1921年1月21日，他在致蔡和森的信中坚信"唯物史观是吾党哲学的根据，这是事实，不象唯理观之不能证实而容易被人摇动"①。毛泽东尤为重视阶级斗争学说，并运用这一学说分析中国社会各阶级，探讨中国革命的具体问题，提出了中国革命走农村包围城市、武装夺取政权道路的理论。然而，在1931年召开的赣南会议上，毛泽东在中央苏区所实施的土地分配、游击战等一系列措施，以及他所倡导的坚持从实际出发、反对本本主义的观点，被指责为"狭隘经验论"，"根本否认马克思列宁主义的理论"，"完全是农民的落后思想"。② 在1932年的长汀会议上，由于反对中共临时中央攻打大城市等主张，毛泽东被认为是犯了右倾机会主义错误，受到了"缺席裁判"。红军随后遭遇的失败表明，反而是那些自称精通并搬用马克思列宁主义的人将中国革命引向了困境。毛泽东在党内受到的不公正待遇，让他更为清醒地意识到学习掌握马克思列宁主义的理论工具对于解决中国革命问题的重要性与紧迫性。1939年1月17日，毛泽东致何干之的信中说："我的工具不够，今年还只能作工具的研究，即研究哲学，经济学，列宁主义，而以哲学为主"③。在读李达《社会学大纲》的批注中，毛泽东写道："找出法则、指示实践、变革社会——这是本书的根本论纲。"④ 在毛泽东看来，对待马克思列宁主义的正确态度是把马克思列宁主义视作认识世界与改造世界的方法和工具，以解决中国革命的重大问题。这一时期毛泽东所读到的李达著译，综合了当时国内外哲学界

① 《毛泽东书信选集》，中央文献出版社2003年版，第11页。

② 《红军问题决议案》（1931年11月），载中央档案馆《中共中央文件选集》第七册，中共中央党校出版社1991年版，第487页。

③ 《毛泽东书信选集》，中央文献出版社2003年版，第123页。

④ 《毛泽东哲学批注集》，中央文献出版社1988年版，第209—210页。

关于唯物辩证法的最新研究成果，因而有效地帮助他从认识论与方法论的角度理解、发展马克思列宁主义，并最终形成了解决中国问题的革命理论。毛泽东阅读李达著译时结合中国革命实际所写下的大量批注，则是他围绕中国革命问题吸收思想养分、进行艰辛理论探索的真实写照。大致而言，毛泽东联系中国革命实际而写下的哲学批注，主要包括两部分内容：

一是对党内错误路线的批判。毛泽东在阅读《辩证法唯物论教程》时，一方面借鉴列宁同第二国际修正主义作斗争以及苏联党内两条路线斗争的经验，从哲学的党派性的原则高度，直接批判陈独秀、李立三、张国焘以及王明等人的错误路线。① 在读到《辩证法唯物论教程》的绪论《哲学的党派性》时，毛泽东认为，中共党内的错误思想路线与列宁所批评的孟什维克党具有一致性，即二者都违背了辩证法唯物论。"不从具体的现实出发，而从空虚的理论命题出发，李立三主义和后来的军事冒险主义与军事保守主义都犯过此错误，不但不是辩证法，而且不是唯物论。"② 另一方面，毛泽东运用唯物辩证法的基本观点，剖析了党内各种错误思想路线的认识论根源。例如，在读到列宁关于在考察社会现象时不能以主观臆测代替全部历史现象的客观联系和相互依存关系的论述时，毛泽东写道："就必须无例外的把捉与中国苏维埃战争有关系的事实的总体，即革命战争的特点，而不是打中心城市与堡垒主义等个个独立的事实，这种事实总体就是联结个个事实、个个方面的一般基础。"③ 在读到"在主张对立的统一之时，而不理解斗争的绝对性，必然不可避免的引到对立物的和解。对立物的和解论，是右翼派的立场之特征"时，毛泽东在下面画上波浪线，批注道："这两句说的是陈独秀主义。"④ 他还在这一段末尾"'没有辩证法的理论，烦琐哲学的理论家布哈林'，不理解对立的斗争是绝对的、对立的统一是相对的学说"的行间写道："辩证法的本质是矛盾的斗争的问题……陈独秀同样不理解。"⑤ 在读到"外的矛盾，只有通过过程之发展的内的规律性，才影响于过程的发展"的论述时，毛泽东写

---

① 由于在 1942 年全党整风以前，王明还处于党的领导岗位上，毛泽东在批注中没有对王明点名，但批注中的"中国主观主义"、"中国教条主义"实际上是针对王明的。

② 《毛泽东哲学批注集》，中央文献出版社 1988 年版，第 9 页。

③ 同上书，第 10 页。

④ 同上书，第 97 页。

⑤ 同上书，第 97—98 页。

道："五次［反］围剿失败，敌人的强大是原因，但战之罪，干部政策之罪，外交政策之策［罪］，军事冒险之罪，是主要原因。机会主义，是革命失败的主要原因。帝国主义吸引与国民罪［党］叛变，对于革命说当然是原因。外的力量，须通过内的规［律］性（机会主义等）才能曲折的即间接的发生影响。"① "国民党能够破苏区与红军，但必须苏区与红军存在有不能克［服］的弱点。若能克服弱点，自己巩固，则谁也不能破坏。"② 在读到辩证法的否定之否定规律时，毛泽东写道："正规红军阶段，否定者是游击主义，保存者是作战的游击性、组织的轻快等。"③ 因此，通过运用唯物辩证法关于事物的客观联系、矛盾对立面的斗争性、内部矛盾的决定性的观点以及否定之否定规律，毛泽东认识到了党内的教条主义与经验主义共同的认识论根源，即背离了对现实过程的唯物的、辩证的理解，而走向了唯心论与形而上学。"左的与右的相通，因为都离开过程之正确的了解，到达于不顾过程内容，不分析具体的阶段、条件、可能性等抽象的一般的空洞见解。因此，他们两极端就会于一点。"④

二是对当前革命形势与任务的分析。1935 年 12 月，毛泽东在《论反对日本帝国主义的策略》的报告中就指出，日本帝国主义要变中国为它的殖民地的严峻形势改变了中国各阶级之间的相互关系，扩大了民族革命阵营的势力，削弱了民族反革命阵营的势力；同时，中国革命的现实力量还不够强大，革命发展还不平衡，因此，中国共产党应采取建立广泛的抗日民族统一战线的策略。这一结论是毛泽东分析国内外形势变化与中国社会各阶级的力量对比而得出的，体现了他创造性地运用马克思主义的阶级学说来把握中国革命的实际情况。通过阅读李达著译等哲学著作，毛泽东进一步结合唯物辩证法的基本观点，在批注中分析了当前革命形势与任务，为党的策略与方针找到了方法论的根据。毛泽东在阅读《辩证法唯物论教程》时，主要运用矛盾的观点阐发实行国共合作、建立抗日民族统一战线的正确性。第一，中日矛盾取代国内矛盾上升为主要矛盾，这是建立统一战线的现实前提。毛泽东在批注中指出，"战争首先分析特点，

---

① 《毛泽东哲学批注集》，中央文献出版社 1988 年版，第 107 页。方括号内的字，为《毛泽东哲学批注集》编者所补，下同。

② 《毛泽东哲学批注集》，中央文献出版社 1988 年版，第 108 页。

③ 同上书，第 125 页。

④ 同上书，第 113 页。

统一战线也是首先分析特点——中日矛盾与国内矛盾"①。"九一八后，中日矛盾成为主要矛盾。我们论证了民族统一战线的现实性，证明了民主共和国的可能，这样去解决这个主要矛盾。"② 第二，矛盾的特殊性要求针对不同矛盾采取相应的解决方法，这是建立统一战线的客观要求。毛泽东在读到"不同质的矛盾要用不相同的方法去解决"时，写道："中日民族矛盾要用联合资产阶级的统一战线去解决。一九二七〔年〕后的国内矛盾，却只用联合农民与小资产阶级的统一战线去解决。……过程的矛盾不同，解决的方法也不同。"③ 同时，他结合俄国革命的经验指出，"列宁党也有过和资产阶级合作的时期，提出分进合击的口号。中国党同国民党合作，原则上也是分进合击，不过表现的方法不同。分进是阶级与党的政治独立性，合击是统一战线。"④ 第三，对立双方的相互渗透及同一性，这是建立统一战线的内在依据。在读到列宁关于对立的同一性的论述时，毛泽东写道："辩证法中心任务，在研究对立的相互渗透即对立的同一性。"同时，他结合中国实际指出，"在民族矛盾尖锐的条件之下，国共对立却变成同一性，而转化为统一战线。统一战线与侵略路线的对立，在民众起来与世界革命条件之下，却将变为同一性而转化为世界和平"⑤。1941 年3 月以后，毛泽东继续阅读《辩证法唯物论教程》（中译本第 4 版），在批注中运用唯物辩证法的观点批判了中国主观主义和张国焘主义等错误路线。正是在熟练运用唯物辩证法分析中国革命问题的基础上，毛泽东结合中国革命斗争的经验，进行了深入的理论思考，回应了他自己所发出的"中国的斗争如此伟大丰富，却不出理论家"⑥ 的感慨。

三是，李达著译为毛泽东的哲学创造活动提供了理论参考与启示。

这一点在《社会学大纲》对毛泽东哲学思想的影响上表现得尤为显著。

根据毛泽东留下的哲学批注与《读书日记》，他批读李达《社会学大纲》的时间是 1938 年 1 月 17 日至 3 月 16 日，所用的版本是 1937 年上海

---

① 《毛泽东哲学批注集》，中央文献出版社 1988 年版，第 43 页。
② 同上书，第 68—69 页。
③ 同上书，第 73—74 页。
④ 同上书，第 95—96 页。
⑤ 同上书，第 79—80 页。
⑥ 同上书，第 445 页。

笔耕堂书店版。但是，由于毛泽东在延安期间先后多次阅读该书，我们难以确定他是否读过 1935 年北平大学法商学院刊印的《社会学大纲》讲义以及准确的阅读时间，因而无法推断毛泽东在 1937 年 7 月至 8 月完成《辩证法唯物论（讲授提纲）》的"实践论"和"矛盾论"之前是否读过《社会学大纲》并受其影响。这一问题在国内外学术界引发了激烈的争论。① 尽管如此，我们仍然认为，作为中国人自己写的第一部马克思主义哲学教科书，李达的《社会学大纲》在借鉴吸收这一时期苏联哲学教科书内容的基础上，系统地阐述了辩证唯物主义和历史唯物主义的基本概念、观点和原理，创造性地发挥了马克思主义哲学的理论，推进了马克思主义哲学前史的研究，为这一时期毛泽东提升哲学素养提供了思想资源，并启发了毛泽东的哲学思考。

李达的《社会学大纲》由五篇组成，分别是唯物辩证法、当作科学看的历史唯物论、社会的经济构造、社会的政治建筑和社会的意识形态。毛泽东重点批读了其中的第一篇"唯物辩证法"，主要是在第一章第一节的前三小节里写下了大量的批注文字，同时在第二篇"当作科学看的历史唯物论"和第三篇"社会的经济构造"中留下一些批注符号。在整个《毛泽东哲学批注集》中，他批读《社会学大纲》时写下的批注文字与批注符号，其篇幅仅次于他读西洛可夫等著的《辩证法唯物论教程》进所作的批注。从内容上看，李达《社会学大纲》第一篇第一章第一节主要考察唯物辩证法的前史，包括原始时代的人类的认识、古代自然哲学中的辩证法、古代唯心论哲学中的辩证法、中世纪哲学中积极的成分、近代初

---

① 一般认为，目前没有材料可以证明毛泽东在写作"两论"之前是否读过《社会学大纲》的讲义。近年来，澳大利亚学者尼克·奈特根据毛泽东在《辩证法唯物论（讲授提纲）》中没有涉及李达《社会学大纲》的古希腊哲学部分内容，推断毛泽东可能是在写作提纲之后才读到《社会学大纲》的（尼克·奈特：《李达的〈社会学大纲〉与中国马克思主义哲学》，《马克思主义哲学研究》（2005），湖北人民出版社 2006 年版）。国内有学者根据郭化若的回忆与李达当时的行踪，认为毛泽东读到《社会学大纲》在 1937 年下半年，最迟在 1938 年初，并由此断定毛泽东在写作"两论"之前读过《社会学大纲》（李立志：《李达对毛泽东的影响》，《上饶师专学报》1998 年第 4 期；丁晓强、李立志：《李达学术思想评传》，北京图书馆出版社 1999 年版，第 159—160 页），新近出版的著作也沿用了这一说法（谢红星、梅雪：《李达与毛泽东的哲学交往》，中国社会科学出版社 2010 年版，第 82—83 页）。事实上，根据毛泽东读到的《社会学大纲》的出版时间以及他写《读书日记》的时间，我们已经可以确定，毛泽东在 1937 年下半年至 1938 年初之间读过《社会学大纲》。但是，我们不能据此断定毛泽东写作"两论"之前读过该书。

期的唯物论以及德国古典哲学中的辩证法等内容。其中，关于原始社会的人类认识与古希腊时代以来唯心论哲学的论述，是毛泽东当时读到的苏联哲学教科书《辩证法唯物论教程》和《辩证唯物论与历史唯物论》（上册）中所没有的内容，① 因而引发了毛泽东的阅读兴趣。他对这一部分论述进行归纳、概括，使之条理化，并加以适当的发挥。毛泽东概述了万物有灵论等原始思维与原始宗教、古希腊的唯物论和观念论哲学产生的历史根源，探讨了泰勒斯、赫拉克利特、德谟克利特等古希腊自然哲学家的辩证法思想，并且在李达论述的基础上发掘出苏格拉底、柏拉图等观念论哲学在人类认识史上的积极意义。这些批注表明，通过阅读李达的《社会学大纲》，毛泽东对马克思主义以前的哲学史有了更为深入的了解，并逐渐运用马克思主义哲学的方法考察人类认识的发展史，将哲学世界观的形成发展与社会生产力的发展水平紧密联系在一起。例如，在读到李达关于哲学的世界观形成于古代奴隶制社会的论述时，毛泽东得出"没有必要的闲暇是不能出现哲学的"这一结论，并结合这一时期的社会历史条件，认为"这种闲暇由于社会进步到奴隶制。生产力发达了，剩余产物增加了，社会分裂为奴隶主人与奴隶。前者由〔于〕剥削能够解除劳动，有了时间，从事学问的研究，哲学方能出现。这是人类认识史上一个绝大的跃进"②。

　　不仅如此，毛泽东也非常重视李达关于认识过程与辩证法三大规律的论述，并作了发挥。在《社会学大纲》中，李达根据列宁《哲学笔记》中的论述认为，认识的过程由实践出发，而复归于实践，包括由物质到感觉及由感觉到思维的认识的发展过程，因此，在分析认识过程时，首先要阐明由物质到意识的推移的辩证法，即唯物辩证法的反映论，其次要阐明由感觉到思维的辩证法。毛泽东在一旁的批注中指出，认识过程还应包括由思维到物质的阶段，并且认为辩证唯物主义的认识论还要"阐明由思维到物质的推移的辩证法，即检验与再认识"③。这表明，毛泽东对于认

---

　　① 艾思奇、郑易里所译米丁主编的《新哲学大纲》考察了古希腊哲学，毛泽东曾经读过此书，但目前没有找到他读这本书的批注。有学者比较了《社会学大纲》与《新哲学大纲》，认为它们关于辩证唯物主义的观点十分相似，但并不能因此断定李达是抄袭的（参见许全兴《再谈"两论"与"社会学大纲"——复王炯华同志》，《毛泽东哲学思想研究动态》1985 年第 3 期）。

　　② 《毛泽东哲学批注集》，中央文献出版社 1988 年版，第 216 页。

　　③ 同上书，第 265—266 页。

识过程的看法不同于李达以及同一时期苏联哲学教科书的观点，他更为强调认识需要接受实践的检验与再认识，由此推进认识的深入与发展。应该说，这符合列宁所指出的"从生动的直观到抽象的思维，并从抽象的思维到实践"的认识过程。这一思想在毛泽东的《实践论》中被明确表述为认识过程的"两次飞跃、三个阶段"的辩证法。此外，在讨论辩证法的三大规律时，李达明确提出，对立统一法则是辩证法的核心，它包摄着质量互变与否定之否定的法则；诸如质与量、本质与现象、内容与形式等许多组对立的范畴都是这一法则的具体化的形态。这一论述不同于30年代苏联哲学教科书的说法，与矛盾的观点在辩证法中的核心地位相一致，是对列宁思想的进一步发挥。毛泽东读到此处时，不仅反复批注，还写下"包摄着"、"许多组"，① 以示强调。50年代修改后的《矛盾论》开篇，毛泽东就指出，"事物的矛盾法则，即对立统一法则，是唯物辩证法的最根本的法则"②。紧接着，毛泽东引证列宁的观点，并由此展开全文。毛泽东的哲学批注表明，他关于对立统一法则是唯物辩证核心法则的观点明显受到了李达的影响。甚至可以说，李达《社会学大纲》为毛泽东的《矛盾论》的写作提供了直接的思想资源。

三　新中国成立后李达对毛泽东哲学思想的影响

20世纪五六十年代，李达在从事高等教育领导工作的同时，坚守党的理论阵地，把研究、宣传和运用辩证唯物论与历史唯物论特别是毛泽东哲学思想当作一项崇高使命，并为此奋斗到生命最后一息。50年代初，毛泽东的《实践论》和《矛盾论》经修改后发表，李达很快写成了《〈实践论〉解说》、《〈实践论〉——毛泽东思想的一个基础》、《怎样学习〈实践论〉》和《〈矛盾论〉解说》等著作。这些著述揭示了毛泽东的《实践论》与《矛盾论》在马克思主义哲学发展史上的重要意义，肯定了"两论"在毛泽东哲学思想中的基础性地位，系统介绍了毛泽东哲学思想的内容，以及学习、研究、应用毛泽东哲学思想的原则与方法。

如上所述，在写作"两论"解说时，李达通过书信与毛泽东进行交

---

① 《毛泽东哲学批注集》，中央文献出版社1988年版，第250页。
② 《毛泽东选集》第1卷，人民出版社1991年版，第299页。

流、商榷，还将书稿送给毛泽东进行审读修改，两人互提意见，相互启发，"两论"解说的通俗语言形式还受到了毛泽东的肯定与鼓励。这使得李达《〈实践论〉解说》和《〈矛盾论〉解说》兼具系统性、准确性和科学性，堪称毛泽东哲学思想通俗化的典范。是李达独立研究毛泽东哲学思想的理论结晶，它丰富和完善了毛泽东哲学思想。这主要表现在以下几个方面：

第一，全面解读了毛泽东《实践论》和《矛盾论》中一些重要观点，对其中的一些重要概念及其所涉及的经典作家的一些论述作了进一步的阐释。

李达的"两论"解说采取逐段解说的方式，不仅引用马克思主义经典作家的论述准确地阐明了《实践论》和《矛盾论》的理论源泉，而且结合自然科学、社会科学和哲学的发展与中国革命斗争和社会生产的丰富经验，阐明了"两论"的实践根据。同时，李达还运用通俗生动的语言和直观清晰的图解，联系毛泽东其他著作中的论述，完整地解释了"两论"乃至整个毛泽东哲学思想的基本观点。尤其是对于《实践论》和《矛盾论》中一些未能展开的重要观点与经典作家的论述，李达都进行了详尽细致地解读。

例如，在讨论人类认识的历史随着社会生产活动的发展逐渐由低级向高级发展的观点时，李达从自然科学、社会科学和哲学三个方面加以论证。在自然科学方面，他概述了中华民族自原始社会以来在数学、历法及天文、工程建造、工业技术等方面所取得的成就。在社会科学方面，他指出，中国自周秦以来有不少关于社会经济、政治与历史的学说，但囿于剥削阶级的偏见与生产规模的狭小而失之片面；欧洲古代的情况与之相似，随着资本主义生产方式的发展，出现了各种带有资产阶级偏见的社会科学，为空想社会主义奠定了基础。在哲学方面，他指出，唯物论与唯心论之间的斗争贯穿于整个哲学的历史，直到 19 世纪三四十年代，在资本主义大工业的时代，批判地摄取了过去知识的成果、综合了当时自然科学与社会科学的结论的马克思主义才得以出现。李达的这一解说，既是对人类认识发展史的简要概述，又是对马克思主义哲学史的扼要介绍。他不仅说明了人类认识的形成与发展的社会历史条件，由此论述了马克思主义哲学形成的现实原因，而且阐发了辩证唯物论的哲学观，认为"哲学是世界观，是自然科学与社会科学的概括与总结"①，哲学的历史表现为唯物论与唯心论之间的斗争，从而阐明了马克思主义哲学形成的基础和思想来源。

在讨论辩证唯物论关于认识发展过程的观点时，李达同样结合哲学史进行详细解读，说明了马克思主义的辩证唯物论第一次正确地解决了感性与理性的关系问题。他分别考察了唯心论与旧唯物论哲学家的观点，认为一切唯心论哲学家都主张精神是本源的东西，物质世界及其规律都是精神的产物，因而把认识过程封闭于纯主观领域，而旧唯物论哲学家主张物质决定精神，承认认识是对外部事物的反映，但由于缺乏实践的观点，不能理解认识对于社会实践的依赖关系以及认识的能动性；只有马克思主义的唯物论，认为感性认识与理性认识是认识过程中统一且递进的两个阶段，二者在实践的基础上统一起来，互相渗透，互为条件。李达还以美国入侵朝鲜为例说明只有理性认识才能认识事物的本质，以认识依赖于生产与阶级的斗争的观点，阐明马克思列宁主义、毛泽东思想都是在长期的革命斗争中创造与发展起来的，以知识发源于直接经验的道理，指出要在革命建设中实际应用马克思列宁主义和毛泽东思想。

由此可见，李达的"两论"解说不完全拘泥于毛泽东《实践论》和《矛盾论》的论述，而是结合社会史、自然科学史与哲学史的知识，既说明了马克思主义哲学形成与发展的历史条件和理论来源，又向广大人民群众普及了哲学常识，能够帮助人们学习掌握唯物辩证法的世界观与方法论，推进社会主义革命与建设事业。

同时，李达的"两论"解说对毛泽东《实践论》和《矛盾论》中的一些重要概念及其涉及的经典作家的一些论述作了进一步的阐释。

例如，在讨论社会实践是检验认识的真理性的标准的观点时，李达根据唯物辩证法的反映论，首先给"真理"下定义。"所谓真理，是说人们的认识正确地反映了客观世界的规律性，即是说，主观符合于客观。"②他还以当时工业和农业部门中涌现的生产小组、劳动模范的经验和革命战争为例，说明了只有使主观的思想与客观的规律性相符合，人们的工作才能达到预期的结果。对于《实践论》所引的列宁关于实践高于认

①　李达：《〈实践论〉〈矛盾论〉解说》，人民出版社 1979 年版，第 23 页。
②　同上书，第 25—26 页。

识的论述，李达也进行了深入阐发。他认为，实践高于认识，不只是因为实践是认识的基础和认识是实践的要素，还因为实践是"社会的实际之综合"，"是直接作用于行动的对象"，因而具有普遍性和直接现实性的品格，而认识源自实践，又通过实践加以证明，只有"媒介的现实性"。[1] 李达还进一步指出，"作为真理之标准的社会实践，完全是客观的"[2]。

在讨论绝对真理与相对真理的关系问题时，毛泽东直接引用了列宁在《唯物主义与经验批判主义》中的论述，李达则区分了客观真理、相对真理与绝对真理，分析了真理问题上的唯心论与机械唯物论的片面性，还结合自然科学的发展、中国革命斗争的经验和世界无产阶级运动的趋势加以说明。他指出，所谓客观真理，是就内容而言的，指人的认识正确地反映了客观世界，而相对真理与绝对真理是指人的知识能否完全地、无条件地、绝对地反映客观世界。李达根据列宁的观点，认为整个宇宙的发展过程是可以完全认识的，即客观真理是存在的，它是由反映具体过程的发展的相对的真理所组成的，因此，绝对真理是相对真理的总和，二者之间是辩证的关系。也就是说，真理表现为包含不同阶段的发展过程，它随着社会实践的发展而发展，永远不会停息与终止。

第二，补充和发挥了毛泽东《实践论》和《矛盾论》中的一些重要观点。

在"两论"解说中，李达结合毛泽东《实践论》和《矛盾论》中的论述，创造性地展开哲学思考，在认识论与马克思主义哲学史方面提出了自己的独到见解，他的一些真知灼见为毛泽东所接受并吸纳。

例如，在讨论认识过程中的两次飞跃时，为了说明认识过程中的能动性，李达提出了"认识的受动作用与能动作用"的观点。在他看来，认识的能动作用是指思维的创造能力，表现为认识过程的两次飞跃，而认识的受动作用与能动作用，是物质生产活动中的受动作用与能动作用在认识过程中的反映，前者是指人们在生产过程中受到外部事物的刺激，后者是指人们同时改造、处理外部事物，使之合乎自己的目的；能动作用在生产过程中居于主导地位，这就决定了认识的能动作用在认识

---

[1]　李达：《〈实践论〉〈矛盾论〉解说》，人民出版社 1979 年版，第 27 页。

[2]　同上书，第 28 页。

过程中占据主导地位。① 显然，李达敏锐地意识到了人类认识活动的前提性问题，认为认识的能动作用是说明人类认识过程的两次飞跃的不可或缺的前提，并根据物质生产活动的特性与基础地位作出了解答。尽管这一解答稍显单薄，但无疑是运用唯物辩证法解决认识的能动作用问题的一次有益尝试。

在《〈矛盾论〉解说》的开篇，李达结合马克思主义经典作家关于对立统一法则是唯物辩证法的最根本法则的论述，说明了毛泽东《矛盾论》的理论来源及其在马克思主义哲学发展史上的地位。李达指出，在马克思和恩格斯那里，对立统一法则已经发展成为唯物辩证法的中心问题；列宁批判了第二国际的理论家对唯物辩证法的歪曲，捍卫并发展了马克思主义的辩证法，把对立统一的法则当作辩证法的本质和核心；毛泽东继承了马克思列宁主义的唯物辩证法传统，运用对立统一法则的学说解决中国革命问题，创立了中国革命的理论与政策，从而丰富并发展了这一学说。因此，"《矛盾论》，如同《实践论》一样，正是马克思列宁主义的普遍真理与中国革命的具体实践相结合的宝贵的理论收获"②。为了论证对立统一法则是唯物辩证法的核心，李达还引用列宁在《谈谈辩证法》等著作以及斯大林在《论辩证唯物主义和历史唯物主义》中的观点，指出辩证法的其他范畴和特征都可以由对立统一法则来说明。在说明矛盾的普遍性时，李达详细论述了马克思在《资本论》中分析资产阶级社会发展过程存在着自始至终的矛盾运动的方法，以及列宁根据这一方法对帝国主义阶段特殊性的分析，指出马克思主义经典作家正是运用对立统一法则分析资产阶级社会的矛盾运动的。李达《〈矛盾论〉解说》中关于对立统一法则的论述，与 20 世纪 30 年代《社会学大纲》的观点基本一致，又有所完善。由于注重对马克思主义哲学发展史和经典作家的观点的考察，尤其是通过对列宁和斯大林著作的解读，《〈矛盾论〉解说》中的论证更为严密和合理。这表明李达对马克思主义哲学的理解和掌握逐渐深入，为毛泽东的《矛盾论》提供了更有力的理论支撑。李达的这一观点又反过来影响了毛泽东。后来毛泽东读到李达主编的《马克思主义哲学大纲》上卷送审稿时，写下了大段批注，仍然强调辩证法的核心是对立统一规律，其他

---

① 李达：《〈实践论〉〈矛盾论〉解说》，人民出版社 1979 年版，第 74—75 页。

② 同上书，第 121 页。

范畴都可以在这一规律中予以说明。①

　　在说明对抗在矛盾中的地位时，李达发挥了列宁关于"在社会主义下，对抗消灭了，矛盾存在着"的观点，得出社会主义基本矛盾是非对抗性矛盾的结论。根据列宁的观点，李达区分了对抗性的矛盾与非对抗性的矛盾，主张针对具体情况采取不同的解决方法，并且指出，在社会主义社会或共产主义社会，生产力与生产关系之间的矛盾仍然是社会的基本矛盾，是社会发展的动力。"不过这种矛盾是非对抗性的矛盾，它是在完全的新的社会规律的基础上，在社会主义社会各方面成员的利益的根本的共同线上发生作用的。"② 他认为，对于这种非对抗性矛盾，不应该用阶级斗争的方法，而应采取社会主义改造的方式，通过使生产关系适合于生产力的性质、大力发展生产力来解决。李达在 20 世纪 50 年代初较早地提出了社会主义基本矛盾及其解决方式的理论，而这一理论的雏形是《社会学大纲》的相关论述。在《社会学大纲》中，李达就已经指出，"矛盾有拮抗的矛盾和不带拮抗性的矛盾，两者都是对立物的斗争发展程度不同的阶段"③。该书还认为，在未来极进步的社会中，也存在自然与社会、生产力与生产关系之间的矛盾，正是这种非对抗性的矛盾推动着未来社会向上发展。而延安时期毛泽东先后两次读到这一部分论述，还作了反复批划与批注，但似乎没有给予足够的重视，甚至不完全赞同。④ 后来，毛泽东在《关于正确处理人民内部矛盾的问题》等著作中明确指出生产力与生产关系、经济基础与上层建筑的矛盾是社会主义社会的基本矛盾，并对这一矛盾的性质、特点、形态以及解决方法作了科学的规定，为探索社会主义革命与建设问题提供了理论依据，丰富和发展了马克思列宁主义的社会主义学说。这实际上是对李达关于社会主义社会基本矛盾的思想的肯定和发展。这一思想的理论价值与实践意义以及毛泽东前后迥异的态度，充分体现了李达作为杰出理论家所具有的深刻的洞察力和远见卓识。

---

　　① 《毛泽东哲学批注集》，中央文献出版社 1988 年版，第 505—507 页。

　　② 李达：《〈实践论〉〈矛盾论〉解说》，人民出版社 1979 年版，第 337 页。

　　③ 李达：《社会学大纲》，武汉大学出版社 2007 年版，第 103 页。

　　④ 在读《社会学大纲》与艾思奇选编的《哲学选辑》时，毛泽东都批划了这部分论述。他在读《社会学大纲》时留下的批注是"我以为不对"，在读《哲学选辑》时写下"？"。参见《毛泽东哲学批注集》，中央文献出版社 1988 年版，第 243、341—342 页。

　　第三，充分揭示了毛泽东哲学思想的地位与意义，促进了毛泽东哲学思想在人民群众中的普及与应用。

　　在"两论"解说中，李达不仅说明了毛泽东哲学思想的主要内容，还运用唯物辩证法揭示了毛泽东哲学思想的地位与意义，阐明了学习运用毛泽东哲学思想的重要性。

　　例如，在说明从理性认识到革命实践的飞跃的观点时，李达从认识论角度阐发了马克思列宁主义的基本原则，即理论与实践相统一的原则，并论述了作为中国革命理论的毛泽东思想的重要性。李达指出，毛泽东思想是毛泽东理论创造的产物，"他能依据历史进程中每个特殊时期和中国具体的经济、政治环境及条件，对于马克思列宁主义作独立的光辉的补充和发挥，并用中国人民通俗语言的形式表达出来，使之适合于新的历史环境和中国的特殊条件，成为中国无产阶级群众与全体劳动人民群众战斗的思想武器。"① 毛泽东思想的重要性在于，它能够指导中国人民的革命取得胜利，使中国实现独立、民主、和平与统一，并由社会主义阶段走向共产主义。

　　在讨论绝对真理与相对真理的关系问题时，李达指出，中国共产党在革命的不同时期所建立的统一战线正是革命真理发展的不同阶段，毛泽东思想正是自太平天国运动以来解决中国革命问题的认识深化的结果。因此，"毛泽东思想是关于中国历史与中国革命的全部有系统的科学理论，指导着中国人民得到胜利和解放，并将由社会主义时代进到共产主义时代去"②。

　　在讨论形而上学与辩证法两种宇宙观时，李达追溯了形而上学与辩证法的源流，概述了马克思主义的唯物辩证法产生的社会经济、政治、自然科学和意识形态等条件及其理论来源，揭示了唯物辩证法与形形色色的形而上学发展观之间的本质差异，阐发了唯物辩证法的科学性和毛泽东哲学思想的真理性。"辩证法的宇宙观，是共产党的宇宙观，它是革命行动与科学研究的指导。""毛泽东同志应用这个宇宙观作为考察中国命运的工具，他周详地、具体地分析了中国社会各种复杂的矛盾，暴露了中国社会发展的规律，即由半殖民地半封建社会经由新民主主义革命进到社会主义

---

　　① 李达：《〈实践论〉〈矛盾论〉解说》，人民出版社1979年版，第73页。
　　② 同上书，第94页。

社会的规律，因而创造了中国革命的理论。这个理论的真理性，已由中国人民革命的胜利所证明了。"①

在说明人类认识包括由特殊到一般与由一般到特殊两个过程时，李达以毛泽东对中国革命的分析为例加以说明，认为毛泽东应用马克思列宁主义的普遍真理，分析了中国社会各方面的特殊性，得出了中国革命运动的一般结论，即中国共产党领导下的民主主义革命和社会主义革命，"这是由特殊到一般的过程"②。同时，毛泽东据此研究革命形势的变化与各个阶段的特殊性，分别制定不同的政策与方针，推动革命的发展，从而使这一结论更为具体与生动，这又是由特殊到一般的过程。此外，在说明根据矛盾的特殊性具体地分析具体的情况时，李达更是详细讨论了中国革命进程中人民大众与封建制度、无产阶级与资产阶级、农民及城市小资产阶级与资产阶级的矛盾和中国各个反动集团之间的矛盾，以及新民主主义革命的理论与对策，认为毛泽东所创造的新民主主义革命理论不仅是中国人民革命的指导，而且体现了马克思主义哲学的活的灵魂。

可见，李达运用唯物辩证法从多角度考察了毛泽东哲学思想，认为扎根于中国社会土壤的毛泽东哲学思想，既是毛泽东理论创造的产物，又是中国人民智慧的结晶；既是对中国革命斗争经验的总结，又是对马克思主义哲学的继承与发展；既是被历史所证明了的科学的革命理论，又需要在社会主义革命与建设实践中应用和发展。

作为一名马克思主义哲学家，李达的可贵之处还在于他在狂热的政治运动中能保持清醒的头脑，坚持马克思主义哲学的基本原则。他对社会主义建设中出现的错误口号提出的批评意见，促使毛泽东反思社会主义建设过程中的主观主义错误。1958 年，李达在与毛泽东的交谈中，当面质疑"大跃进"和人民公社化运动中出现的"人有多大胆，地有多高产"等口号，两人就人的主观能动性的限度问题争吵起来。毛泽东认为任何事物都具有两重性，这一口号在承认发挥人的主观能动性方面是有道理的；李达则指出，这个口号是说人的主观能动性无限大，而事实上，人的主观能动性的发挥离不开一定的条件。事后，毛泽东坦承李达的意见很有道理③。

---

① 李达：《〈实践论〉〈矛盾论〉解说》，人民出版社 1979 年版，第 125 页。

② 同上书，第 179 页。

③ 李银桥：《在毛泽东身边十五年》，河北人民出版社 1992 年版，第 335—337 页。

1958 年底，毛泽东在不同场合的讲话和文章中强调发挥主观能动性必须符合实际规律，反对脱离实际的主观主义，并且要求大兴调查研究之风，恢复实事求是的思想路线。李达与毛泽东的争论，不只是个人之间的观点之争，更是要不要尊重客观规律、要不要坚持马克思主义的基本原则与思想路线的原则之争。李达实际上是从理论上揭露了"大跃进"和人民公社化运动中错误口号的认识论根源，从而无可辩驳地说服了毛泽东，使得毛泽东着手纠正社会主义建设中的"左"的错误。

　　综观李达与毛泽东之间的哲学交往历程，尤其是李达在不同时期对毛泽东哲学思想的影响，我们不难看出李达在马克思主义哲学中国化进程中所做出的重要贡献。他不仅是在中国传播马克思主义哲学的先驱，是研究马克思主义哲学并运用马克思主义哲学分析中国社会的主将，更为毛泽东哲学思想的形成与发展发挥了重要作用。在新民主主义革命时期，他所翻译的苏联哲学教科书等著作为包括毛泽东在内的中国马克思主义者开阔理论视野、更新理论武器提供了重要条件，而他本人对唯物辩证法的研究和应用，更是直接启发了毛泽东的哲学思考，并为毛泽东哲学思想提供了思想资源。建国以后，李达长期致力于毛泽东哲学思想的系统化与大众化工作，完善并发挥了毛泽东哲学思想的重要观点，明确了毛泽东哲学思想的重要意义，促进了毛泽东哲学思想在人民群众中的普及与应用。在不同的历史时期，李达始终坚持马克思主义的信念与原则，尖锐地批判各种非马克思主义与党内的错误思想，矢志不渝地捍卫党的理论阵地。正是由于有了像李达这样的一批理论功底扎实、对马克思主义的信念坚定、专注于对马克思主义哲学的传播和研究的学者型的哲学家，马克思主义哲学中国化的伟大事业才能够不断向前推进，才能够不断取得新的理论成就。

毛泽东哲学

——马克思主义哲学中国化的典范

许全兴[*]

马克思主义哲学是中国共产党的科学世界观、方法论、人生观和价值观。中国共产党高度重视马克思主义哲学的学习、研究和运用，重视马克思主义哲学的中国化。中国共产党成立以来90年的历史就是马克思主义哲学中国化的历史。在这一伟大的历史过程中，众多的哲学家、思想家、革命家和无数的哲学工作者、革命者为此做出了自己的贡献，有的甚至献出了自己宝贵的生命。在诸多的哲学家中，毛泽东无疑是其中最为杰出、最有成就的代表者。毛泽东哲学是马克思主义哲学中国化的典范。

一

毛泽东是经过中国人民长期选择的革命领袖，党和人民军队的主要缔造者，革命战争的主要指挥者。他之所以能成为中国革命中涌现出的众多领袖人物之首，其中重要的一点是他有一颗哲学头脑。他从学生时代起就酷爱哲学，有很好的哲学修养。他在转变为马克思主义者时就明确地说："唯物史观是吾党的哲学根据。"[①] 他自觉运用马克思主义哲学指导中国革命，因而能比一般的革命领袖人物站得高些，看得远些，具有敏锐的洞察

[*] 许全兴，中共中央党校教授。

① 《毛泽东书信选集》，人民出版社1983年版，第15页。

力和战略家的雄才大略，能在关键时刻掌握革命的方向，提出正确解决中国革命实际问题的理论、路线、方针和政策。他善于从哲学上思考中国革命，将丰富的实践经验上升为理论，写出诸如《实践论》、《矛盾论》那样的哲学专著。他不仅重视研究理论、研究现状，而且也十分重视研究历史，注意批判地继承从孔夫子到孙中山的丰富历史遗产。经史子集，稗官小说，他无所不读，对中国的历史、哲学、文学有精深的理解，是一位学识渊博的学问家。他"性不受束缚"，"好独辟蹊径"，富于创新精神。他的这种个人的经历、学养、个性，使得他能把马克思主义理论、中国革命和建设的丰富经验、中国传统哲学的优秀成果三者融为一体。毛泽东的哲学既是马克思主义哲学在中国的发展，也是中国传统哲学在当代的发展，既体现了时代性，也体现了民族性，用他自己的话说是"土哲学"。他的哲学，是时代精神和民族精神的有机融合，是现代中华民族智慧的结晶。

毛泽东在《纠正党内错误思想》（1929 年）一文中强调了改造主观世界对党和军队建设的意义，其中专门写了反对主观主义一节，指出思想上的主观主义，必然导致政治上的机会主义或盲动主义。第二年，他写了《反对本本主义》一文，进一步从哲学上总结中国革命的经验教训，批判实践中的主观主义。他提出"没有调查就没有发言权"、"中国革命斗争的胜利要靠中国同志了解中国情况"，反对僵化的"本本主义"（即教条主义）思想路线，提倡"从斗争中创造新局面"的实事求是的思想路线。《反对本本主义》初步显示了毛泽东哲学思想的特色。

长征到达陕北后，毛泽东发愤读书，尤其是研读哲学著作。在 1937 年春至"七·七"卢沟桥事变爆发前，他亲自到抗大讲授哲学，编著《辩证法唯物论（讲授提纲）》。《辩证法唯物论（讲授提纲）》除《实践论》和《矛盾论》外，其余章节的主要内容来之于苏联的三本哲学著作（即：《辩证法唯物论教程》，西洛可夫、爱森堡等著，李达、雷仲坚译；《新哲学大纲》，米丁、拉里察维基等著，艾思奇、郑易里译；《辩证唯物论与历史唯物论》上册，米丁等著，沈志远译），理论上的创新与发挥不是没有，但并不很多。《实践论》和《矛盾论》则不同，它们虽然也充分吸取苏联上述三本书的思想资料，但更多的则是结合中国革命的经验和中国传统哲学的优秀成果，进行了理论上的创造和发挥，具有中国的内容和特色，是中国化了的哲学论著。① 仅有马克思主义哲学的书本知识和修养，而没有像毛泽东那样丰富的中国革命实践经验的哲学家，是写不出《实践论》和《矛盾论》的。它们是反对党内主观主义，尤其是教条主义的产物，是中国革命经验的哲学总结。

《实践论》和《矛盾论》只是毛泽东的代表作，而不是他哲学思想的全部。他的丰富的、深刻的、有创造性的哲学思想还体现在他有关军事、政治、党建、经济、文化、教育、外交等论著、讲话、谈话中，体现在他的实践和生活中。他的哲学是实践的哲学，而不是课堂里和书本上的哲学。长期以来，我们往往以时行的马克思主义哲学教科书的体系去剪裁毛泽东的哲学思想，结果有些十分重要的思想（特别是具有中国特色的思想）没有得到重视和发掘。

二

毛泽东哲学思想既是中国社会发展的产物，也是世界历史和马克思主义哲学发展的必然。以现今的观点看，毛泽东哲学思想的主要特点和贡献大致可归纳为以下诸方面。

第一，以独立自主为特征的主体论。

自强不息，是中华民族最重要的民族精神，也是中国传统哲学最重要的精华。近代以来，备受外来帝国主义的侵略，中华民族面临亡国灭种的危机，先进的中国人为了救国，奋发自强，前仆后继，百折不挠，斗争不已。以毛泽东为代表的中国共产党人在为争取民族的独立、自由、民主、富强、解放的过程中，继承和弘扬自强不息、艰苦奋斗的优良传统。他说："我们中华民族有同自己的敌人血战到底的气概，有在自力更生的基础上光复旧物的决心，有自立于世界民族之林的能力。"② 他从唯物辩证法的内因论和历史唯物主义的群众论两个方面对独立自主原则做了哲学论证。毛泽东强调的是整个民族的、阶级的、政党的主体意识和独立自主性。正是由于坚持这种主体性，毛泽东能抵制共产国际和斯大林在中国革

---

① 参见许全兴《〈实践论〉〈矛盾论〉与苏联三十年代哲学的关系》（1981 年），载《为毛泽东辩护》，当代中国出版社 1996 年版。

② 《毛泽东选集》第 1 卷，人民出版社 1991 年版，第 161 页。

命问题上的错误主张，独立自主地领导中国革命，开辟以农村包围城市、最后武装夺取全国政权的中国革命道路，取得新民主主义革命的胜利；能打破帝国主义对新中国的包围、封锁、干涉和侵略；能顶住苏联的大国主义和苏共的大党主义的压力和干涉，独立自主地进行社会主义建设，使新中国巍然屹立于世界东方。独立自主是构成毛泽东思想活的灵魂三个基本方面之一。

为了战胜强大的国内外阶级敌人和反动势力，为了克服革命和建设过程中的种种困难，毛泽东特别注重人的自觉能动性，注重精神、意志对物质的反作用。他认为，唯物辩证法最重要的方面是能动性，要提高中国人民的能动性。他提出，在客观条件具备的条件下，人的主观努力对实践的成功与否起着决定性的作用，精神在一定条件下可以转化为物质。他说：要发扬愚公移山的精神，"下定决心，不怕牺牲，排除万难，去争取胜利"①。他提倡在尊重客观规律的基础上，充分发扬人的主观能动性，反对无所作为的懦夫懒汉世界观。从这一方面看，毛泽东哲学是高扬主体性的哲学，这充分体现了民族精神和时代精神。毛泽东晚年确实犯有夸大精神、意志作用的错误，但就他的整个哲学而言，不能视之为唯心主义、唯意志主义。

第二，以实事求是为特征的唯物论。

马克思恩格斯为无产阶级创立了科学的世界观，列宁在新的历史条件下发展了马克思主义哲学。他们始终严格依据辩证的历史的唯物主义基本精神来制定无产阶级革命实践活动的路线、方针和政策，但他们在哲学上主要是批判理论形态的唯心主义和形而上学。毛泽东则不同，主要从事革命实践的批判活动，把哲学与共产党的实践活动密切结合起来。他从实践，尤其是革命战争的实践中得出了一个十分重要的哲学结论：主观与客观相一致，实践上就能成功，打胜仗；反之，主观与客观相分裂，就会打败仗，在政治上就要犯"左"的或右的错误。因此，他所要解决的是在实践活动中如何贯彻和坚持唯物主义的思想路线，做到主观与客观相一致。他主要批判的是实践活动中的唯心主义和形而上学，而不是理论形态的唯心主义和形而上学。他继承了中国哲学中经世致用、实事求是的唯物主义优良传统，强调一切从实际出发，提倡调查研究，提出"没有调查，

---

① 《毛泽东选集》第 3 卷，人民出版社 1991 年版，第 1101 页。

就没有发言权"。他反复阐述实事求是的思想路线，用实事求是来反对主观主义，反对教条主义。经毛泽东的解释和提倡，实事求是被赋予了新的含义，成为中国共产党人的座右铭。邓小平在新的历史条件下进一步发展了实事求是的思想路线，称实事求是是马克思主义、毛泽东思想的精髓。

第三，以实践为基础的能动革命反映论。

实践观点是马克思主义哲学的基本观点。马克思恩格斯创立了科学的实践观，从而引起了哲学的革命。列宁指出："从生动的直观到抽象的思维，并从抽象的思维到实践，这就是认识真理、认识客观实在的辩证途径。"① 但列宁对认识的途径没有展开说明。主观与客观、认识与实践、理论与实际的关系，是中国革命过程中经常遇到的攸关中国革命成败的最基本的哲学问题。知行问题也是中国哲学史上争论不休的一个重大问题。中国革命的实践，尤其是同教条主义斗争的实践，为正确解决认识与实践关系问题积累了丰富而深刻的经验与教训。毛泽东依据中国革命的丰富经验，继承了中国哲学注重知行问题的传统，在《实践论》中紧紧抓住认识与实践这一认识过程的基本矛盾，系统地阐述了实践在认识中的地位和作用，从宏观上说明了认识过程的辩证途径，揭露了在实践活动中犯错误的认识论根源，概括了人类认识世界和改造世界的根本规律。从马克思主义哲学史看，《实践论》是对列宁认识辩证途径的说明和发挥，丰富和发展了马克思主义认识论。从中国哲学史看，它是对中国历史上知行学说（包括孙中山的知难行易说）的总结，唯物辩证地解决了知行的关系，将中国哲学知行学说推进到一个新阶段。从实践上看，它为无产阶级政党的思想路线奠定了理论基础。

在社会主义时期，毛泽东在《人的正确思想是从哪里来的?》等文章和讲话中，结合新的实践和经验，进一步阐述了认识与实践、自由与必然的辩证关系，说明认识真理的艰难性和曲折性，犯错误的难免性。他提出，在实践的基础上，物质可以变精神，精神可以变物质，坚持了彻底的辩证法。这是前人未曾讲过的新话。

第四，以对立统一规律为核心的辩证法。

马克思恩格斯在批判改造黑格尔的唯心辩证法的基础上建立唯物辩证法。在马克思恩格斯的时代，辩证法与形而上学斗争的焦点在于承认不承

---

① 《列宁全集》第 55 卷，人民出版社 1990 年版，第 142 页。

认世界是过程的集合，即承认不承认世界是一个由低级向高级发展的永无止境的发展过程。列宁所处的帝国主义时代，资本主义矛盾尖锐化，爆发了第一次世界大战。为了揭示时代本质，反对修正主义，列宁悉心研究辩证法。他认为，发展原则已普遍承认，两种发展观斗争的焦点在于如何理解发展，即承认不承认发展是对立的统一。他提出：对立统一规律是辩证法的核心和实质，"可是这需要说明和发挥"。① 毛泽东吸取了苏联哲学界的新成果，在《矛盾论》里完成了列宁提出的"说明和发挥"的任务，丰富和发展了唯物辩证法，为革命人民揭露矛盾，分析矛盾，解决矛盾，提供了正确的世界观和方法论。为什么列宁提出的任务由中国人毛泽东来完成呢？这是偶然的吗？当然不是。第一，在俄国十月革命后，半殖民地半封建的中国成了东方矛盾的焦点。深处中国社会矛盾之中并对其有着深刻体会的毛泽东领导着中国革命和中国革命战争。《矛盾论》正是中国社会尖锐、复杂、曲折的矛盾运动在理论上的反映。第二，中华民族是一个富有辩证思维的民族，对立统一、相反相成的辩证思维已渗透到中国民族精神之中。毛泽东熟谙中国传统的辩证法。可以说，《矛盾论》是马克思主义辩证法、中国社会的客观辩证法和中国传统辩证法三者有机结合的产物。它的出现具有必然性。

在社会主义时期，毛泽东在《论十大关系》、《关于正确处理人民内部矛盾的问题》等著作和讲话中批评了社会主义社会不存在任何矛盾的形而上学错误，论述了我国社会的十大关系（即十大矛盾），提出了正确区分和处理两类不同性质矛盾的学说，为正确认识社会主义社会的矛盾提供了科学的方法论基础。毛泽东讲对立统一规律，固然重视矛盾的斗争性，但也不忽视同一性。早在《矛盾论》（无论是 1937 年 8 月的初稿，还是 1952 年的定稿）中，他讲同一性的篇幅就远远大于斗争性。1956 年后，他尖锐批评斯大林和苏联哲学家否认同一性的错误，大讲同一性，尤其是讲对立面的转化，解放了人们的思想。毛泽东注重对立面转化的思想无疑是对中国传统辩证法的继承和发展。

毛泽东在许多文章、讲话和谈话中对唯物辩证法的其他规律和范畴多有说明和发挥。他反复指出发展过程的曲折性、复杂性，发展是波浪式前进，否定之否定规律实质是肯定与否定的对立统一；质量互变规律是量变

---

① 《列宁全集》第 55 卷，人民出版社 1990 年版，第 192 页。

与质变的对立统一，要掌握事物变化中的度，反对"过"与"不及"，在两条战线上作战；在处理全局与局部关系上，要把握全局，又要照顾局部，等等。

第五，以人民为本的唯物史观。

毛泽东对唯物史观中的社会基本矛盾理论、阶级斗争和社会革命理论、国家学说等均有成功的运用和发展，但他的唯物史观最重要的思想却是人民群众理论。这一点是由中国革命长期处于敌强我弱的艰苦环境所决定的。为了战胜强大的国内外敌人，毛泽东创造性运用人民群众是历史创造者的理论，继承了中国历史上丰富的民本思想，形成了系统的群众观点和群众路线。他指出：共产党人应全心全意地为人民服务，一切言论行动，必须以合乎最广大人民群众的最大利益，为最广大人民群众所拥护为最高标准；人民群众是真正的英雄，是力量的源泉，人民群众只能依靠自己解放自己；尊重唯物论，尊重辩证法，首先要尊重人民群众，"从群众中来，到群众中去"是党的根本路线。他把马克思主义的实践观和群众观、辩证唯物主义认识论和历史唯物论融为一体。他把虚心向群众学习、善于总结群众的经验，看成是自己成功的"秘密"。群众路线是中国共产党人在敌我力量悬殊的艰苦环境里进行革命活动的无比宝贵的历史经验的总结，也是中国历史上丰富的民本思想在现代的发展。群众路线是毛泽东思想活的灵魂的三个基本方面之一。

第六，全心全意为人民的人生哲学。

哲学不仅是世界观、方法论，而且也是人生观、价值观。注重人生哲学和人生修养，是中国传统哲学的显著特点。毛泽东在青年时代就提出，改造中国，宜从改造哲学和伦理学入手。他本人十分注重自身品德的修养和锻炼。在领导中国革命中，他继承和发展了中国传统哲学的这一特点。

旧中国是一个以小生产为主的农业社会，现代无产阶级只占人口很少的一部分。中国共产党的党员主要不是来自工人，而是来自农民和其他小资产阶级。中国共产党的主要活动不是在城市，而是长期在农村的艰苦条件下从事革命战争。在这样的环境下，要把中国共产党建成无产阶级政党，这可以说是一件非常困难的事。以毛泽东为代表的中国共产党人之所以能做到这一点，除了有正确的路线之外，很重要的一条是加强革命人生观的教育，注意正确开展无产阶级思想与非无产阶级思想的斗争，注重党性修养，注重主观世界的改造。与其他国家的共产党相比，党性修养是中国共产党思想建设的一大特色，一大创造。

毛泽东的人生哲学十分丰富，其核心是全心全意为人民服务。他在人生目的、人生理想、人生价值、个性自由、道德本质、道德原则、道德评价、道德修养、道德的继承和发展等方面均有精辟的论述，为马克思主义理论宝库增添了全新的内容。他的《为徐特立60岁生日写的信》、《为人民服务》、《纪念白求恩》、《愚公移山》等是这方面的名篇。毛泽东的人生哲学，是以共产党人为代表的现代中华民族优秀品德和高尚精神的理论结晶，将中国传统的人生哲学推进到一个崭新的阶段。毛泽东的人生哲学已渗透到中国社会的日常生活，对中国共产党人的党性修养和整个中华民族的精神生活，发生了并将继续发生巨大的深远的影响。

第七，以机动灵活为特征的完整的军事辩证法。

战争是人类社会矛盾最集中的表现，是社会中最激烈、最复杂的一种斗争形式。在战争中，社会生活中的客观辩证法、认识战争和指挥战争的主观辩证法表现得尤为突出。哲学与战争的密切联系，在中国古代的老子、孙子的思想中得到了充分的体现。革命战争是中国革命的主要形式，马克思主义普遍真理与中国具体实践相结合，主要是与中国革命战争相结合。波澜壮阔的中国革命战争，既是形成毛泽东哲学思想的重要实践基础，又是它最生动的运用和证明。如果说马克思运用辩证法的重点领域是政治经济学，那毛泽东的重点则是革命战争和军事学。毛泽东对研究战争的方法论、战争观、战争的规律、战略和战术、军队建设和国防建设、战争与民众等均有系统而深刻的论述，形成了完整的军事辩证法（军事哲学）。打仗如何打？毛泽东曾做过精辟的概括："你打你的，我打我的；打得赢就打，打不赢就走。"这16字的概括充分表明，毛泽东军事辩证法显著的特征和鲜明的中国特色：机动灵活，实事求是。毛泽东的军事辩证法不仅在中国军事思想史上，而且在世界军事思想史上都占有光辉的一页。毛泽东军事著作中凝结的哲学智慧具有永久的价值。

第八，化理论为方法，领导方法和工作方法。

在马克思主义哲学中，世界观和方法论是统一的。作为中国革命的领导者毛泽东十分注重将一般世界观的理论化为认识世界和改造世界的方法论，化为领导方法和工作方法。他讲究领导艺术和工作方法，自觉地运用马克思主义哲学指导工作，反对主观主义、官僚主义和命令主义的领导方法和工作方法。他为党起草了《关于领导方法若干问题》、《党委会的工作方法》、《工作方法 60 条》、《工作方法 16 条》等有关领导方法和工作方法的文件。他提倡和制定的工作方法主要有：一切从实际出发、实事求是、调查研究、领导和群众相结合、一般和个别相结合、解剖麻雀、一切经过试验、学会"弹钢琴"、胸中有"数"、"两条腿走路"、"设置对立面"、多谋善断、留有余地、波浪式前进等。毛泽东制定的领导方法和工作方法，为马克思主义哲学与无产阶级的实践活动相结合开辟了更为广阔的、现实的道路，是马克思主义哲学深入发展的必然。

第九，致力于哲学的大众化。

马克思说过："哲学把无产阶级当作自己的物质武器，同样无产阶级也把哲学当作自己的精神武器。"① 马克思主义哲学从诞生之日起就日益为广大人民群众所掌握。但在资本主义社会，马克思主义哲学被视为毒草，加以打击，因而不可能在整个社会中加以普及。毛泽东在青年时就重视哲学，主张"普及哲学"。在转变成马克思主义者之后，他更注重哲学的学习、研究、运用和普及。他积极提倡和组织干部学哲学、用哲学。延安整风运动实质上也是一次马克思主义哲学的学习运动、普及运动。新中国成立后，他把普及哲学提到议事日程上。他在党内外各种会议上讲哲学，并发出"让哲学从哲学家的课堂上和书本里解放出来，变为群众手里的尖锐武器"的伟大号召。他要求哲学工作者搞实际的哲学，要求哲学进一步中国化和大众化。

海涅曾说过：康德把德国民族引上哲学的道路，因此，哲学的发展成了一件民族的事业。海涅本人也十分注重哲学的通俗化，注意把哲学普及到人民群众中。② 在马克思主义中国化的过程中，毛泽东把中华民族引上了哲学的道路，哲学成了全民族的事业。在毛泽东号召下，广大干部、知识分子、工人、农民、解放军战士、学生开展了一个学哲学、用哲学的群众运动，造就了一批自觉运用哲学的领导干部、科学家和实际工作者。经毛泽东的提倡，哲学得到前所未有的普及，为人民群众所掌握，成为他们手中锐利的思想武器。哲学的普及，哲学的大众化，这是时代的需要，马克思主义进一步发展的必然。我们不应把普及哲学过程中出现的简单化、

---

① 《马克思恩格斯选集》第 1 卷，人民出版社 1995 年版，第 15 页。

② ［德］芦亨利·希·海涅：《论德国宗教和哲学的历史》，载《论德国》，商务印书馆 1980 年版，第 307、203—204 页。

庸俗化问题，简单归之于哲学的解放，而是应总结哲学解放的经验教训，继续做好哲学的普及，开展哲学的大众化运动，以不断提高全民族的理论思维能力和精神境界。

毛泽东哲学的主要特点和贡献，自然不止以上9个方面，而且对他的特点还可以从其他视角加以概括。但笔者以为，以上9个方面，既反映了马克思主义哲学发展的必然，又体现了中国社会和中国革命的客观逻辑，也是中国传统哲学精华在现代的继承和弘扬。毛泽东哲学思想是20世纪中国哲学的最大成果，其实践意义和理论价值均是其他哲学所不能相比的。

三

毛泽东不是专门的职业哲学家，他日理万机，无暇去构造自己哲学思想的逻辑体系。1937年春夏，为了在抗大讲授哲学，他编著了《辩证法唯物论讲（授提纲）》。他借鉴中国古代《齐物论》、《天论》、《礼论》、《神灭论》等篇名的形式用"物质论"、"意识论"、"运动论"、"真理论"等作为节的标题，阐述马克思主义哲学的相关内容，力图表现出中国的特色。《实践论》和《矛盾论》的结构和内容与苏联的哲学教科书有很大的不同，具有中国的内容。但就提纲的整体而言，如前所述，除《实践论》和《矛盾论》外，创新与发挥不是很多。在延安时期，毛泽东虽然对苏联哲学教科书的体系并没有提出异议，但他从斯大林的《论辩证唯物主义和历史唯物主义》中吸取甚少。在1956年苏共二十大后，他从哲学上总结苏联社会主义建设的经验教训，批评斯大林的主观主义和形而上学，思考改造苏联30年代的哲学体系。在他看，斯大林的错误，苏联出修正主义，与斯大林哲学思想的缺陷相关。为了防止出修正主义，他提出要改造从斯大林时代延续下来的哲学体系。

毛泽东有关改造哲学体系的意见反映在他的诸多讲话、谈话中，其中主要集中在1964年8月18日和24日、1965年12月21日的三次谈话里。他有关改造哲学体系的意见主要有以下几个方面。

（1）要搞实际的哲学。老师和学生要以社会为课堂，如果不到社会上、人民中间去学哲学，不到自然界去学哲学，那种哲学学出来就没有用处，仅仅懂得点概念而已。

（2）哲学就是认识论，别的没有。毛泽东历来注重认识论，注重列宁的辩证法、认识论和逻辑学三者一致的思想。"哲学就是认识论"是他以往思想的进一步发展。在这一时期，他多次提出加强对干部的马克思主义认识论教育，阐述物质可以变精神、精神可以变物质的原理。

（3）辩证法一元化的思想。鉴于无产阶级专政的历史经验，他强调坚持用对立统一规律观察社会主义社会，强调列宁的对立统一规律是辩证法的核心和实质的思想。他说："辩证法的核心是对立统一规律，其他范畴如质量互变、否定之否定、联系、发展……等等，都可以在核心规律中予以说明。"① 他不赞成恩格斯三个规律和斯大林四个特征的说法。

（4）关于分析和综合。他认为，以往的哲学，历来就讲分析与综合，但讲得不清楚。分析（讲得）比较清楚，综合讲得少。只讲概念的分析与综合，不讲实际的分析与综合。

（5）要写通俗的文章，要用劳动人民的语言写文章。

（6）要把哲学体系改造一下，不要照过去那样写，不要写那么多。他批评当时哲学家们的哲学是"洋哲学"，自己的则是"土哲学"。

在晚年，毛泽东把反修防修作为头等大事，因而他改造哲学体系的意见自然打上"左"的以阶级斗争为纲的烙印。如他说，有阶级斗争才有哲学，要求哲学家下农村参加阶级斗争，不搞阶级斗争，搞什么哲学。他片面讲斗争性，忽视同一性。他对当时哲学界的批评也并不完全正确，有简单、过火的问题。因此，对毛泽东有关改造哲学体系的意见要做具体分析。作为学术观点，毛泽东的上述见解，只是一家之言，不能奉为最高指示，绝对真理。但毛泽东的上述见解，又非普通的一家之言，是包含了丰富的实践经验和历史经验的一家之言，是我们建构当代马克思主义哲学新形态的理论出发点，因而是值得哲学家们思考的一家之言。

总之，重视哲学是中国共产党的优良传统，学习哲学是中国共产党理论建设的根本。毛泽东哲学思想是毛泽东思想的活的灵魂，是党的思想路线的理论基础。我们要十分珍爱毛泽东哲学思想，认真学习、运用和发展毛泽东哲学思想，以推进中国特色社会主义伟大事业。

---

① 毛泽东：《读李达主编〈马克思主义哲学大纲〉（内部讨论稿）一书的批注》（1965年），载《毛泽东哲学批注集》，中央文献出版社 1988 年版，第 505 页。

毛泽东关于两类矛盾和对立统一规律思想的再思考

李德顺*

毛泽东哲学思想的一个显著特征，是高度重视对辩证法的探索和应用，并取得了丰硕的理论成果。这些成果在革命战争年代和社会主义建设时期，都发挥了强大的精神威力，不仅对夺取斗争的胜利起到了方法论保证的作用，而且对于提高全党和全社会的马克思主义理论水平和思想水平也产生了深远的影响。在此基础上，我们也不能忽视毛泽东在晚年的探索中，由于面对着前所未有的复杂对象和环境，仍然存在着一些难以避免的历史局限甚至不应有的误区，有待于我们进一步地思考和总结。

一　怎样看待两类矛盾与阶级斗争的关系

关于怎样看待社会主义改造完成后的阶级状况和社会矛盾，毛泽东曾做过深入的思考和论述。他在 1957 年 2 月 27 日所做的《关于正确处理人民内部矛盾的问题》报告，是一个最具有代表性的历史文献。在该报告中，毛泽东既依据辩证法和唯物史观，创造性地提出了正确处理两类不同性质的社会矛盾的思想，也受当时条件的局限，未能沿着科学的方向，将这一思想贯彻到底，而是留下了一些含混之处，成为后来走向“以阶级斗争为纲”的伏笔。

在该报告中，毛泽东首先指出，社会主义社会并不是无矛盾的社会，

* 李德顺，中国政法大学人文学院教授。

"没有矛盾的想法是不符合实际的天真的想法"。然后说"在我们面前有两类社会矛盾，这就是敌我之间的矛盾和人民内部矛盾。这是性质完全不同的两类矛盾"①。关于两类矛盾的性质，他认为："人民内部的矛盾，是在人民利益根本一致基础上的矛盾"；"敌我之间的矛盾是对抗性的矛盾。人民内部的矛盾，在劳动人民之间说来，是非对抗性的；在被剥削阶级和剥削阶级之间说来，除了对抗性的一面以外，还有非对抗性的一面。"②他特别强调，由于两类矛盾的性质不同，解决的方法也不同。毛泽东按照正确区分和处理两类不同性质矛盾的思路，针对当时的情况，具体地谈了在肃反、农业合作化、工商业者、知识分子、少数民族、中国工业化等问题上，怎样正确区分和处理两类不同性质矛盾的认识、原则和方法，为新中国的社会主义事业提供了具有指导性的意见，其中有不少精彩的论述成为脍炙人口的经典。

但在毛泽东的论述中，也存在着一个对于理论和实践来说都十分重要的问题，就是怎样看待两类不同性质的矛盾与阶级和阶级斗争的关系问题，怎样对待人民内部的阶级矛盾和阶级斗争的问题。

例如，这里就有一个如何界定"人民内部"的问题。毛泽东在划分"人民"和"敌人"范畴时，提出了一个原则性的标准。他说："在现阶段，在建设社会主义的时期，一切赞成、拥护和参加社会主义建设事业的阶级、阶层和社会集团，都属于人民的范围；一切反抗社会主义革命和敌视、破坏社会主义建设的社会势力和社会集团，都是人民的敌人。"③ 同时他又进一步具体谈到，在现在的条件下，人民内部矛盾的范围，既包括工人阶级内部、农民阶级内部、知识分子内部的矛盾，也包括工农之间、工农同知识分子之间、工人阶级和其他劳动人民同民族资产阶级之间、民族资产阶级内部的矛盾，等等。

这意味着，这里的"人民"概念高于具体的阶级概念，在处理人民内部的阶级矛盾，比如工农阶级与民族资产阶级之间的矛盾时，依然应该遵循"团结——批评——团结"的原则，采取解决人民内部矛盾所应采用的"民主的方法"。然而毛泽东却同时又认为，虽然革命时期的大规模

---

① 《毛泽东著作选读》，人民出版社1986年版，第757页。

② 同上书，第758页。

③ 同上书，第757—758页。

的急风暴雨式的阶级斗争已经基本结束，但是剥削阶级还存在，阶级斗争还是"长期的，曲折的，有时甚至是很激烈的"；"我国社会主义和资本主义之间在意识形态方面的谁胜谁负的斗争，还需要一个相当长的时间才能真正解决"①。这样的阶级斗争，显然具有某种"你死我活"的对抗性质。既然如此，那么在区分两类矛盾与充分开展阶级斗争之间，究竟是一种怎样的关系？特别是在人民内部存在着的某些阶级矛盾和斗争，是否也具有你死我活的对抗性质？这就必然存在着区分两类矛盾与坚持阶级斗争如何统一的问题。而后来的事实表明，当时和后来一个时期，毛泽东和我们党并未注意解决好这个问题，提出更加具体合理的理论和策略，而是用阶级斗争取代了两类矛盾，终于走向了"以阶级斗争为纲"。

值得我们今天深入思考的是，在毛泽东的报告中，正确处理人民内部矛盾，是社会主义建设时期最大量的、主要的工作，因此它理应成为国家政治生活的主题。这无疑是依据马克思主义唯物史观，对于社会主义建设的具有开创性的理论贡献。然而，这一主题却未能充分贯彻下去。就在报告后不久，当年即发生了反右斗争及其扩大化。随后，在经济领域里的"左"倾冒进举措，在政治和文化领域里的斗争和批判运动此起彼伏、接连不断，直到爆发了"文化大革命"。而这些，恰恰是以毛泽东提出的另一个理论——"无产阶级专政下继续革命理论"为指导的。那么，从提出正确区分和处理两类矛盾，到实行具有特定含义的"无产阶级专政下继续革命"，这两者之间的转变是怎样发生的？是否有某种理论上的联系？这是从哲学理论上总结经验教训不能回避的问题。

事实上，这种联系是存在并且可以通过理论思考发现的。例如毛泽东关于两类矛盾的理论中，就存在着某些值得思考之处。其中特别是如何认识新的历史条件下阶级和阶级斗争的问题。毛泽东一向高度重视阶级和阶级斗争，并且认为这是马克思主义的重要标志。但是，究竟什么是马克思主义的阶级和阶级斗争学说，以往人们存在着许多误解。马克思在1852年3月5日写给约·魏德迈信中，曾对阶级问题发表了三点重要看法，可以说是马克思主义创始人关于阶级和阶级斗争的经典论述。

马克思说："无论是发现现代社会中有阶级存在或发现各阶级之间的斗争，都不是我的功劳。在我以前很久，资产阶级历史编纂学家就已经叙

---

① 《毛泽东著作选读》，人民出版社1986年版，第785页。

述过阶级斗争的历史发展发展，资产阶级的经济学家也已经对各个阶级作过经济上的分析。我所加上的新内容就是证明了下列几点：（1）阶级的存在仅仅同生产发展的一定阶段相联系；（2）阶级斗争必然导致无产阶级专政；（3）这个专政不过是达到消灭一切阶级和进入无阶级社会的过渡……"① 在这三点中，第一点，特别是加上黑体字所表示的意思，经常被人们忽视。在这里，马克思把阶级和阶级斗争同生产力的状况联系起来，从整个历史的高度指出，阶级和阶级斗争只是人类历史上一定阶段的、与一定生产力水平相联系的特殊的产物。这就意味着，不仅阶级的存在，而且阶级斗争的发展和阶级的最终消灭，都从根本上依赖于生产力的发展。再加上第二点、第三点的内容，总体上可以看出，按照马克思的观点，马克思主义正是以最终消灭阶级和阶级斗争为理想和目标的，因此马克思主义者并不是阶级斗争的特别爱好者和追求者，并不是想永远保持阶级斗争的。但是，后来却产生了一种偏向，就是盲目地追逐和迷信阶级斗争，不加限制地主张"用阶级观点分析一切"，认为"阶级斗争要斗一千年一万年"，因此脱离实际地提倡"以阶级斗争为纲"，甚至人为地制造对立面，等等。这种偏激的"阶级斗争情结"，在政治生活中影响很深、很顽固。其中一个认识上的原因，就是自列宁以来的许多马克思主义者，往往孤立地强调当前的阶级斗争的意义，而忽视了它的历史性质，或者只是就阶级斗争谈阶级斗争，却很少将阶级斗争的状况与发展生产力的意义联系起来。

这一偏向在毛泽东的论述中也有表现，就是脱离了生产力的历史发展，将生产力发展的历史条件与现实的阶级状况彼此割裂开来，把意识形态领域的阶级斗争加以孤立化，并有所夸大。一方面，毛泽东对进一步建立和完善社会主义的生产关系、经济基础的必要性认识不足。例如他认为，在我国社会主义改造基本完成之后，社会的基本矛盾，即生产关系对于生产力、上层建筑对于经济基础的关系，都属于"既相适应又相矛盾"的情况，"我们的根本任务已经由解放生产力变为在新的生产关系下面保护和发展生产力"，因此对于进一步解放和发展生产力的复杂性和艰巨性有所忽视；另一方面，他又这样或那样地认为，意识形态领域里的阶级斗争已经成为主要问题，"在这一方面，社会主义和资本主义之间谁胜谁负

---

① 《马克思恩格斯选集》第 4 卷，人民出版社 1995 年版，第 547 页。

的问题还没有真正解决"。① 那么，在经济基础和意识形态这两个领域的阶级斗争之间，是一种怎样的关系？在这个问题上，他未能进一步依据历史唯物主义的原理给予更加深入的说明，反而表现出某种上层建筑和意识形态决定论的倾向。这种倾向不能不说是走向"无产阶级专政下继续革命理论"的一个起点。

同时，毛泽东在划分"人民"和"敌人"时，并没有把正确地区分和处理两类矛盾看作是进一步解放和发展生产力的一个基本环节。他采用了一种较为政治化的标准，即以人们（包括各个阶级）的现实立场和态度（是否拥护社会主义）为准，而不是以人们同生产力发展之间的客观联系为根据，来确定"人民"和"敌人"的范围。这个标准实际上是通过强调人们的政治表现和意识形态表现，表达了一种更加主观化的、随意性更大的阶级斗争意向。这样就必然使正确处理两类矛盾的要求，在逻辑上缺少必要的、客观稳定的前提，在实践中缺少充分的主体性保障。毛泽东关于两类矛盾的开拓性理论和有益设想，之所以未能在后来的实践中得到贯彻，与此不无关系。

还有在如何正确处理人民内部矛盾的问题上，毛泽东在区分了无产阶级的民主自由与资产阶级的民主自由的基础上，提出了民主集中制原则。但他认为，"民主这个东西，有时看起来似乎是目的，实际上只是一种手段"。在敌我矛盾问题上，民主是与专政相对而言的，在人民内部实行民主，对敌人实行专政；"在人民内部，民主是对集中而言，自由是对纪律而言，这些都是一个统一体的矛盾着的侧面，它们是矛盾的，又是统一的，我们不应当片面地强调某一个侧面而否定另一个侧面。"而这里的问题，是混淆了社会主义民主作为国家政治原则与作为具体组织形式之间的界限。如果忽视了社会主义民主作为国家政治原则的更高层次上的性质和意义，把民主仅仅限定在具体的组织形式和手段的范围以内，就不仅不利于从根本上加强社会主义民主和法治的建设，而且不利于人民当家做主的实现。事实上，在"文化大革命"中，通过发动群众以"大民主"的手段来进行"无产阶级专政下的继续革命"所造成的破坏性影响，不能不说是这一理论误区所带来的后果。

---

① 《毛泽东著作选读》，人民出版社1986年版，第785页。

二　辩证法与对立统一规律

毛泽东一向主张要理论联系实际，在实践中学习和运用唯物辩证法，特别是矛盾的辩证法。早在 20 世纪 30 年代写的不朽名著《矛盾论》中，毛泽东就已指出："事物矛盾的法则，即对立统一的法则，是自然界和社会的根本法则，因而也是思维的根本法则。"① 在多年实践和理论思考中，毛泽东一直坚持不渝地奉行并发展了这一根本法则。毛泽东于 1956 年发表的《论十大关系》，是在社会主义建设问题上运用矛盾辩证法的又一杰出代表之作。在这篇文章中，他把工作的指导思想上升到哲学高度，指出"世界是由矛盾组成的。没有矛盾就没有世界。我们的任务，是要正确地处理这些矛盾"②。一如既往地强调了坚持唯物辩证法与正确进行革命实践之间的联系。

而在对辩证法的理解上，毛泽东也表现出始终抓"主要矛盾"和"主要矛盾的主要方面"的理论追求，日益将辩证法归结为一个实质或核心，即对立统一规律。他进一步发展了列宁的思想，力求将辩证法集约提炼出一个核心的模式，因此提出："辩证法的核心是对立统一规律，其他范畴如质量互变、否定之否联系、发展等等，都可以在核心规律中予以说明。"沿着这个思路，毛泽东认为，辩证法的规律其实只有一个，其他都应看作是这一核心规律展开的范畴，例如"所谓发展就是诸对立物斗争的结果"，如此类推，可以重新阐述辩证法的体系，而"旧哲学传下来的几个规律并列的方法不妥"，③ 应予改变，等等。

毛泽东的这一哲学创新见解，对于重新理解，并以更加简明的方式阐述唯物辩证法的精神实质，具有积极的启发意义，在当时曾经掀起了学习和讨论的高潮。但是从哲学史的高度看，这个问题毕竟仍然是在旧的哲学体系框架下，原本是针对黑格尔的体系提出来的。因此它不仅仍带有思辨的色彩，而且在当时的社会实践和具体思考中，还使一个带有理论普遍性的哲学命题，受到当下氛围中某种特定政治意向的影响。正是在当时日益

---

① 《毛泽东著作选读》，人民出版社 1986 年版，第 178 页。
② 同上书，第 744 页。
③ 同上书，第 847 页。

升温的"以阶级斗争为纲"和"无产阶级专政下继续革命"氛围中，对立统一规律的含义被进一步加以扩张和发挥，它的意义被人为地夸大，变成了仅仅为当时阶级斗争服务的理论。应该说，后来出现了为毛泽东所痛惜的"唯心主义横行，形而上学猖獗"局面，是与此有关的。

从理论上看，对唯物辩证法和对立统一规律的上述理解，并非仅仅是毛泽东的个人见解，而是具有一定普遍性的理论误区。从当时情况看，在理论上主要出现了两大偏差：一是将对立统一规律简单化成"一分为二"；二是将矛盾的斗争性加以绝对化。

将对立统一规律简单化成"一分为二"的偏差，首先在于将本来属于关系范畴的矛盾，当作了一个实体范畴。"对立统一"规律原本是指任何事物的矛盾双方，或任何发生关系的两个方面之间，其相互关系都是既对立又统一，既排斥又依存，既分离又联结，既斗争又同一的。它说的是具有矛盾性质的"关系"现象及其运动规律，与事物的复杂体系中含有多少"方面"无关。但"一分为二"的普遍化，取代"对立统一"而成为一条哲学原理和思想原则时，则是把实体与关系、事物与分析事物的某种方法混为一谈了。其直接的后果，就是将注意力引导到事物究竟可以"分"成几个"方面"上来。这在理论上似是而非，而作为一种思维方式的宣传普及，更是对社会产生了深远的影响。例如直到不久前，在学界和社会上还有人仍旧执着于这样的探讨：究竟应该是"一分为二"，还是"一分为三"，或"一分为多"？等等，本身就已经偏离了辩证法和对立统一规律的本意。

更值得反思的是，将对立统一规律简单化成"一分为二"所带来的致思取向，就是以为，分析矛盾意味着一定要把任何事物都分成"两半"，即找到其中的"对立面"，并指认出其中的正面与反面、正确与错误等；而且这样分析的目的，也不在于按照对立统一规律的本意，把握对立面之间"既对立又统一"的完整辩证关系，去促进事物或矛盾的辩证统一和良性转化，却只在于强调"分"和"对立"，从而忽视或否定了矛盾统一性的方面和意义。

在"文革"到来的前夕，这种思维方式一度被当成了公式，到处去套用，事实上起到了把"两大阶级对立"的模式加以普遍化、绝对化的作用。在这种模式下，"分"被当成了无产阶级革命的原则，"合"被说成是修正主义的"阶级调和论"。当时曾有杨献珍等哲学家尝试用"合二而一"来说明矛盾统一性的特点,以此作为"一分为二"的补充,但他们立即遭到了严厉的批判及政治贬谪。可见把"一分为二"当作辩证法公式加以普遍化的结果,不仅造成了对辩证法的歪曲,而且助长了思想封闭、头脑僵化、作风简单粗暴的不良风气。

将矛盾的斗争性加以绝对化的偏差,主要在于将矛盾的斗争性与同一性割裂开来,孤立地看待"斗争的绝对性",把它看作是矛盾运动的唯一形态。这种观点,发展成为文化大革命中的"斗争哲学"是必然的。在"斗争哲学"中,不仅否认斗争是矛盾双方的相互作用,将"革命的斗争"看作是可以任意剥夺人的平等权利的单方面"批斗",而且无视斗争的合理目的性、条件性和限度,鼓吹"斗就好","斗就是一切";斗争的结果,即所谓"辩证的综合",就只是"一方吃掉另一方",你死我活,"不是东风压倒西风,就是西风压倒东风",没有其他可能;等等。这种片面化绝对化的斗争观点,显然与辩证法的精神相去甚远。

"斗争哲学"在理论和实践上给我们留下了值得反思的深刻教训。仅就如何贯彻辩证法来说,正如肖前等在总结这一历史教训时所指出的:无论怎样,所谓解决矛盾,其结果都表现为通过斗争而达到矛盾的某种新的统一、和谐的状态,而不是相反:"不以一定的具体的统一与和谐为目标的斗争,是盲目的斗争;最终不能达到预期的统一与和谐的斗争,是失败的斗争;违背客观规律(企图阻止旧统一的瓦解和新统一的产生,或企图建立没有客观根据的统一)的斗争,是错误的斗争。"① 就是说,要正确理解和运用唯物辩证法的矛盾学说,必须以推动社会进步和人的解放为目的,把握斗争性与同一性的内在联系。特别是在共同体和人民内部,我们通过必要的斗争去解决矛盾,目的并不是追求和满足于分离、对抗、压制和相互抵消的"零和"博弈,而是要寻求矛盾各方在新的基础上和谐共赢的结果。如果忽视或偏离了这一目的性,就不可能正确处理人民内部的矛盾,也不可能成为全球化时代世界新秩序的积极建设者。

综上所述,毛泽东在辩证法理论和实践上的探索与得失,给我们留下了极其丰富而宝贵的历史经验。他让我们再次想起了马克思曾经指出的"辩证法两种形态"问题。马克思在《资本论》第 2 版跋中曾指出:辩证法有两种形态,一种是辩证法的神秘形态,一种是辩证法的合理形态,

---

① 肖前等:《论唯物辩证法的"斗争"范畴》,《哲学研究》1981 年第 11 期。

"辩证法，在其神秘形式上，成了德国的时髦东西，因为它似乎使现存事物显得光彩。辩证法，在其合理形态上，引起资产阶级及其夸夸其谈的代言人的恼怒和恐怖，因为辩证法在对现存事物的肯定的理解中同时包含对现存事物的否定的理解，即对现存事物的必然灭亡的理解；辩证法对每一种既成的形式都是从不断的运动中，因而也是从它的暂时性方面去理解；辩证法不崇拜任何东西，按其本质来说，它是批判的和革命的。"① 可见，马克思哲学的辩证法并不是对黑格尔辩证法的简单继承和搬用，因为在黑格尔那里，辩证法还带有某种"神秘形式"。而马克思所倡导的辩证法，则是充分立足于人民群众实践，以推动社会进步和人的解放为旨归的辩证法，即"批判的和革命的"辩证法。

在马克思主义中国化的理论进程中，充分理解和体现马克思主张的"合理形态的辩证法"具有重大的现实意义。对于它的把握，不仅成为我国马克思主义哲学水平的一个试金石，而且是决定实践成败的一个理论要素。

---

① 《马克思恩格斯选集》第 2 卷，人民出版社 1995 年版，第 112 页。

论《实践论》、《矛盾论》的民族视野

陈世珍[*]

从一定视角上看,《实践论》、《矛盾论》(下称"两论")是马克思主义哲学中国化的产物,又推动着马克思主义哲学大众化的历史进程。之所以如此,关键不仅在于"两论"在哲学学理上取得了一些理论创新,而且更在于它们对于民族问题的呈现、民族解放道路的探讨以及解决民族问题思想方法的阐释,因此,"两论"拥有特殊的民族视野。深刻体会"两论"所具有的民族视野,不仅对于阐释"两论"的理论价值,而且对于在现代的历史条件下,完善中国特色的社会主义道路是不可或缺的。本文就此做一探讨,期待学界同仁批评指正。

一

从写作背景和动机看,"两论"是时代的产物,服务于民族独立和民族解放的斗争需要。

"两论"最早成文于1937年。据考证,1937年毛泽东在延安给抗日军政大学的革命青年讲授马克思主义哲学,为此编写使用了《辩证法唯物论讲授提纲》。当时这个提纲以油印本形式面世,但并没有作者署名。之后被陆续翻印,得到广泛流传。特别是从1938年4月开始,广州统一出版社出版的《抗战大学》(半月刊)从第一卷第6期起在"新哲学讲座"专栏连载《辩证法唯物论讲授提纲》,这时标明"毛泽东主讲"。上海的《民主》杂志,从1940年3月的第一卷第1期开始,也署名连载讲

授提纲。① 新中国成立以后，将《辩证法唯物论讲授提纲》第二章"辩证法唯物论"里的第 11 节"实践论"单独修改成文，以"实践论"为题正式发表在 1950 年 12 月 29 日的《人民日报》上。此后，又将《辩证法唯物论讲授提纲》第 3 章"唯物辩证法"中的"矛盾统一法则"单独修改成文，以"矛盾论"为题正式发表在 1952 年 4 月 1 日的《人民日报》上。在解放后出版的《毛泽东选集》中，"两论"被编入第 1 卷。

因为"两论"特殊的问世经历，一些疑问和问题就产生了。

第一，关于"两论"的问世时间的疑问。龚育之先生曾经关注到："60 年代中，国外有人发表论著，怀疑《实践论》以及《矛盾论》不是 1937 年的作品，甚至断言它们是 1950 年和 1952 年的作品。他们自认为有力的论据是，在这以前，各种版本的毛泽东选集和党的文件集（如《整风文献》）里都没有收过这两篇文章，中国理论家们的文章里也没有提到过这两篇文章。"② 在《实践论三题》一文中，龚育之先生对这样的疑问做出了回应。笔者认为，这样的回应之所以必要，不仅在于弄清楚"两论"文本诞生的时间，而且在于正确评价"两论"的理论价值和现实意义。"两论"首先是以未署名的演讲稿形式出现。这样的演讲稿完全可能是集体讨论和创作的产物，通过毛泽东的演讲而问世，因此，在 50 年代以前，出现了署名和不署名的两种流传形式，并且没有收进新中国成立前出版的毛泽东选集中。换言之，"两论"问世的时间和形式表明它是时代的产物，是集体的智慧。

第二，关于"两论"创作动机和效果的设想和判定。有一些学者尽管没有对"两论"问世时间产生疑问，甚至认定"两论"就是毛泽东的个人创作。但是，他们对于毛泽东创作"两论"的动机和效果抱有另类的推测和判断。

如美国斯图尔特·R. 施拉姆在《毛泽东的思想》一书中，解剖了毛泽东 1937 年做理论演讲的个人动机，他说："自列宁的时代以来，具备马克思主义理论家和哲学家的声望，已被认为是共产主义领袖人物必不可少的条件之一。毛泽东当初作这一系列讲演，无疑是以确立他在这方面的地位为目标的，在他之前，也力求具有这种资格。毛泽东在党内的对手都在

---

① 龚育之：《在历史的转折中》，生活·读书·新知三联书店 1988 年版，第 291 页。
② 同上书，第 290 页。

莫斯科受过训练，在其后的五六年间，他就要同他们展开实力较量。因此，他感到自己容易受到攻击之处是人们可能说他不过是个农民游击战争的领导者，没有掌握马克思主义理论，没有能力分析抽象的范畴。然而事实不久就表明，毛泽东关于辩证唯物主义的讲演并未真正达到预期目标。这些演讲有相当大的部分，尤其是开始讲的那几章，几乎是不加掩饰地照搬苏联的材料，而毛泽东用自己语言表达的地方，结果常常不甚理想。"①

施拉姆的上述论断，不仅提醒人们，"两论"在哲学学理上与苏联哲学教科书的渊源关系（限于篇幅，本文不做讨论），而且提示人们需要对"两论"创作动机以及社会影响进行深入细致的考量。换言之，施拉姆正确地看到，按照西方哲学学术观，"两论"在哲学学理上的创新价值并非是它的强项（国内有学者也指出"两论"在哲学学理上不仅继承了中国传统哲学的文脉，而且具有实践智慧的特点），但是，施拉姆关于"两论"创作动机的判定确实值得商榷。

需要思考的是，一种理论演讲对于个人人生发展的价值和对于民族解放的价值是否可以并行不悖？毋庸讳言，毛泽东的延安演讲对于他个人在党内以及全国地位的确立确实发挥了重要作用。但是，如果将"两论"的创作动机仅仅局限在服务于毛泽东个人职位升迁的需要上，并不实事求是。远的不说，这样的说法无法解释，新中国成立之前，载有"两论"的演讲稿文本为什么不仅能够在各大解放区不胫而走，而且在广州、上海等非解放区的一些非党的正式刊物上也被刊载。历史地看，毛泽东在党内的领导地位以及后来在全国的领袖地位并非靠演讲得来，而主要是领导实际斗争实践的结果。因此，将毛泽东延安演讲的动机仅仅界定为确立个人的党内地位而不顾及这种演讲对于民族解放的价值和意义，是片面而有害的。

毛泽东在 1960 年初读苏联《政治经济学（教科书）》时说："马克思、恩格斯、列宁的书，必须读，这是第一。但是任何国家的共产党人，任何国家的无产阶级的思想家，都要创造新的理论，写出新的著作，产生自己的理论家，来为当前的政治服务。任何国家、任何时候，单靠老东西

---

① ［美］斯图尔特·R. 施拉姆：《毛泽东思想》，田松年等译，中国人民大学出版社 2006 年版，第 58 页。

是不行的。单有马克思和恩格斯，没有列宁，不写出《两个策略》等著作，就不能解决 1905 年和以后出现的新问题。单有 1907 年的《唯物主义和经验批判主义》，就不足以应付十月革命前后发生的新问题。适应这个时候的需要，列宁就写了《帝国主义论》、《国家与革命》等著作……我们在第二次国内革命战争末期和抗日战争初期写了《实践论》和《矛盾论》，这些都是适合于当时的需要不能不写的。"①

我们完全可以按照逻辑的推理责疑毛泽东的事后回忆是否带有主观情绪，甚至是否有自恋的成分。但是，必须注意到一个细节，毛泽东没有用第一人称单数"我"来说明"两论"的问世，而是表明"两论"是"我们"的创作。因此，仅仅将"两论"视为毛泽东出于个人动机照搬他人的理论的私家产品，是否有一种"仆人眼中无英雄"的瑕疵？

当然，需要补充的是，作为中国共产党集体智慧结晶的毛泽东思想，之所以以毛泽东的名字命名，是因为毛泽东在其中有特殊的贡献。"两论"的创作也是如此。毛泽东对于"两论"的特殊贡献以及"两论"产生的具体历程还有待历史档案的进一步发掘和研究，现有的一些材料和描述对于我们把握这方面的信息有一定的价值。

毛泽东的朋友斯诺先生曾经以记者的身份描述过延安演讲的背景："在卢沟桥事变后的几个星期里，毛在延安有一段暂时的空闲时间，军队开赴前线了，毛腾出时间来收集材料，准备在（延安）抗大作关于哲学基础的讲演。这批青年学生经过三个月的短期训练准备在今后几年做政治辅导工作，需要为他们写一些简明而基本的讲义。在党的坚持下，毛泽东写就《矛盾论》和《实践论》，总结了中国革命的经验，把马克思主义的基本原理和中国的具体的日常实例结合起来。"

斯诺先生的描述与《毛泽东哲学批注集》相互印证，成为一个有力的证据链，表明在 1937 年前后，中华民族处于最危急的时刻，毛泽东在如饥似渴地学哲学，用哲学。目的并不仅仅是要当理论家，而在于提高即将奔赴前线广大干部的马克思主义哲学的思想水平。

曾经担负过第五次反围剿军事指挥重任的李德（德国名字奥托·布劳恩）在其《中国纪事》中，尽管很瞧不起"两论"，视之为"庸俗唯

---

① 龚育之、逄先知、石仲泉：《毛泽东的读书生活》，中央文献出版社 2003 年版，第 85—86 页。

物主义",但是,对这两篇著作产生时间和毛泽东的贡献,还是承认的。他说:"1937 年七八月份,毛写了两篇哲学著作——《矛盾论》和《实践论》,他在抗大和中央党校宣讲了这两篇著作,之后又收入了《论辩证唯物主义》一书。"①

对于毛泽东的学哲学用哲学,李德说:"毛学习理论的目的,主要并不在于弥补他极其缺乏的马克思主义知识,而是要寻找他能利用的合适词句,来论证他自己的,完全与马列主义背道而驰的观点,更正确地说,来装饰他自己的观点。"② 这些否定性论断恰好表明,毛泽东学习哲学,写作"两论"是要阐释新观点和新见解的。

二

1937 年,以卢沟桥事件为代表,中华民族危机深刻而全面地呈现在当时各界、各团体、各政党和各个中华儿女面前。"救亡"实践是压倒一切的实践活动。为此,人们需要思考的问题是:第一,中华民族面临的是怎样的问题?第二,中华民族还有没有救?第三,谁来救?第四,怎么救?第五,中华民族将被救向何方?上述问题又可以概括为"中华民族向何处去?"这样一个总问题。

对这些论题的直接回答构成了当时各党各派各社会团体关于时局分析的主张、宣言、通电和演讲。这些战略或策略性的言论还不是哲学的应答。"两论"是毛泽东在哲学的层面上,对上述问题做出的系统回应:

第一,实践第一与人民第一的观点。

19 世纪 30 年代有关中华民族向何处去的问题,有各种各样的言论、观点和主张,在诸多认识中,哪种是正确的和真理性的?毛泽东给人们演讲了马克思主义的主张:"马克思主义的哲学辩证唯物论有两个最显著的特点。一个是它的阶级性,公然申明辩证唯物主义是为无产阶级服务的;再一个是它的实践性,强调理论对于实践的依赖关系,理论的基础是实践,又转过来为实践服务。判定认识或理论之是否真理,不是依主观上

① [德] 布劳恩:《中国纪事》,李逵六等译,东方出版社 2004 年版,第 284 页。
② 同上书,第 285 页。

觉得如何而定，而是依客观上社会实践的结果如何而定。真理的标准只能是社会的实践。实践的观点是辩证唯物论的认识论之第一的和基本的观点"①

因此，在解决中华民族向何处去的问题上，最有发言权的是从事"救亡实践"的无产阶级及其领导的人民群众。"社会的发展到了今天的时代，正确地认识世界和改造世界的责任，已经历史地落在无产阶级及其政党的肩上。"②

第二，矛盾的观点和矛盾分析方法。

将人民群众的实践经验转化为科学的理论，需要有科学的研究和叙述方法。毛泽东指出，承认矛盾，并运用矛盾分析方法应该是唯物辩证法的基本的和普遍的方法。与矛盾的观点以及矛盾分析方法不同，是形而上学否定矛盾以及孤立、静止和片面地看问题的方法。

第三，具体问题具体分析的方法。

矛盾观点应用到中国当时的实际，就必须有一个具体问题具体分析的方法。在这一点上，毛泽东号召人们以马克思、恩格斯、列宁、斯大林为榜样："马克思和恩格斯，同样地列宁和斯大林，他们对于运用现代辩证法到客观对象的研究的时候，总是指导人们不要带上任何的主观随意性，而必须从客观的实际运动所包含的具体的条件，去看出这些现象中的具体矛盾、矛盾各方面的具体地位以及矛盾的具体的相互关系。"③ 毛泽东因此批判了教条主义的思想方法。

第四，过程的观点和革命的乐观主义信念。

1840 年以来，中华民族不得不面对全方位的危机。中国人民奋起反抗，但是，屡战屡败。如何直面这种惨淡的现实。毛泽东指出："就中国的情形来说，帝国主义处在半殖民地这种矛盾的主要地位，压迫中国人民，中国则由独立国家变为半殖民地，然而事情必然变化，在双方斗争的局势中，中国人民在无产阶级领导下所生长起来的力量必然会把中国由半殖民地变成独立国，而帝国主义则将被打倒，旧中国必然要变为新

① 《毛泽东选集》第 1 卷，人民出版社 1991 年版，第 284 页。
② 同上书，第 296 页。
③ 同上书，第 319 页。

中国。"①

在"两论"中，毛泽东还指出，经过反对帝国主义的战争，不仅以日本为代表的帝国主义将被打倒，而且旧中国的反动统治阶级也将被打倒。"旧中国变为新中国，还包含着国内旧的封建势力和新的人民势力之间的情况变化，旧的封建地主阶级将被打倒，由统治者变为被统治者，这个阶级也就会逐步归于消灭。人民则将在无产阶级领导下，由被统治者转变为统治者。这时，中国社会的性质就会起变化，由旧的半殖民地和半封建的社会变为新的民主社会。"②

从哲学学理上说，在"两论"中，毛泽东探讨了一系列的哲学问题。如在《实践论》中，毛泽东着重阐释了对于中国传统的哲学论题知和行的关系的新见解。在《矛盾论》中，毛泽东阐释了对于矛盾问题的系列见解。但是，毛泽东无论讨论哪个哲学问题，都不是为了纯粹的理论创新，其论题的产生不是哲学家的学术推论，其对问题的解决也不仅仅只是追求学理上的完整、严密和逻辑上的丝丝入扣。

比如，对中国传统的哲学论题知行关系，毛泽东不仅宣讲了马克思的"认识对实践的依赖关系"，引用了列宁的名言"实践高于（理论的）认识，因为它不但有普遍性的品格，而且还有直接现实性的品格"之后，阐释了辩证唯物主义实践第一的原理，其后又介绍了"认识的过程，第一步，是开始接触外界事物，属于感觉的阶段。第二步，是综合感觉的材料加以整理和改造，属于概念、判断和推理的阶段"。在这个基础上，又强调理性认识再回到实践中以及实践与认识之间不断反复和无限发展的重要意义，说明了"没有革命的理论，就不会有革命的运动"，等等。

实事求是地说，上述关于马克思主义认识论的阐释并非全都是理论的创新，有很大程度上是对马克思主义认识论的再叙事和再传播。这种再叙事和再传播的意义主要不在于理论上重新建构一个独立的认识论体系，而在于回应实践斗争的需要，振奋即将奔赴抗日前线广大将士的精神和激发他们的斗志，教给他们思考问题的方法。

在毛泽东之前，作为中国革命的先行者孙中山先生也曾致力于认识论的研究。之所以如此，是因为他发现"溯夫吾党革命之初心，本以救国

---

① 《毛泽东选集》第1卷，人民出版社1991年版，第324页。

② 同上。

救种为志，欲出斯民于水火之中，而登之衽席之上也。今乃反令之陷水益深，蹈火益热，与革命初衷大相违背者，此固予之德薄无以化格同侪，予之能鲜不足驾驭群众，有以致之也。然而吾党之士，于革命宗旨、革命方略亦难免有信仰不笃、奉行不力之咎也，而其所以然者，非尽关乎功成利达而移心，实多以思想错误而携志也"①。

孙中山的知行观倡导"知难行易"，也不是他对中国传统知行观的逻辑推演或逻辑悖逆，而是对由领导同盟会到组建国民党，进行资产阶级的新民主主义革命斗争实践经验和教训的总结，在这一点上，与毛泽东的《实践论》也有着惊人的相似。

在《实践论》中，毛泽东对知行辩证法的阐释，不同于孙中山的知行观。在一定意义上，这种不同并不在于理论的对错或者深浅的问题，而在于：第一，由于时代不同，面临的社会问题也不同。1937 年的中国和1918 年的中国有着不同的社会面貌。到 1937 年，由于日本帝国主义的全面侵华，中华民族的危机更加深重，放手发动群众，进行全民族的抗战是各种进步与爱国的力量、团体的共识，在这个时候，认识上的一致性倒是比较容易获得了，投入到殊死的抗战实践和组织有效的抗战斗争成为人们关注的焦点；第二，1937 年的时候，中国共产党组织不仅出现，而且经历了第一和第二次国内革命战争的洗礼，积累了丰富的经验，也留下了深刻的教训；第三，马克思主义在中国传播已经更加深入，马克思主义和各种非马克思主义之间的理论论战已经深入展开，马克思主义不仅掌握了对于中国革命的话语权，并在一定意义上取得了进行社会思想建设的理论制高点。

正因为如此，我们不难发现孙中山知行观在将中国传统知行观带入现代，完成中国现代思想方法建构的同时，留有很多不尽如人意的地方。比如他对于"先知先觉"、"后知后觉"以及"不知不觉"的划分，对于民众的实践智慧与理论家的思想理论之间关系的划界，在一定意义上，不仅有机械论的色彩，而且也表现出先行者的理论局限。

与此相对，毛泽东在"两论"中阐释的一系列观点，是站在中国人民立场上对 19 世纪三四十年代民族问题的回答，是对以前革命斗争经验和教训的总结，是对经验主义和教条主义的批判。需要进一步指出的是，

---

① 孙中山：《建国方略》，中州古籍出版社 1998 年版，第 58 页。

毛泽东在"两论"中关于民族问题的呈现，对于民族解放方法的探讨不仅有时代的烙印，阶级的立场，而且也反映出他个人的成长。

在 1921 年《在新民学会长沙会员大会上的发言》（下称《发言》）中，毛泽东也关注到中国的民族解放问题。与"两论"相对比，《发言》中的毛泽东还处于主流的社会实践活动之外，带有青年知识分子特点。因此，在他的气势磅礴的宏阔语言背后透露出实践实力的缺席。

经过 16 年革命实践打磨的毛泽东，在"两论"的行文中呈现出领袖气质。在《发言》中，毛泽东肯定走俄式道路，用马克思主义改造中国，原因在于"只此方法较之别的改造方法所含可能的性质为多"。《实践论》开篇就说："马克思以前的唯物论，离开人的社会性，离开人的历史发展，去观察认识问题，因此不能了解认识对社会实践的依赖关系，即认识对生产和阶级斗争的依赖关系。"[①] 此时的马克思主义在毛泽东笔下已经不是将来时的可能有效的理论，而是已经正在进行时的现实实践。

其次，这时的毛泽东对民族危机有深刻感受，对民族统一战线有急迫的期待。要得出这样的结论，可以将"两论"与《毛选》第一卷的开篇之作《中国社会各阶级分析》（下称《分析》）对比来看。在《分析》的最后，毛泽东有一个总结，他说："综上所述，可知一切勾结帝国主义的军阀、官僚、买办阶级、大地主阶级以及附属于他们的一部分反动知识界，是我们的敌人。工业无产阶级是我们革命的领导力量。一切半无产阶级、小资产阶级，是我们最接近的朋友。那些动摇不定的中产阶级，其右翼可能是我们的敌人，其左翼可能是我们的朋友——但我们要时常提防他们，不要让他们扰乱了我们的阵线。"这个地方所说的我们，是革命党。也就是说《分析》的视野是革命党的视野。与"两论"所竭力要呈现的民族视野相比，这个视野不仅有点不够大器，而且有点不切实际。

在"两论"中，以延安为标志的我们党的符号被要求服从于民族的视野。"例如有些外面的人们到延安来考察，头一二天，他们看到了延安的地形、街道、屋宇，接触了许多的人，参加了宴会、晚会和群众大会，听到了各种说话，看到了各种文件，这些都是事物的现象。……外来的考察团先生们在他们集合了各种材料，加上他们'想了一想'之后，他们

就能够作出'共产党的抗日民族统一战线的政策是彻底的、诚恳的和真实的'这样一个判断了。在他们作出这个判断之后，如果他们对于团结救国也是真实的话，那末他们就能够进一步作出这样的结论：'抗日民族统一阵线是能够成功的'。"①

"两论"并非是孤立的文献，在"两论"的前面有一些酝酿，后面有一些呼应，呈现出20世纪30年代毛泽东思想中的民族视野壮丽景观。

1935年12月毛泽东发表《论反对日本帝国主义的策略》的报告，在这个报告中，毛泽东立足于变化了的形势，即"日本帝国主义要变中国为它的殖民地"。根据这样的历史条件，毛泽东重新分析了各阶级力量的对比和政治态度的变化。这一次的阶级分析不同于1921年。

在1937年的中国共产党的全国代表会议上，毛泽东做了《中国共产党在抗日时期的任务》的报告。在这篇报告中，毛泽东进一步阐释了以民族矛盾为重，建立真正的坚实的抗日统一战线必要性。中国共产党的任务是领导抗日统一战线。这关系到中华民族的未来走向："我们的民主共和国，是在执行民族抗战任务的过程中建立的，是在无产阶级领导之下建立起来的，是在国际新环境之下（苏联社会主义的胜利，世界革命新时期的前夜）建立起来的。因此，按照社会经济条件，它虽仍是资产阶级民主性质的国家，但是按照具体的政治条件，它应该是一个工农小资产阶级和资产阶级联盟的国家，而不同于一般的资产阶级共和国。因此，它的前途虽仍然有走上资本主义方向的可能，但是同时又有转变到社会主义方向的可能，中国无产阶级政党应该力争这后一个前途。"②

毛泽东在"两论"中关于民族问题的思考，在其后的《论持久战》中得到犀利、流畅而有力地呈现。

其实，创作"两论"的毛泽东和中国共产党人，在着力于民族独立与民族解放的伟大事业过程中，不仅要处理好与处于敌对方的日本的关系，而且要处理好与友邦苏联的关系。对此，毛泽东在1936年回答斯诺的提问时，做过阐释。毛泽东说："中国共产党只是中国的一个政党，在它胜利时，它必须是全民族的代言人。它不能代表俄国人民讲话，也不能替第三国际来统治。只能维护中国大众的利益。只有在中国大众的利益和

---

① 《毛泽东选集》第1卷，人民出版社1991年版，第285页。
② 同上书，第264页。

俄国大众的利益相一致时，才能说'服从'莫斯科的'意志'。当然，只有在中国大众像他们的俄国兄弟一样处于民主政权之下，并在经济上和政治上获得解放之时，这种共同利益的基础才能大大加强。"

三

是抗日战争的烽火激发了毛泽东学哲学用哲学的豪情。因此，毛泽东也将自己的名字写进了当代中国哲学家的行列。抗战的民族斗争实践赋予"两论"以特殊品格。

很多人不太同意将毛泽东当成哲学家来看待。这有一定的道理。因为毛泽东没有受过专业的哲学培训，也不以哲学研究为谋生的手段。但是，这样的哲学观只是在学科意义上的。如果将哲学放在社会生活中去考察，结论或有所变化。对此，英国哲学家罗素的理解很有参考价值。他说："哲学乃是社会生活与政治生活的一个组成部分；它并不是卓越的个人所做出的孤立的思考，而是曾经有各种体系盛行过的各种社会性格的产物和成因。"正因为抱有这样的哲学观，在罗素看来："有些人——例如卢梭和拜伦——虽然在学术的意义上完全不是什么哲学家，但是他们却是如此深远地影响了哲学思潮的气质，以至于如果忽略了他们，便不可能理解哲学的发展。就这一方面而论，甚至于纯粹的行动家们有时也具有很大的重要性；很少哲学家对于哲学的影响之大是能比得上亚历山大大帝、查理曼或拿破仑的"。①

"两论"是应急之作。毛泽东将马克思主义哲学的基本理论转化为认识中国社会的性质，探索中国社会发展道路，凝聚中国社会的革命力量的思想武器。在这个过程中，也就推进了马克思主义哲学中国化和大众化的历程，因此，"两论"呈现出中国化马克思主义哲学的特殊品格。

第一，中国化的马克思主义哲学的民族立场高于阶级取向。鸦片战争以来，中国进入半封建半殖民地社会，无论是资产阶级还是无产阶级都具有不同于欧洲资本主义社会的阶级属性。"两论"从中国共产党的战略决策的视野上，代表的是中华民族，或者说是中国人民的整体利益而不仅仅

---

① ［英］罗素：《西方哲学史》，美国版序言，何兆武、李约瑟译，商务印书馆 1997 年版，第 5—6 页。

是无产阶级的阶级利益。因此，从这样的视野去认识现实的实践世界，其主体自然就不是个人，甚至不是单纯的阶级，而是作为各种阶级大联合的团体或社会。对此，冯友兰先生的体会是"《实践论》所谓认识，和西方传统所谓认识，主要是就个人说的，其主题是个人，《实践论》所谓认识，不是就个人说的，其主体可能是一个社会团体，也可能是整个社会。"①

第二，中国化的马克思主义哲学的诞生地在社会实践的舞台而不是哲学家的书斋。因此，中国化马克思主义哲学具有当代中国式的实践取向。中国传统哲学有自己的实践取向，被人称之为"实践理性"。马克思主义哲学在诞生伊始，也鲜明地表达了自己的实践取向："哲学家们只是用不同的方式解释世界，而问题在于改变世界。"② 中国化马克思主义哲学的实践取向既承续了中国传统哲学的"实用理性"，又传承了马克思主义哲学的实践精神。当然，"两论"所体现的中国化马克思主义哲学不是上述两种哲学精神的简单传承或克隆，而是以中华民族争取独立、自主、解放和发展的实践为土壤，一种新的哲学体系的发育和生成。

"两论"的问世已经有70多年，以"两论"为哲学基础而进行社会改造和建设活动的中国共产党也迎来了自己90寿辰。当前，中国人民正在党的领导下，进行中国特色的社会主义建设。西方政要、新闻媒体、时事考察者以及一些理论研究者关注到"中国经验"、"北京共识"、"中国问题"乃至"中国震撼"。其中，有些人认为，"中国模式"是改革开放以来，社会主义现代化建设实践的写照，回避或模糊毛泽东思想对于特殊语境下的"中国模式"的价值和意义。这是一个值得探讨的问题。问题产生的原因在于毛泽东是一个革命的巨人，但并不被公认为"建设的能人"，因为他所领导的社会主义建设实践走过很多的弯路，甚至曾经陷入全面的错误。

如果揭示在革命岁月中诞生的"两论"所具有的民族视野，以"两论"为代表的毛泽东哲学对于当前中国特色社会主义建设的价值与意义应该更加清晰一些。建设是革命的继承与发展，而不是另辟蹊径，另起炉灶。正如邓小平所言："从许多方面来说，现在我们还是把毛泽东同志已

① 冯友兰：《中国现代哲学史》，生活·读书·新知三联书店2009年版，第139页。
② 《马克思恩格斯选集》第1卷，人民出版社1995年版，第61页。

经指出、但是没有做的事情做起来，把他反对错了的改正过来，把他没有做好的事情做好。今后相当长的时期，还是做这件事。"① 邓小平讲的这件事应该是指中华民族在取得独立、解放以后的发展、繁荣和富强。

如果看不到"两论"所蕴含的民族视野，"两论"仅仅被看成是党派之间的"夺权"哲学或党内斗争的思想武器，就会在革命与建设之间划开一条不可逾越的鸿沟，会将中国共产党 90 年的奋斗历程截为两段，这是不可思议的。

---

① 《邓小平文选》第 2 卷，人民出版社 1994 年版，第 300 页。

后苏联马克思主义哲学的现状及启示

林艳梅*

自苏联解体之后，当代俄罗斯马克思主义哲学的发展，总体上处于边缘哲学和非主流哲学的地位，但是却并未完全走向沉寂，而是获得了一定程度的恢复和发展。以分散化和多元化的形式，当代俄罗斯马克思主义哲学的发展表现为多种形态，如人道主义哲学、发展哲学、公正哲学、政治哲学、文化哲学、全球化哲学等不同哲学面相。后苏联马克思主义哲学的基本现状和发展格局，对于我们自觉地加强当代中国马克思主义哲学的建设，推动马克思主义哲学的自主创新，有着极为重要的镜鉴和启示意义。

一 苏联解体与马克思主义哲学的边缘化

伴随 1991 年苏联"八·一九"事件的发生，苏联共产党失去了自身在整个国家政治生活中的主导地位。与此同时，其所附带的马克思主义意识形态连同其哲学基础——马克思主义哲学，也失去了在国家政治生活中的意识形态指导权和国家哲学地位。按照 1993 年俄罗斯全民公决产生的联邦宪法，规定俄联邦在政治上实行"政治的多样化和多党制"，与此相适应，在"意识形态上承认意识形态的多样性"，规定"任何意识形态都不得被确立为国家的或必须服从的意识形态"。① 体现在马克思主义哲学的研究和发展领域，就集中体现为马克思主义哲学由苏联国家的"国家

哲学"、"官方哲学",一种受人们敬畏和景仰的意识形态,被降低和冷落为边缘化的非主流哲学,一种并没有太多人支持、感兴趣和从事研究的冷门哲学。目前,在俄罗斯多元化的哲学景观当中,人们所趋之若鹜地从事和进行研究的,包括传统哲学、宗教哲学、政治哲学、后现代哲学、全球化哲学等,但是,在对待马克思主义及其哲学的态度上,大多数人却依然持有一种意识形态性的眼光,将其与一种极权主义的辩护哲学,一种乌托邦主义的理想设计,一种与集体暴力学说相关联的学说等同起来看待。一句话,人们对马克思主义及其哲学仍然心存畏惧,并且冷漠视之。这种状况以不同的方式体现出来。

首先,体现在学术建制和研究队伍方面。目前在俄罗斯,任何一个大学的哲学系或者哲学研究机构,都没有马克思主义哲学的方向设置,也没有相应的研究经费和导师力量。例如,在莫斯科大学哲学系,马克思主义哲学只是作为俄罗斯哲学史当中苏联哲学的部分,被人们所简要地介绍和认知;由于缺乏相应的导师力量,目前在俄罗斯,没有一篇研究生的学位论文,是以马克思主义或马克思主义哲学为研究选题的。因此,后继乏人成为当今俄罗斯马克思主义哲学研究所面临的最大问题。一些仍然从事马克思主义或其哲学研究的学者,整体年龄偏大,大多都已超过六七十岁的高龄,已是一个无奈的事实。

其次,体现在学术出版物方面。后苏联背景下马克思主义哲学学术出版物的发展,连同马克思主义所遭遇的历史进程一样,应当说,主要经历了一个从迅疾覆灭到缓慢再生的过程。伴随苏共执政地位的丧失,马克思主义的学术出版物连同各种书籍,在苏联解体的最初阶段,纷纷被人们从图书馆中抛出,当作垃圾一样焚毁。这一时期,过去主要从事马克思主义教学或者科学研究的人,也都纷纷转行,或者改变研究方向。当然,也有一些人选择了背叛马克思主义,进而掉转头来,将马克思主义作为洪水猛兽,进行最恶劣的诅咒和攻击。直到 1995—1996 年间,当俄共的势力重新获得一些恢复和发展之后,这种状况才稍有停歇和改观。但是,直到 1998 年,在由俄罗斯科学院哲学所组织进行"马克思哲学与当代"的研讨会并出版相应文集之后,人们对马克思哲学及其当代价值的研讨才又重新开启进程。这之后,特别是在进入新世纪之后,当代俄罗斯马克思主义哲学类别的出版物才有了量的增加和质的明显提升。这其中最具代表性的,以俄罗斯科学院元老级院士奥伊泽尔曼于 2003 年和 2005 年分别出版的姊妹篇著作《马克思主义与乌托邦主义》和《为修正主义辩护》，以及其他学者的著作《哲学、时代、人》、《反马克思主义的马克思》、《马克思的社会理想》等。目前，在俄罗斯，包括马克思主义哲学在内的马克思主义学术著作并不多，但在一些左翼政治基金的支持下，还是能够获得出版和问世，每年的出版量以三四十本为常见。

最后，体现在学术流派和社会影响方面。后苏联背景下马克思主义哲学的存在和发展，总体来讲，依然处在冷寂和凋敝的状况当中，并不为大多数人所接受和认同。但在进入 21 世纪以来，随着俄罗斯社会问题的多重显现，并伴随政党政治的进一步发展，马克思主义及其哲学社会历史作用的发挥，开始有了一定程度的提升和改观。这一点，主要从三个方面体现出来。第一，形成了一些代表性的思想流派。其中，比较有影响的，包括以科索拉波夫为代表的正统马克思主义学派，以布兹加林为代表的批判马克思主义学派，以奥伊泽尔曼为代表的反思马克思主义学派，以斯拉文等为代表的创新马克思主义学派，以梅茹耶夫等人为代表的文化马克思主义学派，和以巴加图利亚为代表的文本学马克思主义学派等。这些学派通过自身对马克思哲学思想的解读，以及对马克思思想当代意义的挖掘，以坚持的方式，继续着马克思的思想道路。第二，在学术出版物当中的受重视程度有所提升。俄罗斯的《哲学问题》杂志是俄罗斯人文社会类的最高权威期刊，很受俄罗斯读者的喜爱。自苏联解体之后，在长达十多年的时间里，该杂志几乎没有刊登马克思主义哲学类的文章。但在进入 2006 年以后，这种状况开始有了一定程度的改变。在 2006 年 7 月，该杂志刊登了一组针对奥伊泽尔曼《为修正主义辩护》一书发表之后的圆桌会议讨论，探讨马克思主义与修正主义的关系问题。第三，马克思主义哲学的社会影响主要体现在政治方面。虽然在学术研究领域，目前俄罗斯学者对马克思主义哲学的研究，呈现总体冷寂、微弱复兴的状况，但是马克思的哲学思想资源，却以不同的形式，为当代俄罗斯的左翼政党和政治组织所接受和认同。以俄共、公正俄罗斯党为代表，同时包括苏联共产党等激进左翼政党、俄罗斯社会主义学者学会等在内，都在以对马克思哲学思想和哲学传统的不同阐释，同时通过与当代俄罗斯现实实际的结合，对当代俄罗斯社会的发展提出各自的见解和主张，从而积极地介入俄罗斯的社会生活，特别是社会政治生活。因此，在此意义上讲，马克思的哲学传统并没有真正地消逝，而是仍然在发挥着现实的作用。

二　当代俄罗斯马克思主义哲学的
"裂变"与"多元化"

通过前面的概述，我们已经可以看到，后苏联背景下当代俄罗斯马克思主义哲学的发展，呈现为两个方面的基本状况。一是总体上，马克思主义哲学仍然并不为大多数人所接受，很多人仍然将其与苏联的正统马克思主义哲学相关联，难改对马克思主义哲学的过往成见。二是在一些坚定、执着的马克思主义学者，特别是一些致力于对马克思主义进行发展和创新的学者的努力和坚持下，当代俄罗斯的马克思主义哲学并没有完全销声匿迹，并没有彻底丧失自身的价值和尊严，而是获得了一定的恢复性发展。这种恢复和发展，如上所述，主要是形成了几支分化的、代表性的学术学派，其代表人物以不同的方式，从不同的角度，对自身心目当中的马克思哲学形象进行了诠释和表达。下面，我们就主要从马克思哲学的当代存在形态角度，对当代俄罗斯马克思主义哲学的多样化、分散化存在格局，对由这些坚定的马克思主义学者们所诠释的马克思思想的哲学内涵及其当代价值，进行一下基本的概括。

（一）人道主义哲学

在当代俄罗斯的马克思主义者中，对于马克思哲学思想当中所包含的人学内蕴的理解，是普遍性的，凡是宣称自身对马克思哲学的理解与正统马克思主义有别的思想家，都明确地肯定这一点，而且，后苏联马克思主义学者更愿意直接使用"人道主义"这样的明确词汇来界定马克思哲学的实质和价值目标。当代俄罗斯马克思主义哲学的各家各派，包括批判的马克思主义学派、反思的马克思主义学派、人本学的马克思主义学派、创新的马克思主义学派等在内，都认同和主张马克思哲学的人道主义实质。大概只有现今影响很小的正统马克思主义学派的代表人物，并不突出地强调马克思哲学的人道主义内涵，而只强调这一学说是为人类的自由解放实现而斗争的学说。应当说，当代俄罗斯马克思主义学者对马克思思想的人道主义内涵的确定，事实上，早在苏联改革的进行过程中就已经完成和实现。1989 年，作为戈尔巴乔夫改革积极助手的苏联哲学家、《真理报》主

编 И. Т. 弗罗洛夫出版了他的改编本著作——《论人和人道主义》一书。基于对"粗俗的、斯大林式的、教条的马克思主义"的拒绝，对西方马克思主义版本的、作为"马克思的第二次诞生"的"人道主义的马克思"① 的接受，弗罗洛夫强调，人道主义不仅构成了马克思哲学思想的根基，同时也应成为苏联社会改革的指导理论——"人道的、民主的社会主义"理论的哲学基础。应当说，作为人们的一种共识，当代俄罗斯的马克思主义学者普遍认同和尊重马克思的人道主义形象。很多思想家，例如当代俄罗斯"批判的马克思主义"的代表人物布兹加林就将马克思的历史哲学阐发为一种"人道主义历史哲学"，并在此基础上，提出了他的著名的三大批判理论，即"苏联社会批判"、"当代俄罗斯社会批判"以及"当代人类全球化进程批判"理论。马克思的人道主义哲学，构成了当代俄罗斯的马克思主义者检讨社会发展弊端、进行社会现实批判的重要思想理论武器。

（二）发展哲学

马克思的这一哲学面相，所主要解决的是"当代俄罗斯发展向何处去"的问题。在当代俄罗斯社会转型和发展的过程当中，先后已经出现了三种不同的路径和方案。第一种是戈尔巴乔夫所主张的民主社会主义的方案，所主要参照的是北欧的民主社会主义模式。第二种是叶利钦的新自由主义方案，所参照的是美国模式。这两种具有典型照抄照搬特点的解决方案，最终都以失效而告终。自普京当政以来，当代俄罗斯社会所力主的是新保守主义的发展方案，就是既尊重市场、民主的价值，同时也尊重国家的权威和地位，走"俄罗斯自己的发展道路"。应当说，这一新的方案取得了积极的重要的发展成果，但是，当代俄罗斯社会的发展，同样也面临多重的社会矛盾和问题，如经济增长畸形，等等。面对这些困境和问题，当代俄罗斯的马克思主义学者同时也包括政治思想家，从不同的角度提出了自身的发展方案。例如，以俄共政治领袖久加诺夫为代表，强调应当探索"俄罗斯式的社会主义"发展道路，主张放弃纯粹的国有制、阶级斗争的激进纲领、战斗的无神论和无产阶级国际主义的思想原则，以俄

---

① 安启念：《俄罗斯向何处去——苏联解体后的俄罗斯哲学》，中国人民大学出版社 2003 年版，第 224 页。

罗斯强国主义、国家爱国主义和对民族和宗教价值的承认，来实现马克思主义与当代俄罗斯社会实际的结合。再如，作为俄罗斯社会民主主义左翼的代表、戈尔巴乔夫基金会的重要成员、莫斯科国立师范大学教授 Б. 斯拉文等众多学者明确主张，对于今天的俄罗斯社会来讲，重在继承列宁新经济政策的思想成果，并积极借鉴中国的做法和经验。恰恰是列宁的新经济政策，是历史上"第一个成功地结合了社会主义和资本主义两大原则的历史模式"①，对它的继承和发展，是俄罗斯社会经济增长和社会进步的有效原则。俄罗斯国家政治历史档案馆的研究员、世界著名马克思学家、莫斯科国立大学政治系教授巴加图利亚则主张，对当代马克思主义的发展创新，应当在国家经济政治生活当中力推"社会市场经济"的发展方案。

（三）公正哲学

马克思哲学在当代俄罗斯的第三重面相表现，是作为一种社会哲学而存在，具体来讲，是体现为一种以社会公正为价值指向的哲学。应当说，在马克思本人的哲学思想资源当中，就已经包含有深刻的社会公正内涵。人们对马克思哲学使命的理解，往往是与马克思对无产阶级生存地位的争取，对资本主义经济剥削的批判，对理想性的公正、正义社会的追求相关联的。马克思主义即是为争取人与人之间自由平等地位的实现而奋斗的学说。应当说，当代俄罗斯马克思主义哲学公正内涵的凸显，恰恰是在此意义上进行的，所针对的，主要是俄罗斯社会发展两极分化、社会分配严重不均的事实。对于今天的俄罗斯社会来讲，不仅存在经济结构严重畸形的问题，整个社会的经济增长体现为一种资源、能源输出型的经济，而且，整个社会发展所呈现的严重分化事实，甚至在一段时间内表现为"寡头"资本的盛行，使人们对社会公正的渴望成为一种普遍的社会情绪。2006年 10 月，由俄罗斯原来存在的三个中左翼政党——俄罗斯生活党、退休者党和祖国党联合组建的"公正俄罗斯党"成立，并在翌年举行的国家杜马大选中成为俄罗斯议会的第四大党。作为该党的哲学基础，该党的思想智囊之一、俄罗斯科学院哲学所政治哲学研究室主任 В. Н. 舍甫琴科主要强调了其思想来源的马克思主义前提和基础，主张对马克思主义哲学的

---

① http：//www. phys. msu. ru/rus/about/sovphys/ISSUES – 2007/6（59） – 2007/59 – 2。

当代发展和创新，首先就要回到马克思的社会公正理念，"回到马克思——首先就要回到人道的、公正的社会的理念，回到把人从一切形式的剥削、压迫和异化中解放出来，为人的全面、和谐的发展创造条件的理念"①。当代俄罗斯马克思主义哲学公正内涵的凸显，并不是偶然的，而是有着现实的社会历史背景。

（四）政治哲学

对于当代俄罗斯社会而言，其社会转型与发展的路径，与当代中国社会是不同的。它所采取的是激进式的政治转型方案，在经济改革没有获得成功的情况下，迅速转向政治领域的变革，走上了一条宪政民主的发展道路。虽然到今天为止，应当说，这一民主政治的基本框架和格局已经确立起来，但由于缺乏成熟的市场经济秩序做支撑，同时也缺乏独立的、健全的市场经济人格做保障，因此，今日俄罗斯民主政治的发展仍然存在巨大的空间，虚假民主、形式民主的现象依然普遍存在。因此，这一点也构成了当代俄罗斯马克思主义哲学创新的重要生长点。当代俄罗斯的大多数马克思主义学者，都明确地阐明自身的民主政治立场，对马克思哲学的政治内涵进行当代的揭示，对俄罗斯社会历史和现实生活当中所存在的种种政治异化现象展开批判。首先，是对马克思哲学政治哲学内涵的诠释。在《为修正主义辩护》一书当中，俄罗斯著名马克思主义学者奥伊泽尔曼主要对由伯恩施坦所开辟的民主社会主义发展道路进行了辩护，强调"在经过了100年的历史发展之后，历史的公正性终于取得了胜利"，也就是说，人们终于能够对伯恩施坦的思想贡献进行客观的评价和看待了。在这一论证的过程中，奥伊泽尔曼指出，事实上，在马克思恩格斯思想的晚期，实际上已经开始对自身的暴力革命思想进行修正，包括马克思在内，都开始对西欧一些国家通过普选权方式争取工人民主实现的斗争方式，给予肯定和承认。其次，是对苏联国家社会主义体制的批判。当代俄罗斯马克思主义学者以"极权主义"、"官僚主义"、"兵营式的社会主义"、"国家社会主义"等对苏联的现实社会主义制度进行称谓，并强调正是由于苏联以极权主义为特征的国家官僚刚性体制对整个社会经济生活、政治生

---

① 安启念主编：《当代学者视野中的马克思主义哲学——俄罗斯学者卷》，北京师范大学出版社2008年版，第289页。

活和精神生活所进行的全方位控制，才导致了市场的缺位、效率的丧失，才无法形成强大的中产阶级以及自由民主、权利意识的传统，进而无法促进公民社会和民主政治的生成。不仅如此，以科索拉波夫为代表的当代俄罗斯正统马克思主义学者同时强调，在苏联社会转型的过程中，就主观因素而言，恰恰是苏共中央中高层人士的党内背叛，他们与地下资产者和影子商人结合在一起，无限制地侵吞由劳动人民所创造的社会财富，才最终导致了社会主义的溃败和俄罗斯"野蛮"资本主义的兴起。再次，是对当代俄罗斯资本主义发展现实的批判。按照俄罗斯"批判的马克思主义学派"代表人物、莫斯科大学经济系教授布兹加林的观点，当代俄罗斯资本主义的发展之所以困境重重，呈现为"畸形的"、"依附式的"和"官僚资本主义"的发展特征，最为根本的原因，是由于在俄罗斯的现实社会发展当中，出现了一种"负面现象的'汇聚'"现象，表现为"旧体制的最坏特征——官僚主义、唯意志论、经济积极结构比例失调等等，与资本主义的最坏特征——社会不公、犯罪现象、人的本质的退化等等相互结合"①。因此，在现代性的消极因素与前现代的负面因素的综合作用下，必然导致"市场本身生活在变形的形式当中"，导致当代俄罗斯资本主义发展的"畸形"与问题重重。应当说，在这一点上，当代俄罗斯学者对俄罗斯资本主义发展直到今天为止仍处于前现代因素的紧密包裹之中的揭示是深刻的，洞悉了当代俄罗斯资本主义发展弊端的产生根源。因此，即使对于今日的俄罗斯社会而言，扫清前现代因素的桎梏和影响，仍然是整个国家政治生活所面临的严峻任务。

（五）文化哲学

当代俄罗斯的马克思主义哲学之所以呈现文化哲学的面相，毋宁说，是以一种战略后退的方式实现对马克思哲学遗产的保留。面对苏联解体、马克思主义哲学风光不再的格局，一些持马克思主义思想立场的学者便以文化哲学的方式，而不再以传统的辩证唯物主义、历史唯物主义的方式，对马克思的哲学思想进行现代解读。在《作为文化空间的社会主义》一文中，俄罗斯著名学者、俄罗斯科学院研究员 B. M. 梅茹耶夫就强调，自身站在经典马克思主义的立场上，主张赋予社会主义以文化空间的内涵；

---

① http：//www. alternativy. ru/ru/node/175。

作为一种经济必然性以外的存在，社会主义所表达的是人类对教育、科学、信息、交往等人类精神财富的所有权，并且这些财富因其所具有的公共性和可分割的特点，是作为一种共享的财富而存在的，并不会因每一个人的占有而损耗。因此，马克思的"自由人的联合体"社会，实质上也就是一种"文化空间"的社会。梅茹耶夫指出，当前欧洲社会所陷入的危机——生态危机和精神危机，作为一种文化危机，有可能为社会主义全新方案的形成提供现实的背景和可能，而当代俄罗斯社会则仍然处于"向市场和私有制转变的进程"当中，发生着与社会主义价值原则不相契合的进程。因此，社会主义对于当代俄罗斯社会来讲，仍属漫长的、尚不确定的未来。梅茹耶夫以"文化空间"的方式对马克思哲学思想所进行的文化哲学解读，代表了当代俄罗斯一部分创新马克思主义学者的思想观点。伴随着后工业社会、知识社会和信息社会的到来和发展，人类社会不断超越"物"的左右和控制，进而更为自觉地控制自身的社会生产和社会交往的能力不断增强。

（六）全球化哲学

当代俄罗斯马克思主义学者对全球化问题的关注，既不是站在支持当代资本主义全球化进程的立场上的，同样也不是持反全球化的思想主张。作为当代俄罗斯最为著名的马克思主义学者、批判的马克思主义学派的代表人物，莫斯科大学经济系教授布兹加林提出"另一种全球化"的思想主张，究其实质来讲，也就是社会主义的立场和主张。按照布兹加林的思想观点，自资本主义的发展进入晚期资本主义时代以来，也就是人们通常所说的全球化时代以来，人类所遭受的异化统治不仅没有消除，相反，是获得了最为彻底和最为强大的体现形式，也就是"公司资本全球霸权"统治的形式。这一全球化时代人的新型异化形式，主要表现在三个方面。一是总体性公司网状市场的形成；二是虚拟货币发挥价值尺度功能；三是人对资本的全面屈从。布兹加林强调，正是由于当代全球资本对现代人全部创造性活动的控制和统治，因此，当代全球资本主义的发展，已经使资本主义社会的基本矛盾由马克思意义上的生产的社会化与生产资料私人占有之间的矛盾，衍生为人与资本之间的相互矛盾，表现为工人日益增长的自由创造潜能同使人的个性屈从于资本的全球化霸权之间的矛盾。在当代全球资本的框架之下，并无法解决这一矛盾，因此，当代资本主义的存在到目前为止仍然是有限的。在此基础上，布兹加林提出了"另一种全球化"的方案，也就是社会主义的方案，指出应当在对全球资本霸权统治世界的批判改造过程当中，在创造性活动、属人性社会关系以及文化价值的日益生成过程中，实现向自由王国——共产主义的历史过渡，实现社会主义的发展和复兴。

（七）唯物辩证哲学

持这样一种立场主张的学者，在今日的俄罗斯，更多的是被称之为"正统的马克思主义"学者或"教条主义的马克思主义"学者，其代表人物是 Р. И. 科索拉波夫、А. Д. 科西切夫、肇哈泽等人。科索拉波夫曾任前苏共中央机关刊物《共产党人》杂志主编、苏共中央意识形态委员会的委员，在思想立场上明确坚持苏联的意识形态主张即马克思列宁主义，强调唯物辩证法是这一思想理论的哲学基础。自苏联解体之后，科索拉波夫一如既往地坚持共产主义的理想信念，强调其所属政党苏联共产党的性质布尔什维克的政党，是工人阶级、劳动农民和人民知识分子的革命的、战斗的先锋队，党的任务是为恢复无产阶级的专政组织苏维埃政权而斗争，为使社会重返共产主义的社会主义发展道路而斗争，强调只有推翻当前俄罗斯"野蛮"资本主义的政权，才能恢复和重建苏联。可以看到，科索拉波夫对马克思哲学唯物辩证性质的强调，仍然是沿袭了苏联哲学的正统逻辑，因此，他的思想观点也遭到了大多数当代俄罗斯马克思主义学者的批判。应当说，当代俄罗斯马克思主义学者对马克思唯物辩证哲学性质的强调，并不是仅此科索拉波夫一家。其他的一些学者还从实践与唯物主义的关联，以及辩证思维方式对俄罗斯民族性格发展的重要性角度，对马克思的唯物辩证的思想资源，进行了探讨和挖掘。

综上所述，我们是从 7 个方面对当代俄罗斯马克思主义哲学的存在生态进行了概括和梳理。当然，当代俄罗斯马克思主义哲学的存在形态并不只限于上述 7 个方面，还可以从历史哲学、生态哲学、技术哲学等角度，对马克思在当代俄罗斯的哲学形象进行梳理和总结。但相比较而言，上述几个方面，构成了当代俄罗斯马克思主义哲学的显性和主导方面。透过当代俄罗斯马克思主义学者的坚持和努力，我们可以发现，虽然是以分散化和非主流的方式，这些学者在新的历史条件下，一方面，实现了对马克思主义哲学的发展和创新。这些学者在痛定思痛的基础上，一改对马克思主义哲学的正统诠释，对马克思哲学思想的内涵进行了新的阐发和界说；另一方面，他们结合当代俄罗斯社会发展的现实实际，从如何破解当代俄罗斯社会发展矛盾和问题的角度，对马克思主义哲学进行了时代的发展和创新，赋予了马克思主义哲学以新的生机和活力。

三　后苏联马克思主义哲学的当代启示

中国与苏联，历史上，都是以革命方式诠释了自身民族独立和社会发展的国家，同样以马克思主义哲学为国家哲学和主流意识形态。自经历了20世纪后期所开启的现代转型之路后，两国在意识形态领域的差别日益明显，马克思主义哲学在当代俄罗斯已经没落为边缘化的哲学形态。虽然在上文当中，我们以7种形态，描述了当代俄罗斯马克思主义哲学的在场格局，但其社会作用和影响自然已经无法与过往相媲美。造成这样一种状况的原因到底何在，今日后苏联背景下马克思主义哲学的现实状况，又会给我们的意识形态建设提供哪些有益的启示，应当说，这是我们必须要总结和思考的问题。

（一）马克思主义哲学并非不可"退场"

后苏联马克思主义哲学的当代状况，之所以没落和被边缘化，之所以呈现多样化的分散化的发展格局，一言以蔽之，是同苏联正统马克思主义哲学的"退场"，同苏联意识形态建设的失误紧密相关的。正是由于正统马克思主义哲学的内在理论缺欠，以及苏联意识形态建设所呈现的"教条主义"和"乌托邦主义"状况，才导致了马克思主义哲学的理论失效。

关于正统马克思主义哲学的理论缺欠。当代俄罗斯学者主要从两个方面进行了探讨。第一，是正统马克思主义哲学所具有的"客体化哲学"倾向。对物质世界的过度强调，对人的活动主体地位的忽视，导致苏联马克思主义哲学不可避免地带上"机械论"和"反映论"的性征，导致了对人的地位、尊严特别是对个人地位和尊严的漠视。这一点，构成了后来众多反人道主义"暴行"滋生的理论原因。第二，是正统马克思主义哲学所具有的"线性"决定特征。正统马克思主义哲学依据历史发展必然性的理论而对社会发展"五形态"的阐发，对"两个必然"思想的强调，使其构成了共产主义社会必然生成的理论依据，成为了社会主义与资本主义之间进行战略性对抗的哲学基础。而这一哲学基础，更多的是来源于对成熟时期的马克思特别是《资本论》时期的马克思思想观点的机械遵循，而不是对马克思哲学所具有的辩证性质的把握。按照布兹加林的思想观点，"相互作用"的思想观点始终应当成为把握马克思思想理论的核心观点，在此基础上，人类历史的发展，只能表现为非线性的、曲折上升的历史过程。

关于马克思主义的僵化和教条化。在《为修正主义辩护》一书的导论部分，当代俄罗斯最为著名的马克思主义学者奥伊泽尔曼院士对苏联所发生的教条主义进程进行了检讨和分析。奥伊泽尔曼指出，作为这种教条主义的极端体现，不仅表现为对经典作家思想观点的盲从，对马克思恩格斯有关未来社会发展设想的机械照搬和不加任何分析地运用，更为重要的，是体现为对国家元首、领袖意志特别是对斯大林个人观点和意志的服从，人们将斯大林奉为神明，将他的所有言论都当成是对马克思主义理论宝库的杰出贡献进而加以"顶礼膜拜"。因而，在极权主义的体制之下，必然导致个人迷信和个人专断的盛行，导致马克思主义的教条化和与现实实际的脱离。奥伊泽尔曼强调，这样一种教条主义的产生，实际上早在列宁的时期起就已经开始。当列宁在 1902 年写作《怎么办》一书，开始对社会民主党人的"批评自由"要求进行驳斥的时候，就已经为批评和讨论的进行设置了界限。

关于马克思主义所内在包含的乌托邦因素。在 2003 年出版的《马克思主义与乌托邦主义》一著中，奥伊泽尔曼对马克思主义当中所包含的乌托邦因素进行了明确的清理和检讨。指出，早在马克思于 1848 年 2 月写作的《共产党宣言》当中，就已经宣布了"资产阶级不能继续统治下去了"。但现实历史的发展进程却表明，当代资本主义的生产关系仍然没有表现出明显没落的特征。无论是私人生产的存续，市场原则的通行，货币作用的依然发挥，还是工人阶级存在状况的明显改善，中产阶级已经构成今天资本主义社会结构的稳定基础，都说明马克思在当年所作出的论断已经被现实历史的发展进程所"证伪"。但是，以列宁为代表的正统马克思主义实践，却以俄国社会为依托，继续了马克思以暴力革命推翻资产阶级现实统治的逻辑，从而，"列宁主义的理论和实践，使俄罗斯的发展道路，最后走向了一条死胡同"①。当然，对于奥伊泽尔曼的思想观点，更多的，应当看到的是他所揭示的马克思具体思想结论的偏差性，而不能得出马克思主义的理论核心出现问题的结论。对于列宁的暴力革命路线，事实上，也要结合东方落后国家的具体实际来分析和评价。

（二）马克思主义哲学必须发展创新

如前所述，虽然在马克思主义哲学已经沦为边缘哲学、非主流哲学的境遇之下，当代俄罗斯的马克思主义学者还是在痛定思痛的基础上，对马克思主义哲学进行了当代的发展和创新，对马克思思想的当代价值进行了结合实际的阐发和诠释。这一点，事实上已经充分地表明，马克思主义的当代发展和创新不仅是可能的，而且是现实的，即使是在相当恶劣的环境和境况之下。但是，同样需要看到的是，当代俄罗斯学者对马克思主义的发展和创新，非常明显，是以分散化和非主流的方式所完成和实现的，更多的，是体现为个别的卓越理论学者，或某一政党、某一政治组织的智囊和思想家对马克思哲学思想的当代继承和发展。当代俄罗斯的马克思主义哲学已经现实地发生了多重的裂变与分化，无法再以国家哲学或者官方哲学的方式，指导整个国家的发展路向或思想理论创新的路向。

与苏联社会转型过程中对马克思主义的自主放弃不同，当代中国社会改革的启动进程，是以对马克思哲学思想资源的充分尊重为前提的。邓小平同志曾经讲过，"我相信，世界上赞同马克思主义的人会多起来的，因为马克思主义是科学"，"学马列要精、要管用"，"要掌握马克思主义的活的灵魂，这一活的灵魂就是实事求是"。正是基于对中国社会国情和社会生产力状况的实事求是的分析和判断，我们进行了发展道路上的战略后退，走上了一条"中国特色社会主义"的发展道路，通过发挥市场和计划两种机制的作用，调动人们的积极性、主动性和创造性，从而实现了经济的快速增长和社会的快速进步。当代中国的这一发展之路，也就是人们一般所称之为的"渐进性"社会改革之路，与苏联的激进式社会转型之路是有差别的，最为主要的，是首先成功地实现了经济领域的改革，进而为社会的进一步发展提供了物质财富的有力保障。这是当代俄罗斯学者在对自身的发展道路进行自我反思时也同样认同的中国经验。但是，这一经

---

① Т. И. Ойзерман, *Марксизм и утопизм*, М. 2003, р. 305.

验的取得，恰恰是对马克思主义有关经济基础决定上层建筑思想理论的当代继承，这也体现了中国共产党人的高度智慧，在这种智慧当中，实际上就已经包含着对前人的思想成果特别是马克思主义经典理论作家的思想成果予以尊重而显现的巨大发展效应。

（三）当代中国马克思主义哲学必须"数任兼当"

透过后苏联马克思主义哲学的发展，可以看到，马克思主义哲学在今日的俄罗斯社会，承担着多元性的社会功能，以人道主义哲学、发展哲学、公正哲学、政治哲学、全球化哲学等不同的方式，在介入和参与着俄罗斯社会的社会建构，在影响和推动着俄罗斯社会的向前发展。但是，作为一种官方哲学地位和主流哲学地位的边缘化意识形态，当代俄罗斯马克思主义哲学的发展，是以分散化的、非主流意识形态的形式进行的，已经失去了国家哲学的重要地位。

当代中国的社会发展，一直是以对马克思哲学的尊重和认同方式进行的。在改革开放之初，马克思主义哲学所呈现的面貌和形象，主要是作为一种有关经济增长的理论而存在的，首先解决的问题，是生产力的发展和经济的转型问题，是富裕起来的问题。当整个社会的改革进行到今天，当发展已经由单纯的物的增长转变为人的发展，当经济发展方式已经由一种粗放型的发展方式转变为主要以科技为支撑的内涵式发展方式，当人们的物质需求得到一定程度的满足进而开始重视精神文化方面的需求，当整个发展的可持续性无法再以资源、能源消耗为依托时，当人们的经济权益已经得到基本保障从而进一步要求社会权益、政治权益的提高时，也就是说，当整个社会的发展已经进入到新的时期、新的阶段，特别是当市场经济的基本框架已经获得基本确立，但政治领域所暴露和出现的问题愈加严重和突出显现时，在此情况下，随着社会的变迁和发展，随着新的社会矛盾和问题的显现，当代中国的马克思主义哲学必然面临着新的发展和创新任务。如同当代俄罗斯马克思主义哲学所具有的多重内涵一样，当代中国马克思主义哲学的发展，在进入到新世纪、新时期之后，事实上也被赋予了多重的发展内涵，是一种综合了"以人为本"、"发展哲学"、"公正哲学"、"政治哲学"、"文化哲学"、"全球化哲学"、"生态哲学"、"唯物辩证哲学"等多项使命和功能于一身的哲学，具体来讲，也就是体现为一种"以人为本的、全面的、协调的、可持续"的社会发展理论。需要指出的是，对于当代俄罗斯马克思主义哲学的发展而言，其边缘化的存在地位，分散化的存在格局，使其无以承担也不必承担为整个国家发展负责的任务，但是，对于作为国家哲学的中国马克思主义哲学来讲，它却必须为整个国家发展提供思想引领和智慧保障的作用。当代中国马克思主义哲学的"数任兼当"是其必须完成和实现的使命，是其作为主导性的、统领性的意识形态所无法推卸的事情。唯其如此，中国马克思主义哲学的发展，才能始终保持其生命力。

需要特别指出的是，在中国马克思主义哲学目前所身负的多重功能当中，其政治哲学功能凸显和发挥，已经开始扮演着极为重要的作用。这一点，主要是与当代中国社会的改革，已经走到了政治体制改革的攻坚地带有着密切的关系。现实社会生活当中很多矛盾问题的解决，虽然要依靠经济的继续增长、社会公正问题的深入解决来推进，但这两个方面问题的解决，都涉及到对政府职能的监督、对国家权力的监控问题。只有这些仍然具有前现代社会发展影子的问题解决之后，才有可能释放出巨大的发展潜力，推动当代中国社会的进一步发展。因此，与当代俄罗斯社会在框架上已经初步奠定了民主社会的制度基础不同，对中国社会而言，在市场机制的框架已基本奠定之后，如何积极稳妥地推进政治体制改革，是我们需要面对的最为重要的难题。这一问题的解决，或者说，马克思主义哲学的政治哲学生态，能否获得良好的实现，决定着中国社会的未来发展之路能否取得彻底的成功。

"经典表述"与历史唯物主义的
功能拓展

——考茨基《唯物主义历史观》第3、
5 分册的微观解读

徐　军*

考茨基在《唯物主义历史观》一书中曾指出，他与马克思恩格斯的历史观在"理论基础上非常不同"，在"有机界的种的发展和人类社会发展的辩证法"等理论上存在重大差异；同时，他又坚持认为他与马克思恩格斯的历史观在"所采取的方法和所得的结果上"极其一致。① 对于这种似是而非、看似矛盾的认识，如果我们抛开对考茨基"机会主义"的理解，就会发现，在理论层面上这一现象实际反映了考茨基对历史唯物主义理论形态、理论功能的片面性理解和认识，即他不能看到历史唯物主义理论上的开放性和功能上的可拓展性。从文本的层面看，考茨基的此种观点主要围绕马克思1859年《政治经济学批判序言》中关于历史唯物主义"经典表述"问题而阐发的，因此，我们将在此对相关文本作出分析，并批判性地呈现和回应考茨基的理论认识及错误根源。

在《唯物主义历史观》一书中，考茨基先后在第3、5分册中两次详细

*　徐军，南京政治学院理论一系哲学教研室讲师。

①　考茨基：《唯物主义历史观》第3分册，哲学研究编辑部编译，上海人民出版社1984年版，第364—365页。

研究了马克思 1859 年《政治经济学批判序言》中关于历史唯物主义②的"经典表述"。这两次论述，在侧重点上有着重大的差别：在第 3 分册关于"人类社会"问题的论述中，考茨基为了说明人类社会结构的一般原则，引入了马克思关于社会经济与政治及思想文化之间的论述，即马克思制定的"经济和意识形态之间经常存在的关系"，是一种"社会静力学"研究；而在第 5 分册关于"阶级和国家"问题的第 9 章中，考茨基是从马克思的社会发展动力问题论述入手，通过研究社会发展机制问题分析马克思历史观中的"社会动力学"研究。考茨基《唯物主义历史观》第 3 卷研讨的是"人类社会"，在结束了对人类社会中关于"种族、技术和经济"等三个问题的研究之后，考茨基转向了对马克思在 1859 年撰写的《政治经济学批判序言》的讨论，从理论逻辑上说确实有些突兀。然而，如果我们从这本书的整体写作意图来看却是有内在必然性的，这主要体现为，考茨基从本书的开始一直到最后始终贯穿的一点，就是要通过对马克思恩格斯历史观的系统梳理，试图表现考茨基本人历史观与前者之间的联系和重要差异，而这种差异性考茨基正是通过对马恩历史观"经典表述"的再解读和不断修正表现出来的。这一点考茨基是直言不讳的："不时修正马克思主义乃是不可避免的，简直可以说是必不可少的。"③ 所以，直接对"经典表述"重新进行解读，从当下来看，无异于对马克思恩格斯历史理论的战斗宣言，即对社会基本矛盾和社会发展规律的重新修正。

一　"经典表述"与社会基本矛盾理论的"修正"

考茨基将马克思 1859 年的《政治经济学批判序言》分成两个部分，第一部分是关于社会基本矛盾理论的解读，文本依据是从"相反，是人们的社会存在决定人们的意识"。对这一段话，考茨基主要从三个方面加

---

②　笔者注：关于"唯物主义历史观"（或唯物史观）与历史唯物主义的区别，在 2010 年 10 月 15—16 日中国人民大学召开的"第十届马克思哲学论坛"上，黑龙江大学张奎良教授在大会上作了细致的分析，引起了学界众多学者的讨论。在这里，笔者同意人民大学郝立新教授对此问题的观点，即在一般意义上我们姑且认为"唯物史观"与"历史唯物主义"的内涵和外延在马克思恩格斯那里基本上是可以等同使用的。

③　［德］考茨基：《唯物主义历史观》第 5 分册，哲学研究编辑部编译，上海人民出版社 1964 年版，第 336 页。

以逐一的分析：

第一，必须消除人们在"人类意志与生产方式"关系上的重大误解。所谓生产方式，就是生产力与生产关系的统一，而考茨基认为，由于众多理论家受到"经济决定论"误解的影响，使得人们在理解认识《序言》中关于"人们在自己生活的社会生产中发生一定的、必然的、不以他们的意志为转移的关系"这一表述时，往往将"人类意志"排除在对生产力和生产关系的内在理解之外。

首先，就生产关系而言，"人们往往把这段话理解为：每个时期的生产关系都是有当时的技术自行形成的，与人类的任何意向无关"。在考茨基看来，生产关系本身是从"人的一定行动产生出来的……生产关系是以人们的自觉而合乎目的的共同劳动为前提的，如果没有自觉的指向一定目的的意向，就决不能有这种共同劳动"①。因此，认为生产关系中没有人类意志参与的认识不仅没有意义，而且是不符合马克思本意的。那么，我们又如何科学理解"不以意志为转移"这一定位呢？对此，考茨基认为，我们除了认定人类意志参与生产关系形成、发展的事实之外，归根结底在意义上还必须承认，生产关系中的客体向度，也就是人类意志在参与生产关系过程中的被决定性。这种被决定性来自于社会环境的"给定性"，来自于由社会环境给定性所必然带来的人类"需要、认识"的历史客观性。从最具有主观性的人类需要来看，人的意志只有一小部分来自天生的需要（本能），而更多的需要则是来自于对历史继承的以及当下社会环境所决定的，即"人们都是在一定的社会环境中成长起来的，这种社会环境有它一定的传统、制度和观点，而这些传统、制度和观点又产生一定的需要……这些传统限于人们而存在，完全不以人们的意志为转移"②。因此，人类的认识也和需要一样具有这种客观的被决定性。再有，考茨基提出，对人们进入新的环境、历史时代产生重大影响的科学技术，既有人类意志特别是科学家、发明家的广泛参与和辛勤劳作，同时，在根本意义上，新技术的产生及其由此引发的生产关系的变革，都具有更大的客观性，即"新的技术产生的生产关系，只有很少一部分能为这种技术的发

① ［德］考茨基：《唯物主义历史观》第3分册，哲学研究编辑部编译，上海人民出版社1964年版，第366页。

② 同上书，第367页。

明家所预料到，而完全不以发明家的意向为转移"①。最后，考茨基总结道，"人们所构成的生产关系，经常是一种强烈的意向的结果……从这一点来说，生产关系是受人们的意向制约的。但是，人们当时有什么样的特殊需要，以及使用什么样的手段来满足他们的需要，都是不以他们的意志为转移的，而是取决于当时的物质生产力的一定发展阶段"②。

其次，就生产力而言，一般人们认为物质生产力是从自然界的财富中产生，即"物质生产力就是物质自然界"。对于这种自然主义的认识，考茨基认为，自然界相对于社会而言是经常不变的，因此，物质生产力不可能从自然界的发展，即外部世界的发展中产生，而"完全是从人们的发展、即人们关于自然的资源和力量的知识以及利用它们的能力的发展中产生的，所以物质生产力的发展阶段，是从对自然界的认识和这种认识的技术应用的发展中产生出来的"③。在技术这个层面上，不仅关联着生产关系，更具体地联系到财产关系等。这样，包括创造技术的个体的意志、生产关系中的人类意识、生产力中的人类意识等无不关联到社会的主体因素。总体上看，考茨基认为，"唯物主义历史观以意向和知识为必要的前提，但是限定它们的作用范围，指出在一定条件下由一定意向和知识必然产生的结果，以及这种意向和知识是怎样作为一定条件的结果而必然产生的"④。

客观地讲，考茨基在这个问题的出发点是试图摆脱"经济决定论"困扰的，总体上也坚持了历史唯物主义的基本原理，并在试图运用辩证的方法来解释这一问题；所欠缺的一点就是，他没有能具体的、历史的角度全面阐释"人类意志"与客体因素"共生性、原发性"的构建生产关系这样一个基本历史事实。因此，对历史唯物主义的辩护不仅冗长，而且容易走向对细节的纠缠，很难在总体上说明"历史视野"中主体因素的作用与"社会层面"中主体因素作用的重要差别和联系。事实上，对于这个问题，马克思恩格斯在《德意志意识形态》第1章关于历史关系的

---

① ［德］考茨基：《唯物主义历史观》第3分册，哲学研究编辑部编译，上海人民出版社1964年版，第368页。

② 同上书，第369页。

③ 同上。

④ 同上书，第370页。

"四重规定性"的解说，① 已经对这个问题做出较为全面的阐述，但可惜的是 20 世纪 20 年代的考茨基尽管知道并局部地接触到了这部手稿，却没有对相关内容给予足够的重视。

第二，消除运用"经济基础与上层建筑"比喻带来的误解。社会基本矛盾的第二个方面是"经济基础与上层建筑"之间的矛盾运动关系，这是唯物史观的核心内容，而这样的理论表述方式在考茨基看来容易产生三种误解：一是作为一种比喻性的理论表述方式，容易让人们认为"只有立法者能够发现、设计和建造比现有的社会建筑更完善的社会建筑。……马克思主义的理论家似乎应当拟出一个可以对付一切可能产生困难的'未来国家'计划。有不少社会主义者和反社会主义者，曾对马克思主义的理论家提出过这种要求"②。这种观点是把社会发展的客观性完全抹杀了，这与马克思主义的观点是完全相反的。二是把社会比作一个建筑物，容易造成的另一个危险是"不从运动状态，而从静止状态去考察社会关系"③。三是容易把"现实基础"仅仅理解为"物质范围的东西"，或者说，我们"不能简单地说基础中只有物质的事物，而上层建筑中只有思想和情感"④。总的说来，关于经济基础与上层建筑之间的因果关系是一个具体过程，因为有时上层建筑会受到一定经济关系的制约，而有时法律、政治关系等上层建筑也对"经济生活发生决定性作用"⑤。

为了摆脱上述误解和辩证决定的循环论证，考茨基提出，唯物主义历史观之所以提出"经济基础与上层建筑"之间的关系原理，最根本的是要阐明"历史上的新东西的形成。它在每个社会状态中，必须阐明那里出现的新意识形态"，也就是说用特定历史条件下的经济基础来说明新思想、新意识形态以及新的上层建筑的发展过程是这一历史观的要义，而"我们决不是根据一定的经济关系去说明当时的社会状态下出现的一切思想"⑥。

---

① 笔者注：关于"历史关系的四个规定性、四个事实"的详细论述请参见《马克思恩格斯选集》第 1 卷，人民出版社 1995 年版，第 78—81 页。

② ［德］考茨基：《唯物主义历史观》第 3 分册，哲学研究编辑部编译，上海人民出版社 1964 年版，第 371 页。

③ 同上书，第 373 页。

④ 同上书，第 376 页。

⑤ 同上。

⑥ 同上。

考茨基认为，只有这样才能解释为什么马克思恩格斯一直强调经济基础对上层建筑的制约性只能在"归根到底"的意义上才能运用，因为特定社会中的"旧思想及其上层建筑的全部"在其作为"新生事物"时是完全可以用"当时"的"新生的"经济基础来说明的，这种复杂的历史对应性是必须顾及到的。应该讲，考茨基在这个地方对历史唯物主义原理的重新注解，无论在消除误解还是在深化我们对这一问题的具体认识上，是有一定价值的，它也确实暴露出"经典表述"由于自身的"格言式"表达所存在的局限性，加之马克思恩格斯对此并没有再进行更为细致的论述，所以，考茨基的这种辩护和理解还是从一个层面深化了对这个问题的认识，我们不应一概地否认。

第三，关于"生活的社会生产"问题的争论。在"生活的社会生产"问题上，考茨基将这一内容的主要方面定位为"衣、食、住、行"等自然需要作为主要方面，并把以此为基础的技术的发展、道德的因素和历史制约性作为马克思讨论此问题的基本方面。同时，他也指出，恩格斯在《家庭、私有制和国家的起源》中不仅涵盖了前者，同时引入了人类自身生产的问题。接着，考茨基将马克思恩格斯在1846年前后完成的《德意志意识形态》手稿中关于"历史关系"的四个因素引入此一讨论，证明马克思与恩格斯观点的一致性。对此，考茨基认为，"没有任何事实可以证明社会的发展也像它决定于生产资料的生产那样决定于人的生产的变化。我们所知道的一切事实，都说明不是这样。引入人的生产来扩大生产方式的概念，对于促进马克思主义学说的发展毫无用处。这既不能促使人们在研究时加以应用，又不能引导人们走向新的认识。"① 在这里非常明显的是，考茨基一方面承认恩格斯晚年重申"人的生产"作为一种社会关系的重要组织形式和社会机制的重大作用，认为这是保持唯物主义历史观统一性的重要补充；同时，他否认这一特殊生产对于生产力发展的基本价值。为什么会出现这样的重大反差呢？其根本原因是考茨基要引入其他的"重要因素"来扩展他所谓的"生产"或"生产方式"概念。

考茨基提出，不能把"生活的生产"概念仅仅限定在物质资料的生产和社会意识形式的生产的范围之内，在最广义的理解上还应该加入社会

———————————

① ［德］考茨基：《唯物主义历史观》第3分册，哲学研究编辑部编译，上海人民出版社1964年版，第410页。

结合、社会保证的内涵，或者说是"生活斗争"。虽然，考茨基也知道，马克思恩格斯生前对达尔文的"生存竞争"采取批判态度，但是，他仍然认为，"如果我们坚持'生活的生产'一语，而认为其中不包括以对敌的武装斗争来保护个人机器所在集体的安全，那末，我们就要把唯物主义历史观的范围缩小，从中把历史的一个重要因素除掉"。① 一方面，在"斗争"关系中的敌人概念是必然取决于生产力和生产关系的；另一方面，斗争或战争的方式也是完全依存于当时的物质条件和社会关系的，甚至"整个的军事、部队的武装和组织、战略核战术、胜利和失败，最后仍决定于生产力和生产关系的发展"。② 总之，虽然对于整个人类来说，战争没有促进人类的发展，战争对一般的生产过程以及社会的发展不曾有过促进作用，但是如果"不研究战争的本质，要想完全理解人类社会的发展也是不可能的"，更重要的是，如果"不把作为唯物主义历史观的出发点的'生活的社会生产'理解为既能包括衣服和房屋的制造，又能包括战争和战争的准备，唯物主义历史观就是不完全的"。③ 关于这一问题的讨论，我们需要分析的是，战争问题在历史唯物主义"生产问题"的视野中，仅仅能够作为社会关系生产的一个环节或一个重要因素，但它显然不能被提高到与物质生活的生产、再生产等基本历史因素相并列的地位上。考茨基对这一问题的认识，通过排除人类自身的地位和抬高前者，根本原因还是受到达尔文"生存竞争"理论的根本影响，既不能从历史规律的高度也不能从社会发展的一般机制角度定位战争问题。

二　"经典表述"与社会发展规律理论的"修正"

　　围绕"经典表述"中关于社会发展规律理论的探讨，考茨基主要研究阶级斗争、意识形态、科学技术与社会生产力等 4 个问题。

　　第一，阶级斗争与历史循环论问题。考茨基认为，在马克思恩格斯的

---

　　① ［德］考茨基：《唯物主义历史观》第 3 分册，哲学研究编辑部编译，上海人民出版社1964 年版，第 412 页。

　　② 同上书，第 414 页。

　　③ 同上书，第 422 页。

历史观中，最需要修正的一个问题就是他们关于"阶级斗争"问题的认识。一方面，"经典表述"与《共产党宣言》一样强调"至今一切历史都是阶级斗争"的历史，而这一点在恩格斯晚年已经对此作了修订。考茨基指出，恩格斯在《共产党宣言》的德文第4版的附注中对此进行了限制，及"一切有文字可考的历史是阶级斗争的历史"。在这里考茨基记错了，这个注释是在1888年的英文版中加入的。① 在此基础上，考茨基认为，恩格斯的修正是在充分吸收包括摩尔根等人人类学研究成果得出的认识，而他在研究"古代东方史和古代史"的基础上需要对这个论述再加一个限制："就连在有文字记载的历史范围以内，社会革命这条规律也不是普遍适用的，甚至即使在具有激烈的阶级斗争和社会革命的传统的地方，也不是总能适用的。"② 另一方面，考茨基依据自己对于包括古希腊城邦国家、古代东方国家以及中世纪以前西方国家历史的考察得出的结论是，"历史在这个发展阶段上，就像是一个周而复始的循环，它不像是一种被社会斗争所促进的不断上升的运动，而像是一种不从内部而从外部获得推动力的循环……所以，精确地说，历史的循环是一种缓慢地向上进展的螺旋"，因此，"严格地说，马克思在1859年看作是社会发展的普遍规律的东西，在今天只能算作是工业资本主义出现以来的社会发展规律"。③

毫无疑问，根据恩格斯晚年对阶级斗争问题所加的限制再次进行限制，是可以的。然而，考茨基这里的所做的限制已经完全相对主义化，而且得出了历史循环论的结论，这是完全走入历史唯心主义的怪圈。从历史的宏观视野看，我们不仅看到在东西方古代史的发展中，历史特定阶段发展中的确有缓慢发展、量变大于质变的现象，但是从总体上看，这种阶段性的变化在"阶级社会"内部仍然是受到阶级斗争推动的；同时，在社会革命的意义上，阶段性变化积累的"量变成果"也最终将会引发社会发展质变，即社会制度的变革，而所谓的"历史循环"实际只是历史现象学层面的社会景观，是不能被上升到规律层面的，这正是考茨基在这一

---

① 《马克思恩格斯选集》第1卷，人民出版社1995年版，第372页。

② ［德］考茨基：《唯物主义历史观》第5分册，哲学研究编辑部编译，上海人民出版社1964年版，第323页。

③ 同上书，第324—325页。

问题上的失足之处。

第二，关于"意识形态与经济发展"关系的普适性论证。考茨基提出，如果马克思关于通过社会革命推动社会发展的论述仅仅是资本主义产生以来几个世纪的特征，而他关于"社会革命带来的'意识形态'变革的那些话，却不仅适用于有着阶级社会的一切世纪，而且适用于有着人类社会的一切世纪"。① 具体而言，就是马克思在"经典论述"中关于"社会生产引发社会意识变化、变革"的规律性判断，"适用于因新的社会生产力出现而产生的任何一种社会内部冲突，也适用于不过是遗留下来的社会环境的影响和新出现的、没有阶级和阶级斗争的社会环境的影响之间的那种冲突"。② 在这里，考茨基显然是把马克思的意识形态概念无限扩大为了一切社会意识。毫无疑问，新的社会生产力包括其中作为重要力量的科学技术、思想文化乃至人的日常生活意识等，必然在社会关系以及上层建筑领域产生重要影响，带来重大变革。然而，意识形态作为一种具有特定价值指向的思想理论体系，其最重要的活动规律应该是阶级对抗、阶级斗争表现最为典型的社会发展阶段，它与"阶级斗争"的规律是保持总体一致的。将此规律无限扩展到一切非意识形态性的思想文化和意识领域，不仅多余，反而损害了这一规律本身的适用性和真理性。因此，考茨基在这里对"意识形态与经济变革、社会生产发展"之间关系的所谓"修订"是不恰当的，更偏离了马克思恩格斯的意识形态理论的基本指向。

第三，对科学技术与自然观的重新解读。考茨基认为，马克思在"经典表述"及之后的任何地方都没有谈到"认识自然的问题"，也就是忽略了对自然科学社会历史价值定位的问题。而在他看来，物质生产力的发展，其实质"只不过是对自然的知识的发展的另一个说法而已。由此可见，认识自然这一精神过程就成为人类意识形态的'现实基础'、'物质基础'的最深刻的基础了"③。不仅如此，在上层建筑中，作为社会意识的重要组成部分，同样可以见到对自然认识的问题。对此，考茨基认

① ［德］考茨基：《唯物主义历史观》第 5 分册，哲学研究编辑部编译，上海人民出版社 1964 年版，第 326 页。

② 同上书，第 326—327 页。

③ ［德］考茨基：《唯物主义历史观》第 3 分册，哲学研究编辑部编译，上海人民出版社 1964 年版，第 424 页。

为，一方面必须排除存在于某些马克思主义者认识中关于"自然科学发展具有不以社会为转移的内在规律性"的错误认识，这种认识实际抹杀了自然科学发展过程中的主体的因素。另一方面，自然科学的发展以及由此带来的经济社会的发展对于人类历史过程具有决定性的意义，前者的发展本身与经济、社会环境的发展密切相关。再者，在自然观的问题上，不能用"自然规律"来表达"经济规律"，原因有两点：一是经济规律本身具有一定社会历史阶段性的特征，它不是"同样地适用于一切生产方式"的；二是这种表达上混用，容易使人们把"在有机界和无机界发现的规律用来解决社会问题"。① 在对科学技术以及自然观的认识上，考茨基的相关论述总体上还是有一定价值的，特别是对"经济社会规律"与"自然规律"的区别问题上；但是，他对马克思恩格斯关于科学技术问题的大量论述置之不理倒是有些闭门造车的味道。

第四，关于"社会生产力发展与制度变迁"关系的修订。考茨基对马克思在"经典表述"中关于"无论哪一个社会形态，在它所能容纳的全部生产力发挥出来以前，是决不会灭亡的"以及"新的更高的生产关系，在它存在的物质条件在旧社会的胎胞里成熟以前，是决不会出现的"两个判断，也就是对我们现在常说的"两个决不会"提出了异议：一方面，就生产力发展而言，生产力发展与社会制度之间的关系尽管可以适用于至今一切形态的阶级社会，但是"不适用于工业资本主义的社会，因而不适用于无产阶级的社会"。② 原因是，包括封建社会在内的前资本主义社会中，生产力是人为受到社会制度、生产关系制约、压制的，因而生产关系对生产力制约和限制是必然的历史趋势。而在资本主义社会看到的却是相反的情形，人们不仅可以看到工业资本主义早期对生产力、科学技术的推动作用，即使进入 20 世纪以后，资本主义与科学技术、生产力之间也没有必然的阻碍关系。最重要的是，考茨基认为在"资本以及资本积累的本质中"是看不到这种必然的阻碍关系，而"资本主义的扩展表明看来所遇到的界限，只不过是任何生产方式下的工业扩展都会因始终以

---

① ［德］考茨基：《唯物主义历史观》第 3 分册，哲学研究编辑部编译，上海人民出版社1964 年版，第 438 页。

② ［德］考茨基：《唯物主义历史观》第 5 分册，哲学研究编辑部编译，上海人民出版社1964 年版，第 327 页。

来农业而遇到的界限"。① 因此，不仅马克思第一个"决不会"的判断需要修正，而且他在总结《资本论》的"那著名的论资本主义积累的历史趋势一章里的一些话，我们也必须加以限制"。由此，考茨基得出的结论是，面对在经济上日益蓬勃发展的资本主义社会经济发展的事实，我们不能停留在马克思的论断上，而"最近几十年里有一点是越来越明显了：无产阶级的胜利，将在我们的许多理论家们给资本主义内部的生产力的发展规定的种种界限中任何一个能够达到之前先就到来"②。另一方面，就生产关系的情况来看，考茨基在理论上的矛盾表现得更加明显：他既强调社会革命不能够在条件没有成熟的时候就爆发，即使出现了新的生产关系并且用"一切恐怖政策"来维持也会最终带来一场灾祸，这是"预防一切空想主义作法的一条坚固堤坝"；③ 同时，考茨基又提出，马克思主义者在取得政权后应该检验一下，"新社会的存在条件究竟在旧社会的胎胞里已经孕育到了什么成熟程度，并以此为根据，为劳动阶级的利益来安排自己的实践"。④ 很显然，这种理论上的前后不一，来源于他对列宁领导的"十月革命"的仇视，源于他对"一国胜利论"的不信任；但是他对新社会提出的任务倒是有着一定的价值，无论对于列宁在20世纪20年代施行的"新经济政策"、苏联在20世纪30年代开始的经济发展计划等都与此有一定的相似性。从工人阶级和无产阶级利益出发，从东方国家自身国情出发，在新生政权建立后着手促进自身社会的全面发展，的确是摆在社会主义革命成功后各国马克思主义政党面前的最重要的历史任务。而在生产力发展与资本主义制度之间关系问题的认识上，考茨基恰恰忽略了对资本主义经济社会本质的批判性考察，完全背离了历史唯物主义的基本原理。

三　"经典表述"与历史唯物主义
发展路径的新探索

如果我们暂时抛开实践问题而仅就理论而言，考茨基在《唯物主义

---

① ［德］考茨基：《唯物主义历史观》第5分册，哲学研究编辑部编译，上海人民出版社1964年版，第328页。

② 同上书，第329页。

③ 同上书，第3331页。

④ 同上书，第331页。

历史观》第 3、5 分册中关于历史唯物主义基本原理"经典表述"的重新
解读和修正，实际有两个基本的理论意向是我们必须关注的：一是恩格
斯晚年对历史唯物主义理解、拓展的方向对考茨基在新的历史条件下重
新认识这一理论产生了重要影响。正如考茨基所指出的，"恩格斯的
《论家庭的起源》的小书，是作为一份遗嘱留给我们的，它向我们指示
了一条道路，我们应该循着这条道路，来扩大我们的大师们遗留下来的
历史观。……我在本书中力求遵循这条道路。同时，我尽力扩大唯物主
义历史观的领域，以求涉及生物学的领域"。① 在这里，考茨基将恩格斯
晚年对包括考茨基在内的第二国际理论家们提出的要求，就是要以唯物主
义历史观为指南，尽量拓展有关人类自身各个方面的历史知识，不断从实
证的知识当中证明唯物史观的真理性，同时，也可以通过对人类史、古代
史、自然史的全方位研究，逐步纠正历史唯物主义可能存在的理论上的缺
陷或问题。对此，考茨基始终在沿着"历史领域"的方向推进对历史唯
物主义的认识，就在《唯物主义历史观》这本书中，主导线索就是对
"自然界和社会"以及"国家和人类发展"等问题做一般性的历史现象学
考察，这里的现象学就是在区别于"本质或规律"的意义上使用，使用
大量篇幅考察社会发展史、阶级和国家的发展史的漫长过程和阶段，这些
都可以看作是受恩格斯晚年"遗嘱"的影响。

　　二是考茨基始终坚持对历史唯物主义的"修订"立场，试图挖掘前
者的理论和实践资源，为它的发展探索新的路径和方向。通过前面的介
绍，我们可以清楚地发现考茨基在马克思恩格斯逝世后对历史观"修订"
的努力，虽然有的问题涉及历史唯物主义的根本问题，有的问题又过于琐
碎，但考茨基力图通过对"经典表述"的新解读，纠正包括经济决定论
在内各种理论上的"误解"，同时，更要在 20 世纪 20 年代经济、社会和
资本主义世界发生重大变化的前提下，探索历史唯物主义新的发展方向。
然而，遗憾的是，这种努力不仅没能做到，反而使考茨基在一战以后接连
在理论和实践上出现了重大的偏差，理论上矛盾百出，而在实践上的妥协
性则表现得非常明显。抛开这些我们不谈，考茨基对历史唯物主义在新的
历史条件下谋求理论发展和功能转换的想法，作为一个问题倒是非常有价

---

　　① ［德］考茨基：《唯物主义历史观》第 5 分册，哲学研究编辑部编译，上海人民出版社
1964 年版，第 336 页。

值的。巧合的是，1922 年，西方马克思主义理论的创始人之——卢卡奇在《历史与阶级意识》一书中，用一章的篇幅专门考察了"历史唯物主义功能变化"的问题，可以作为我们进一步思考历史唯物主义发展路径问题的参考。

1919 年，卢卡奇在给布达佩斯历史唯物主义研究所成立时所作的一个讲话中，他阐述了"历史唯物主义的功能变化"问题。卢卡奇指出，历史唯物主义是无产阶级运用阶级斗争武器夺取胜利的最重要的武器之一，是一种科学的方法，它与资产阶级的历史方法相反，不仅能让我们"看到当代的表面现象，而且也看到实际推动事件的那些比较深层的历史动力"①。这一理论最重要的任务是，"对资本主义社会制度做出准确的判断，揭露资本主义社会制度的本质"，而在无产阶级革命实践中，历史唯物主义的首要功能是"为了使无产阶级自己看清形势，为了使它在这种明确认识到的形势中能够根据自己的阶级地位去正确地行动"②。因此，历史唯物主义的理论与实践必须统一，这是由它的基本功能决定的。同时，历史唯物主义由于在意识形态上具有认识资本主义的重要功能，因此它成为无产阶级意识培养、与资产阶级展开思想文化斗争和社会领导权斗争中最重要的武器。

基于上述两个基本功能定位，卢卡奇认为，必须重新认识"历史唯物主义与资产阶级社会"之间的关系。这种关系在他看来实际是，"历史唯物主义首先是资产阶级社会及其经济结构的一种理论"，"历史俄唯物主义正是资本主义社会的自我认识"，而且"正是资本主义社会制度成了运用历史唯物主义的典型基础"，③ 这种关系也成为了历史唯物主义理论的基本社会前提之一。同时，也正是因为这样一个理论与现实的对应关系，因为特定社会实践基础上产生的特定理论，也使得历史唯物主义在运用于认识前资本主义社会的时候，就需要谨慎和小心："历史唯物主义不能像运用于资本主义发展的各种社会形态那样完全以同一方式运用于前资本主义的各种社会形态"④。而这种理论运用上应该注意的差别，恰恰是

① ［匈］卢卡奇：《历史与阶级意识》，杜章智等译，商务印书馆 1992 年版，第 306 页。

② 同上书，第 307 页。

③ 同上书，第 312、315、316 页。

④ 同上书，第 323 页。

包括考茨基、梅林以及庸俗马克思主义者所忽视的："它把一些纯粹历史的范畴，更确切地说也就是资本主义社会的一些范畴，看作是永恒的范畴。"① 总之，面对资本主义经济社会在 20 世纪初期出现的最新变化，考虑到无产阶级革命的新形势、新任务和新使命，切实从理论上推进无产阶级革命实践的发展，就必须对历史唯物主义理论做出调整，推动这一理论的发展创新。它可以集中体现为历史唯物主义功能两个重要变化：第一，必须"用唯物主义辩证法来指明，怎么一定会走上自觉监督和控制生产、摆脱对象化社会力量强制的道路。过去的任何分析，无论多么仔细和准确，都不能对此作出令人满意的回答"②。这里，卢卡奇所讲的辩证法，实际就是他在《历史与阶级意识》一书中提出的"总体辩证法"，即从具体的社会经济生活、局部领域中跳脱出来，从经济生产环节的"物化过程"和"物化意识"中摆脱出来，重新在宏观、整体的视野批判性地认识和看待资本主义社会现实，使无产阶级对资本主义社会有科学地、客观的认识，重新树立阶级意识和战斗意识。第二，从资本主义日益加重的危机中汲取方法论的内涵，进一步丰富和拓展历史唯物主义关于"人类史前史"问题的研究方法，不断更新、发展历史唯物主义关于人类社会发展一般规律的理论。与考茨基关于历史唯物主义在面对 20 世纪初期资本主义社会现实的理论探索相比，卢卡奇的理论研究表现出这样三个特点：一是强调历史唯物主义与资产阶级社会制度之间的内在关联，这种关联性在卢卡奇甚至被发展到一种极端的表达形式，即历史唯物主义成为资本主义自我认识的理论，而由于这种社会前提的框定，使得它在指导对"前资本主义社会"认识的问题上，其局限性是显而易见的；二是强调结合资本主义在 20 世纪初的经济社会发展现实，必须调整理论功能定位，科学认识分析资本主义通过物质生产、经济发展环节展现的强大的"物化力量"，以总体辩证法、革命辩证法重新唤醒无产阶级的阶级意识和革命意识；③ 三是与考茨基强调对人类古代史、东方古代史的实证研究不同，卢卡奇在关注历史唯物主义指导"人类史前史"、古代史研究存在局限的

① ［匈］卢卡奇：《历史与阶级意识》，杜章智等译，商务印书馆 1992 年版，第 324 页。
② 同上书，第 342 页。
③ 李庆钧：《重建：在何种意义上是马克思主义的？》，《南京政治学院学报》2001 年第 1 期。

问题上，后者更加强调从当代资本主义的自我批判中汲取理论内涵和方法。

实际上，考茨基与卢卡奇对历史唯物主义创新发展路径的分歧，根本上是一种"客体路径"和"主体路径"的差别，而且二人都在各自片面地强调独立的一个维度上走得很远。就考茨基而言，他关于基督教史、古代东方史等历史的实证研究，是在遵照恩格斯晚年"指示"的思路下，弥补历史唯物主义宏观规律的"历史基础"，社会客体维度在这一研究中居于主导；相反，卢卡奇则在发现资本主义 20 世纪初期经济发展事实面前，感到强大的经济事实不仅不能使无产阶级突破资产阶级的意识形态，而且容易使他们丧失革命性，这也是第二国际倡导"经济决定论"对无产阶级革命造成的重要后果。因而，必须在批判社会物化结构、物化意识的过程中，高举主体辩证法、总体辩证法，进而扭转无产阶级革命失败的不利局面。当然，历史唯物主义理论就其本身而言，它对人类历史的研究、对人类近代以来社会的深入分析从出发点上就是建立在"主客体统一"的历史辩证法基础之上的，正如马克思在《德意志意识形态》中所指出的，"这种考察方法不是没有前提的。……它的前提是人，……是处在现实的、可以通过经验观察到的、在一定条件下进行的发展过程中的人"。① 而在具体理论中，历史唯物主义在历史领域的纵向分析和社会结构的横向研究，是紧密结合在一起的，保持着历史辩证法和社会辩证法的统一，也实现了社会历史主客体的统一。总之，今天看来，历史唯物主义理论的发展创新，也必须从历史与现实统一的基点出发，努力实现对"历史现象、历史经验"的规律探索与"社会现象、社会过程"的规律探索的统一，从历史和社会的现实和实践出发，创新发展这一理论，仍然是我们坚持的基本原则和目标。

---

① 《马克思恩格斯选集》第 1 卷，人民出版社 1995 年版，第 73 页。

21 世纪中国马克思主义哲学的理念及其建构

何　萍[*]

　　进入新世纪，中国马克思主义哲学学界围绕构建中国市场社会的哲学理念，进行了多方位、多视角的研究。这些研究，从表层看，是在讨论全球化、现代性、市民社会、文化软实力等一些时代问题，而在深层上，却是在构筑新的哲学观念。在这两个层面中，表层的问题讨论固然体现了时代的特征，但唯有深层的哲学观念才是新的哲学理念的凝结和准确表达。因此，我们要了解 21 世纪中国马克思主义哲学的理念，就不能满足于追逐表层的问题讨论，而必须深入到问题讨论的背后，探究新的哲学观念及其建构的过程。

　　自 20 世纪 80 年代开始，中国马克思主义哲学新观念的建构主要在马克思哲学研究、西方马克思主义哲学研究和马克思主义哲学中国化研究中展开的。这三个领域是相继出现的，却又相互贯通、相互联系，从而使中国的马克思主义哲学观的变革呈现为一个整体。在这个整体中，20 世纪八九十年代形成的马克思主义哲学观念的变革，是 21 世纪马克思主义哲学观念建构的先导和基础，而 21 世纪马克思主义哲学观念的建构是 20 世纪八九十年代马克思主义哲学观念变革的实现。正是这样，本文选取马克思哲学研究、西方马克思主义哲学研究和马克思主义哲学中国化研究这三个具有贯通性的领域，联系 20 世纪八九十年代的思想变革，作一种观念变革的分析，揭示 21 世纪中国马克思主义哲学的理念及其创造的轨迹。

---

　　* 何萍，武汉大学哲学院教授。

一　马克思哲学研究与中国马克思主义哲学传统的变革

中国马克思主义哲学自身观念的变革是以批判科学主义的马克思主义哲学传统、建构人文主义的马克思主义哲学传统为理论起点的。中国的马克思哲学研究是这一变革的历史起点，并始终贯穿于这一变革的过程之中。

早在 20 世纪 80 年代的人道主义和异化问题的讨论中，中国马克思主义哲学学界就提出了建构人文主义的马克思主义哲学传统的任务。当时，那些主张人道主义的马克思主义思想的学者，以马克思的《1844 年经济学哲学手稿》为文本，以马克思的异化劳动理论为根据，阐发了马克思的人道主义思想，批判马克思主义哲学原理教科书中的科学主义思想和认知范式。然而，在当时，这些研究和批判主要是针对"文化大革命"中的非人道主义现象的，并不是对中国即将展开的以发展生产力和科学技术为中心的现代化建设的理论思考，在思维的总体框架上，还受着先前以革命为主题的哲学理念的主导。这就决定它难以承担变革中国马克思主义哲学传统的任务。事实也是如此。改革开放之初的中国，面临的首要任务是解放和发展生产力，实现科学技术与生产力的结合。在马克思主义哲学发展史上，论证生产力的第一性、科学技术与生产力的关系，始终是与科学主义的马克思主义哲学传统联系在一起的，科学主义的马克思主义哲学传统不仅赋予生产力第一性的地位，而且为生产力和科学技术发展提供了理性主义的思维方式。由于有了中国实践和理论上的这些需要，中国的科学主义的马克思主义哲学传统借助于对"生产力标准"的理论首先实现了由革命理念到建设理念的转向，从而战胜了人道主义的马克思主义哲学思想，保持了自己的主流地位。相比之下，人道主义的马克思主义哲学思想则显得落后于时代而不被认可，当然也不能形成一种新的哲学传统。

20 世纪 90 年代中期之后，中国市场社会的形成和发展，刺激了马克思主义哲学的人文主义思想的复兴。生产力和科学技术的高速发展为中国市场社会的建立打下了坚实的物质基础，这一点应该归功于科学主义的马克思主义哲学传统。但是，由于缺乏人文主义的马克思主义哲学传统的发展，中国市场社会的建设又不可避免地陷入了片面理性的困境：首先是片面地强调技术生产力而引发出生态环境问题；其次是与市场社会相适应的政治体制和意识形态没有建立起来；再次是市场经济机制本身所带来的社会贫富差别扩大，提出了建构和谐社会的问题；最后是文化的产业化推动了消费社会的形成，提出了人的生存状况、人的生命价值和尊严、人文精神的建构等一系列有关中国文化建设的问题。这些问题是由于片面地运用科学主义的思维范式造成，当然不可能在科学主义的思维范式中得到解决。这就在客观上提出了建构人文主义的马克思主义哲学传统的要求。正是在这种情况下，马克思哲学的研究再度成为热点，"回到马克思"就是在此一背景中提出来的。

然而，重新开展起来的马克思哲学研究绝没有停留在 20 世纪 80 年代的水平上，而是以中国市场社会的人文精神的建构为主题，以西方马克思主义哲学的现代性批判理论为主要思想资源，重新发掘马克思哲学的人文主义传统及其研究范式。我们知道，在西方马克思主义哲学中，现代性批判一开始就是针对宏观革命的，它所建构的是以日常生活为主题的文化批判理论。中国的马克思哲学研究在吸取西方马克思主义哲学的现代性批判理论的成果时，首先实现了研究主题的转换，即由对生产力的技术性论证转向了对微观的日常生活的批判，于是，个体的发展、消费社会、资本的批判等成了马克思哲学研究的主题，与之相应的，马克思哲学文本的解读也扩大了，从《1844 年经济学哲学手稿》扩展到马克思的博士论文、《神圣家族》、《德意志意识形态》、《资本论》等，其研究的视域也由马克思的实践本体论拓展到历史唯物主义、资本主义理论、东方社会理论、政治哲学等。经过这一系列的重新研究，中国的马克思主义哲学在马克思主义的人文主义哲学传统的研究上终于突破了宏观革命的框架，进入对微观的日常生活世界的考察。在研究范式上，也逐渐破除了以往的科学主义思维方式而转向了文化哲学的思维方式。2007 年在苏州大学召开的第七届"马克思哲学论坛"以"马克思主义哲学研究范式：创新与转换"为主题，对中国马克思主义哲学的研究范式作了深刻的反思。通过这一反思，中国马克思主义哲学学界达成了一种共识：中国原有的马克思主义哲学研究范式已经不再适应当代中国市场社会发展的需要了，中国必须建立新的马克思主义哲学研究范式。[1] 这标志着中国马克思主义哲学学界在马克思

---

[1] 柯锦华、任平主编：《马克思主义哲学研究范式：创新与转换》，社会科学文献出版社 2010 年版。

主义哲学观念变革上形成了一种自觉意识。在 2009 年以文化哲学研究为主题的第九届"马克思哲学论坛"上，中国马克思主义哲学学界进一步把当代中国的马克思主义哲学研究范式落在了文化哲学上。马俊峰教授在他提交会议的论文《深化文化哲学研究需要正视并解决的几个问题》中，明确地指出了文化哲学与科学主义哲学在哲学传统上的对立，强调科学主义的哲学观在国内学界包括文化哲学的研究中都有很大影响，依然占有主流地位，因此，文化哲学研究的首要任务，是实现哲学传统、哲学观念的变革，开展以人生意义、价值为核心的文化哲学研究。而更多的学者则以文化哲学为研究范式，对马克思的文化哲学传统进行了梳理，并以此重新阐发了马克思的本体论、历史观、政治哲学的文化哲学内涵，以及这些思想对尔后的马克思主义哲学家的影响。① 这些研究从不同的角度展示了人文主义的马克思主义哲学传统的内容，也揭示了建构当代中国马克思主义的人文主义哲学传统的方向。尽管这些研究并不是系统的，一些思想也还不尽成熟，即便如此，我们还是从中看到了中国马克思主义哲学经历的自身传统的变革，看到了人文主义的马克思主义哲学传统经过哲学理念的转换，已经得到了广泛的认可，并逐渐成为 21 世纪中国马克思主义哲学的主流。

二　"西方马克思主义"性质的反思与马克思主义哲学史观的变革

20 世纪 80 年代，西方马克思主义及其主要代表人物的思想被译介到中国来。西方马克思主义是当代发达资本主义国家的马克思主义的主流形态，曾因其代表人物批判苏联马克思主义哲学而被视为马克思主义的异端。这种"异端"学说传入中国，无疑是对中国原有的马克思主义哲学史观的强烈冲击。这里所说的原有的马克思主义哲学史观，是苏联在 20 世纪二三十年代开展马克思主义哲学史的研究中提出来的。根据这种观点，在世界马克思主义哲学中，苏联马克思主义哲学才是最正确的哲学思想，代表了正统的马克思主义哲学思想，凡是反对和批判苏联马克思主义

---

① 《第九届"马克思哲学论坛"：会议论文集》（上、下），黑龙江大学哲学院、黑龙江大学文化哲学研究中心编，2009 年。

的哲学派别，都属于马克思主义哲学的异端，不能归于马克思主义阵营。这是典型的、线性的、一元的世界马克思主义哲学发展观。我国的马克思主义哲学史研究虽然始于 20 世纪 80 年代，但在自 20 世纪 50 年代开始的马克思主义哲学原著的解读中、在马克思主义哲学基本原理的研究中，都接受并贯穿了这一哲学史观。正是这样，在 20 世纪 80 年代到 90 年代，我国学者撰写的马克思主义哲学史著作都只叙述从马克思、恩格斯到列宁和斯大林的哲学思想。由此可见，原有的马克思主义哲学史观在实际上主导着我国马克思主义哲学研究的各个领域，体现了中国马克思主义哲学研究的总观念。西方马克思主义在改革开放的初期传入中国，可以说是为正在求新图变的中国马克思主义哲学研究打开了一个窗口，开辟了一条新的研究思路。然而，要接受西方马克思主义，承认它作为一种马克思主义哲学传统的合法性，首先有一个马克思主义哲学史观的变革问题，即要从线性的、一元的世界马克思主义哲学发展观转变为复杂的、多元的世界马克思主义哲学发展观。当时发生的有关西方马克思主义的马克思主义性质及其代表人物思想评价的争论①，归根结底是这两种不同的马克思主义哲学史观之争。在尔后的发展中，中国对西方马克思主义的研究，从总体上说，是沿着肯定复杂的、多元的世界马克思主义哲学发展观的方向发展的。

尽管如此，中国马克思主义哲学学界从接受复杂的、多元的世界马克思主义哲学发展观到运用它对于马克思主义哲学史的研究，却经历了一条艰难曲折的道路。

在 20 世纪 90 年代，随着西方马克思主义学说的不断传入，中国马克思主义哲学学界对有关西方马克思主义性质的争论失去了兴趣，提出了"国外马克思主义"这一概念，力图消解西方马克思主义的性质问题，在更大的范围内开展国外马克思主义哲学的研究。设黄楠森、庄福龄、林利主编的《马克思主义哲学史》第 8 卷为"国外马克思主义哲学"专卷，这是中国马克思主义哲学学界在原有的马克思主义哲学史观上撕开的第一个裂口。但是，这个裂口，从总体上来说，还是表层的，并没有涉及到原有的马克思主义哲学史观的深层结构。因为，该卷在论述东欧和西欧的马克思主义哲学发展中，依然以"正统马克思主义哲学"为主线，西方马

---

① 争论的问题及各派观点，参见洪镰德编《西方马克思主义论战集》，台北：森大图书有限公司 1990 年版。

克思主义只是作为马克思主义的异端、作为批判的对象而纳入其中,这实际上还是在遵循线性的、一元的世界马克思主义哲学发展观,否定西方马克思主义作为西方发达资本主义世界主流马克思主义哲学形态的合法性。然而,若不承认西方马克思主义是西方发达资本主义国家独有的马克思主义哲学形态,就不可能揭示它的传统的内核,也就不可能建立起复杂的、多元的世界马克思主义哲学发展观。由此可见,以"国外马克思主义"取代"西方马克思主义"概念,并不能实现马克思主义哲学史观的变革,要真正实现马克思主义哲学史观的变革,就需要直面"西方马克思主义",对以往的马克思主义哲学史观作出深刻的检讨。这一工作严格地说是从 21 世纪开始的。

进入 21 世纪后,马克思主义哲学学界分别从三个方面检讨了原有的马克思主义哲学史观:一是在马克思主义哲学史的领域进行方法论的检讨。就在 2010 年,《哲学研究》、《马克思主义与现实》、《哲学动态》、《光明日报》、《中国社会科学报》等国内重要报刊以论文、书评、综述等多种形式刊登有关马克思主义哲学史方法论讨论的文章,全国马克思主义哲学史学会也把马克思主义哲学史方法论作为 2010 年度年会的中心议题之一,专门讨论了马克思主义哲学史的书写方式、西方马克思主义如何进入马克思主义哲学史,以及如何评价、如何叙述的问题;二是对"西方马克思主义"的概念及性质作深刻的理论反思。2008 年 5 月,复旦大学国外马克思主义与国外思潮研究国家创新基地、复旦大学哲学学院、复旦大学当代国外马克思主义研究中心、中国当代国外马克思主义研究会举办的第三届国外马克思主义论坛专门设了"宏观研究"一栏,检讨 30 年来中国的西方马克思主义哲学研究。其中,在陈学明教授提交的论文《我对"西方马克思主义"的新认识》中,他比较了带引号的西方马克思主义和不带引号的西方马克思主义中所表达的完全相反的内容、观点和评价,并指出,带引号的西方马克思主义是"成见"和"框框"中的西方马克思主义,只有去掉引号,才能发现真实的西方马克思主义,而当我们坚持不带引号的西方马克思主义的研究路向的时候,我们就转到了发展的、开放的马克思主义观的立场上来了。这一分析,揭示了肯定西方马克思主义的马克思主义性质与确立复杂的、多元的世界马克思主义哲学发展观之间的深层联系;三是结合马克思主义哲学中国化的研究,讨论西方马克思主义哲学研究的意义。21 世纪以来,随着马克思主义哲学中国化研究的开展，西方马克思主义哲学与中国马克思主义哲学之间的关系逐渐成为中国马克思主义哲学学界的共同课题。在这一课题下，西方马克思主义不仅进入了中国马克思主义哲学的语境，而且被公认为是西方资本主义世界的马克思主义哲学形态。这一点已经在 21 世纪出版的马克思主义哲学史的专著中得到了确认。在这些著作中，西方马克思主义不再以某一国家中的一个马克思主义派别的面貌出现，也不再以批判对象的身份进入马克思主义哲学史，而是作为西方资本主义世界的马克思主义哲学形态的面貌、以一种不同于东方马克思主义哲学传统的另一种哲学传统的身份，进入马克思主义哲学史。直到这时，马克思主义哲学史才真正成了开放的、世界的马克思主义哲学史，而那种复杂的、多元的世界马克思主义哲学发展观才得以成立。①

以上三个方面的检讨，分别从方法论、理论和哲学史的层面上确立起复杂的、多元的世界马克思主义哲学发展观，从而证明了西方马克思主义哲学的研究已经不再是某一个领域的课题，而是具有全局性的课题，是一个有关马克思主义哲学史观变革的课题。

三　马克思主义哲学中国化的探究与 中国马克思主义哲学的理论重建

马克思主义哲学中国化作为一个历史事实，已经历了近百年的发展，但作为哲学的研究对象则是从 20 世纪 90 年代开始的，并在 21 世纪成为中国马克思主义哲学研究的最重要领域。由《中国社会科学》杂志社与全国各重点高校哲学系共同主办的"马克思哲学论坛"，分别在 2004 年和 2008 年两次以马克思主义哲学中国化为主题，聚集全国专家学者，共同探讨 21 世纪中国马克思主义哲学理论建设的重大问题。在这两次会议上，学者们以中国的当下社会为出发点，对马克思主义哲学中国化的问题进行了多方位的探讨。其中，有三个方位的探讨对于中国马克思主义哲学新理念的建构起了关键性的作用：一是对马克思主义哲学中国化研究的

---

① 参见庄福龄主编《简明马克思主义史》，人民出版社 2001 年版；何萍《马克思主义哲学史教程》（上、下卷），人民出版社 2009 年版；吴元梁主编《马克思主义哲学形态的演变》（上、下卷），中国社会科学出版社 2010 年版。

"中国问题"的探讨；二是对马克思主义哲学与中国传统文化关系的反思；三是结合国外马克思主义哲学的研究，讨论中国马克思主义哲学的普遍性问题。

对马克思主义哲学中国化研究的"中国问题"的探讨，其实是对 21 世纪中国马克思主义哲学发展目标的一种反思。自 20 世纪 90 年代中期开始，中国马克思主义哲学的研究进入一个学术化的建设时期。在这一时期，马克思哲学的研究、国外马克思主义哲学的研究、马克思主义文化哲学、历史唯物主义、马克思主义政治哲学等哲学理论的研究都获得了新的发展，带来了中国马克思主义哲学的学术繁荣。但是，在这种学术繁荣的背后又滋生出一种唯学术化的倾向，使马克思主义哲学的研究变得越来越脱离中国现实，越来越追求晦涩难懂的语言表达方式。为了克服这种唯学术化的倾向，中国马克思主义哲学学界开展了马克思主义哲学的学术化与现实性的讨论。这一讨论在没有和马克思主义哲学中国化的研究结合起来之前，始终还保持着一种抽象思辨的风格，其现实性的说明也不免空洞。然而，这一讨论一旦进入马克思主义哲学中国化的研究视野，并确定为"中国问题"时，就使"现实性"获得了具体的内容。在 2004 年和 2008 年的"马克思哲学论坛"上，许多学者明确提出，马克思主义哲学的学术研究要有"中国问题"意识。所谓"中国问题"意识，就是把那些困扰着当代中国发展的一些最重大的问题，比如，中国的市场经济发展、政治体制改革、社会发展模式、社会的公平和正义、价值观念和思维方式的变革等问题，作为马克思主义哲学的研究对象，作为中国马克思主义哲学学术化的现实根基，通过对这些问题的哲学思考而形成"具有中国特色、气派和风格的马克思主义哲学"①。这就赋予了马克思主义哲学学术化和现实性以生动的中国内容：所谓现实性，即是中国的市场社会及其所产生的问题；所谓学术化，就是把中国市场社会的问题作为马克思主义哲学的研究对象加以概括和提升，创造新的马克思主义哲学理论。在这里，马克思主义哲学的学术化和现实性不仅有了准确的理论定位，而且也把马克思主义哲学中国化的研究从一个哲学史的课题转化成为一个中国马克思主义哲学理论再创造的课题。

---

① 孙正聿主编：《中国高校哲学社会科学发展报告 1978—2008 哲学》，广西师范大学出版社 2008 年版，第 24 页。

　　马克思主义哲学与中国传统文化的关系，是马克思主义哲学中国化研究中最早提出的，也是最重要的问题。20 世纪 90 年代，学术界开展这一课题的研究主要是为了驳斥当时流行的马克思主义"过时论"、"马克思主义传入中国中断了中国的启蒙运动"、"马克思主义哲学中国化是封建主义化"等谬论。在研究的理路上，主要探讨马克思主义哲学与中国传统文化中的优秀哲学思想传统的关系，具体地说，是探讨马克思主义哲学与中国古代哲学中的唯物主义和辩证法传统的结合问题。进入 21 世纪后，这一课题的研究转换成马克思主义哲学作为中国哲学的合法性辩护。与之相应的，在研究的理路上也从研究马克思主义哲学与中国古代哲学的关系，转为探讨马克思主义哲学与中国 20 世纪诸思潮相互碰撞与激荡、交流与融会的关系。通过这一研究，马克思主义哲学不再被当作一个外来的学说与中国文化相结合，而是以中国 20 世纪哲学传统创造者的身份进入中国哲学，成为中国文化的一部分。在 2008 年的"马克思哲学论坛"上，李维武教授在他提交会议的论文《作为 20 世纪中国哲学的马克思主义哲学研究》中，区分了研究马克思主义哲学中国化的两种视域：一种是从马克思主义哲学史的视域来看待马克思主义哲学在中国的传播、发展及其中国化；一种是把马克思主义哲学作为 20 世纪中国主要思潮之一来考察它是如何在重新塑造现代中国中实现了由"在中国的哲学"向"中国的哲学"的转化。他指出，在前一视域中，马克思主义哲学始终只是一种外来哲学，因而只能是"在中国"，只有在后一视域中，马克思主义哲学才真正成为了"中国的哲学"，从而取得了作为中国哲学的合法性地位。因此，马克思主义哲学与中国传统文化的关系不应到中国古代哲学传统中去寻找，而应当到中国近代哲学传统中去寻找，即从自 1840 年以来一百余年间（主要是 20 世纪）形成的近代传统中去寻找。事实上，强调马克思主义哲学与中国近代哲学传统关系的观点，毛泽东早在《论人民民主专政》中就已经提出来了，并作了历史的论证；冯契在对近代中国的哲学反思中也提出过。但是，这些思想都没有引起中国学者的足够重视，更没有被引入马克思主义哲学与中国传统文化关系的研究。今天，面临着马克思主义哲学作为中国哲学的文化身份认同的挑战，毛泽东的这一思想的深刻意蕴就凸显出来了。而当学术界沿着毛泽东的这一思路重新思考马克思主义哲学与中国传统文化关系，深入地考察马克思主义哲学与中国近代哲学传统的多层次关系，以此论证马克思主义哲学作为中国哲学的合法性时，就赋予了这一论题研究的当代中国意义。

当马克思主义哲学中国化的研究转化为创造当代中国马克思主义哲学的课题时，国外马克思主义哲学的研究也进入了马克思主义哲学中国化研究的视野。在 2008 年的"马克思哲学论坛"上，有 11 篇论文结合国外马克思主义哲学的研究来讨论马克思主义哲学中国化研究的现状和问题。在这些论文中，学者们对比了马克思主义哲学中国化与国外马克思主义哲学研究的不同状况：在马克思主义哲学中国化的研究中，人们习惯于在经验的层面上理解"马克思主义中国化"的命题，把"马克思主义中国化"解释为一个单纯的理论运用过程，归于特殊，而忽视了对中国马克思主义哲学普遍性的研究，忽视了中国马克思主义哲学的理论化建设。相反，在国外马克思主义哲学研究中，人们习惯于从理论的层面上理解"国外马克思主义"，把"国外马克思主义"归于普遍，着重于它的理论阐发。这就形成了马克思主义哲学中国化研究中的两极化思维方式。正是这种思维方式造成了对中国社会和实践的特殊性的"过度诠释"，否定了中国社会和实践中所包含理论普遍性和世界性内容，从而造成了中国马克思主义自身的理论空缺。因此，要克服这一缺陷，就应该重新思考中国马克思主义哲学的特殊性和普遍性，特别要加强中国马克思主义哲学的普遍性的研究。① 我以为，这些论文对马克思主义哲学中国化研究中忽视理论的普遍性和世界历史普遍性的批评，是符合事实的，其中的分析也有相当的深度，的确深化了马克思主义哲学中国化的理论研究。但是，这些论文的价值还不止于此。这些论文所说的国外马克思主义哲学，主要是指当代资本主义世界的马克思主义哲学，即从西方马克思主义哲学传统中发展起来马克思主义哲学，因此，当这些论文对比国外马克思主义哲学的研究来谈马克思主义哲学中国化研究的问题时，实际上把西方马克思主义哲学的研究纳入了马克思主义哲学中国化的研究之中，使其成为当代马克思主义哲学的重要思想资源。马克思主义哲学中国化从 20 世纪初吸取苏联马克思主义哲学到 21 世纪转向吸取西方马克思主义哲学，恰当地体现了中国社会的变化和 21 世纪的中国马克思主义哲学的特点和内容，从而表明，中国重视西方马克思主义哲学的研究不是偶然的，而是由中国社会变革的现实

① 武汉大学马克思主义哲学研究所编：《第八届马克思主义哲学论坛会议论文集》，2008年。

和中国马克思主义哲学理论发展的需要所决定的。正是在这个意义上，我们可以说，西方马克思主义哲学的研究已经成为了中国马克思主义哲学研究中的一个有机构成部分。

马克思主义哲学中国化在上述三个方位的研究表明，马克思主义哲学中国化虽然是最晚形成的研究领域，却是最有历史厚度和理论广度的研究领域。在历史的厚度上，马克思主义哲学中国化的研究以 20 世纪的整个中国思想世界为背景，深刻地揭示了中国马克思主义哲学观念变革的历史轨迹；在理论的广度上，马克思主义哲学中国化的研究融入 20 世纪 90 年代中期至 21 世纪头 10 年马克思主义哲学各个领域的成果，充分地展示了新的马克思主义哲学观念创造的现实社会基础和理论资源。中国马克思主义哲学正是在构筑这种历史厚度和理论广度的张力中，实现了由革命理念到中国市场建设理念的转变。

马克思对现代文化的批判及其当代价值

姜迎春[*]

在《剩余价值理论》中，马克思指出，"资本主义生产就同某些精神生产部门如艺术和诗歌相敌对"[①]。马克思对文化产生的这一深刻判断表明，在现代社会，文化产品可能具有反审美的性质，这是物质生产与精神生产发展的不平衡性在现代社会中的反映。如果马克思有机会看到现当代颓废文化的丑陋表演，他对自己关于文化产生的这一判断一定会更加坚定不移。粗俗文化的泛滥是现当代文化市场的重要特征，它以抽象人性论为哲学基础，诉诸感官主义；它放弃文化的精神提升功能，教诱人们放弃社会理想。马克思对粗俗文化的批判在今天看来，仍有很强的现实针对性。只要我们看看周围文化市场的喧闹景象及其粗俗化特征，就会惊讶于马克思文化批判思想的深刻性。

一　感官主义:粗俗文化的表象特征

《道德化的批评和批评化的道德——论德意志文化的历史，驳卡尔·海因岑》是马克思在 1847 年 10 月底完成的一篇论战性论文，论文开始就指出，在宗教改革以前不久和宗教改革期间，德国人创立了一种独特的、单是一个名称就够骇人的文学——粗俗文学，"目前我们正处在类似 16世纪的革命时代的前夜。粗俗文学重新出现在德国人面前是并不奇怪的。对历史发展发生的兴趣不难克服这类作品所引起的美学上的反感；这类作

---

* 姜迎春，南京大学哲学系教授。

① 《马克思恩格斯全集》第 26 卷第 1 册，人民出版社 1972 年版，第 296 页。

品早在 15、16 世纪就在那些甚至鉴赏力不高的人们中间引起过这种反感了"①。从这里可以看出，作为粗俗文化的重要形式，粗俗文学在历史上是反复出现的，但是，这种粗俗文学往往引起"美学上的反感"。在这里，最值得思考的问题是，为什么会"引起美学上的反感"的包括粗俗文学在内的粗俗文化在历史上会反复出现，甚至在当代文化市场上粗俗文化俨然成了主角？

在《道德化的批评和批评化的道德》一文中，马克思列举了粗俗文学的诸多特征，这其中有两个特征值得我们重视，一是"反对文学的语言，给语言赋予纯粹肉体的性质"；二是"为狭隘而僵化的概念所束缚，并在同样的程度上诉诸极微末的实践以对抗一切理论"。这两个特征不仅仅是粗俗文学的特征，现当代一切粗俗文化都离不开这两个特征。第一个特征是强调粗俗文化的感官主义特征，第二个特征实际上是感官主义文化生产的必然后果——"对抗一切理论"。粗俗文化在其历史发展中可能有不同的表现形式，而且其内容也有特定的时代特征，但其共同之处在于粗俗文化总是醉心于文化形式的反复翻新，在这不断的翻新过程中，总离不开一个永恒的形式——肉体。列夫·托尔斯泰在批判波德莱尔和魏尔伦时指出，"波德莱尔和魏尔伦想出一种新的形式，他们用迄今为止不曾使用的淫秽细节加以翻新。于是，上层阶级的批评家和公众认同他们是伟大的作家。仅仅这一点不仅可以解释波德莱尔和魏尔伦的成功，而且可以解释所有颓废派诗人成功的原因"②。

在当代中国文化市场上，粗俗文化已呈泛滥之势。这种粗俗文化的最大卖点就是"色"，似乎只有"色"才能引起人们的阅读和观看欲望。从20 世纪 90 年代至今，不论是小说《废都》、《上海宝贝》，还是电影《色·戒》，无不是在"性"上做文章。如果这些作品也可以称作艺术，那么这样的艺术除了淫秽的功能，还能有什么意义呢？有学者指出："竟有那么多自以为是的家伙把《色·戒》这部极戆的片子捧得天花乱坠，我真觉得奇怪。有什么好？无非让一个名叫梁朝伟的香港酷星又扮了一把酷，顺便带红了一个名叫汤唯的内地青涩妹。非要说大有深意，也不过以华丽媚俗的电影画面迎合了日益骨头轻的新世纪文化而已。具体地说就是

---

① 《马克思恩格斯全集》第 4 卷，人民出版社 1958 年版，第 322 页。

② ［俄］列夫·托尔斯泰：《艺术论》，张昕畅等译，中国人民大学出版社 2005 年版，第 80 页。

为女性盲目献身提供合法性依据，让已经失贞的感到值得并引以为自豪，同时为跃跃欲试的后继者提供'我傻所以我可爱'的哲学。"① 有的人说，它们都是历史的真实、时代的景象，是对客观现实的反映。然而，这些文艺作品所反映的现实是极其片面的现实，它们都宣扬本能至上，人成了本能的奴隶，人的本能，特别是人的生理本能成了文艺表现的核心内容。有的人会给这些文艺作品戴上后现代主义的桂冠，似乎有了这顶桂冠，这些作品就披上了合理的外衣。因为，在我们这个时代，后现代主义思潮是一种时髦，只要冠以后现代主义，一切作品在内容和形式上就可能被看作是合乎时代的东西。时髦的实质是什么呢？列宁说，"时髦就是毫无办法地跟在实际生活后面做尾巴"②。丹尼尔·贝尔在分析后现代主义文化思潮时指出，"后现代主义反对美学对生活的证明，结果便是它对本能的完全依赖。对它来说，只有冲动和乐趣才是真实的和肯定的生活，其余无非是精神病和死亡"③。贝尔还指出，看上去教义松散的后现代主义潮流在哲学方面是一种消极的黑格尔主义，"米歇尔·福柯认为人是短命的历史化身，有如'沙滩上的足迹'，浪涛打来便荡然无存。被称作'万物之灵'的人类的那些'荒芜而又瘟疫横行的城市行将崩溃'。这已不是西方的衰落，而是一切文明的终结。上述观点看来挺时髦，其实不过是把思维推向荒唐逻辑的文字游戏。如同达达主义和超现实主义赌气的胡闹，人们即使能记住其中一小部分，也不过是用它来作文化史的注脚而已"④。如果人只是被动地等待浪涛来消灭的"沙滩上的足迹"，那么人对社会理想和民族大义的追求就是毫无价值的荒谬行为；人作为"短命的历史化身"，个体的感官刺激与冲动就成了最真实、最值得珍视的价值。这便是披上了后现代主义外衣的当代感官主义的动机模式和心理武器。有了这个武器，它便可以打碎一切个体之外的社会价值。然而，近代以来的感官主义文化的倡导者从来都不曾脱离过特定的社会价值，他们至少摆脱不了资本价值的逻辑，他们只是"毫无办法地跟在实际生活后面做尾巴"，感官主义文化

① 郜元宝：《都是辩解——〈色·戒〉和〈我在霞村的时候〉》，《文艺争鸣》2008 年第 5 期。

② 《列宁选集》第 1 卷，人民出版社 1995 年版，第 675 页。

③ ［美］丹尼尔·贝尔：《资本主义文化矛盾》，赵一凡等译，生活·读书·新知三联书店 1989 年版，第 98 页。

④ 同上书，第 99 页。

的颓废特征暴露了它的狭隘性。在当代社会，感官主义文化的狭隘性正是资本的矛盾性在文化上的反映，一些所谓的艺术家之所以看中"色"，不是因为他们对"色"有什么历史哲学和文化哲学上的深刻感悟，而是因为"色"是一个好的卖点，它必然会成为资本欲求的对象。所以，只要存在资本统治，以"色"为主要佐料的感官主义文化就会泛滥下去。

二　抽象人性论：粗俗文化的哲学基础

人性问题是文化哲学的永恒话题，核心问题是如何理解人性。粗俗文化的哲学基础是将人性理解为人的不变的感性需求。在《道德化的批评和批评化的道德》一文中，马克思批评卡尔·海因岑的人性理论，认为这一人性理论的"全部粗俗性格表现在：在它看出差别的地方就看不见统一，在它看见统一的地方就看不到差别"[①]。海因岑认为，存在着不变的人性，它不以"阶级"或"钱包的大小"为转移。海因岑的这一人性理论具有悠久的历史传统，在不同时代的表现上的差别在于所谓"不变的人性"特指对象不同，有的将道德视为不变的人性，有的将个体的感性需求视为不变的人性。这样的人性论的进一步推论就是，个体的感性需求任何时候都具有至上的价值地位，在一切矛盾和冲突中，其他价值都要为个体的感性需求让位。

在"色"文化中，所谓社会理想、民族大义都成了虚幻而可疑的东西，因为它们都与个体的感性需求相冲突。以下是两位观众在看了电影《色·戒》后的不同感受，但是他们说明了一个问题，这就是《色·戒》在历史观和价值观上扮演了颠覆者的角色。有一位观众在看了电影《色·戒》后表达了自己的感受，"我强烈的感觉到，《色·戒》电影，最直接的让我得出三个结果：第一，汉奸是帅呆酷毙、风光无限的正面英雄形象。《色·戒》中的汉奸头子易先生，是由香港当红帅哥、实力派影帝梁朝伟饰演，在影片中，他频频出入名车豪宅，权贵作派，严峻冷酷，帅气十足，正是21世纪当代中国的成功男士形象。而爱国学生和抗日力量却被表现得无能、无力、弱智、粗暴，是幼稚可笑的，是21世纪当代中国找不到工作被社会抛弃的低能儿形象。让年轻一辈误认为：数风流人

[①] 《马克思恩格斯全集》第4卷，人民出版社1958年版，第332页。

物，非汉奸莫属，爱国和抗日，卑鄙可笑，特别是让女人去杀汉奸。第二，汉奸是不可战胜的。《色·戒》中对汉奸头子易先生的谋杀，光安排美人计就有三次，头两次中途被汉奸易先生识破，不但美人被杀，还供出了很多爱国同志惨遭杀害，而第三次呢？虽然美人计没有被汉奸识破，却也由于爱国女子被汉奸的性技巧所吸引，并由吸引而对汉奸产生贪恋，所以就背叛了自己的国家和同志，向汉奸告密，还是失败，还使爱国学生和抗日组织被彻底摧毁。古语云：一鼓作气，再而衰，三而竭。最终证明，汉奸是不可战胜的，爱国的下场是可悲可怜可耻的。第三，背叛国家和民族，贪恋性爱和汉奸，是人性回归的典范，是英雄的女性解放的光辉形象。①"而另一位观众为《色·戒》拍案叫绝，"易先生需要发泄自己的压抑，王佳芝也一样需要发泄。突如其来的赤裸相见，竟然让互相有了安全感，一个是因为内心的纯真，一个是因为动荡乱世感受到仅存的信任。日本会馆里，易默村自知和即将战败的日本兵一样如'丧家之犬'了，而王佳芝一段宛然柔情的'天涯歌女'道尽真情谊，不由自主的真情流露让有血有肉的他深刻强烈的体会她的感受，互相感动的眷恋让我泪如泉涌。易先生对她不再是凶残、暴戾、发泄，而是在这乱世为她挡风遮雨，这点王的父亲没给她，邝裕民没能给她，甚至那帮爱国学生唯一给她的就是幼稚的利用和背叛。假戏促成情真还是原本佳芝和易先生在乱世寻求着心理慰藉，都不重要了。最后那个美轮美奂的钻戒，让佳芝一刹那对易先生的强烈愧疚感，明明人家对自己交付了真心，自己却还是处心积虑的害他。易先生那句：'我对钻石没兴趣，我喜欢看你戴着它的样子。'王佳芝终于无法承受这乱世唯一拥有的一丝温暖，而相信作为一个感情正常的女人，谁也不会无法利用爱人的信任来将他杀死。或许很多人会质疑王放走易却落得个集体被杀值不值得，其实爱，就是根本不问值不值得……"②这两位观众的感受说明《色·戒》所宣扬的抽象人性论所产生的影响并不是抽象的，它对社会共同价值的消解是实实在在的，它对观众的历史观、价值观、人生观的消极影响是实实在在。抽象的人性论和

① 崔士忠：《不批〈色·戒〉，终将亡国!》，http：//i. cn. yahoo. com/cui1223@yahoo. cn/blog/p_2/，2007 - 11 - 30。

② 木雕禅师：《联合背叛后的假戏情真》，http：//yule. sohu. com/20071103/n253038914. shtml，2007 - 11 - 03。

错误的历史观被所谓理智与情感的矛盾层层包裹起来，所有的情节都是为"色"而设计，影片"色"诱观众到电影院，并不是让观众理解所谓理智与情感的矛盾，而是在满足观众偷窃欲的同时心甘情愿地掏腰包，这样的伎俩同《废都》中的那些"作者删去"和小方格并无二致。马克思主义美学以前的旧美学承认在利己主体的欲念和抽象天职的无私之间、感性的东西和理性的东西之间、诗歌和散文之间、有用的东西和完美的东西之间、个人的趣味和普遍的判断之间的一般性的对立，并认为这就是关于人的学说，"但是由于周围社会条件的不发达，'人的本性'这一矛盾结构的现实的、历史上暂时的根源还一直停留在这门科学的视野之外。内心世界的各种矛盾，似乎必然要摇摆于理想与现实生活之间的人的一种与生俱来的两重性所造成的"①。在旧美学那里，人性是永远解决不了的问题，因为永远解决不了，人性就被置于历史之外，仿佛是超历史的东西。然而，在马克思主义美学看来，并不存在超历史的人性，它之所以难以解决，是因为社会矛盾，尤其是人与人之间的矛盾还具有严重的对抗性质，资本统治更加剧了矛盾的对抗性质，这便是人性和历史的真相。

抽象人性论往往将人的某个或某些方面夸大为人的全部和本质，比如把人的感官需要说成是人的本质，以此为思想基础的文化观认为，文化就应当直接表现人的感官需要，因为感官需要是人的唯一真正的文化需求。马克思强调指出，如果把人的各种生命机能作为"纯自然的"机能孤立起来，就会夺走人的一切现实的和社会性的东西，并把这些机能变为动物的机能，这在文化上的表现就是反审美的，"吃、喝、性行为等等，固然也是真正的人的机能。但是，如果使这些机能脱离了人的其他活动，并使它们成为最后的和唯一的终极目的，那么，在这种抽象中，它们就是动物的机能"②。马克思认为，将人动物化实质上是对人的精神因素的怀疑并借这种怀疑来陶醉自己，"庸俗的怀疑论，这种怀疑论厚颜无耻地对待思想，卑躬屈节地对待显而易见的一切，这种怀疑论只有当它谋害了实证事物的精神时才开始感觉到自己的智慧，——而这一切都只是为了占有某种

---

① ［俄］里夫希茨：《马克思论艺术和社会理想》，吴元迈等译，人民出版社1983年版，第332页。

② 《马克思恩格斯全集》第42卷，人民出版社1979年版，第94页。

作为残渣的纯实证的事物，并在这种动物状态中自得其乐"①。在有的人看来，只有动物性才是一种不可怀疑的东西，这一观点在现代文化特别是颓废主义文化中有最为露骨的表现，"颓废派是从放纵情欲开始的，这种放纵很快就变成了性欲崇拜：对性本能的迷恋。但是，对他们来说，这毕竟还是人性太多。后来性欲干脆就被对男性生殖器的赞美而继之又被对鸡奸的狂热歌颂所取代。而现在，年轻的、可怜的'垮掉的一代'正在向我们推荐他们的那位英雄——他在妓院大肆宣淫和狂饮之后，浑身沾满粪污和呕吐痕迹正在那里蹲马桶呢！"② 当代颓废主义文化的创造者们正以百倍的努力赶超他们的先辈，但是他们的命运同他们的先辈是一样的，这就是他们创造的文化可能红极一时、可能给他们带来丰厚的利润，而历史贴在这种文化身上的标识只会是"垃圾"这两个字，尽管这种文化曾经表现得"很文化"、"很艺术"。

三　超越粗俗文化：马克思主义先进文化
　　建设的必要性与可能性

在当代社会，粗俗文化常常以精致的形式呈现，所以它有欺骗性；粗俗文化常常打着大众化的招牌，所以它又具有伪群众性。如前所述，粗俗文化在历史中的作用充其量"不过是用它来作文化史的注脚而已"。不同民族、不同时代的文化发展史表明，粗俗文化的制造不可能成为民族凝聚力和创造力的重要源泉，不可能起到激发全民族文化创造活力、提高国家文化软实力的作用。但是，粗俗文化的泛滥又是一个不争的事实，同时我们要看到，粗俗文化与资本有着天然的内在联系，这就使超越粗俗文化成为一件十分困难的事情，超越粗俗文化的可能性也常常遭到怀疑。当代西方消费文化和大众文化研究只是指认了粗俗文化的存在及其对社会的所谓颠覆作用，但是"它仍然站在秩序这一边，并在暗地里赞同形式（尽管不是内容）的合理性"③。当代中国的文化建设绝不能重走西方文化的反

---

①　《马克思恩格斯全集》第1卷，人民出版社1956年版，第101页。

②　［德］汉斯·科赫：《马克思主义和美学》，佟景韩译，漓江出版社1985年版，第212页。

③　［美］丹尼尔·贝尔：《资本主义文化矛盾》，赵一凡等译，生活·读书·新知三联书店1989年版，第99页。

叛主义、颓废主义之路，反叛主义、颓废主义之路是文化发展的不归路，它绝不是什么人性的回归，人性如果仅仅局限在"色"上，人性岂不就直接等同于动物性了？在当代社会，粗俗文化越是不断表现出它的顽固性，我们越是要看到马克思主义先进文化建设的必要性，应有最基本的文化自觉。否则，我们就只能听任粗俗文化的泛滥，除了唉声叹气、袖手旁观外，便无事可做。

超越粗俗文化、发展先进文化的现实可能性在于，马克思主义文化观强调改造社会与改造文化的有机统一。当代中国的社会结构极其复杂，文化生态的纷繁芜杂与此直接相关，有些人就是在这样的复杂性面前迷失了方向、丧失了信心。邓小平看到了文化上的这种复杂性，但他对文化进步充满信心，他曾经指出，"广东 20 年赶上亚洲'四小龙'，不仅经济要上去，社会秩序、社会风气也要搞好，两个文明建设都要超过他们，这才是有中国特色的社会主义……开放以后，一些腐朽的东西也跟着进来了，中国的一些地方也出现了丑恶的现象，如吸毒、嫖娼、经济犯罪等。要注意很好地抓，坚决取缔和打击，决不能任其发展。新中国成立以后，只花了 3 年时间，这些东西就一扫而光。吸鸦片烟、吃白面，世界上谁能消灭得了？国民党办不到，资本主义办不到。事实证明，共产党能够消灭丑恶的东西"①。新中国成立以后，为什么在很短的时间内就消灭了种种粗俗文化？原因就在于我们将改造社会与改造文化统一起来，单纯的文化改造不可伤及粗俗文化的毫毛。所以，马克思主义先进文化建设绝不仅仅是文化建设，而是一项系统工程。在这个系统工程中，如何克服现代文明的矛盾性和狭隘性成为最根本的任务。

马克思科学揭示了现代文明自身的狭隘性，这个狭隘性常常以其野蛮的形式出现，不克服工业文明自身的狭隘性，超越粗俗文化、实现人的解放和社会的和谐就只能是一句空话。"在地狱的油锅里沸腾的资本的自发势力，从大大小小的战争中寻求着出路。经济的不平衡的、恶性的发展，甚至就是在普遍上升的阶段，也保持着极端紧张的状态；由这种发展所造成的经济兴奋，无形地操纵着千百万人命运的垄断集团的沉重压迫，对现代城市混乱的痛苦不堪的恐惧——这一切反映在每一个人的生活中，并使社会感染了足以引起各种流行的精神疾病的道德冷热症。由于无法左右自

---

① 《邓小平文选》第 3 卷，人民出版社 1993 年版，第 378—379 页。

己的命运,一个人即使在饱暖无虞之中亦不得安宁,犯罪、吸毒和酗酒的增长成了人的通风口、人的个人自立的替身。从卖弄肉欲到抽象艺术的闪耀着广告光彩的各种离奇古怪现象,这整整一个新的巴比伦,穷极无聊的时髦生活,为大众制造的醉生梦死的幻影——全都来自一个根源,它的名字叫做:化为泡影的期待。"① 在醉生梦死的幻影中,只有声色犬马的陶醉,只有孤独的灵魂在徘徊,没有对社会的整体进步的追求,人人都觉得社会欠自己的太多,只有"人人为我",没有"我为人人",独善其身主义(privatism)大行其道。

马克思为我们指出了超越粗俗文化的实践条件和描绘了一幅文化和谐的图景,他指出只要人们还处在自然形成的社会中,只要特殊利益和共同利益之间还有分裂,只要分工还不是出于自愿,而是自然形成的,那么人本身的活动对人来说就成为一种异己的、同他对立的力量,这种力量压迫着人,而不是人驾驭着这种力量。原来,当分工一出现之后,任何人都有自己一定的特殊的活动范围,这个范围是强加于他的,"他不能超出这个范围:他是一个猎人、渔夫或牧人,或者是一个批判的批判者,只要他不想失去生活资料,他就始终应该是这样的人。而在共产主义社会里,任何人都没有特殊的活动范围,而是都可以在任何部门内发展,社会调节着整个生产,因而使我有可能随自己的兴趣今天干这事,明天干那事,上午打猎,下午捕鱼,傍晚从事畜牧,晚饭后从事批判,这样就不会使我老是一个猎人、渔夫、牧人或批判者。社会活动的这种固定化,我们本身的产物聚合为一种统治我们、不受我们控制、使我们的愿望不能实现并使我们的打算落空的物质力量,这是迄今为止历史发展的主要因素之一"②。当代的文化精英常常将马克思的这一论述视为一种空谈,视为一种绝对的不可能性。然而,文化精英们注目的是杂乱无章的现实偶然性,而且在他们的头脑中只有偶然性,历史必然性只是一种虚构而已。社会主义的历史进程表明,不论发生什么事情,即使中途出现各种最奇怪的曲折和复杂情况,世界历史的总趋势也是不会为之改变的。

马克思主义先进文化超越粗俗文化的可能性除了存在于马克思所揭示

---

① [俄]里夫希茨:《马克思论艺术和社会理想》,吴元迈等译,人民出版社 1983 年版,第486—487 页。

② 《马克思恩格斯选集》第 1 卷,人民出版社 1995 年版,第 85 页。

的历史前景之中，还需要从三个方面作现实的努力，如果仅仅陶醉于历史前景，那就什么都实现不了。首先，要努力实现人民利益的一致性，这是因为人民利益的分裂是文化分裂的主要原因，"纯粹形式上的无私并不能战胜现实的个人的自私利益，因为他是从个人利益的观点来观察对象世界的。只有在人民利益一致的范围内，才能形成真正纯洁的道德的和审美的形式。它需要人们在社会精神振奋的基础上团结起来。形式上的联系、礼仪、场景都无法代替这种团结"①。

其次，要努力创造真正属于人民的文化，让人民而不是文化贵族成为文化生产的主体，要认识到"只有那种深刻触及千百万人的生活的东西，才是不可仿造的。……许多事情并不取决于我们的意愿，而且按照列宁的说法，即使有 70 个马克思，许多事情也是无法预测的。可是我们坚信一点——只有千百万人所进行的激发他们自觉性和革命意志的革命的批判实践，才能成为现代人类的审美理想的基础。一切都将烟消云散，唯有这一真理是不可动摇的"②。毛泽东曾经指出，文艺问题基本上是一个为群众的问题和一个如何为群众的问题，不解决这两个问题，或这两个问题解决得不适当，就会使得我们的文艺工作者和自己的环境、任务不协调，就使得我们的文艺工作者从外部到内部碰到一连串的问题。比如，在文化战线存在着轻视实践、脱离群众等问题。文化发展史表明，一切文化贵族和文化精英所生产的文化产品都不能满足广大人民群众真实的、丰富的、全面的文化需求；相反，他们的文化产品往往是病态的、颓废的文化鸦片。最后，要努力克服迁就、从众的文化心态，因为这一心态必然导致先进文化创造的应有自觉性的丧失。

在资本全球化的大力推动下，世界文化风暴席卷全球，在这样的历史背景下，马克思主义先进文化的现实基础和历史前景都可能变得模糊不清，极易产生迁就文化资本统治的心态，我们应当看到这种迁就心态的严重后果。马克思主义先进文化建设需要同迁就文化资本统治的行为，以及为这类行为辩护的意识形态进行不妥协的斗争，放弃这种斗争就意味着放弃对文化的领导权。

---

① ［俄］里夫希茨：《马克思论艺术和社会理想》，吴元迈等译，人民出版社1983年版，第407页。

② 同上书，第422页。

马克思主义哲学话语创新的理论自觉

袁祖社

> 为了将经典作品当作某些特定问题的答案来理解，我们需要了解它们诞生的社会。同样，为了辨明其论点的锋芒所向和力量所在，我们要对那个时代通行的政治术语有相当的辨别能力……因为了解一位作者提出了哪些问题，他借助可以为其所用的概念表达了些什么，就等于弄懂了他写作的基本意图，因而就能引申出他所说出的和未说出的话意味着什么。当我们试图用这种方法把一部著作放在其前后发展的联系之中时，我们不仅为解释它提供了历史背景，而且已经是在做解释了。

> ——斯金纳

"后改革时代"与"后西方时代"，我们面临着"当中国统治世界"之"他者"话语的文化想象和理智担忧。当许多学者在并未从根本上明其就里的情况下，缺乏应有立场地盲目跟随许多西方学者探讨所谓"中国模式"、"中国经验"、"中国道路"的时候，我们有充分的理由审慎地质疑：世界历史是否真正到了"中国文化的世纪"了？世界历史真的到了"说中国话"的阶段了吗？未来世界是否真要听命于中国实践与中国精神的价值逻辑了呢？

面对现实和理论的纷扰，面向观念史的逻辑，中国的马克思主义哲学究竟应该如何作为？我们能够向这个扑朔迷离的近乎乱象的世界贡献什么样的具有"历史性"和思想史意义上的新话语？

---

* 袁祖社，陕西师范大学马克思主义学院教授。

对此，我们有必要本着客观的、实事求是的态度做一番这样的思考，那就是：当我们以经典作家所推崇的"实践辩证法的思维智慧"历史地、全面地反思当今中国社会的复杂现实和历史情境的时候，我们至少应该关注并回答这样一些问题，那就是：以当下中国社会的实践和现实相观照，"马克思主义哲学"究竟离我们有多远？反过来，当以我们自己所自诩的诸多理论作为和创见来观照马克思主义哲学本身，那么，我们离"马克思主义哲学的理论创新和实践创新"的恒久主题又存在着多大的差距？

一

按照著名历史哲学家柯林伍德的"问答逻辑"，任何"言说"都是一种有意图的行为，都是对言说者心目中特定问题的回答。因此，要理解某一言说的真正"意涵"，人们必须要首先"复原"该言说者心中的问题。

对于当代中国的马克思主义哲学而言，这样一种思考显得尤为必要。其具体展开就是，我们关于马克思哲学的诸多"言说"的所呈现的意义究竟是普遍的，还是特殊性？与此相关的是，中国学者关于马克思哲学的某一特定"言说"，究竟是属于一个意义或话语世界，还是属于多个意义和话语世界？我们关于马克思哲学的"言说"的意义，究竟是基于"文本"（text）还是仅由"语境"（context）所决定的？与之相关的则是，我们关于马克思哲学的某一特定"言说"的意义到底是"自律"（autonomous）还是"他律"（heteronomous）？是属于"语言内"（endolinguistic）还是属于"语言外"（extrolinguistic）？

20世纪80年代以来，30多年间，中国的马克思主义哲学紧扣时代发展的主题，先后围绕着"人性"、"人道主义"、"主体性"、"物质本体论"与"实践本体论"、"和谐"、"发展"、"人本"、"共生"、"民生"、"幸福"等主题性哲学话语，反思全部马克思主义理论本身及其与现实的合理关系，进而试图推进中国化马克思主义的哲学研究，为变革中的中华民族提供"意义世界"。

这种努力的启示以及成果是多方面的。那么，上述诸多话语中，究竟有哪些话语是我们以"拿来主义"的实用心态借用的？哪些又是我们独创的？如果这些话语是我们的创新，那么，此种创新究竟是何种学理性意义、何种理论形态、何种程度上的？其理论创新的参照和时代性标志究竟是什么?

几乎没有人否认,进入 21 世纪以后,中国的马克思主义哲学研究突然陷入话语贫瘠、无语或者失语的困顿之中。中国的马克思主义学者并不缺少问题意识、不缺少对现实的理论观照意识,但中国学者所最缺的,其实是自觉而清醒的"话语分析与话语批判"意识。

马克思主义哲学发展史上,经典作家本人在创立其新的理论体系的时候,其实有着异常清晰的"话语逻辑",他们非常明确语言和理论的社会现实使用及其后果。以笔者的粗浅之见,经典作家在确立自己的哲学语言和话语逻辑的时候,至少经过了早期的"宗教—伦理话语批判"、中期的"政治经济学话语批判"、"实践的—社会历史话语批判",以及晚期"文化与社会人类学的话语批判",其中的每一阶段,都伴随着"话语创新"的理论冲动以及对这种话语创新所吁求的"话语秩序的变革"逻辑。

从话语理论的逻辑来讲,作为研究者的一代中国马克思主义者在选择、介入并实践马克思主义理论的新话语主张的时候,主要经历了这么几个阶段和历程:起初是所谓"元话语分析阶段"——马克思主义在中国的传播阶段。在这个阶段上,我们往往能够做到以客观的、虔诚的理论态度,着眼于经典作家的理论文本,精心体悟文本的深意,目的是力图让文本自己说自己;这个阶段过后,是所谓"主体性主题诠释阶段",即我们接受马克思主义并将之作为革命和建设的纲领,以之作为改变不合理的社会现实的理论武器。在这个阶段,我们理所当然地往往认为自己已经取得了对经典作家文本的解释权,试图结合本民族的历史文化传统和实践情境,自主地、为我所用地对待、运用文本;第三个阶段,是所谓"问题导向下的反思评价阶段"。这是真正意义上的对待马克思主义理论的话语自觉阶段。正是所谓"而今识得愁滋味,却道天凉好个秋"的境界。我们发现,马克思主义哲学其实并不是我们所说的那个样子,马克思主义哲学在中国社会实践中曲折反复的经验教训,表明马克思主义可能是另外一种形态。

话语的不透彻源于我们身份的暧昧和立场的不坚定。甚至不用多想就可以确定的是,我们的主流话语究竟有多少是发自我们内心的?又有多少人内心里真心愿意聆听我们的话语宣教?当一种话语并非是基于话语宣教者的本心,而只是在履行某种不得已而为之的工作时,话语的魅力又在哪里?

　　与马克思同时代的马克思主义，以及马克思以后的马克思主义尤其是当代"西方马克思主义"、"国外马克思主义诸多思潮"甚至"马克思学"等对于马克思主义哲学理论的充满个性化的各式各样的解读成果和形态——卢卡奇的总体性理论、阿尔都塞的结构主义、阿多诺的否定性辩证法、法兰克福学派的社会批判理论以及生态社会主义等数十种思潮相比，在对待马克思主义的理论创新问题上，我们实际上缺少一种起码的"知识论研究纲领"，缺少以中国学者集体性努力方式，缺少一种作为马克思主义哲学在现时代所应有的形式化表达的明晰的"主体性内容结构"。

　　中国马克思主义学者的研究经历和学术视野表明，在对待马克思主义哲学的许多基本理论问题上，我们既有的话语是非常粗鄙、狭隘和浅表的。我们关于马克思主义哲学理论的许多观点和见解，缺乏这种理论本身所内蕴和需要的一种应有的张力意识和包容性气度。我们进行马克思主义研究的基本理论作业方式，基本上是关起门来自说自话式地"坐而论道"。

　　我们缺乏一种发现、甄别我们时代的精神主题、历史脉络和未来走向的能力，我们不愿意面对业已变化和正在变动着的现实向我们所昭示的"情境化真实"，更没有多少学者本着对马克思主义的发自内心的真诚，像经典作家那样，勇敢地对当下中国社会的各种尖锐、复杂的问题进行新的"文化和意识形态"复杂博弈意义上的分析。

　　这种情况的存在，是中国的马克思主义理论研究者无法与当代世界的主流思想和话语进行经常性的顺畅的沟通、交流和对话，从而丰富、革新我们的话语语境，促进马克思主义哲学不断融入到当代人类文明的主流，强化和扩大中国化马克思主义的影响力。这是我们这个时代，中国的马克思主义通过自己的努力，着力凸显和呈现马克思主义哲学的当下性、在场性即马克思主义的"精神活力"的最有意义的工作。

二

　　特定历史时代的话语逻辑，在归根结底的意义上，都是暗合着该时代的实践与生活情态的。安东尼奥·葛兰西有言："一个时代的哲学并不是这个或那个哲学家的哲学，这个或那个知识分子集团的哲学，人民群众的这一部分或那一部分的哲学。它是所有这些要素的结合过程，这个过程在一种全面的趋向中达到顶峰便成为集体活动的标准，变成具体的和完全（完整）的'历史'。"① 马克思主义经典作家是话语和理论创新的典范，他们之所以能够提出新的理论主张，在于他们能直面他们所处时代的真实的历史情境，从基本理论姿态上讲，他们所遵循的是全新的以变革不合理的社会结构、实现人的解放为宏大高远的目标指向和志向的"理论与实践整体性逻辑"。

让思想切近客观现实，以合理化的观念有效地把握和规制现实，是经典作家赋予旨在"改变世界"的新的实践哲学的伟大使命："……实际上和对实践的唯物主义者、即共产主义者说来，全部问题都在于使现存世界革命化，实际地反对和改变事物的现状。"② 经典作家以卓越的实践思维和实践智慧，为实现这种变革和创新，花大气力清理、研究了其所处时代的法哲学、国民经济学、历史学、社会学、文化理论，以及哲学，亲身参与了社会生活实践，写作出了大量关于"社会问题"的批判性论著，从而为理论变革和创新奠定了必要的基础。显然，当经典作家做出"全部社会生活本质上是实践的"这一清晰、科学的论断的时候，实践观点作为经典作家所要着力呈现的"思想的客观性问题"之意义就得到了准确的表达。因为，照此识见，"当思想认识只有再生产了社会意义区分系统时，它才具有客观性；倘若它被社会区分意义系统所排斥，便不具有客观性"。③ 这无疑是马克思哲学理论创新性智慧的实质所在。

以此作比照，那么我们这个时代，我们的这些马克思主义经济学、政治学、社会学、文化学等领域的从业者们，又有多少学者能以经典作家这样的立场、情怀、境界和气度，去倾情关注自身以外的"国事"与"天下事"。所以我们永远只能是我们，而马克思依然是马克思。更让经典作家不愿看到的是，由于马克思主义领域相对的专业分工，各种学科、专业和研究领域之间缺乏经常性的交流、对话，使得各个学科之间形成了不必要的壁垒。

实质性意义上的、真正的马克思主义哲学的理论创新，一定是基于现

---

① ［意］安东尼奥·葛兰西：《实践哲学》，徐崇温译，重庆出版社1993年版，第29页。

② 《马克思恩格斯选集》第3卷，人民出版社1995年版，第48页。

③ 杨晓：《内在化的逻各斯与实践》，《社会科学辑刊》2011年第1期。

实社会的历史变革逻辑，一定是以自己的艰辛探索，探触马克思主义哲学理论自身的科学理性精神、思想的语法以及一以贯之的社会理想和价值信念逻辑。理论创新的契机，一定是源于研究者对于重大的社会变革现实的清醒的理论自觉。对于当代中国的马克思主义者来讲，我们需要进行一些前提性追问，那就是，我们的诸多社会实践，其究竟是依照何种逻辑而得以展开和进行的？我们目前如此这般的实践情态足以开显一种促使马克思主义哲学理论创新的情境吗？换言之，当代中国的马克思主义者对变革中的、变迁中的中国社会进行理论创新和阐释的正当性理论根据究竟是什么？如何得以确立？

中国社会的当代实践的确为中国的马克思主义者提供了足以进行理论创新的历史情境。实事求是地讲，新中国成立60多年尤其是改革开放30多年，在制度实践方面，我们的确很成功。30多年来，面对国际风云变幻，中国共产党始终坚持用发展的办法解决前进道路上遇到的各种难题，牢牢把握发展这个执政兴国的第一要务，人民生活从"温饱"跨入"小康"，战胜百年一遇的大洪水和地震等自然灾害，启动西部大开发战略，加入世贸组织大家庭，香港、澳门喜回祖国怀抱，"神舟"飞船腾空而起，成功申办奥运会……中国的发展，树起一个又一个里程碑。

在过去的100多年里，中国社会经历了文化和实践的现代化过程，先后完成了对自身传统社会的两次带有根本性的体制变革。一个是20世纪70年代末开始的以市场利益为导向的30年，一个是以革命理想为导向的60年。显然，革命和市场，前者扮演着传统社会解体的冲击力量，后者则扮演着现代社会整合的动员力量。政府管制主导型经济模式演变为市场配置型经济模式及其混合体，既取得了巨大成就，但也产生了许多问题。进入21世纪以后，刚刚过去了十多年，我们已经有了30多万亿的GDP，2万多亿外汇储备，但问题是，我们同时付出了沉重的自然代价、社会代价和人文代价，即严重的成本透支。

作为"面向人的生存与生活世界"马克思的现代实践—价值哲学，"中国社会该怎么走"、"往哪里走"这样的关乎一代中国人命运的重大问题必须进入研究者的视野。当前先发现代化国家自身一而再地爆发世界性危机，出现增长的极限、生态失调、环境污染等严重问题并开始反思的时候；当前中国社会年发群体事件超过30多万起，精神病患轻症过亿，重症达1600多万，国民收入与政府财政收入增长率比差呈越拉越大之势；

当前所有曾经被认为是至宝的强有力的精神支柱——传统儒道释文化、西方宗教文化、市场经济文化和社会主义新文化，以及按照这种文化塑造的道德楷模再也不被中国人狂热追捧，再没有那么神圣，甚至在心中或崩溃、或消逝、或事实上被束之高阁，除了金钱、权力、智谋，一切都似乎皆可以"忽悠"二字隐蔽之后……不仅如此，据日本政府去年发布数据显示，2010 年日本名义 GDP 为 54742 亿美元，比中国 1 月份公布的 58786 亿美元少 4044 亿美元。这标志着中国正式取代日本成为世界第二大经济体。

1968 年罗伯特·肯尼迪在竞选总统时说道："这就是我们所谓的国内生产总值，它既不能保障我们孩子们的健康，也不能保障他们所受教育的质量，甚至不能保障他们无忧无虑的快乐……简而言之，它能衡量一切，但并不包括使我们的生活有意义的东西！"的确，如肯尼迪所言，我们需要的不只是物质生活方面的富足和丰裕，我们更需要的是"使我们的生活有意义的东西"。

马克思主义的理论创新意味着我们必须以马克思主义的方式，做到对时代问题的真正自觉和良知性发现与勇敢表达，这是我们这个时代检验一种理论创新是否具有马克思主义性质的试金石。

显然，当我们面对一个在改革开放中产生和出现的日益强大的权贵力量甚至阶层在肆无忌惮地侵吞、蚕食社会公共财富的时候，我们能否坚定地站在一个真正马克思主义者的立场上来，倾情关怀我们这个社会的文化生态，为那个日渐边缘化的"沉默的大多数"发出自己的声音？

话语水平的高下实乃一个民族思想见识之理论逻辑的较量。百年中国的历史变迁，我们一直在与我们的理论劲敌——自由主义等进行着激烈的文化和智力意义上的争斗，这种争斗还将继续并有可能有愈演愈烈之势。我们不必妄自菲薄，历史上中华民族在没有和世界其他民族接触之前，我们就有了自己的话语方式。这种方式显示着我们的民族自信，并构成我们的话语文化整体性人格与世界进行对话的内在支撑。

令人遗憾的是，这种话语方式在后来中华民族的国门打开以后，尤其是在迈入现代化的历史进程中，一点点地丢光了，在我们的自觉和不自觉中几乎被另一种话语方式湮没了。

按道理，这种异域、异质话语的质相接触更有利于思想文化的互相更新和相机互用，但两种文化相互打量和比拼的结果，却是我们的劣势被暴露无遗。生成我们思想文化的那种拳脚、套路被别人认为是小儿科而已，根本不堪一击。

一个民族的社会历史和思想文化转型，器物层面的东西可以定制，制度层面的东西可以借鉴，但唯独思想话语一定不能简单模仿和机械移植，我们尤其需要一种话语自创能力的规训。

20 世纪中国存在着探讨话语变异规律的极其丰厚的资源。如果不认真地考察 20 世纪 80 年代以来全球化、市场社会实践背景中多重文化与价值观念强烈碰撞和急剧转型中的话语变异，就无法深刻地认识 20 世纪中国的马克思主义创新的逻辑，也就无法真切地把握 20 世纪中国社会命运的象征。

在一个民族精神成长的历程中，话语的力量不可小视。"五四"新文化运动中，"德先生"、"赛先生"的引入和宣介，对一个在命运多舛、动荡不安的民族的精神冲击，是何等远大！新中国成立以后尤其是改革开放以来，先是社会主义的"革命性话语"、后是"现代化话语"，紧接着是邓小平的"改革开放的建设话语"、"尊重知识、尊重人才的科技理性话语"，以及紧接着"三个代表"话语，再到胡温政府的"人本与和谐社会话语"等。所有这一切话语理论的背后，都是力图借助话语的力量，谋求一场场改变整个中国社会面貌和民族精神的伟大实践的展开。

但是，在人文社会科学知识与现实同一性本质增量性累进上升的意义上，我们有充分的理由质疑和追问：中国的马克思主义——马克思主义中国化以及中国化了的马克思主义的话语理论和实践，究竟在何种意义和程度触及到了我们所处时代的精神实质和历史理性的深处？

三

一直以来，中国人关于历史的理解，始终坚持的是马克思主义经典作家之实践合理性、历史合理性、文化与价值合理性的文化"公共性叙事逻辑"。20 世纪 90 年代以来的中国历史的实践进程的确是独特的，既不同于历史上的欧美模式，更有别于韩日模式。它以富有时代高度和民族特色的历史理性洞见，以充满智慧的"中华性"，试图超越自由个人主义理念指导下的"资本逻辑"的狭隘性，向新世纪的人类历史创制、贡献新的"国民福祉"逻辑——历史思维的新形态和有关历史的新价值真理。

其独特之处在于，它不是将这一逻辑诉诸于遥远的未来，而是更加看重"当下性"，并以各种经济的、政治的、文化的以及社会的政策实际地实践着，让中国民众实际地体验和感受着。可以认为，这是中国一种新的"历史理性"以及新的社会发展进步观。

全部马克思主义尤其是马克思主义哲学理论之所以具有永恒的思想的魅力和经久深远的世界历史影响，其原因是多方面的，其中一个重要的不可忽视的原因，来自其独特的话语理论和话语实践。站在世界历史的新起点上，面对世界范围内资本逻辑的肆虐和疯狂扩张的严峻现实，我们难以忘怀镌刻在马克思墓碑上的那两段名言："全世界无产者，联合起来！"以及"哲学家们只是用不同的方式解释世界，而问题在于改变世界"。

同样，身处"后改革时代"、"后转型时代"的当代中国社会，面对由于日益严重的社会结构分层化所导致的利益冲突场景，我们同样会对马克思在《〈黑格尔法哲学批判〉导言》中对新哲学功能与历史使命的那种深切期望的话语力量产生敬意："批判的武器当然不能代替武器的批判，物质力量只能用物质力量来摧毁；但是理论一经掌握群众，也会变成物质力量"；"哲学把无产阶级当作自己的物质武器，无产阶级把哲学当作自己的精神武器"，"德国人的解放就是人的解放。这个解放的头脑是哲学，它的心脏是无产阶级。"

当东欧剧变、自由主义欢呼"马克思主义已经死亡"，连同其话语理论及其实践将一起"灰飞烟灭"之时，人们不会忘记法国大思想家雅克·德里达在其郑重地推出《马克思的幽灵》这部轰动西方世界的著作中的大声疾呼："不能没有马克思，没有马克思，没有对马克思的记忆，没有马克思的遗产，也就没有将来；无论如何得有某个马克思，得有他的才华，至少得有他的某种精神。""现在该维护马克思的幽灵们了。"不去阅读而且反复阅读和讨论马克思，"将永远都是一个错误，一个理论的、哲学的和政治的责任方面的错误"。①

当代马克思主义哲学的理论创新，正在经历着一场深刻的"话语转型"。话语转型是社会变迁的一种体现，有着深层的社会文化原因。面对转型期的各种深层问题，需要认真加以清理和解答。我们有必要做审慎的理性追问：是谁在说话？说谁的话？为谁说话？为何种动机和目的说话？

---

① ［法］德里达：《马克思的幽灵》，何一译，中国人民大学出版社 1999 年版，第 21 页。

一个不容否认和显见的事实是，在上述看似繁多、热闹的话语喧嚣表象的背后，恰恰是思想的凌乱和理论的碎片化状态，以及这一领域的知识分子之普遍意义上的政策诠释性话语依附心态的滋生和蔓延。

马克思主义哲学的话语理论创新，要真正对抗和回应各种非马克思主义者将马克思主义"意识形态化"的质疑、偏见和轻视，形成具有时代高度、民族风格、中国气派等。那么，创新者的理论视野和逻辑理据，就必须奠基和植根于深厚久远的人类观念史、思想史、文化史的理论传统之中。在不断融入全球政治经济秩序的过程中，坚守马克思主义的立场，提升中国的话语权已经成为当务之急。因为社会科学在社会认识和社会决策中发挥着巨大作用，它已经成了话语权争夺的核心领域。霸权国家的社会科学是其话语霸权的核心支柱，如果把它作为普遍性的中立知识，就会落入话语陷阱。但是，令人担忧的是，这种现象正在我国出现。

观念史逻辑的介入，意味着我们要按照马克思主义的理论所建构起来的中国社会的制度现实，自主地探寻马克思主义哲学理论话语与中国社会发展进步的带有自洽性的契合点，深度澄清中国特色社会主义理论和实践的逻辑。其智识性努力的目标，是力图在知识论意义上重新描绘马克思主义中国化的知识地图，完整化马克思主义与中国社会现实实质性融合的精神镜像，从而实现中国社会历史演进与马克思主义发展之间的耦合、一致和同步提升，使马克思主义融入到一代代中华民族子孙的血脉之中，内化成一种自觉的思想、观念和行为方式。

着眼于未来，一代中国马克思主义者应有的认识是，改革开放30多年的伟大实践，只是初步开启了中国马克思主义哲学话语理论的创新之门，提出了我们据以进行总体性理论创新的丰富的历史实践背景，催生了并进一步催生着马克思主义哲学从业者话语理论创新的信念和自觉。我们需要静下心来，用心地梳理、整理和清理中国经验。一句话，中国的马克思主义哲学理论创新之路刚刚开始，我们还在途中。

马克思主义哲学中国化：
作为一项思想史议题

张立波[*]

在中国的马克思主义哲学研究中，"中国化"始终是一项重要的议题，它关涉 20 世纪中国的政治、经济、文化和整个社会，关涉当下的理论和实践，对中国社会未来的走向也是至关重要。本文着重于思想史的考察，探讨马克思主义哲学中国化研究的基本前提、一般路径和起始环节，以期促成富有弹性和力度的历史书写。

一 理论与实践

在马克思主义哲学中，理论与实践是出现频率颇高的一组词汇。马克思《关于费尔巴哈的提纲》最后一条"哲学家们只是用不同的方式解释世界，问题在于改变世界"早已成为耳熟能详的名言。此前三年马克思在《科隆日报》第 179 号社论中关于"哲学正在世界化，而世界正在哲学化"的信念，也在 20 世纪成为马克思主义哲学活生生的现实。俄国十月革命作为马克思主义理论与实践相结合的典范，促使中国新文化运动中的一批精英转变成为马克思主义者，建立共产党组织，肩负起"改造中国"的两大使命："一是经济的使命，一是政治的使命。"[①]

在长期的革命斗争中，以毛泽东为代表的中国共产党人深刻地体会到："马克思列宁主义之所以被称为真理，也不但在于马克思、恩格斯、

---

* 张立波，中国人民大学哲学院教授。

① 《共产党在中国的使命》，《共产党》第 5 号，1921 年 6 月 7 日。

列宁、斯大林等人科学地构成这些学说的时候,而且在于为尔后革命的阶级斗争和民族斗争的实践所证实的时候。"① 这一证实的过程,也就是对斗争实践中的各类矛盾予以辩证分析和处理的过程,"由对于马克思主义的盲目性改变为能够自由运用马克思主义"的过程。② 为了配合延安整风的需要,延安解放社 1942 年出版《马克思恩格斯列宁斯大林思想方法论》,该文近 20 万字的篇幅中,第 2 章"理论与实践"占了 1/4,第 1 节的标题中就有"实践是真理的标准"。新中国成立后,20 世纪 50 年代关于过渡期资产阶级和工人阶级矛盾性质、主观能动性和客观规律关系等问题的讨论,20 世纪 60 年代围绕哲学基本问题、"一分为二"与"合二为一"关系等问题的讨论,20 世纪 50 年代到 80 年代围绕生产力和生产关系、经济基础和上层建筑展开的三波讨论,都是社会主义建设中迫切的理论与实践议题。20 世纪 50 年代关于认识和实践关系的讨论和 20 世纪 70 年代末关于真理标准问题的讨论,更是直接关涉理论和实践的关系。

就理论与实践的关联性而言,中国马克思主义和西方马克思主义形成鲜明的对比。被视作西方马克思主义鼻祖的卢卡奇 1923 年出版的《历史与阶级意识》,其核心概念除了历史、总体性、阶级意识,就是理论和实践。按照卢卡奇的说法,把理论和实践结合起来是马克思主义的历史使命,若是破坏了对总体的考察,就会破坏理论和实践的统一;理论和实践的统一不仅在理论之中,而且也是为了实践;党的组织是理论和实践的"中介形式"。③ 在《历史与阶级意识》出版的同一年,后来同样被视作西方马克思主义前驱的柯尔施出版了《马克思主义和哲学》,它的写作初衷在于,当时不论是资产阶级的还是无产阶级的思想家们,对于马克思主义和哲学之间的关系可能会提出一个非常重要的理论和实践的问题这一事实,都缺乏必要的了解。柯尔施强调,马克思唯物主义的根本特征在于,"它的理论认识了社会的和历史的整体,而它的实践则颠覆了这个整体"④。基于这样的认识,柯尔施把马克思主义基本原则应用于马克思主义发展历程的分析,反思了无产阶级革命运动中理论与实践的蜕变。由于

①《毛泽东选集》第 1 卷,人民出版社 1991 年版,第 292—293 页。

② 同上书,第 325 页。

③ [匈] 卢卡奇:《历史与阶级意识》,杜章智等译,商务印书馆 1999 年版,第 92、97、396 页。

④ [德] 柯尔施:《马克思主义和哲学》,王南湜、荣新海译,重庆出版社 1989 年版,第 38 页。

种种原因，被视作西方马克思主义第二波的法兰克福学派，放弃了理论与实践的关联，对革命不再抱任何希望。但历史的情况是，"二战"后，马克思主义成为一种政治现实，同时又是一种试图改变整个现实的理论，这就需要"把早已被马克思主义打上了既是一种政治现实又是一种试图改变现实的这种双重印记的客观情况提升为概念"。哈贝马斯认为"哲学批判家的任务，是在使用理论的同时，也批判这种理论的实践形式和它对实践的作用"①，也就是说，马克思主义应当批判地反思自身的理论与实践，并对反思自身的媒介予以反思。自"五四"运动以来，马克思主义在中国逐渐成为活生生的现实，理论和实践之间相互引导，既有正确的双向促进，也有错误的推动或者疏离。西方马克思主义作为一种反思的学说，无疑有助于我们的自我批评与反思。但必须看到，西方马克思主义首先并主要是文化的政治实践，而中国马克思主义的实践则是政治的、经济的、文化的，渗透到社会生活的各个领域，从公共领域到私人领域，从社会结构到个人心理，方方面面，无孔不入。就此而言，若是用西方马克思主义来"祛"中国马克思主义之"魅"，则是小材大用，力所不逮。

在现有的文章和著作中，马克思主义哲学中国化和马克思主义中国化这两个短语常常混用，意思似乎大同小异，甚至可以互换。为了论述的明晰，需要予以区别。在笔者看来，相对于"马克思主义哲学中国化"，"马克思主义中国化"这一术语更能体现理论和实践的统一。毫无疑问，马克思主义是一种理论，对 20 世纪初的中国社会来说，它是作为一种先进的革命理论输入进来的，所谓中国化，就是要把这种理论付诸实践。具体说来，可以有三种阐释。首先，中国是一个地理空间，马克思主义中国化就是马克思主义的地方化。这意味着马克思主义是一种普适性的理论。其次，中国是一种文化场域，把马克思主义中国化，就是把马克思主义这种外来理论和本土文化相糅合，所谓的纯粹不复存在。再次，中国是一个巨大的空场，马克思主义中国化就是马克思主义在这个空场中表演、图绘和规训。一般说来，这个空场是传统文化的式微、终结和退场所导致的。这三种阐述各有侧重，每一种还可以做更为细致的区分。相对而言，马克思主义中国化意味着理论和实践的统一，马克思主义哲学中国化更多地侧

---

① ［德］哈贝马斯：《理论与实践》，郭官义、李黎译，社会科学文献出版社 2004 年版，第 411、412 页。

重方法论的指导，以及理论和实践相统一的理论（过程和）成果的反思。

众所周知，马克思主义中国化作为党的方针第一次明确提出，是毛泽东1938年在中国共产党的六届六中全会上的报告。毛泽东指出："马克思主义必须和我国的具体特点相结合并通过一定的民族形式才能实现。"之所以如此认为，是基于抗日战争的宏大背景。就国际和国内形势来说，大敌当前，必须"高度的发扬民族自尊心与自信心"，承继"从孔夫子到孙中山"的"珍贵的遗产"，并将其转变为方法指导抗战；就党内形势来说，反对教条主义至关重要，通过民族形式的马克思主义，把马克思主义应用到中国具体环境的具体斗争中去。"离开中国特点来谈马克思主义，只是抽象的空洞的马克思主义。"毛泽东倡导的马克思主义中国化，就是促使马克思主义在其每一表现中带着中国的特性，即按照中国的特点去应用它。这就要求，"洋八股必须废止，空洞抽象的调头必须少唱，教条主义必须休息，而代替之以新鲜活泼的，为中国老百姓所喜闻乐见的中国作风与中国气派"①。思想界就文艺的民族形式问题，围绕"旧瓶装新酒"的可行性展开讨论，其实质就在于文化的杂糅和融合何以可能。

1941年，毛泽东的政治秘书和培元为纪念延安新哲学会成立三周年，发表《论新哲学的特性与新哲学的中国化》，率先阐述了"新哲学的中国化"这一议题。他所说的新哲学的中国化，"本质在于辩证唯物主义的普遍原理与中国的具体革命实践的结合，与中国的历史实际的结合"。这种结合，不是出自辩证法的公式和范畴，而是出自中国社会历史的实际研究，出自对中国革命的具体透彻的了解。这样，仅仅是一般的辩证法原则的说明和解释是不够的，需要能够阐明中国革命辩证法和历史发展辩证法的哲学著作。在具体的论述中，和培元还提到了"历史唯物主义的中国化"，认为"没有具体的有系统的中国历史的知识，便不能做到历史唯物主义的中国化"。鉴于"和中国的历史实际的结合"是辩证唯物主义中国化的第二个规定，和培元显然是把历史唯物主义的中国化隶属于辩证唯物主义的中国化了，这和其时把历史唯物主义涵盖于辩证唯物主义是一致的。在后面的论述中，和培元还提到了"马列主义哲学的中国化"，他认为，只有沿着毛泽东指示的方向，才能使辩证

---

① 《毛泽东选集》第2卷，人民出版社1991年版，第534页。

唯物主义真正中国化,"这一方向的贯彻,不仅是马列主义哲学的中国化,而且将是马列主义哲学的新发展"①。这种新发展,在3年后提出的"毛泽东思想"这一概念中得以凝聚和阐发。由晋察冀日报社编印、1944年5月初版之《毛泽东选集》"编者的话",详细阐述了编辑这部选集的目的、意义,对毛泽东及毛泽东思想作了充分肯定,评价毛泽东"真正掌握了科学的马列主义的原理原则,使之与中国革命实践密切结合,使马列主义中国化"。

泛泛而谈,由于马克思主义哲学隶属于马克思主义,马克思主义中国化自然包括马克思主义哲学中国化,马克思主义在中国传播、接受的过程,也是马克思主义哲学在中国传播与接受的过程。把二者区别开来,主要是基于,马克思主义中国化包括马克思主义在中国的传播与接受、应用与发展,是理论与实践相结合的过程。相比之下,马克思主义哲学中国化首先是一个反思的过程,反思马克思主义哲学中国化的历史过程,并以此为契机,反思马克思主义哲学的基本概念、命题和构成,进而建构中国化的马克思主义哲学。所谓中国化的马克思主义哲学,首先是指马克思主义哲学传入中国以后,和本土既有的概念系统相结合,产生了具有中国语汇、风格、特点的马克思主义哲学(内容没变,形式变了),其次是指现代中国的马克思主义实践对既有的理论形态有所发展,产生了包括毛泽东哲学思想在内的毛泽东思想(内容上有所扩展)。

二　过去时、进行时与将来时

自"五四"以来,马克思主义中国化业已实实在在地展开,取得了一系列成果,也有这样那样的教训。自中国社会性质论战和社会史论战以来,马克思主义哲学中国化也在不断展开,唯物辩证法论战、新哲学论战、文艺民族形式讨论中关于形式和内容的论辩等,都是对马克思主义中国化的反思,以及由此对于马克思主义哲学的反思。今天我们从事马克思主义哲学中国化研究,需要考察马克思主义中国化过程中的成就和教训,

①　和培元:《论新哲学的特性与新哲学的中国化》,《中国文化》第3卷第2、3期,1941年6月28日。这篇文章的标题为什么不直接用"辩证唯物主义"或"马列主义"而用"新哲学",值得探究。

考察建构中国化马克思主义哲学过程中的经验和教训。简言之,也是把它作为一个客观的历史过程来把握。就此而言,它是过去了的,应当作为历史来研究。

作为"过去时",作为历史来研究,它也是现在的、当下的,是"进行时"。历史的也是现实的,可以在三重意义上看待:第一,我们总是在某个现实背景下去研究历史;第二,一个历史议题之所以引发当下的研究热情,总是因为某种现实关怀;第三,对历史的态度会影响到对现实及未来的态度。马克思主义哲学中国化不仅是"一般过去时",更是"现在进行时"。新文化运动后的近百年间,马克思主义哲学浸透在我们的思想和话语之中。无论是否喜欢和认同马克思主义哲学,我们的思维和用语都受到它的明显影响,我们的行动与实践都受制于它既有的历史效应。因此,就性质来说,马克思主义哲学中国化研究是一门反思之学,要求反思我们思想深层的马克思主义哲学构架,反思马克思主义在中国的应用与实践。时至今日,马克思主义哲学依然是我们党和国家的主导意识形态,在发挥作用。这样,我们的反思就必须是前瞻式的,具有历史、理论的、现实的和未来的高瞻远瞩。

作为"现在进行时",自 20 世纪 70 年代末以来,中国的马克思主义哲学研究和应用不断出现新的特点。包括关于人在马克思主义中地位的讨论,关于马克思主义哲学名称和实质的讨论,关于马克思主义哲学新形态的讨论等,都是为了寻求中国化马克思主义哲学的恰当表现。党中央也不断对学习和研究马克思主义提出新的要求。2002 年前后,理论界讨论哪些是马克思主义中活着的根本性东西,哪些是时代的、暂时的、死去的东西。近年来,关于真假马克思主义的讨论,关于马克思主义"三化"的讨论等,都涉及三个密切相关的问题:什么是马克思主义?什么是中国现实?什么是中国的发展道路?就此而言,马克思主义哲学在中国,从来就不是孤立的学科和学说,而是时代的有机组成部分。在中国,一谈到马克思主义,事实上必然是它的中国形态,它在中国的存在及其可能性,它对中国社会的引导及中国社会对它的规约,总而言之,也就是马克思主义中国化这样一个背景和过程中的马克思主义。

之所以把马克思主义哲学中国化作为思想史来研究,原因在于,思想比哲学更能表征中国文化传统的特质。早在 1929 年,以《中国哲学史大纲（上卷）》而出名的胡适，决定不用《中国哲学史大纲》"卷中的名称"，而拟易名为《中国中古思想史》。金岳霖等人也称"中国思想"有别于"西方哲学"，用"哲学史"的方式来研究中国"哲学"不如用"思想史"的方式贴切。1935 年，郭湛波出版《近 30 年中国思想史》。20世纪 80 年代，毕业于北京大学哲学系、工作于中国社会科学院哲学所的李泽厚写就了思想史"三论"，而非哲学史"三论"。长期以来，人们大多以为马克思主义提供了社会史研究的范式，如郭沫若的《中国古代社会研究》、侯外庐的《中国思想通史》，都关注中国思想产生的外缘而非思想本身，实为社会史而非思想史。但同时也应看到，以郭沫若为代表的马克思主义史学研究，业已展开了思想史而非哲学史的研究进路。今天我们倡导把马克思主义哲学中国化作为思想史来研究，一方面是因为马克思主义在中国的传播是晚清以来西学东渐的有机组成，深刻地影响并参与了中国传统思想的现代转型；另一方面，关涉马克思主义哲学中国化的论述，除了有限的专门化、系统化的著作外，分散于各种文体的文字单元中。借用徐复观对中国传统思想的界定，马克思主义哲学中国化的"合乎逻辑的结构"，在哲学、文学乃至日常生活的体验中"以潜伏的状态而存在"，所谓思想史的研究进路，就是努力把这种潜伏着的结构"如实地显现出来"。①

马克思主义哲学中国化的主体大致可以分为三类：一类是政治领袖人物，毛泽东、邓小平、江泽民、胡锦涛等领袖人物属于这一类；一类是比较纯粹的理论家，如艾思奇、胡绳等；一类是广大马克思主义理论工作者，包括高校教师、研究者和有志青年。李大钊、陈独秀、瞿秋白等革命领袖人物的工作横跨前两类。马克思主义哲学中国化的历史，简言之，也就是马克思主义哲学在中国的传播、接受、研究和发展的历史。作为历史的研究，首先需要把马克思主义在中国的传播（与接受）史和中国共产党思想史、中国现代思想史区别开来。大致说来，马克思主义在中国的传播史和中国共产党思想史既有交叉，又非同一。这一方面是因为，马克思主义在中国的传播者和接受者远远超出了早期的中国共产党人，一些无政府主义者和国民党人也在一段时期、一定程度上信奉马克思主义。如果我们简单地认为非共产党人对于马克思主义的传播和接受都是片面的，乃至

---

①　徐复观：《中国思想论集》，台中：东海大学出版社 1959 年版，第 2 页。

是有意扭曲的,那么,将会大大缩小马克思主义的生命力和影响力,也不符合当时的真实情况。另一方面,中国共产党的思想史,在内容上不只是马克思主义的传播与接受,而是始终关乎中国的现实状况和问题,泛泛而谈,中国共产党的理论和思想都是基于马克思主义的立场、观点和方法,但在具体的革命实践中,不只是需要理论联系实际,也不只是创造性的发挥,甚至有一些内容完全是独创的。刘少奇在党的七大上就指出,毛泽东在理论上敢于进行大胆的创造,"抛弃"马克思主义理论中某些已经过时的、不适合于中国具体环境的个别原理和个别结论,而代之以适合于新的中国历史环境的新原理和新结论,所以能够成功地进行马克思主义中国化这项艰巨的事业。① 所以,如果把中国共产党思想史局限在马克思主义的传播和接受上,将会大大贬低中国共产党人的理论成就。

中国马克思主义哲学(思想)史和中国现代思想史,从格局上说,前者隶属于后者,从内容上说,前者具有特殊的构成,它在很大程度上对中国现代思想史是一种挑战。这不只是因为马克思主义哲学最初是外来的思想,还在于它和中国本土实践相结合的路径及结晶,对中国现代思想史构成很大的冲击。过去一度把中国马克思主义思想史作为现代中国思想史的主线,这是成问题的。但是近年来,出现了另外一种情况,就是把中国马克思主义思想史作为中国现代史的"歧出",这更是无稽之谈。

三　资料的开掘

必须看到,已经有一些马克思主义哲学中国化方面的研究论著问世,如李泽厚的《马克思主义在中国》,且有一些论点发挥了强有力的影响。如果我们希望有所推进,无非两个途径:一是翻检史料,二是运用新的哲学和思想话语,尤其是来自西方的话语。而对于新的话语的运用,也离不开史料。所以,恰当地开掘史料是第一要义,而资料导向同时也是问题导向。在马克思主义哲学中国化研究中,经常用到的史料包括单个人物的选

---

① 刘少奇:《关于修改党章的报告》,《中国共产党党章汇编》,人民出版社1979年版,第82页。

集或全集、专题资料汇编、回忆录和年谱。

陈独秀、李大钊、李达、毛泽东、蔡和森、恽代英、瞿秋白、艾思奇等人的著作都有"文集"、"选集"或"全集"问世。这免去了研究者翻检陈年旧刊的不易和艰辛，但有一些问题是需要注意的。以毛泽东著作为例，1944 年到 1949 年，出版过 8 个版本的《毛泽东选集》，所辑著作均录自报刊或文件，未经毛泽东修改润色，保持了发表时的思路和文采，具有极高的文献价值。① 研究毛泽东思想，不能不研究毛泽东原著，不能不研究建国前的《毛泽东选集》版本。毛泽东思想有一个发展成熟的渐进过程，毛泽东对自己的著作也有一个不断重新审视、不断修改完善的过程，从用词、标点符号的修改，到大段的删改，几乎比比皆是。从作者本人而言，这无可厚非，问题在于，要考察这个文本在历史某一阶段的表现和影响，就不能依据后来改定的版本。龚育之指出："对于研究历史、思想史的人来说，在必要的地方应该严格引用原本，才不致发生脱离历史、拔高观点、以后为先的毛病。所以，研究者还应该做一番查考原本的工作，文献编辑者也应该做一些为研究者提供查阅方便的工作。"② 因而，或许只有将《毛泽东选集》的初版本与后来的修改本进行比照，弄清毛泽东对他的著作做了哪些修改，以及为什么这样修改，才能真正了解当时的文本实际，才能更加真实地反映毛泽东思想发展的脉络。③

关于专题资料汇编，20 世纪 20 年代有《社会主义讨论集》，30 年代有《唯物辩证法论战》，50 年代后，特别是 80 年代以来，涉及马克思主义哲学中国化的资料汇编大量出现，如《"五四"时期马克思主义和反马克思主义的三次论战》、《中国现代哲学史资料汇编》、《中国现代思想史资料汇编》等。为教学需要而编辑的丛书，如《社会主义在中国的早期传播》、《马克思主义在中国》等；作为中国党史资料编辑的丛书，像《新民学会》、《党的"一大"》、《共产主义小组》等。运用专题资料汇编时，需要考虑收录资料的全面性和原初性。某一主题的讨论很多，而资料汇编往往只收录一部分，那么，这种选择性收录的标准是否可靠？是否把

---

① 刘国新：《建国前〈毛泽东选集〉版本研究》，《图书馆》2010 年第 6 期。

② 龚育之：《毛泽东文献编辑的文本选择》，《学习时报》2003 年 3 月 3 日。

③ 尚庆飞：《文献学视域中的毛泽东研究——从日本版〈毛泽东集〉的编辑原则谈起》，《南京大学学报》2006 年第 2 期。

当时影响很大的文章遗漏了,而把其时没什么影响的文章收录进来了?类似于全集"不全"这种常见现象,专题资料汇编往往因为一些人政治面貌而不收或少收其著述。更应当注意的,还在于资料汇编本身就是一种隐性的历史书写,收录哪些资料,以怎样的顺序编排,本身就形成了一种历史的氛围和线索。像《"五四"时期马克思主义与反马克思主义三次论争资料》,书名已表明了资料的分类和甄别原则。《中国社会性质问题论战(资料选辑)》的"编辑说明"业已指出,中国社会性质问题的论战是第二次国内革命战争时期政治思想战线上马克思主义与反马克思主义之间的一场重要斗争。该书选录文章包括三部分,第一部分选录了中国共产党在这一时期的若干决议文件中有关中国社会性质问题的部分章节和斯大林的有关讲话,第二部分辑录了当时参加这一问题论战的各方面人士发表的主要著述,第三部分选录了对这次论战有直接影响的托洛茨基的有关文章。这种编排顺序隐含了一种阐释方针,即要求按照中共当时的若干决议来认识和分析这场论战。今天使用这些专题资料汇编时,只有解构和重构其编选原则和编排顺序,才能形成新的历史书写。

在现代的历史记忆中,回忆录发挥了极其突出的作用。个体、团体和政党都很重视回忆录的写作。使用回忆录时,应当注意,所有记忆和回忆大都经过了有意或无意的过滤,为适应当前的社会需要和个人身份,对相关历史情况有所抑制或弘扬。这常常是无意识的,但无意识的选择比故意为之更加麻烦。人们常常自觉不自觉地用当前的认识去回忆从前,用词上如此,思想观念上也是如此,结果就是,有意无意地编造自己当时的政治态度、表现、影响,等等。相对来说,要了解个人的动机,日记和书信比较可靠。回忆录就不是那么可靠了。董必武1961年就意识到:"回忆那时的事,难于摆脱现在的思想意识,如果加上现在的思想就不一定可靠。"①在这个方面,李达的回忆录堪称典型。在1955年的回忆中,他认为毛泽东从在一大时就显露出全党领袖的端倪,并把党员从一开始就分为两类,一类是投机分子,一类是毛泽东为首的忠诚同志;一类是教条主义者,一类是毛泽东领导的"应用派";一类是专做工人运动,一类是毛泽

---

① 《董必武谈中国共产党第一次全国代表大会和湖北共产主义小组》(1961年6月28日),《"一大"前后》(二),人民出版社1980年版,第367页。

东以工人阶级为领导，以工农联盟为基础；一类是幻想全国总罢工，一类
是毛泽东注意到武装斗争的重要性。[①] 这显然是历史的臆想。

在历史人物的研究中，年谱具有普遍的适用性。年谱中包含了大量史
实，貌似史实的汇编，其实不然，它从根本上说，是研究的一种结果。年
谱的编写者大都抱有明确的主观意图，抱有对谱主的某种价值认同和喜
好，这对史实的收集和撰写有根本性的影响。也就是说，在编写年谱之
前，关于谱主是怎样的一个人，编写者已经胸有成竹，具体编写的过程洋
洋洒洒，不过行诸于墨而已。年谱中多采用第一手回忆资料，而回忆并非
那么可靠，编选者如何择取包括回忆在内的资料也很有考究。这样，年谱
的客观性就存有疑问。像《瞿秋白年谱新编》"序言"写道："读者如果
仔细地阅读这本年谱的按语和尝试性的编排，可以发现其中各个部分都是
有机联系的，串联其瞿秋白比较完整的复杂、坎坷的一生，努力避免人物
年谱常见的琐碎、割裂生平事迹和著作活动的不足之处，显示出一个功过
得失的整体形象。"[②] 可以看出，编者的按语和编排业已构成相对完整的
叙事，构建出瞿秋白的整体面貌。正是由于意识到这一点，编者希望有
更完备、更方便读者的瞿秋白年谱出现。但无论如何完备，年谱终究是
研究成果，使用时对其"史实"价值必须有所考证和分辨，不可一味
信从。

归结起来，严格的富有成效的历史研究必须回到原始资料，这就要求
翻阅文章最初所发表的期刊，查看著作的初版，了解历史的原生态，从中
做出自己特有的体会和提炼。不难发现，一些后来默默无闻的人物，在历
史的某一时期所写的东西、所表达的思想，是相当有震撼力的。慎重考虑
这些情况，我们就可能构造出不同于既有历史的另一番历史图景。在研究
过程中，如果可能，可以考虑编撰一些专题资料集，这不仅是为自己和他
人的研究提供一个文献基础，而且，编撰本身就是一种选择，体现了一种
研究者的意图。以后的研究者一方面可以使用这个资料集，另一方面也可
以通过这个资料集，体会编选年代的时代特点、编选者的思想主旨，
等等。

---

① 《中国共产党的发起和第一次、第二次代表大会经过的回忆》（1955 年 8 月 2 日），人民
出版社 1980 年版，第 18 页。

② 刘小中、丁言模：《瞿秋白年谱新编》，中央文献出版社 2008 年版，序言，第 2 页。

　　总体而言,思想史研究的最高理想,是把握一个时代的思想氛围。把马克思主义哲学中国化作为思想史来研究,就是希望通过对马克思主义作家、思想家和理论家文本的考察,对马克思主义思想运动的考察,把握20世纪中国特有的马克思主义思想氛围。这既是对马克思主义在中国命运中的研究,也是对中国思想发展到20世纪所经历的一系列转换的研究,在总体上属于中国思想史。这一研究是必要的,也是困难的,需要我们付出更多的耐心和细心。

马克思关于人的本质的科学规定及其启示

张奎良*

人的本质是人最深层次的自我意识，其抽象性、思辨性和深邃性包容了广泛的想象空间，无论给出什么样的答案都不能证是或证伪。所以，过去虽然有不少人涉猎过，但直到今天仍然是哲学上的"老大难"问题。在当下的中国，由于人已经提升到"本"的地位，"以人为本"已赫然成为科学发展观和执政治国的基本理念，在这种情况下，重新追问人和人的本质就绝非多余，相反，对于我们深刻地理解和贯彻以人为本能起到具有某种理论和学术奠基的作用。马克思是古往今来科学阐释人的本质第一人，他伴随着哲学革命变革历程而先后提出的"人是人的最高本质"，人的类本质和人的社会关系本质的三重规定，在今天仍有巨大的理论和实践意义。

一 人是人的最高本质

本质是隐去了外部形象的内在特性，是不经实验而由思维才能把握了的，因此人的本质不是一个科学问题，在很大程度上是一种表白和约定。但是，这种表白和约定能够有说服力，得到广泛的认可却一刻也不离开科学的思维和逻辑，离不开人类的进化和发展史，只有从人类历史演进的科学中才可能抽象出人的本质来。

---

* 张奎良，黑龙江大学哲学与公共管理学院教授。

在马克思主义以前,尤其是在宗教哲学和德国古典哲学中,都不乏人的本质的各种表述:宗教神学把人的本质推向神,认为上帝创造人也就最终地赋予和决定了人的本质是"彰显神的形象和样式";黑格尔推崇理性,认为人是绝对精神认识自身的工具和手段,因此,神圣的理性就是人的本质和目的。无论是宗教神学或黑格尔哲学都有一个共同点,就是将人的本质外在化,在超人的神和超人的绝对理性中去寻求人的本质。这就提出一个问题,人的本质是内在于人的还是由某种外部精神实体赋予的? 如果答案是后者,那么人的本质问题不仅远离科学和被神秘化,而且其主观随意性也将被无限放大。

费尔巴哈是马克思的人的本质观的引路人。他在《基督教的本质》等著作中提出的人是人的本质的命题,直接把马克思带入了正确思考人的本质的切入口。费尔巴哈作为人本唯物主义者,一向强调人的本体地位,在人的本质问题上,他既不求助于神,也不理会黑格尔的绝对精神或理念,他推出的是人的本质是人自身。费尔巴哈有一个强有力的逻辑和推导:人由对象而意识到自己,对对象的意识,就是人的自我意识。人的本质在对象中显现出来,而对象就是他真正客观的"我",所以,"我"即人本身,就成了人的本质的显示。费尔巴哈断言:"人所认为绝对的本质,就是人自己"[1],"人的绝对本质、上帝,其实就是他自己的本质"[2]。由此费尔巴哈与宗教神学和黑格尔的绝对理念划清了界限,迈出了在人本身中探求人的本质的关键性的一步。费尔巴哈的这个思想和他的宗教是人的本质异化的论断完全相一致,他既把神的本质归结为人的本质,又把人的本质归结为人本身,这对于当时德国的宗教批判具有重要的引领作用。宗教就其本来意义说,不过是"人的本质在幻想中的实现"[3],现在费尔巴哈另辟蹊径,在宗教批判中抛却幻想,给人的本质注入现实性,指出人的本质就是人本身。这就把宗教批判变为尘世批判,把对天国的批判变为现实的批判,把对神学的批判变为政治批判。

马克思充分肯定费尔巴哈人是人的本质命题的重大意义,1843 年马克思还处在费尔巴哈光环的笼罩下,当大家一下子都成了费尔巴哈派时,

---

[1] 《费尔巴哈哲学著作选集》下卷,荣庭等译,商务印书馆 1984 年版,第 555 页。

[2] 同上书,第 30 页。

[3] 《马克思恩格斯选集》第 1 卷,人民出版社 1995 年版,第 1—2 页。

他就不可避免地要借用费尔巴哈的概念和思想来表达自己对人的本质的理解。所以马克思在《黑格尔法哲学批判》导言谈到未来德国革命将要达到的"人的高度"时，立即触及人的根本，即人的本质，这时马克思说了一句至理名言："人的根本就是人本身"。① 这句话不仅重述了费尔巴哈的人是人的本质的思想，而且还进一步地明确了德国宗教批判的人学意义。马克思说："德国理论是从坚决积极废除宗教出发的。对宗教的批判最后归结为人是人的最高本质"② 这样一个学说。这个学说首先是由费尔巴哈在《基督教的本质》等著作揭示的，其目的和宗旨是揭穿宗教的神秘性，把宗教的本质归结为人的本质，而人的本质就在人本身，即人的"世俗基础的自我分裂和自我矛盾"③，宗教不过是这种分裂和矛盾在幻想中的解决。把这种幻想引向现实，就是要求实现社会平等，使人成为人，即马克思进一步引申所归结为"这样的绝对命令：必须推翻那些使人成为被侮辱、被奴役、被遗弃和被蔑视的东西的一切关系"④。显然，这个要求直接指向封建的等级制度，还没有超出资产阶级革命的界限，这和当时马克思的整个思想状况是相适应的。1843 年马克思写作《黑格尔法哲学批判》导言时，正处在向唯物主义和共产主义的转变过程中，科学的共产主义思想还没有最终地确立起来，资产阶级的革命对德国来说，还是新生事物，具有积极意义。费尔巴哈宗教批判所展示的唯物主义内核与内蕴的"人的高度"，恰恰也是马克思这时内心境界的真实写照。

总之，人是人的最高本质的命题，立意不算高远，表述也不甚精准，但在当时宗教批判的背景下，不仅是正确的，必要的，也是一切刚刚接触到人的本质问题所不能绕过的门槛。在一般的意义上，自然、意识、社会、审美都可以成为人的本质的要素，但不能成为人的最高本质，因为这些要素并非人所独有，某些动物在浅层次上也具备这些要素。因此人的最高本质不可能存在于自然、精神或审美中，马克思说："人不是抽象的蛰居于世界之外的存在物，人就是人的世界，就是国家，社会。"⑤ 人的最高本质只能是潜藏着丰富内涵的总体性的人本身。

---

① 《马克思恩格斯选集》第 1 卷，人民出版社 1995 年版，第 9 页。

② 同上。

③ 同上书，第 59 页。

④ 同上书，第 9—10 页。

⑤ 同上书，第 1 页。

二　人的类本质

费尔巴哈的人是人的本质和马克思的人是人的最高本质的论断，迈出了科学理解人的本质的第一步，但也具有明显的缺陷，它只是确定了人的本质的居所和出处，并未回答人的本质是什么。费尔巴哈最先意识到这一点，所以他在确立了人是人的本质的大方向之后，立即就转向人的本质的具体研究。费尔巴哈在人类思想史上第一个提出人的类本质思想，把人的本质首先定位于"类"。类并不神秘，不过是对世界存在物的种属划分。最大的、包含一切的类是物类，指全部客观存在物，物类又可以分为有生命和无生命的两类，有生命的存在物又进化出天地间唯一具有智慧和灵性的人类。费尔巴哈所说的类本质就是指人之为人而与动物相区别的共同特性。那么，到哪里去找这种共同性呢？有两条道路可供选择。第一条道路是从人的进化和发展史上去寻找，马克思后来走的就是这条道路，指出：人是有生命的存在物，人一当开始生产自己生命所需要的生活资料时就把自己与动物区别开来。费尔巴哈不理解生产和实践对世界和人的生成的决定意义，于是，他选取了另一条简单化的道路，这就是把类理解为单个人的相加，在孤立的个体中找出既能把大家纯粹自然地联系起来又能与动物根本区别的普遍性。这时费尔巴哈首先想到了意识，他说："究竟什么是人跟动物的本质区别呢？对这个问题的最简单、最一般、最通俗的回答是：意识。"① 不过他对意识附加了一个条件，指严格意义上的意识。如果意识仅仅是指感性的识别能力或对外界事物的知觉和判断，那么，这样的意识很难说动物就不具备。费尔巴哈强调："只有将自己的类、自己的本质性当作对象的那种生物才具有最严格意义上的意识。"② 根据这个标准，费尔巴哈认为："动物固然将个体当作对象，因此它有自我感，但是它不能将类当作对象，因此它没有那种由知识得名的意识。……科学就是对类的意识。在生活中我们跟个体打交道，而在科学中，我们是跟类打交道。"③ 人就是通过科学意识而把类当作对象，从而与动物根本区别开来。

---

① 《费尔巴哈哲学著作选集》下卷，荣庭等译，商务印书馆1984年版，第26页。

② 同上。

③ 同上。

费尔巴哈不仅把人的类本质归结为意识，他还进一步将意识扩展、升华，他问道："人自己意识到的本质究竟是什么呢？或者，在人里面形成类、即形成本来的人性的东西究竟是什么呢？就是理性、意志、心。……理性、爱、意志力这就是完善性，这就是最高的力，这就是作为人的人的绝对本质，就是人生存的目的。"①

此外，费尔巴哈对人的类本质还提出过其他一些说法，有时他十分重视人的自然本质，说"自然是人的根据"，有时又强调社会性对于人的类本质的重要性，费尔巴哈说过一句名言："只有社会的人才是人"②，"人的本质只是包含在团体中，包含在人与人的统一中"③。但这些说法在他那里都不占主要地位，他的类本质思想主要还是凸显"感情范围内""单个的、肉体的人"的爱和友情，④ 认为除了这种"观念化的爱与友情以外"，人与人之间就没有任何"其他的人的关系。"⑤

费尔巴哈的这套人的类本质的说教，有其合理之处。他把类本质定位于人与动物的根本区别是正确的，所谓本质就是指与它物根本区别的特性，人的本质也自然要在与动物相比照中才能显现出来。但是他把意识、理性、意志和爱当作类本质，这就是一厢情愿，缺乏严格的根据和论证了。因为意识和理性本身并不是根本，不具始初性和第一性，认真研究可以发现，还有产生和决定意识与理性的更深刻的源头，费尔巴哈不去追寻这个深刻的源头，这正是他的类本质学说的不彻底之处。

但是不管怎样，费尔巴哈在否定人的本质的外在化，提出人是人的本质之后，又一次以类本质思想为深化人的本质做了科学的奠基，是在具体理解人的本质道路上迈出的一大步。在人的本质问题上，费尔巴哈一直是马克思的先导，既追随、借鉴，又审视、批判。正像 1843 年在《黑格尔法哲学批判》导言中，马克思以人是人的最高本质对费尔巴哈的人是人的本质思想进行跟踪一样，在《1844 年经济学哲学手稿》（以下简称《手稿》）和《关于费尔巴哈的提纲》（以下简称《提纲》）中马克思又对

---

① 《费尔巴哈哲学著作选集》下卷，荣庭等译，商务印书馆 1984 年版，第 27—28 页。

② 《费尔巴哈哲学著作选集》上卷，荣震华、李金山等译，商务印书馆 1984 年版，第 571 页。

③ 同上书，第 185 页。

④ 《马克思恩格斯选集》第 1 卷，人民出版社 1995 年版，第 78 页。

⑤ 同上。

费尔巴哈的类本质思想做了新的回应。

马克思不同意费尔巴哈对人的类本质的抽象理解，但为了把人的本质推向人与动物根本区别的境界，认为仍可借助他的类概念。不过，在《手稿》中，马克思不是直奔类本质概念，而是通过人是类存在物的命题而渐次介入类本质的。在马克思看来，人具有类本质是因为人是类存在物，而人之所以是类存在物，主要源于人与动物相互区别的两个方面：其一，人不仅把外部世界当作自己认识和活动的对象，而且把自身及其类也当作同样的对象，这一点是人所独有，而动物是不可能具有的。动物不仅不把自身当作对象，就是对外部世界，动物也没有从中分化出来，而是紧密地与之融合在一起，根本谈不到对象化。其二，更重要的是："人把自身当作现有的、有生命的类来对待，……当作普遍的因而也是自由的存在物来对待。"[①] 人作为一个类和其他物的类的最大的不同在于，人有生命，这就与无机界的类区别开来，但是动物也有生命，人与动物的不同恰恰在于人比动物更具普遍。所谓普遍性表现在，人和动物虽然都靠无机界生活，但人赖以生活的无机界的范围要比动物广阔得多。从思想领域来说，植物、动物、石头、空气和阳光等既是自然科学研究的对象，又是艺术塑造的对象，因此，"都是人的意识的一部分，是人的精神的无机界，是人必须事先进行加工以便享用和消化的精神食粮"[②]。从实践领域来说，"这些东西也是人的生活和人的活动的一部分。人在肉体上只有靠这些自然产品才能生活"[③]，同时，人又把它们当作自己的活动的资料和工具，"变成人的无机的身体"[④]。人在自然界面前所表现出的这种普遍性表明，人虽然靠自然界生活，但不像动物那样依附于自然界，而是处处以自然界作为自己的精神食粮、生活食粮和无机的身体。因此，人和动物不同，人在自然界面前为自己争得了自由，这就是马克思在《手稿》中所说的"人把自身当作普遍的也是自由的存在物来对待"[⑤]。动物虽然也有生命，但它紧紧依附于自然，受制于自然界，因而不是自由的存在物。

人的自由和动物的不自由都体现在生命活动中，人的生命活动首先是

---

① 《马克思恩格斯全集》第 3 卷，人民出版社 2002 年版，第 272 页。

② 同上。

③ 同上。

④ 同上。

⑤ 同上。

劳动，人的生活首先是生产生活。马克思说："生产生活就是类生活。这是产生生命的生活。"① 人"使自己的生命活动本身变成自己意志和自己意识的对象。它具有有意识的生命活动"②。而"动物和自己的生命活动是直接同一的。动物不把自己同自己的生命活动区别开来"③。动物的这种生命活动缺少意识环节，一切全凭本能，因而与人的生命活动不同，是无意识的生命活动。至此，马克思不仅揭示了人的生命活动的自由属性，而且又进一步将自由向前探伸到意识。正因为动物的生命活动是无意识的，所以也是不自由的，而人的生命活动是有意识的，所以才是自由的。至此马克思得出结论："自由的有意识的活动恰恰就是人的类特性……有意识的生命活动把人同动物的生命活动直接区别开来。正是由于这一点，人才是类存在物。"④

有史以来，人面对自然界，在认识和改变自然界的同时，总是不断地反观人自身，提出人为何物的问题。马克思在哲学史上第一次响亮地回应：人是类存在物，自由的有意识的活动是人类的特性，人凭借这种类特性而与动物区别开来。这里的自由的有意识的活动其实就是指人的实践，实践恰恰具有自由和有意识的特性，所以马克思才说："通过实践创造对象世界，改造无机界，人证明自己是有意识的类存在物，它把类看作自己的本质。"⑤ 这里马克思把类、类特性、类本质都归结为实践，认为实践是产生生命的活动，是创造对象世界的活动，人与动物的根本区别就在于人通过实践而肯定自身。

马克思在《手稿》中提出了自己所理解的类本质，与费尔巴哈的类本质相平行，而没有对费尔巴哈展开批判。因为这时在马克思内心深处还存在着对费尔巴哈的崇拜，认为只有费尔巴哈才"真正克服了旧哲学"，费尔巴哈的著作是"包含着真正理论革命的唯一著作"。⑥ 但是《手稿》中喷薄欲出的人化自然等实践唯物主义思想，又鲜明地与费尔巴哈带有唯心主义色彩的类概念相对立，时刻酝酿着对费尔巴哈决裂和批判。果然，

① 《马克思恩格斯全集》第 3 卷，人民出版社 2002 年版，第 272 页。
② 同上。
③ 同上。
④ 同上书，第 273 页。
⑤ 同上。
⑥ 同上书，第 314、220 页。

不过半年时间，到 1845 年春，马克思终于在《关于费尔巴哈的提纲》中，实现了立场的转变，开始批判费尔巴哈的类本质概念。

首先，马克思从人生存的实践基础出发，指出：费尔巴哈的类本质的内涵是浅层的，第二性的，没有抓住人之为人的根本。费尔巴哈把意识、理性、情感和爱视为人的类本质，以为这种纯粹感情范围内的抽象物就能把人联系起来，使人成为与动物不同的类。马克思揭露说，无论是费尔巴哈所诉诸的感性直观还是他一再拔高的感情、意志和爱，都脱离了现实的根基，没有把它们"看作是实践的、感性活动"① 的产物。与费尔巴哈相反，马克思用科学的态度面对人的类本质问题，首先把人定义为有生命的存在物，因而必须进行生活资料的生产，而人的生产活动具有自由和有意识的特性，正是这种自由的、有意识的活动，才从根本和源头上把人与动物区别开来。所谓意识、理性、感情和爱，不过是人在长期的生产实践中形成和发展起来的，这才真正地触及到问题的根本。马克思在《黑格尔法哲学批判》导言中说过，理论只有彻底才能说服人，所谓彻底就是抓住事物的根本，而人的根本就是人本身。费尔巴哈的类本质说之所以软弱无力，不能服人，就是因为他没有抓住生产实践这个人之根本，人正是以此为本，才形成与动物根本不同的类。

其次，与不理解实践密切相关。费尔巴哈类本质的承担者不是进行实践活动的现实的人，而是他假定的"抽象的——孤立的——人的个体"②，意志、友情和爱就是从中抽象出来的"一种内在的、无声的、把许多个人纯粹自然地联系起来的普遍性"③。费尔巴哈口头上承认人的社会性，但他并不理解，人的社会性是由实践铸就，不理解实践就永远也看不到社会性的人，他们视野中的人只能是单个的、孤立的个体，而社会不过是这些同质单个人的累积和相加。而对于单个人，费尔巴哈又只能做到表面直观，他看到每一个个人都有友情、意志和爱，这些纯粹感情上的抽象物很自然地把人联结起来，最终成为费尔巴哈所理解的类。如果费尔巴哈理解实践，那么他视野中的人就绝不是孤立的个体，联结他们的普遍性也就不会是感情、意志和爱，而只能是生成它们的实践活动。所以，在《手稿》

① 《马克思恩格斯选集》第 1 卷，人民出版社 1995 年版，第 60 页。
② 同上。
③ 同上。

中，马克思对于费尔巴哈立足基础的单个人，做了强有力地回应："他所分析的抽象的个人，实际上是属于一定的社会形式。"后来马克思在《德意志意识形态》中又进一步发挥这个思想，指出，费尔巴哈之所以一再强调单个人，是因为他不理解实践，"把人只看作是'感性对象'而不是感性活动，……没有从人们现有的社会联系，从那些使人们成为现在这种样子的周围生活条件来观察人们"①。看不见感性对象背后的感性活动，自然就不理解实践活动的社会性，呈现在他面前的只是一个个孤立的感性对象。因此，从孤立的个体中抽象出来的感情、意志和爱，只能表征单个人的特性，而不可能升华为类的本质。人的类本质与人的社会性相匹配，只能是作为社会的人所具有的自由的、有意识的活动。

最后，马克思通过对费尔巴哈"宗教感情"的分析批判，进一步地揭露了与其相通的类本质的虚幻实质。费尔巴哈认为："人的依赖感是宗教的基础"，② 不仅是对自然的"无知和畏怖"，还有"欢乐、感恩、热爱和崇敬这样一些积极的感情"，③ 也是宗教产生的"心理根源和主观根源"。马克思批评说，费尔巴哈不是从人的生命活动入手，在人的生存实践中探讨宗教的产生的机理，而是"撇开历史进程，把宗教感情固定为独立的东西"。④ 依赖感作为一种宗教感情，实际上与费尔巴哈的作为类本质的感情、友谊和爱完全一致，它们的形成绝非平白无故，其深刻根源只能到社会实践和社会环境中去寻找。费尔巴哈把宗教感情脱离生活实践和历史进程独立化，最终还是因为他不理解"社会生活在本质上是实践的。凡是把理论导致神秘主义的神秘东西，都能在人的实践中以及对这个实践的理解中得到合理的解决。"⑤

这样，马克思就通过对费尔巴哈类本质的借鉴和批判，在《手稿》和《提纲》中，排除各种干扰和歧见，为我们留下了宝贵的类本质思想遗产。今天，在《手稿》和《提纲》写作一个半世纪之后，重新研读马克思的类本质学说，思绪万千，感慨良多。马克思写《手稿》时不过 26 岁，一个未经尘世沧桑的青年，却能对人的本质和类本质这样旷古的哲学

---

① 《马克思恩格斯选集》第 1 卷，人民出版社 1995 年版，第 77—78 页。
② 《费尔巴哈哲学著作选集》下卷，荫庭等译，商务印书馆 1984 年版，第 436 页。
③ 同上书，第 532 页。
④ 《马克思恩格斯选集》第 1 卷，人民出版社 1995 年版，第 60 页。
⑤ 同上。

难题提出颠覆俗见的精湛见解，我们除了感叹其天才以外，只能为马克思的博览古今、勤奋多思而折服。

马克思关于自由的有意识活动的类本质规定，对于今天以人为本大背景下的中国人，也颇多启示和激励。作为以人为本的人，应该是什么样的人？怎样才能不愧对崇高的本体地位？马克思的自由的有意识活动的类本质规定告诉我们，人作为一个类的人，必须具备的品格就是要勤于实践活动，勇于不断探索，不能怠惰成性，无所事事，随波逐流，得过且过。而人的实践探求必须是放开手脚，增强自由度和选择度，为此就必须努力学习，把握必然，真正体现人的生命活动区别于动物生命活动的自由特点。人的实践活动时刻要有意识和追求，要拒绝盲目，远离本能，确立起远大的生活目标和正确的生活态度。总之，人之为人，要有一个不枉一遭人生，不负人间一世的高尚活法。如果不把马克思的类本质思想带给我们的这些启示当作说教，而是视为理应激起的感悟，我相信，这也正是作为"千年伟人"的马克思当年的真诚祈望。

三　人的社会关系本质

自由的有意识的活动作为人的类本质，其功能在于把人与动物区别开来，这是人走出动物王国迈向人类世界的第一道门槛，也是人之为人的最根本的依据。但是，人的类本质对人的全面本质的揭示是初步和有限的，它只是圈定了人的外延，划了一道人与动物的分界线，而对于人本身固有的本质则毫无涉及，没有提供任何具体的确认。人的本质作为人与它物的根本区别要划清两个界限，除了用类本质划清人与动物的界限之外，还要继续深化，划清人与人之间的界限，把人的个体本质和个性凸显出来，这也是人的本质的内在要求。

费尔巴哈对人的本质的类概括，已经达到了他力所能及的最高点，由于他不理解人在生命需求基础上进行的实践活动，所以他总也找不到人的本质的科学源头，不能在人的实践和进化中进一步揭示人的深层本质，至此费尔巴哈资源已经枯竭了。马克思在《提纲》中用自己的类本质概念与费尔巴哈分道扬镳的同时，立即开始转向对人自身的本质探究。在马克思看来，揭示人的自身本质首先必须走出类本质的一般性和虚幻性，向具体人的现实性靠拢。自由的有意识的活动虽然是人类的特性，但这是所有人之为人的底线，它抛开具体人，泛指一切人的根本属性，因此，它不能区分人，只能认定"张三"被囊括于自由的有意识的活动中，因而是人，"李四"也是人，至于他们是什么样的人，他们之间有什么样的区别，类本质就无能为力了。在这个意义上，类本质只是对人的总体属性的概括，对个别和具体人，类本质太宽泛、笼统、虚幻，不具现实性。人的本质走向现实的唯一出路就是在人的生存和发展中实现人的分化、细化和具体化，以便找出人与人的区别，确认不同人的不同本质。实践是这一过程的唯一的源泉、动力和起点，如马克思所说："个人怎样表现自己的生活，他们自己就是怎样。因此，他们是什么样的，这同他们的生产是一致的，——既和他们生产什么一致，又和他们怎样生产一致。因而个人是什么样的，这取决于他们进行生产的物质条件。"①

实践作为哲学的根本的、总体性的范畴，不仅是生成人和创造世界的活动，也是发展人、分化人、区别人的根本途径。古代人的生产和实践水平低下，分工不发达，人主要是作为自然人，彼此之间区别不大。随着三次社会大分工和由渔猎文明进到农业文明再进到工业文明，人类历史在生产实践和科学启蒙中大幅度跃迁。伴随着这个过程，能够把人区别开来的人的现实本质也随之生成，这就是人的社会关系本质。马克思说："人的本质不是单个人所固有的抽象物，在其现实性上，它是一切社会关系的总和。"② 马克思的这个论断，既是对费尔巴哈的理性、意志和感情的类本质的否定，又是人的新的社会关系本质的确立和开启。

社会关系是基于生产实践而形成的人际间经济、政治和思想交往的关系，社会实践水平对社会关系具有决定性的作用。人类童年时代，科学落后，生产力水平低下，社会关系也非常简单。马克思说："男人对妇女的关系是人对人最自然的关系"③，因此，婚姻和家庭也就成为最自然和最早的社会关系。鉴于原始社会人类实践水平极度低下，马克思曾一度把整个原始的社会关系视为家庭关系的扩大。随着科学和生产力的发展，分工的细化，人的社会关系越来越复杂，在家庭关系的基础上又产生了民族、国家及经济、政治、文化关系。现代社会通过社群和网络把人们的社会关

---

① 《马克思恩格斯选集》第 1 卷，人民出版社 1995 年版，第 67—68 页。

② 同上书，第 60 页。

③ 《马克思恩格斯全集》第 3 卷，人民出版社 2002 年版，第 296 页。

系和社会交往推到极致的地步。社会关系好比一张大网，任何人都在网上布下了自己的社会活动和社会关系的经纬线，这些线条的交叉和集合形成了凸显自己特色的扭结，本质作为自身与它物相区别的根本特性就是在这些扭结中体现出来。无论是任何时代，人都是社会关系总和的大网中的一个扭结，正是这些不同的扭结既反映了人与人之间的本质的区别，又标注了人在社会关系中所承担的责任和扮演的角色。在民族划分上你是汉族或回族，在家庭关系上你是儿子或父亲，在社会分工上你是工人或公务员，在社会组织中你是党员或工会会员，在受教育程度上你是个大学生或研究生，在社会评价中你是个守诚信或不守诚信的人，等等。所有这些社会关系上的具体定位，一方面突破了类本质的局限性，将人的本质追问由人与动物的区别引入到个体人的境界，同时又以社会关系总和具体地再现了人们的实实在在的区别，从而将人的本质现实化，实现了由人的类本质到人的社会关系本质的过渡。所以马克思才强调，在其现实性上，人的本质是一切社会关系的总和。如果不在现实性上，类本质就足够了，如果在理想意义上，人的本质又可以推广到无限完美至善的地步，那时人类将有类而无差别，用来标识人的根本区别的本质概念也就失去了意义。

《提纲》以其鲜明的实践唯物主义思想标志着马克思哲学革命变革的完成，与此相适应，在人的本质问题上马克思也将立足点转移到实践上来，用实践及其所形成的社会关系把人区别开。马克思的实践唯物主义实现了哲学发展的革命变革，他的人的本质是社会关系总和的论断首次将人的本质现实化，是从人的进化和发展的科学视角对人的本质的深层考问和回答。至此，人的本质问题终于驱散了笼罩其上的神秘和思辨的迷雾，而成为一个可以理解和把握的人生态度的现实课题。

人作为社会关系总和的承担者，实际上都肩负着具体使命，扮演着多重社会角色，正是这些角色的集合把不同的人区别开来，使人成为具体的、历史的、现实的人。不管人们主观意识到与否，人都是在社会关系中演出一幕幕生活大剧，历史也"不过是追求着自己目的的人的活动而已"①。马克思对人的社会关系本质的揭示深刻启发人的意志和良知。人不能对自己所处的社会关系和社会环境无动于衷，安之若素，社会关系是一种处所、联系、角色和责任，人作为共同体的一员，只有理解自己的处

---

① 《马克思恩格斯选集》第 2 卷，人民出版社 1957 年版，第 118 页。

境，扮好自己的角色，履行好自己的责任，共同体才能兴旺发达。如果对自己的境遇和角色一知半解，浑浑噩噩，对自己的工作敷衍塞责，消极怠工，那么人皆如此就真要天诛地灭了。我们的社会之所以还能发展前进，绝不可能是百分之百的人都奋发努力，尽职尽责，实际上一些人在为另一些人无偿地打工扛活，只是这些人还不自觉罢了。所以，每一个人都应该反思自己作为社会关系总和中的一员，应该如何凸显自己的本质和个性，在各种角色中称职合格，人皆如此，社会就会出现百花齐放、万马奔腾的活跃局面。

马克思从青年时代起，就立下了为全人类幸福而献身的崇高志向，关心人和人的本质对他来说是理所当然的。尤其是在费尔巴哈的"哲学上的最高的东西是人的本质"① 见解的影响下，马克思也力图对人的本质问题有所突破。马克思的卓越贡献在于，他将人的本质研究与自己的哲学革命变革的步伐相协调，走出了一条从人是人的最高本质、到人的自由有意识活动的类本质、再到人的社会关系的现实本质的科学演绎之路。历史已经走过了一个半世纪，一些在马克思主义旗帜下继续研究人的本质而提出的见解也层出不穷。卢卡奇的总体性，弗洛伊德的自然，马尔库塞的爱欲，萨特的存在先于本质，东欧新马克思主义者的实践，以及其他诸如劳动、意志等都曾被视为人的本质。这些看法虽然各有其长，但比较起来，都未超出马克思的视野，直到今天我们仍然能够强烈地感受到马克思的人的本质思想的巨大穿透力。当此以人为本的时代，作为本质的人，要为破天荒的人格提升而自豪，更要为履行人的使命和责任而充分自觉，马克思的人的本质思想是永恒的呼唤和不竭的动力。

---

① 北京大学哲学系外国哲学史教研室编译：《十八世纪末——十九世纪初德国哲学》，商务印书馆 1975 年版，第 536 页。

马克思历史观：人类解放的政治哲学基础

李　兵[*]

马克思不仅把人类解放作为自己毕生追求的价值目标，而且还把自己全部的智慧倾注于对人类解放道路的探索。在其所创立的新世界观即历史观中，他把人类解放道路的开启诉诸于对人的现实生活，即资本主义存在方式的批判。通过揭示这种"总的活动"的本质，在人的存在的主体（劳动）和客体（社会）两个向度上指明了人类实现自我解放的方向，为人类敞开了面向未来的空间。从政治哲学的角度，全面深入地理解马克思关于人类解放道路的思想，对于正在致力于现代化建设和加快政治体制改革步伐的当代中国来说，具有重要的启迪价值和指导意义。

一

人类解放，即实现人的自由全面的发展，是人类不懈追求的目标和价值。在马克思看来，人类解放的本质是生存方式的变革，用他的话说，就是"把人的世界和人的关系还给人自己"[①]。这是一种蕴含于现实的个人能动的生活过程之中的可能性。然而，如何把这种可能性转化为现实性，如何在人们每天都要过、都在过的现实生活中开启通往实现自身解放的道路，这又是一个十分复杂且容易导致事态发生偏差的问题。现代哲学对理性主义和启蒙主义的反思、后现代主义对"宏大叙事"的拒斥、国际共产主义运动所遭受的曲折，不能不成为我们今天阐发马克思政治哲学的思想背景和现实观照。

---

　*　李兵，云南大学哲学系教授。
　①　《马克思恩格斯全集》第 1 卷，人民出版社 1956 年版，第 443 页。

马克思主义一个多世纪以来的"效果历史"表明，一方面，它以无可辩驳的事实真实地参与了这一时期人类历史的进程，深刻地影响并作用于人类历史的发展方向及其具体事态，而且，直到今天仍然是推动历史向世界历史转变的重要力量。由于它是内在于资本主义生产方式和生存方式之中的自我批判、自我否定的因素，因而，它必将伴随人类这一发展阶段的始终。正如有学者指出的那样，只要马克思主义的对立面还存在，马克思主义就不会过时。另一方面，马克思及其思想毕竟是以学说或者"文本"方式存在的。文本离不开解释和理解，本质上是一种当前视域和历史视域的"融合"。按照加达默尔的观点，理解是被理解东西的存在。马克思作为一位生活在一个多世纪以前的思想家，他所面临的具体历史环境、问题和任务早已时过境迁，因此不能再拘泥于他所谈论的具体问题去把握他的思想，而必须深入到其思想的本质之中，从政治哲学的角度来理解他的理论和学说；按照他所提示的在"批判旧世界中发现新世界"的思想原则，按照唯物主义历史观揭示的把现实的个人，即他们的活动和物质生活条件作为考察历史的前提，以当代人的现实生活过程为背景去理解和阐发马克思关于实现人类解放的方式和路径。

马克思恩格斯认为，"'解放'是一种历史活动，不是思想活动，'解放'是由历史关系，是由工业状况、商业状况、农业状况、交往状况促成的"[1]。他们十分清醒地认识到，人的解放如同社会经济形态本身的发展一样，是一种"自然历史过程"。如果"一方面还没有一定的生产力，另一方面还没有形成不仅反抗旧社会的个别条件，而且反抗旧的'生活生产'本身、反抗旧社会所依据的'总的活动'的革命群众，那么，正如共产主义的历史所证明的，尽管这种变革的观念已经表述过千百次，但这对于实际发展没有任何意义"[2]。可见，对于人的解放问题的探索，不能诉诸于任何激进主义的政治企图，也不能在历史的表层即各种具体的社会问题的层面去使用马克思"人的解放"这个涉及人的存在的根本问题的字眼，而必须是在"反抗旧的'生活活动'本身，反抗旧社会所依据的'总的活动'"的意义上去把握它的内涵。那么，这条关乎人类终极命运的道路到底存在于什么地方呢？我们不妨在此先作出一个抽象的回答：

---

① 《马克思恩格斯选集》第 1 卷，人民出版社 1995 年版，第 74—75 页。

② 同上书，第 93 页。

它就在现实的人的脚下! 人类向来就处在实现自我解放的历史进程之中。马克思历史观作为政治哲学的意义就在于,它把这个内在于人的生存活动之中的"意象性",由自发变为了自觉,由"解释世界"的思辨的概念逻辑变为了从事实践活动的现实的人的生活逻辑。这个人类解放的逻辑集中体现在"共产主义"这个人们既熟悉又陌生的规定中。

二

共产主义首先是追求实际目的的最实际的运动。众所周知,共产主义是马克思恩格斯用以表达他们全部思想和学说价值取向的一个概念。由于马克思已经把哲学由理论形态改造为了实践形态,因此,共产主义在他们那里总是以一种实际地反对并改变现存的事物的方式出现的,它更多的是用以"描述"人的现实生活活动能动性的"动词",而不是一个表述某种理想生活状态"在场"性的"名词"。

马克思从来没对所谓共产主义社会作出过任何具体的构想,他深知对历史性的人的未来生存状态设想得越具体就会越流于荒谬。因此,他只是紧扣在资本主义条件下表现为人的生存方式的"总的活动",即"动物的东西成为人的东西,而人的东西成为动物的东西"的"异化劳动"和"人与人之间的社会关系可以说是颠倒地表现出来的,就是说,表现为物与物之间的社会关系"① 的社会生活现实来进行揭露和批判。因此,马克思恩格斯在《德意志意识形态》中指出:"共产主义对我们来说不是应当确立的状况,不是现实应当与之相适应的理想。我们所称为共产主义的是那种消灭现存状况的现实的运动。这个运动的条件是由现有的前提产生的。"② 在同一部论著中,他们还说道:"共产主义是用实际的手段来追求实际目的的最实际的运动。"③ 由此可见,共产主义并不存在于理想的彼岸世界,它就存在于"现有的前提"即人们的现实生活中。凡是针对作为现实生活"总的活动",也就是针对现代性即资本主义生存方式本身所进行的批判和反抗,都是共产主义真实存在的证明。

---

① 《马克思恩格斯全集》第 13 卷,人民出版社 1962 年版,第 22 页。
② 《马克思恩格斯选集》第 1 卷,人民出版社 1995 年版,第 87 页。
③ 《马克思恩格斯全集》第 3 卷,人民出版社 1960 年版,第 236 页。

对马克思共产主义世界观的理解是需要生活前提的。当着人们还生活在某种形式的"人的依赖关系"中，生活活动还具有某种原始的完整性、丰富性，就像在"中世纪的手工业者对于本行专业劳动和熟练技巧还是有兴趣的，这种兴趣可以达到某种有限的艺术感"① 的时候，是很难真正理解马克思共产主义的真实意蕴的。在这种情形下，很容易出现的情况就是把"共产主义"外在化、实体化，实际上就是马克思在《1844 年经济学哲学手稿》中所指认的"粗陋的共产主义"，即"物质的财产对它的统治力量如此之大……物质的直接的占有是生活和存在的唯一目的；工人这个规定并没有被取消，而是被推广到一切人身上"②。对于接触"共产主义"概念已有近一个世纪的中国人来说，相当多的人对"共产主义"的理解还停留在上述水平上；有的甚至还达不到这个水平，他们不过是把中国古代农民起义所倡导的平均主义思想拿来附会"共产主义"。因此，对于很多人来讲，很难理解马克思为什么说："政治解放本身还不是人的解放"；③ 更难以理解，"国家再好也不过是在争取阶级统治的斗争中获胜的无产阶级所继承下来的一个祸害"。④ 因此，在他们看来，共产主义无论是作为社会理想或革命行动，都是指向人的现实生活之外的东西。殊不知，马克思的共产主义恰恰是"向内"的，它指向的就是人们当下的生活，当下的存在方式。这种存在方式的本质特征，马克思将其规定为"以物的依赖性为基础的人的独立性"⑤。"不是意识决定生活，而是生活决定意识。"只有当中国人真正进入这种生存方式之后，才进入了理解马克思共产主义的解释学情境或前理解状态。共产主义的现实功能——"在批判旧世界中发现新世界"，"实际地反对并改变现存事物"的功能，也才不仅在革命的"语境"中，而且在"建设"的语境中凸显出来。

三

共产主义在人作为主体的向度上表现为劳动解放。在《德意志意识

---

① 《马克思恩格斯选集》第 1 卷，人民出版社 1995 年版，第 107 页。

② 《1844 年经济学哲学手稿》，人民出版社 2000 年版，第 79 页。

③ 《马克思恩格斯全集》第 1 卷，人民出版社 1956 年版，第 435 页。

④ 《马克思恩格斯选集》第 3 卷，人民出版社 1995 年版，第 13 页。

⑤ 《马克思恩格斯全集》第 46 卷（上），人民出版社 1979 年版，第 104 页。

形态》中读到的最具视觉冲击力的字眼是，"消灭分工"、"消灭劳动"。
马克思恩格斯果真是要否定作为人类社会基本存在条件的劳动和分工吗？
这与他们在同一部论著中针对费尔巴哈所说的："这种活动、这种连续不
断的感性劳动和创造、这种生产，正是整个现存的感性世界的基础，它哪
怕只中断一年，费尔巴哈就会看到，不仅在自然界将发生巨大的变化，而
且整个人类世界以及他自己的直观能力，甚至他本身的存在也会很快就没
有了"，岂不是矛盾的吗？其实不然，关键是首先要理解马克思所指的是
什么性质上的劳动。在《1844 年经济学哲学手稿》中，马克思把自由的
有意识的活动看作是人的"类特性"、"类本质"。异化劳动的其中一个
"规定"就是人的类本质同人相异化。这种异化的表现就是"把人对动物
所具有的优点变成了缺点……把自主活动、自由活动贬低为手段，也就把
人的类生活变成了维持人的肉体的生存的手段"①。这样，劳动变成了
"强制劳动"，"劳动的异己性完全表现在：只要肉体的强制或其他强制一
停止，人们就会像逃避瘟疫那样逃避劳动"②。并且得出了，异化劳动是
私有财产的直接原因，它导致了劳动对于工人来说是痛苦，对于私有财产
占有者来说则是享受和生活乐趣的结论。在《德意志意识形态》中，马
克思恩格斯把历史的维度引入对劳动和分工的考察中，认为：随着生产力
在其发展的过程中达到这样的阶段，在这个阶段上产生出来的生产力和交
往手段在现存关系下只能造成灾难；与此同时，还产生了一个占人口大多
数的阶级，它必须承担社会的一切重负，而不能享受社会的福利，它被排
斥于社会之外，因而不得不同其他一切阶级发生最激烈的对立。那么，很
显然这是人的活动即"劳动"本身酿成的苦果，它表明"劳动"已发生
根本性的质变。因此，在这种前提下发生的革命，就不再像以往那样不过
是按另外的方式重新分配劳动，但始终不触动活动的性质，"而共产主义
革命则是针对活动迄今具有的性质，消灭劳动"③；"而无产者为了实现自
己的个性，就应当消灭他们迄今面临的生存条件，消灭这个同时也是整个
迄今为止的社会的生存条件，即消灭劳动"④。可见，马克思所要消灭的

①　《1844 年经济学哲学手稿》，人民出版社 2000 年版，第 58 页。

②　同上书，第 55 页。

③　《马克思恩格斯选集》第 1 卷，人民出版社 1995 年版，第 90—91 页。

④　同上书，第 121 页。

劳动是"异化劳动",也就是资本主义条件下的雇佣劳动,把人从这种非人的生存活动和条件中解放出来。

与劳动一样,"只要分工还不是出于自愿,而是自然形成的,那么人本身的活动对人来说就成为一种异己的、同他对立的力量,这种力量压迫着人,而不是人驾驭着这种力量"。而且"分工和私有制是相等的表达方式,……一个就活动而言,另一个就活动的产品而言"①。因此,这种自然形成的分工,只会"使人成为高度抽象的存在物,成为旋床等等,直至变成精神和肉体上的畸形的人"②,只会造成精神活动和物质活动、享受和劳动、生产和消费由不同的个人来分担。那么,为了消除"个人力量(关系)由于分工而转化为物的力量这一现象",就"只能靠个人重新驾驭这些物的力量,靠消灭分工的办法来消灭"③。

需要强调的是,马克思所论述的人类解放,始终是以个人为立足点的。这是马克思历史观作为唯物主义历史观的本质特征之一。不仅在历史观的前提中马克思强调了"现实的个人",认为"全部人类历史的第一个前提无疑是有生命的个人的存在";④ 而且在考察人类历史的具体过程中,也是把"处在现实的、可以通过经验观察到的、在一定条件下进行的发展过程中的人"作为理论分析的焦点。因此,"生产力"等概念在马克思那里根本没有独立存在的意义,也就是说,它不能与个人的活动分开来理解,更不能把它看作是现实的人之外的某种实体性的存在。马克思认为:"生产力和交往形式的关系就是交往形式与个人的行动或活动的关系","由每一个新的一代承受下来的生产力的历史,从而也是个人本身力量发展的历史"。因此,抽象地谈论发展生产力,甚至把生产力的发展本身看成是目的,那就背离了历史唯物主义的基本精神。马克思恩格斯指出:"共产主义所造成的存在状况,正是这样一种现实基础,它使一切不依赖于个人而存在的状况不可能发生,因为这种存在状态只不过是各个人之间迄今为止的交往的产物。"⑤ 只有把生产力的解放和人的自由解放结合起来,把生产力的发展和人的生存方式的改善(劳动解放)视为一个问题

①　《马克思恩格斯选集》第 1 卷,人民出版社 1995 年版,第 85、84 页。

②　《1844 年经济学哲学手稿》,人民出版社 2000 年版,第 175 页。

③　《马克思恩格斯选集》第 1 卷,人民出版社 1995 年版,第 118—119 页。

④　同上书,第 67 页。

⑤　同上书,第 122 页。

的两个方面，才是马克思政治哲学意义上的社会进步和发展。在生产力取得长足发展和社会财富获得巨大增长的今天，在社会贫富悬殊日益扩大和资源环境代价不断加重的严峻现实面前，重温马克思的这些思想，对于我们自觉贯彻科学发展观，真正本着"以人为本"的精神，推动我国社会实现全面、协调、可持续发展，无疑具有重要的启发意义。

四

　　共产主义在人作为客体的向度上表现为社会解放。强调个人存在的本体性，并不等于要否定人的社会性。马克思认为，"个体是社会存在物"①。在《德意志意识形态》中，马克思恩格斯从"生命生产"，包括通过劳动而达到的自己生命的生产和通过生育而达到的他人生命的生产中，揭示了社会产生的根源。社会关系首先表现为"许多个人的共同活动"。"在任何情况下，个人总是'从自己出发的'，但是，他们不是唯一的，意即他们彼此不是不需要发生任何联系的，他们的需要即他们的本性和满足需要的方式，把他们彼此联系起来（两性关系、交换、分工），因而他们必然要发生相互关系。此外，他们不是作为纯粹的我，而是作为处在他们的生产力和需要的一定发展阶段上的个人而发生交往的，同时这种交往又决定着生产和需要，因而正是个人间的这种私人的、个人的关系，他们作为个人的相互关系，创造了并且每天都在重新创造着现存的关系。"② 这或许可以看作马克思恩格斯对于社会产生和存在的本体论说明。

　　社会是人的存在方式，"人的本质不是单个人所固有的抽象物，在其现实性上，它是一切社会关系的总和"③。在《1844年经济学哲学手稿》中，马克思从人和自然界关系的角度对人作为社会存在物进行过比较思辨的论证，展现了人作为社会存在的理想状态。他写道："只有在社会中，自然界对人来说才是人与人联系的纽带，才是他为别人的存在和别人为他的存在，只有在社会中，自然界才是人自己的存在的基础，才是人的现实的生活要素……因此，社会是人同自然界的完成了的本质的统一，是自然

---

① 《1844年经济学哲学手稿》，人民出版社2000年版，第84页。
② 《马克思恩格斯全集》第3卷，人民出版社1956年版，第104页。
③ 《马克思恩格斯选集》第1卷，人民出版社1995年版，第56页。

界的真正的复活,是人的实现了的自然主义和自然界的实现了的人道主义。"① 在《德意志意识形态》中,马克思恩格斯从唯物主义历史观的高度,对社会、社会关系作了更加具体深入的分析,从而揭示了在"异化劳动"和自然形成的分工条件下,社会相对于个人具有的异己性和强制性,个人因为无力控制自己的生存条件而沦为"偶然的个人"。他不仅要受到作为自己活动的对象化力量——私有财产的控制,要受到国家这样的"虚幻共同体"的约束,还要受到各种意识形态的奴役。在进一步展开"政治经济学批判"之后,马克思更加深刻地认识到了社会关系妨碍人的解放的本质,那就是资本主义的生产方式。在这种生产方式下"生产力已经不是生产的力量,而是破坏的力量(机器和货币)"②。"一种生产关系采取了一种物的形式,以至人和人在他们的劳动中的关系倒表现为物与物之间的和物与人之间的关系。"③ 于是,商品拜物教、货币拜物教、资本拜物教盛行。"在资产阶级的社会里,资本具有独立性和个性,而活动着的个人却没有独立性和个性。"④"资本表现为异化的、独立化了的社会权力,这种权力作为物、作为资本家通过这种物取得的权力,与社会相对立。"⑤

　　异化劳动、社会关系的物化最集中的体现就是私有制。因此,消灭私有制,就成为马克思历史观必然作出的根本结论。"共产党人可以把自己的理论概括为一句话:消灭私有制。"⑥"共产主义和所有过去的运动不同的地方在于:它推翻一切旧的生产关系和交往关系的基础,并且第一次自觉地把一切自发形成的前提看作是前人的创造,消除这些前提的自发性,使他们受到联合起来的个人的支配。"⑦ 因此,人的解放在客体的方面最终将以消灭私有制的方式来完成。

　　当然,马克思恩格斯并没有对这个结局寄予急切的期盼。因为唯物主义历史观使他们清醒地认识到,人的自我异化和私有制的消灭是有历史前

① 《1844 年经济学哲学手稿》,人民出版社 2000 年版,第 83 页。

② 《马克思恩格斯选集》第 1 卷,人民出版社 1995 年版,第 90 页。

③ 《马克思恩格斯全集》第 13 卷,人民出版社 1962 年版,第 23 页。

④ 《马克思恩格斯选集》第 1 卷,人民出版社 1995 年版,第 287 页。

⑤ 马克思:《资本论》第 3 卷(上册),人民出版社 1975 年版,第 294 页。

⑥ 《马克思恩格斯选集》第 1 卷,人民出版社 1995 年版,第 286 页。

⑦ 同上书,第 122 页。

提的。在《德意志意识形态》中,他们认为只有具备了这样两个实际前提后才会消灭。这两个前提是:其一,要使异化成为一种"不堪忍受的"力量;其二,建立起人们的普遍交往,地域性的个人为世界历史性的、经验上普遍的个人所代替。而这一切都是以生产力的巨大增长和高度发展为前提的。"生产力的这种发展……之所以是绝对必需的实际前提,还因为如果没有这种发展,那就只会有贫穷、极端贫困的普遍化;而在极端贫困的情况下,必须重新开始争取必需品的斗争,全部陈腐的污浊的东西又要死灰复燃。"① 马克思认为:"全面发展的个人——他们的社会关系作为他们自己的共同的关系,也是服从于他们自己的共同的控制的——不是自然的产物,而是历史的产物。"② 资本主义生产方式作为历史的产物,在一定历史阶段上有其存在的合理性和必然性,"以物的依赖性为基础的人的独立性,是第二大形态,在这种形态下,才形成普遍的社会物质交换,全面的关系,多方面的需求以及全面的能力体系。""毫无疑问,这种物的联系比单个人之间没有联系要好,或者比只有以自然血缘关系和统治服从关系为基础的地方性联系要好。""这种联系是各个人的产物。它是历史的产物。它属于个人发展的一定阶段。这种联系借以同个人相对立而存在的异己性和独立性只是证明,人们还处于创造自己社会生活条件的过程中,而不是从这种条件出发去开始他们的社会生活。"③ 在集中表述唯物史观基本观点的《〈政治经济学批判〉序言》中,马克思在用精要的语言表述了唯物史观的基本思想后,进一步说道:"无论哪一种社会形态,在它所能容纳的全部生产力发挥出来之前,是决不会灭亡的;而新的更高的生产关系,在它的物质存在条件在旧社会的胎胞里成熟以前,是决不会出现的。所以人类始终只提出自己能够解决的任务,因为只要仔细考察就可以发现,任务本身,只有在解决它的物质条件已经存在或者至少是在生长过程中的时候,才会产生。"④

由此可见,人的解放作为历史活动,它是一个向未来无限开放的过程。资本主义作为一种政治制度,可能而且可以被超越,但作为人的历史

---

① 《马克思恩格斯选集》第 1 卷,人民出版社 1995 年版,第 86 页。
② 《马克思恩格斯全集》第 46 卷(上),人民出版社 1979 年版,第 108 页。
③ 同上书,第 104、108 页。
④ 《马克思恩格斯选集》第 2 卷,人民出版社 1995 年版,第 33 页。

性存在方式，一方面，它是一个人类难以跨越的历史阶段；另一方面，又是一个充满了矛盾和悖论的时代。唯其如此，我们才如此珍视和敬重马克思历史观为我们所开启的政治哲学视界。因为，它不仅让我们对置身于其中的生活世界有了一个深度的把握和理解，使人们不至于完全被日益茂密厚实的资本幻象和意识形态幻象所迷惑，自觉地认识到人的现实存在方式的历史性、暂时性和非人性，既正视当代社会面临的各种问题和矛盾，又不断在自我批判和自我反思中实现对当下存在方式的超越，而且还为我们指明了人的自我解放的方向，开启了现实的道路和面向未来发展的空间。

马克思生产关系概念的内涵演变
及其哲学意义

唐正东*

在马克思的历史唯物主义理论中，生产关系无疑是一个极其重要的概念。但如果对这一概念在马克思哲学发展的不同时期所具有的不同内涵缺乏一个准确的把握，那就不容易对马克思历史唯物主义的本质进行准确的界定，甚至还会由此而产生各种各样的误解。而在马克思的哲学思想发展史上，的确是存在着导致这种误解的各种诱因的，因为马克思尽管有时候用了生产关系概念，但他头脑中想的却只是交换关系或分配关系的内涵。但如果因此而把马克思的生产关系仅仅理解为交换关系或分配关系，那就不仅会看不到马克思在其思想的最深刻处所具有的生产关系是发展程度最高的交换关系的思想①，并由此而无法对历史唯物主义以生产力生产关系的内在矛盾运动为基础的历史规律论进行科学的评价，而且还会把交换关系直接界定为历史唯物主义的最基础概念的前提下，把马克思的哲学仅仅理解为从应有的交往关系的层面对现实的物化的交换关系的批判理论。实际上，只要我们注意到马克思对资本主义生产过程的理解水平到达什么程度，他对生产关系概念的内涵的把握能力也发展到什么程度，那么，在我们面前就能清晰地展现出一幅马克思生产关系概念内涵的演变史的画卷。这样一来，我们既不会把马克思的历史唯物主义理论解读为交换关系的经验式展开理论，也不会把它解读为对异化的交换关系的外在式批判理论。

---

* 唐正东，南京大学哲学系教授。

① 《马克思恩格斯全集》第 31 卷，人民出版社 1998 年版，第 347 页。

一

马克思是在《德意志意识形态》中首次运用生产关系概念的。他不仅在论述"封建的或等级的所有制"时，直接地运用这一概念，"封建时代的所有制的主要形式，一方面是土地所有制和束缚于土地所有制的农奴劳动，另一方面是拥有少量资本并支配着帮工劳动的自身劳动。这两种所有制的结构都是由狭隘的生产关系——小规模的粗陋的土地耕作和手工业式的工业——决定的"①。而且在一段对历史观的总结性陈述即"由此可见，事情是这样的：以一定的方式进行生产活动的一定的个人，发生一定的社会关系和政治关系"的最初手稿中，马克思也曾运用过这一概念，"在一定的生产关系下的一定的个人"②。但尽管如此，必须指出的是，马克思此时对这一概念其实并没有很好的把握。他其实只是在笼统的一般生产过程中的人与人之间的关系的角度来理解这一概念的。我们知道，"生产关系"的核心是生产资料的所有制关系、人们在生产过程中的地位和关系、交换关系、分配关系、消费关系等内容。但应该注意的是，在不同的社会形态中，不仅生产资料的所有制形式有着不同的表现形式，譬如，在资本主义大工业阶段，这种所有制形式就不再表现为劳动者对生产资料的所有权，而是表现为劳动者失去这种所有权，表现为资本对劳动的占有权；而且，人们在生产中的地位和关系、交换关系等内容也会具有不同的表现形式。譬如，在资本主义大工业阶段，资本家与工人之间的交换关系尽管从表面上看依然是一种交换关系，但它实际上已经不再是一种简单的交换关系，而是表现为资本对雇佣劳动剥削剩余价值的关系，按照马克思的说法，这种关系是由生产的社会性质所决定的，而不是由交易方式的社会性质所决定的。③ 也就是说，在私有制条件下，随着交换关系的发展，它必然而且只能在生产关系中实现其自身。应该说，马克思后来思想中所具有的这种"特殊社会的、历史地产生的生产关系"④ 的思路在他此时的

---

① 《德意志意识形态》（节选本），人民出版社 2003 年版，第 15 页。

② 同上书，第 15 页。

③ 《马克思恩格斯全集》第 45 卷，人民出版社 2003 年版，第 133 页。

④ 《马克思恩格斯全集》第 44 卷，人民出版社 2001 年版，第 582 页。

思想中还没有成型。

　　究其原因，这跟马克思此时对资本主义生产过程的理解水平是直接相关的。此时的他还无法对手工业资本主义与资本主义大工业之间的区别作出准确的把握。对马克思来说，这两者之间的差别只在于金钱关系或货币关系的发展程度之不同而已，而没有更多的实质上的不同。① 他后来在《资本论》手稿中谈到的劳动对资本的形式上的从属与实际上的从属之间的区别的思想②，此时还没有出现。也就是说，马克思此时对资本主义大工业的本质其实还没有完全地把握住。这就使他实际上只是从工场手工业的角度来看待资本主义大工业。因此，他选择了与亚当·斯密相同的视角，从分工的角度来理解生产力的发展，以及从交换关系、交往关系的角度来理解生产关系的发展。而问题恰恰就出在这里。在斯密所处的手工业资本主义时代，正像日本学者广松涉所说的那样，"'生产'可以说是个人私事，人们是在通过携带产品（生产的结果）而相互交往的场面中才开始形成所谓的社会。在此意义上，生产不是'社会'的本质规定，毋宁说只是在社会的圈外，即作为属于私人领域的东西被把握"③。在这种情况下，所谓的生产方式便只是小商品生产者之间的分工与协作方式，而所谓的生产关系便只是这些独立的商品持有者之间的交换或交往关系。笔者以为，一旦用这样的视角来解读19世纪40年代的资本主义大工业，那么，交换关系、交往关系、生产关系等概念之间的边界必然是不清楚的。赫斯从交往形式的角度来批判货币的本质，其原因也在于此，因为对于像他这样的德国早期社会主义思想家来说，所关注的重点只是市民社会的伦理分裂特征，而不是资本主义社会关系的历史性发展的特征。而此时的马克思尽管在哲学层面的历史唯物主义基本原理的构建上已经达成了，但在对生产关系内涵之解读这一具体问题上，同样也存在着一些欠缺。这就是他为什么在这一文本中对生产关系、交往形式、交换关系、社会关系等概念往往混杂着使用，并且对它们的边界尚不能十分清晰地划分的原因。

　　当然，如果跟以前的文本相比，马克思能够在《德意志意识形态》中提出生产关系概念（尽管它与交换关系等概念之间的区别尚未被明确

---

① 《德意志意识形态》（节选本），人民出版社2003年版，第54—59页。

② 《马克思恩格斯全集》第48卷，人民出版社1985年版，第18页。

③ ［日］广松涉：《唯物史观的原像》，邓习议译，南京大学出版社2009年版，第55—56页。

的辨析），这已经是一个重要的思想进步了，因为它标志着马克思已经能从客观内在矛盾的角度来思考历史发展的动力及进程了。而在 1844 年的相关文本中，这种思路是不存在的。譬如在《詹姆斯·穆勒〈政治经济学原理〉一书摘要》中，马克思尽管在现象分析的层面谈到了私有者与私有者之间的交换关系，但"物物交换"这一概念并没有与生产力等概念合作而生发出历史解读的新思路，而只是被界定为社会交往的异化形式。① 这说明此时的马克思还只是停留在人性异化的角度来理解市民社会的，他还不了解英国式市民社会本身所具有历史意义以及由其自身的内在矛盾运动所建构出来的对于人类解放的意义。既然如此，他当然不可能有兴趣去思考这种交换关系与生产关系之间的复杂关系。此时的马克思在批判资产阶级政治经济学时的根据，是"国民经济学把社会交往的异化形式作为本质的和最初的、作为同人的使命相适应的形式确定下来了"②，而我们知道，在《资本论》中，被马克思抓住的资产阶级政治经济学的一个重要缺陷是"不是把生产方式的性质看作和生产方式相适应的交易方式的基础，而是反过来，这是和资产阶级眼界相符合的，在资产阶级眼界里，满脑袋都是生意经"③。这两种解读思路之间的差别应该说是很明显的。到了《神圣家族》时期，马克思在历史观的整体思路上更多地偏向了物质生产，并提出了历史的发源地在于"尘世的粗糙的物质生产"中的结论。④ 这的确标志了马克思向历史唯物主义的方向迈出了坚实的一步。但同时也应注意到，仅指出粗糙的物质生产的重要性还是远远不够的。"物质生产"其实具有十分精细的内容，它除了包括马克思此时已经关注到的人对自然界的理论关系和实践关系的内容外，还包括人们在现实生产过程中的地位和关系等内容。而这后一项内容尽管已经被马克思注意到了："正是自然的必然性、人的特性（不管它们表现为怎样的异化形式）、利益把市民社会的成员彼此连接起来。"⑤ 但客观地说，这种理解离资本主义生产关系的本质内涵还有一定的距离。事实上，此时的马克思正处在从对市民社会的伦理批判向对资本主义的科学剖析的转变过程之中，

---

① 马克思：《1844 年经济学哲学手稿》，人民出版社 2000 年版，附录，第 172 页。
② 同上。
③ 《马克思恩格斯全集》第 45 卷，人民出版社 1985 年版，第 133 页。
④ 《马克思恩格斯全集》第 2 卷，人民出版社 1957 年版，第 191 页。
⑤ 同上书，第 154 页。

他还没有来得及对交换关系背后的生产关系，以及货币关系背后的资本关系等内容进行深入的研究。这就导致在他的解读思路中，交换关系的线索还没有跟自然科学及工业的线索有机地结合起来。于是，"物质生产"在此时马克思的解读思路中也只能是粗糙的。到了 1845 年的文本中，情况有了很大的改变。随着《关于费尔巴哈的提纲》把实践和社会关系的思路放在改变世界的理论平台上辩证地统一起来，马克思的新世界观才算真正跃升出来。《德意志意识形态》中的生产关系概念正是在这样的思想基础上才被提出来的。

二

让我们把解读思路继续往前推进。在 1847 年的《哲学的贫困》中，生产关系概念不再是一个遮遮掩掩的概念，而是被作为核心概念提了出来："经济学家们都把分工、信用、货币等资产阶级生产关系说成是固定的、不变的、永恒的范畴……经济学家们向我们解释了生产怎样在上述关系下进行，但是没有说明这些关系是怎样产生的，也就是说，没有说明产生这些关系的历史运动。"[①] 马克思在这一文本的其他很多地方也使用了这一概念。那么，我们是否因此就能说马克思此时已经完全把握住了生产关系概念的准确内涵呢？笔者以为不行。从上述引文中我们可以发现，马克思其实只是从分工关系、货币关系等角度来理解生产关系的内涵的，也就是说，就总体而言，他未超出《德意志意识形态》时期从交换关系的角度来理解生产关系内涵的思想水平。马克思在这一文本中的核心任务是批判蒲鲁东把分工、货币等当作固定的、永恒不变的范畴来看待的形而上学观点，并强调要对这些生产关系范畴的历史产生过程进行客观的研究。但问题是，这后一项任务并不是能轻易地完成的。此时的马克思尽管已经开始了这种研究，但还远远不能说已经完成了这种研究。一个最核心的问题是：马克思还没有发现，随着手工业资本主义向资本主义大工业的转变，原本以货币为媒介的交换关系会演变成资本对雇佣劳动所创造的剩余价值的剥削，或者说演变成资本自身的增殖过程。一旦深入到这一层面，研究者便不再会满足于对交换关系的关注，而必然会关注资本主义生产的

---

① 《马克思恩格斯选集》第 1 卷，人民出版社 1995 年版，第 137—138 页。

独特的社会性质。此时的马克思显然还没有到达这一思维水平。他所理解的"生产关系"实际上只是生产过程所置立于其中的社会关系。这种理解不能说是错的，但无疑是太笼统了。由于马克思此时所假定的理论前提是"社会的全体成员都是直接劳动者"。① 因此，他实际上是以简单商品流通的社会为现实参照系的。这样一来，马克思是注定不可能把握住资本主义大工业阶段的生产关系的最核心内容的。在他的脑海中，只可能出现任何的生产过程都无法脱离积累劳动与直接劳动的交换、商品与商品之间的交换等内容。这就是他在这一文本的有些地方依然把生产关系与社会关系混用在一起的原因。

当然，我们同时也应看到，由于马克思在这一文本中引入了比《德意志意识形态》更为强烈的阶级对抗的理论线索，"当文明一开始的时候，生产就开始建立在级别、等级和阶级的对抗上，最后建立在积累的劳动和直接的劳动的对抗上。没有对抗就没有进步。这是文明直到今天所遵循的规律"②。因此，他此时在从交换关系的角度理解生产关系的内涵时，已经不再停留在简单的交换关系的层面，而是进入到了不平等的交换关系的理论层面，尤其是作为积累劳动的资本与直接劳动的不平等交换关系的层面。这种不平等的交换就是上述引文中所说的积累的劳动与直接的劳动的对抗关系。再进一步，由于马克思此时在经济学上接受了李嘉图的劳动价值论，而李嘉图阐发劳动价值论的《政治经济学及赋税原理》一书所研究的主题恰好是全部产品在土地所有者、资本家、劳动者这三个社会阶级之间的分配法则问题，因而，此时的马克思把上面谈到的那种不平等的交换关系，推进到劳动产品的不平等分配关系的理论层面，也就是一件很自然的事情了。事实也正是如此，马克思在此书的第 1 章中明确地指出："把劳动时间作为价值尺度这种做法和现存的阶级对抗、和劳动产品在直接劳动者与积累劳动占有者之间的不平等分配是多么不相容。"③ 由此，我们可以得出这样的判断：当马克思此时在思考生产关系概念时，其解读视域已经深入到了分配关系的层面。不过，话又说回来，在依然从物的维度上把资本理解为积累劳动，而不是从关系的维度上把它理解为生产关系

---

① 《马克思恩格斯全集》第 4 卷，人民出版社 1958 年版，第 116 页。

② 同上书，第 104 页。

③ 同上书，第 95 页。

甚至是生产过程的思想前提下，马克思此时所具有的分配关系的理论层面与其原来具有的交换关系的理论层面之间，其实并没有太大的区别。只有等到马克思开始意识到资本主义的不平等分配根源于其生产的社会性质，而不是其交换的社会性质的时候，他才可能从分配关系的理论层面中生发出新的理论质点。而这在《哲学的贫困》中显然是不可能的，因为马克思在这一文本中重点阐述的是经济学范畴在整个私有制社会中的形成过程，而不是这些范畴在资本主义阶段的变化过程。

到了《关于自由贸易问题的演说》和《雇佣劳动与资本》中，情况有了一定的改变。由于马克思在这两个文本中是专论作为资本主义阶段的阶级斗争的物质基础的经济关系即雇佣劳动和资本的关系的，因此，他在对资本主义生产关系的内涵的理解上取得了一定的进步。在前一个文本中，马克思尽管没有直接提到生产关系概念，但透过其对雇佣劳动和资本关系的解读，我们可以看出他在对生产关系的理解上的思想进步。这主要体现在以下两个方面：首先，我们知道，在《哲学的贫困》中，马克思在解读资本家与工人的关系时，是借鉴了李嘉图等古典经济学家的思路，把它解读为积累劳动与直接劳动之间的关系的。这种解读思路明显地带有简单商品流通条件下的交换关系的思路的特点，是仅从物的角度来理解资本之本质的结果。而在《关于自由贸易问题的演说》中，马克思已经放弃了这种用法，直接把这种关系界定为雇佣劳动和资本的关系。[1] 这不可能是一种概念上的随意替换，而必然是马克思在劳资关系问题上已经产生的某种新思想的反映；其次，这种新思想就是：资本主义的不平等分配关系是现有的雇佣劳动和资本关系的一种必然结果，"在现在的社会条件下，到底什么是自由贸易呢？这就是资本的自由。排除一些仍然阻碍着资本前进的民族障碍，只不过是让资本能充分地自由活动罢了。不管商品相互交换的条件如何有利，只要雇佣劳动和资本的关系继续存在，就永远会有剥削阶级和被剥削阶级存在"[2]。一旦把资本对劳动者的压榨及其导致的资本主义的不平等分配，视为雇佣劳动和资本关系的必然结果，那就向从生产方式而不是交换方式的角度来理解雇佣劳动与资本关系的思路又迈出了坚实的一步。

---

[1] 《马克思恩格斯选集》第 1 卷，人民出版社 1995 年版，第 227 页。
[2] 同上。

在《雇佣劳动与资本》（此文本虽发表于 1849 年 4 月，但主要内容在 1847 年 12 月的一次讲演中就已形成）中，马克思对劳资关系作了更为详细的阐述。他不仅明确地反对把资本解读为积累起来的劳动，并把这种做法视为只见"物"而不见"关系"，"纺纱机是纺棉花的机器。只有在一定的关系下，它才成为资本。脱离了这种关系，它也就不是资本了……资本也是一种社会生产关系。这是资产阶级的生产关系，是资产阶级社会的生产关系。构成资本的生活资料、劳动工具和原料，难道不是在一定的社会条件下，不是在一定的社会关系内生产出来和积累起来的吗？"① 而且，马克思还把生产关系的思路与生产力发展的思路结合在一起，"各个人借以进行生产的社会关系，即社会生产关系，是随着物质生产资料、生产力的变化和发展而变化和改变的"② 。应该说，这是两个重要的理论质点，只要马克思沿着这样的思路继续深入下去，就一定会发现在资本主义大工业这样的生产力发展的特定阶段，生产资料所有权其实并不表现为劳动者对生产资料的所有权，而是表现为生产资料与劳动者相分离的条件下的资本对活劳动能力的占有权，由此，资本主义的生产关系也并不表现为劳动者与资本家相互交换其活动成果的关系，而是表现为资本对雇佣劳动所创造的剩余价值的剥削关系。当然，这对此时的马克思来说只是一种可能性，而不是现实性，因为他此时对资本主义生产过程及其生产关系的理解水平还没发展到这一步。尽管他已经意识到了除劳动能力以外一无所有的工人阶级的存在是资本的必要前提，以及资本与活劳动的交换是资本保存并增大其自身的前提，③ 但是，由于此时的马克思在生产资料所有权这一生产关系的最核心内容上还没有投入足够的注意力，以及在资本通过与活劳动相交换而保存并增殖自身的内在机制（剩余价值理论）上还没有获得足够清晰的思路，因此，我不认为马克思此时已经脱离了从交换方式的角度来理解生产关系内涵的思路，他至多只是处在这种脱离的过程之中。

三

马克思到达伦敦之后，的确加强了对资产阶级政治经济学著作及以英

---

① 《马克思恩格斯选集》第 1 卷，人民出版社 1995 年版，第 344—345 页。

② 同上书，第 345 页。

③ 同上书，第 346 页。

国为代表的资本主义经济现实的研究，但必须指出的是，他对资本主义生产过程的本质及生产关系的深层内涵的把握并不是一蹴而就的。究其原因，这恐怕跟当时困扰着英国社会的商业危机之本质的展开过程有很大的关系。19 世纪 50 年代初，困扰英国社会的问题主要是商业危机，而不是以产品市场的萧条为特征的经济危机，更不是以制造业的衰退为特征的工业危机。尽管我们可以站在 1857 年的视角上反观 19 世纪 50 年代初的这场商业危机，并把其本质界定为资本主义生产过程的危机，但客观地说，身处在 19 世纪 50 年代初的马克思是不容易看到这一点的。这就导致马克思在 19 世纪 50 年代初的"伦敦笔记"中虽然以清晰的逻辑分析，对小资产阶级经济学家从货币制度的缺陷的角度，来分析商业危机之本质的观点进行了有效的批判，但略带遗憾的是，他本人的思路也受到了商业交换思路的限制，从而使他本已产生的资本通过与雇佣劳动的交换不断地增殖其自身的观点没能得到令人满意的推进。

我们以《关于大·李嘉图〈政治经济学和赋税原理〉（摘录、评注、笔记)》为例来说明这一点。马克思在这一文本中显然还没有想到从生产方式的社会性质的角度来说明英国的商业危机，而仍然停留在试图从商业交换关系的角度来说明这种商业危机的理论层面上。这首先导致他无法正确区分单位商品的交换价值与全部商品的交换价值总量之间的区别。在论证资本主义危机的必然性时，马克思说："资产阶级的财富和资产阶级全部生产的目的是交换价值，而不是满足需要。要增加这种交换价值，只有……增加产品，更多地生产，此外没有其他办法。要增加生产，就得提高生产力。但是，随着一定量的劳动———一定数量的资本和劳动———的生产力的提高，产品的交换价值就会相应地降低，因而加倍的产量只有这个产量的一半从前具有的价值……生产力和商品生产的实际增长，是违背资产阶级生产的目的而进行的，价值增长在自己的运动中扬弃自己，转变为产品的增长，这种价值增长所产生的矛盾，是一切危机等等的基础。"①粗看起来，此处的论证似乎很严谨，但其实不然。让我们来作个分析：（1）资产阶级全部生产的目的是交换价值，这个观点其实是不准确的，如果商品的生产成本与其交换价值相等同的话，资产阶级的全部生产就没有任何意义了。因此，资产阶级全部生产的目的应该是剩余价值；

①　《马克思恩格斯全集》第 44 卷，人民出版社 1982 年版，第 109—110 页。

（2）要增加这种交换价值，只有增加产品，更多地生产。这种观点显然是建立在把交换价值不是理解为单位商品的交换价值，而是理解为可交换的全部商品的交换价值总量之基础上的。只有把单位商品的交换价值视为固定的，才可能通过增加可交换的商品总量，来增加交换价值总量。否则的话，应该是通过增加单位商品的内含劳动量，而不一定要通过增加商品总量，来达到增加交换价值总量的目的。当然，如果增加的内含劳动量由相应地增加了的工资来抵消，那么，通过这种方式来增加的交换价值对于资产阶级来说就没有意义了；（3）要增加生产，就得提高生产力，而随着一定量的劳动的生产力的提高，产品的交换价值就会相应地降低。这种观点显然又把"交换价值"拉回到了单位商品内含的交换价值的层面上。因为马克思如果继续把交换价值理解成可交换的全部商品的交换价值总量，那么，提高了劳动生产力之后，当然会产出更多的商品，从而也当然会得到更多的交换价值总量。如果是这样的话，那就无法证明资本主义经济危机的必然性了。正因为如此，马克思此处突然又把交换价值理解成了单位商品内含的交换价值量，从而得出了这样的论证：劳动生产力提高之后，由于单位商品内含的劳动量减少了，因此，它的交换价值也相应地降低了。可问题是：他在此段论述的前半部分是以单位商品的交换价值是固定的为理论前提的。我们从此处可以看出，商业交换关系的思路的确仍然对马克思的思想有较大的影响，即他仍然试图从交换关系的角度来论证资本主义商业危机的原因及必然性。这在经济学概念的运用上则表现为马克思还无法把"交换价值"推进到"剩余价值"的层面上。

这种局限性也表现于马克思在这一文本中对价值余额问题的阐述上。我们在前面已经说过，马克思在《雇佣劳动与资本》中已经认识到资本通过与雇佣劳动的交换保存和增大其自身。这种观点在当下的这一文本中得到了延续，但并没有得到实质性的发展。马克思尽管清晰地谈到资本家的利润不是来自产品与产品之间的交换，"余额不是在这种交换中产生的，虽然只有在交换中才能实现。余额是这样产生的：工人从花费了 20 个工作日的产品中，只得到值 10 个等等工作日的产品"①。但这种观点其实只是对《雇佣劳动与资本》中已经得出的观点的重复而已。问题的关键是，马克思虽然已经不把资本与雇佣劳动的交换等同于一般的产品与产

---

① 《马克思恩格斯全集》第 44 卷，人民出版社 1982 年版，第 140—141 页。

品之间的交换，但他对前者仍然是从交换关系的角度上来加以理解的。他还不能看出资本家和雇佣工人的交换关系不是一般性的交换关系，其本质也不是由交换关系的社会性质所决定的，而是由资本主义生产本身所固有的关系所决定的。这不仅使他在谈到资本家的利润时还说出了这样的话："由此可见，他能在商业中得到 100 镑之外的 10 镑，只是因为他或另一个工厂主当初在生产中已经创造了这 10 镑。这是十分清楚的。"① 而且这也决定了他此时对生产关系内涵的理解仍然无法彻底越出交换关系或分配关系的理论层面。在同时期写作的《反思》② 等文本中，马克思对生产关系的理解水平也是如此，此处就不展开论述了。

　　笔者以为，马克思真正从生产的社会性质而不是交换方式的社会性质的角度来理解生产关系概念之内涵的时间点，应该在 1857 年前后。在 1857 年 11 月所写的《英国的贸易危机》一文中，马克思实际上对导致上述思想变化的现实背景作出了说明，"欧洲危机的中心至今仍然是英国，但是在英国，正如我们所预见到的，危机的性质已有所改变。如果说，大不列颠对我们在美国出现的崩溃的反应最初表现为金融恐慌，随之是产品市场普遍萧条，最后才出现制造业的衰退，如今则最上面是工业危机，最下面才是金融的困境"③。应该说，正是因为马克思发现了资本主义经济危机的本质是工业危机而不是商业危机，才使他从根本上转变了从交换关系的角度来理解生产关系的思路，并转向了从真正的生产过程的角度来理解生产关系的思路。这在《〈政治经济学批判〉导言》及《1857—1858 年经济学手稿》中都有十分清晰的反映。

　　在《〈政治经济学批判〉导言》中，马克思以前所未有的方式对生产、分配、交换等因素之间的关系作出了详细和科学的说明。在谈到生产和分配的关系时，马克思说："分配关系和分配方式只是表现为生产要素的背面。个人以雇佣劳动的形式参与生产，就以工资形式参与产品、生产成果的分配。分配的结构完全决定于生产的结构。"④ 在谈到生产和交换的关系时，马克思说："交换就其一切要素来说，或者是直接包含在生产

---

① 《马克思恩格斯全集》第 44 卷，人民出版社 1982 年版，第 139 页。
② 《马克思恩格斯全集》第 10 卷，人民出版社 1998 年版，第 636—647 页。
③ 《马克思恩格斯全集》第 16 卷，人民出版社 2007 年版，第 501 页。
④ 《马克思恩格斯全集》第 30 卷，人民出版社 1995 年版，第 36 页。

之中，或者是由生产决定。"① 这种崭新的学术观点决定了马克思从此之后一定不会再像过去那样，从交换关系或分配关系的角度来理解生产关系的内涵了。事实也是如此，在《1857—1858 年经济学手稿》中，马克思从以下两个层面对私有制条件下生产关系的内涵及其与交换关系之间的关系作出了深刻的解读：首先，生产关系是交换关系的发展形态，也就是说，从整个私有制社会的发展史来看，"商品世界通过它自身便超出自身的范围，显示出表现为生产关系的经济关系"②。譬如，资本家和工人之间的交换关系，尽管在本质上是一种不平等的交换关系，因而似乎不应该再被看作交换关系了。但马克思却不这样看，他反而认为这是交换关系的最高发展形态，因为这是符合私有制条件下交换关系发展的客观事实的，"资本家和工人之间所进行的交换，完全符合交换规律，不仅符合，而且是交换的最高发展。因为在劳动能力本身还没有发生交换以前，生产的基础还不是建立在交换上的，交换只限于以不交换为基础的狭小范围，资产阶级生产之前的各阶段的情形就是这样……自由交换的最高阶段是劳动能力作为商品，作为价值来同商品，同价值相交换"③。马克思之所以能得出这样的观点，一个重要的原因是他已经不再仅仅从交换关系的层面来理解交换关系的内涵，更不用说从交换关系的层面去理解生产关系的内涵了。而是相反，他已经从生产过程的社会性质即生产关系的层面，去理解交换关系的性质了。正是因为在马克思的视域中，交换关系不再是一种笼统的或者说自为存在的关系，而是被生产关系所决定的一种社会关系，所以，尽管资本家与工人之间的交换关系其实是一种不平等的交换关系，但它仍然符合交换关系的发展规律，因为私有制条件下交换关系的发展规律恰恰是由生产关系的发展规律所决定的，而私有制的生产关系最终发展到资本家剥削工人的剩余价值的关系，恰恰是一种历史发展的必然。

其次，更为重要的是，马克思在解读生产关系概念的内涵时，引进了生产力发展的线索，"以资本和雇佣劳动为基础的生产，不仅在形式上和其他生产方式不同，而且也要以物质生产的全面革命和发展为前提"④。

---

① 《马克思恩格斯全集》第 30 卷，人民出版社 1995 年版，第 40 页。
② 同上书，第 180 页。
③ 《马克思恩格斯全集》第 31 卷，人民出版社 1998 年版，第 69 页。
④ 《马克思恩格斯全集》第 30 卷，人民出版社 1995 年版，第 236 页。

这种思路在以前是不可能具有的。事实上，在此文本的第 3 章即"资本章"的第 1 篇"资本的生产过程"´中，马克思在阐述了资本主义生产关系的特殊规定性，"只有随着特殊的物质生产方式的发展和在工业生产力的特殊发展阶段上，才成为真实的"① 之后，还特意写下了如下的文字："一般来说，这一点在以后谈到〔劳动和资本的〕这种关系时应该特别加以阐述，因为这一点在这里已经包含在关系本身中了，而在考察交换价值、流通、货币这些抽象规定时，这一点还更多地属于我们的主观反思。"② 笔者以为，正是这种内含着生产力发展线索的生产关系，才是一定的、具体的、历史的生产关系，才是严格意义上的历史唯物主义的生产关系。这是马克思 1857 年前后在生产关系概念的解读上得出的新的思想。只有从这一角度出发，我们才能理解马克思在历史观的解读上为什么会从对异化的交换关系的批判，转向对生产力生产关系矛盾运动的科学把握，这是因为脱离了生产力发展的线索来谈论包括交换关系在内的社会关系的异化特性及其解放路径，必然会走向抽象的理论层面。应该说，看清这一点，对于我们在当下的学术语境中准确地解读马克思历史唯物主义的本质是具有重要的理论意义的。

---

① 《马克思恩格斯全集》第 30 卷，人民出版社 1995 年版，第 255 页。

② 同上。

马克思主义哲学大众化的前提性问题思考

吕世荣[*]

马克思主义哲学大众化是马克思主义经典作家的一贯立场。哲学大众化的真正意蕴不是让大众被动接受，也不仅仅是认同，而是让哲学变为群众手里的思想武器。作为大众化的前提，马克思主义哲学必须体现时代精神，能够引导社会进步，代表人民群众的根本利益。作为马克思主义哲学的本质属性，马克思主义哲学大众化与中国化、时代化紧密联系，共同构成马克思主义实践哲学的有机整体。

一 马克思主义哲学大众化是马克思主义经典作家的一贯立场

马克思主义哲学大众化近年来成为理论研究的热点，但就这一命题本身而言，并不是一个新的课题。可以说，大众化伴随着马克思主义哲学发展过程的始终，是马克思主义哲学始终如一的价值取向。马克思主义哲学大众化的内涵丰富，众多学者从不同维度进行了阐释。比如：从存在论的立场来看，马克思主义哲学大众化揭示了马克思主义哲学从深奥到通俗，从抽象到具体，面向大众现实生活的内在规定性；从主体论的视野来看，马克思主义哲学大众化强调马克思主义哲学由被少数人理解和掌握到被大众理解及掌握的主体转换；从方法论的观点看，马克思主义哲学大众化强调马克思主义哲学指导大众实践和在实践中检验、发展自身。总而言之，诸多研究成果基本上都侧重于强调马克思主义哲学大众化是我国社会主义

---

* 吕世荣，河南大学人文学院教授。

革命实践的总结和社会主义建设建设实践的必然选择。从根本上讲都是回归马克思主义的实践本质，立足于实践哲学来把握大众化的多重意蕴。实际上，这种论证思维并不仅仅是当代马克思主义哲学的创造，早在马克思主义经典作家那里，就已经从实践的角度分析了哲学理论大众化的必要性和可能性。

首先，马克思主义经典作家论证了哲学来自大众实践，也必然要成为大众实践的一部分。

马克思、恩格斯明确指出，哲学等理论只能在、也必须在大众的实践基础上产生。马克思在《关于费尔巴哈的提纲》中曾经讲到："社会生活在本质上是实践的。凡是把理论引向神秘主义的神秘东西，都能在人的实践中以及对这个实践的理解中得到合理解决。"① 马克思、恩格斯在《德意志意识形态》中也指出："对实践的唯物主义者即共产主义者来说，全部问题都在于使现存世界革命化，实际地反对并改变现存事物。"② 这里所说的实践既不是"从它的卑污的犹太人的表现形式去理解和确定"③ 的实践，也不是精神、绝对观念的自我演化的实践，而是以大众为主体的不断发展着的物质生产和物质交往实践。马克思说："我们的出发点是从事实际活动的人，而且从他们的现实生活过程中还可以描绘出这一生活过程在意识形态上的反射和反响的发展，甚至人们头脑中的模糊幻象也是他们的可以通过经验来确认的与物质前提相联系的物质生活过程的必然升华物。因此，道德、宗教、形而上学和其他意识形态，以及与它们相适应的意识形式便不再保留独立性的外观了。它们没有历史，只有发展，而发展着自己的物质生产和物质交往的人们，在改变自己的这个现实的同时，也改变着自己的思维和思维的产物。不是意识决定生活，而是生活决定意识。"④ 在这里，"发展着自己的物质生产和物质交往的人们"就是大众，以从事物质生产和物质交往活动的大众为出发点的实践构成了马克思主义哲学的科学基础。

马克思、恩格斯进一步指出，哲学只有在指导人们实践的过程中才有

---

①　《马克思恩格斯选集》第 1 卷，人民出版社 1995 年版，第 60 页。

②　同上书，第 75 页。

③　同上书，第 54 页。

④　同上书，第 73 页。

意义。针对就哲学形而上的彼岸性。马克思认为，以往的"哲学家们只是用不同的方式解释世界"①，而马克思主义哲学的历史使命"在于改变世界"。历史经验表明，"解释世界"可以是少数哲学家的事情，而"改造世界"却只能是人民大众的历史使命。在改变世界的过程中，马克思主义哲学就必须要大众化，因为"在马克思主义者看来，理论是重要的，它的重要性充分的表现在列宁说过的一句话：'没有革命的理论，就不会有革命的运动。'然而马克思主义者看重理论，正是也仅仅是它能够指导行动。如果有了正确的理论，只是把它空谈一阵，束之高阁，并不实行。那末，这种理论再好也是没有意义的"。② 只有通过理论的大众化引领和指导人们改造世界的实践中，理论才能成为变革现实的力量，思想才能实现。这正是马克思主义哲学的落脚点，是它的全部理论思维的本质。

其次，马克思主义经典作家分析了哲学在无产阶级革命实践中的重要性，指出大众化是哲学理论的历史使命和价值取向。

在《〈黑格尔法哲学批判〉导言》中，马克思指出："批判的武器当然不能代替武器的批判，物质力量只能用物质力量来摧毁；但是理论一经掌握群众，也会变成物质力量。理论只要说服人［ad hominem］，就能掌握群众；而理论只要彻底，就能说服人［ad hominem］。所谓彻底，就是抓住事物的根本。但是，人的根本就是人本身。"③ 马克思主义哲学把人看作实践的主体，人们在实践中创造历史，也在改造世界的过程中改造自身，解放自身，发展自身，力图实现向人的本质的回归，马克思主义哲学的唯一目标就是要唤醒人们对人的本质的关注，并在现实实践中积极地引导人们认识自我、发现自我、解放自我、发展自我，实现人的全面自由的发展。这是贯穿马克思主义哲学始终的价值取向。

马克思对以往社会存在和社会意识的批判都是围绕着哲学理论大众化来展开。用科学的实践哲学作为武器批判现存的社会，用批判的武器启蒙大众、武装大众，指导大众完成历史赋予的使命。这一点特别体现在马克思主义对资本主义社会的阶级斗争和阶级革命的分析中。马克思主义哲学在科学的实践观的基础上分析人压迫人的种种社会秩序和意识形态，揭示

---

① 《马克思恩格斯选集》第 1 卷，人民出版社 1995 年版，第 61 页。
② 《毛泽东选集》第 1 卷，人民出版社 1991 年版，第 292 页。
③ 《马克思恩格斯选集》第 1 卷，人民出版社 1995 年版，第 9 页。

隐藏在背后的人类社会的发展规律，指出了资本主义为代表的私有制社会必然会灭亡和以人的全面自由发展为最高目标的共产主义社会必然实现的历史趋势，唤醒无产阶级的觉悟，使哲学成为他们手中的思想武器，引导他们改造自身、改造世界，实现全人类的解放和发展。马克思说："这个解放的头脑是哲学，它的心脏是无产阶级。哲学不消灭无产阶级，就不能成为现实；无产阶级不把哲学变成现实，就不可能消灭自身。"① 哲学的功能表现即在于"哲学把无产阶级当作自己的物质武器，同样，无产阶级也把哲学当作自己的精神武器"②。在这个过程中，广大无产阶级就是"大众"，哲学和无产阶级的关系就是哲学和大众的关系，这种关系在实践中就表现为马克思主义哲学大众化的过程。马克思认为，哲学只有在大众化中才具有价值，也只有在大众化中才能完成自己的使命。两者在现实层面上的统一构成了马克思主义哲学一贯的价值取向。

二 让哲学成为群众手中的思想武器是马克思主义哲学大众化的科学含义

在当代，马克思主义哲学大众化到底是什么？我们在回答这一问题的时候，更多的是习惯于从政治宣传和思想启蒙的角度把马克思主义哲学大众化的过程理解为单方面的理论传播和纯粹的阐释技巧，更多的是强调马克思主义哲学必须要民族化、通俗化，具有中国气派和民族形式，能够通俗易懂和平易近人。之所以产生这种理解，主要在于长期以来哲学研究和实践中确实存在着精英化的倾向，久而久之，哲学似乎成了只能为少数人理解和为少数人服务的"特权"。从纠正这种错误倾向的角度提出马克思主义哲学大众化就是马克思主义哲学的民族化、通俗化的论断，这本来无可厚非。但是，如果仅仅是把哲学大众化理解为马克思主义哲学的大众认同和从抽象到具体、从深奥到通俗的过程，似乎只要人民大众接受和认同了马克思主义哲学，就完成了马克思主义哲学大众化的任务。这种理解就难免有些以偏概全。这种对马克思主义哲学大众化的片面理解看似使马克思主义哲学重新和大众联系起来，但这种联系仅仅是形式上的联系，就马

---

① 《马克思恩格斯选集》第 1 卷，人民出版社 1995 年版，第 16 页。

② 同上书，第 15 页。

克思主义哲学的实际内容和要求而言，恰恰是割裂了马克思主义哲学同人民大众为主体的现实实践的必然联系，把两者割裂开来。就这一点而言，也正是丢掉了马克思主义哲学"改造世界"的历史担当，使哲学重新回到了被马克思恩格斯批判的"经院哲学"的"神圣殿堂"。因此，我们理解马克思主义哲学大众化的科学含义，就要认清马克思主义哲学大众化不是人民大众对马克思主义哲学的被动接受，也不仅仅是为了让人民大众理解和认同马克思主义哲学，而是要让哲学变为群众手里的思想武器。

从马克思主义哲学的历史发展看，马克思主义哲学大众化是一个从被大众理解到成为大众手里的思想武器，指导大众实践的过程。19 世纪 30 年代，西欧资本主义发展有了重大转折，经济危机使资本主义固有矛盾充分暴露，无产阶级与资产阶级矛盾更加突出。19 世纪三四十年代，法国、英国、德国接连爆发了工人阶级反对资本主义制度的斗争。但是，由于没有革命理论的指导，斗争均以失败而告终。马克思主义哲学正是应大众的革命需求，在批判旧的社会存在和社会意识过程中而产生的，通过对资产阶级哲学为代表的意识形态的批判，唤醒了无产阶级对自身存在现状和存在价值的认识，使其从无产阶级认识世界的工具成为改造世界的工具，指导着全世界无产阶级革命蓬勃发展。第一次世界大战的爆发使沙皇俄国成为东西方矛盾的焦点和帝国主义统治体系中最薄弱的环节，在十月革命及随后的社会主义建设中，列宁总结了革命和建设的实践经验，批判了各种错误的哲学思潮，写下了一系列马克思主义哲学著作，这些思想直接成为武装苏俄工人阶级的思想武器，遏制了资产阶级意识形态在工人思想中的影响，也为苏俄无产阶级革命理论和苏联社会主义建设理论的发展提供了哲学基础。在东方，中国共产党领导中国的人民大众取得了新民主主义革命的胜利，以及社会主义改造的完成，开创了中国特色社会主义道路。以往的发展历程告诉我们，马克思主义哲学只有在指导大众实践的过程中才具有现实价值，马克思主义哲学大众化，是大众掌握马克思主义哲学和马克思主义哲学掌握大众双重过程的统一。

大众掌握哲学和哲学掌握大众看似两个过程，但实际上是理论被大众理解、认同以及在这个基础上成为大众思想武器、指导大众实践的有机统一。就外部看，前者是形式和结构，后者是内容和功能；就内部关系来看，前者是后者的基础，后者是前者的目的。只有具备了大众的形式和语言、被大众理解，才能从理论转化为指导实践的思想武器，从而指导大众实践。只有立足于这一点，马克思主义哲学大众化才能不迷失自己的方向。

三　科学的马克思主义理论是马克思主义哲学大众化的前提

马克思主义哲学要实现大众化，首先要保证理论的科学性和彻底性，这是大众化的基本前提。只有抓住了事物的根本，马克思主义哲学才能把握规律性，富于指导性，才能说服群众，得到群众认同，指导群众实践。

马克思主义哲学在世界本原的回答上抓住了物质第一性，意识第二性的根本问题，在对联系和发展变化原因的回答中抓住了矛盾对立统一这一根本问题，在发展趋势的回答上抓住了否定之否定规律这一根本问题，在人类历史的发展规律上抓住了生产力决定生产关系和经济基础决定上层建筑这一根本问题。马克思主义哲学对客观世界规律性的把握使其成为科学的世界观，对现实世界的种种现象给予令人信服的解释力。更重要的是它在科学解释世界的基础上坚持批判的革命态度，反对并超越了任何保守僵化的存在，通过批判而构建新的"世界"和引导社会发展。之所以说作为大众化前提的马克思主义哲学一定是科学的，既在于其观点和方法的科学性，也在于其对不断发展的客观现实始终能够保有批判的质疑，对未来理想社会的构建始终保有科学的态度和崇高的价值取向。

在当代，坚持科学的、彻底的马克思主义哲学，对于马克思主义哲学大众化而言更具有现实意义。当前的时代，与马克思、恩格斯的时代大有不同，社会生产实践和社会交往实践有了巨大的变革和发展。与实践发展不同的是，理论的研究和发展并没有完全跟上时代的变化，两者在一些领域存在着或多或少的脱节，甚至在个别问题上存在一定的矛盾。因此，怎样才能让理论更科学地反映实践变化、更彻底地适合实践需要，或者说，如何用"科学的、发展着的"马克思主义哲学来指导实践，就成为我们面临的急需解决的问题。要回答这一问题，不能仅仅是回到马克思主义哲学的观点体系，更重要的是要回到创立马克思主义哲学观点体系的科学方法、价值立场等哲学精神上来，从这些基本精神出发来构建马克思主义哲学大众化的科学前提。

（一）时代精神的体现——解决时代问题

马克思主义哲学的科学性首先在于它体现时代的精神，能够解决时代的问题。"哲学家并不像蘑菇那样是从地里冒出来的，他们是自己的时代、自己的人民的产物"①，任何一种"哲学不仅仅从内部即就其内容来说，而且从外部即就其表现来说，都要和自己时代的现实世界接触并相互作用"。② 其成熟标志也不在于体系的完善程度，而在于对时代问题的科学认识和解答。因为"每个时代都有属于它自己的问题，真正的哲学批判要分析的不是答案，正是那些重大的时代性问题"③。这些"问题就是公开的、无畏的、左右一切个人的时代声音。问题就是时代的口号，是它表现自己精神状态的最实际的呼声"④。只有正确地或比较正确地反映了时代的内容和任务，提出并解决符合时代需要的问题，哲学才能真正实现大众化。

100 多年前，马克思恩格斯敏锐地认识到了资本主义社会内部不可调和的矛盾必然迎来一个新的社会形态这一历史性转变。提出并科学地回答了人类历史发展是否具有规律性，资本主义灭亡和社会主义胜利是否具有必然性以及无产阶级是否能够和应当如何承担资本主义社会掘墓人的历史使命等一系列反映时代内容、符合时代需要的重大问题。这些问题的提出和解决充分体现了马克思主义哲学就其内容而言的科学性，更重要的在于，马克思在提出和回答这些时代问题过程中所形成的批判精神和立场观点、分析方法，构成了马克思主义哲学的科学世界观和方法论。后来不同时代的马克思主义者不仅要批判继承以往的文明成果，更要随着时代的发展不断地批判和吸收人类认识的最新成果，分析和解决各自时代的重大问题。列宁、毛泽东、邓小平，每一代马克思主义者都立足于自身时代的新特征，提出符合各自时代发展趋势的重大问题，并在大众的实践中解决这些问题，最终的结论和解决问题的方法又不断为马克思主义哲学注入新的时代精神、历史内涵、实践经验、理论创见。

---

① 《马克思恩格斯全集》第 1 卷，人民出版社 1956 年版，第 219 页。

② 同上书，第 220 页。

③ 《马克思恩格斯全集》第 40 卷，人民出版社 1982 年版，第 289 页。

④ 同上书，第 290 页。

当今的时代与马克思主义经典作家所处的时代有着巨大的差别。人类的生产实践和交往实践以前所未有的速度扩展，在社会化和全球化高度发达的今天，人的主体能动性得到了充分的加强，整个的社会生活发生了许多革命性的、根本性的变化。这就需要我们在和平与发展的时代背景中坚持改革和创新的时代精神，在新的大众实践中分析和解决马克思主义哲学所面临的现实问题，科学地解答如何认识当代资本主义，如何认识社会主义的前途和命运，如何认识中国特色社会主义的发展方向，如何认识当今社会的诸多矛盾等重大时代问题，用新的实践经验进一步丰富马克思主义哲学，用发展着的马克思主义哲学指导新条件下的大众实践，充分展现马克思主义哲学的时代魅力和科学精神。

（二）引导社会进步——反映社会发展规律

我们说马克思主义哲学是科学的世界观和方法论，这里面包含着马克思主义哲学对个体的意义，即提高人的思想境界和对外部世界的判断、分析能力，增强人的实践能力，指导人民大众的实践向着符合社会发展规律的方向前进，引导社会的进步。这是马克思主义哲学作为科学的世界观和方法论的真正价值所在，也是马克思主义哲学大众化在当代中国能够成为现实的前提。

马克思主义以往的旧哲学特别是近代哲学都或多或少地把握了一定层面的自然界运行规律和人的思维活动的规律，然而这些认识大多是就自然界领域或者思维领域的某一方面孤立地片面地加以考察。比如费尔巴哈的形而上学唯物主义认识到了客观世界的物质性，但没有正确的揭示意识对物质的能动关系；黑格尔的唯心主义辩证法把握到了思维的辩证运行规律，但没有看到意识对物质的依赖关系。更重要的在于，无论是唯心主义哲学家还是唯物主义哲学家，都没有真正理解社会历史发展的规律性，只能抓住零星的历史片段臆造出看似正确的规律。这种理论上的缺陷使旧的哲学只能成为解释世界的学说，对于个体和社会的意义仅仅在于提高个人的道德素质和思想境界，至多是自发地促进社会历史发展进程。马克思主义哲学把辩证法和唯物主义结合起来并且贯穿了自然界、人的思维和社会历史领域，真正揭示了隐藏在纷繁复杂的历史现象背后的社会发展规律，形成了对于整个世界较为完整的科学认识。我们说马克思主义哲学是科学的世界观，并不是说它与提高人的思想境界、道德修养无关，而是在于它对世界运行的规律性的认识，不仅能够为个人的能力提高和发展提供引导，而且能够为整个人类社会的发展提供指导。马克思主义哲学既坚持了解释世界的科学性，也把无产阶级乃至人类的解放作为自己的最高目标，致力于实现人的全面自由和发展，在更深的层面包含自身的道德标准和价值判断。正是由于实现了科学性和价值性的统一，马克思主义哲学才展现出了强大的生机与活力，无论过去、现在还是将来，它都能引导社会的进步，不断地推动人类的解放事业。

马克思主义哲学引导社会的进步并不是无条件的，他还必须同大众的具体的社会实践相结合。只有具备了一定的物质基础和社会历史条件，马克思主义哲学才能充分展现作为科学的世界观对认识世界和改造世界的强大推动作用。正如马克思指出的，"理论在一个国家实现的程度，决定于理论满足这个国家的需要程度"①。毛泽东也说过："马克思列宁主义来到中国之所以发生这样大的作用，是因为中国的社会条件有了这种需要，是因为同中国人民革命的实践发生了联系，是因为被中国人民掌握了。任何思想，如果不和客观的实际的事物相联系，如果没有客观存在的需要，如果不为人民群众所掌握，即使是最好的东西，即使是马克思列宁主义，也是不起作用的。"② 社会主义制度在世界上 80 多年的实践，特别是我国改革开放 30 多年的实践，为马克思主义哲学同新的实际相结合提出了新的需要，也为满足这种需要提供了物质基础和社会条件。但要真正引导中国特色社会主义建设事业的进步，还必须要客观公正地看待我国社会主义所处的阶段和国际背景的特殊性，探索独特的社会主义建设规律，引导社会的进步和人民大众的全面发展。这也是马克思主义哲学作为科学的世界观和方法论的当代价值。

（三）代表人民群众的根本利益

马克思主义哲学作为科学的世界观和方法论，正确地反映了社会发展规律；作为革命的实践观，坚持与时俱进，体现时代精神，解决时代问题。作为以人为本的发展观，代表了人民群众的根本利益。我们说马克思主义哲学是改造世界的实践哲学，它的批判的科学精神和合理的社会建构

---

① 《马克思恩格斯选集》第 1 卷，人民出版社 1995 年版，第 11 页。
② 《毛泽东选集》第 4 卷，人民出版社 1991 年版，第 1515 页。

理想最终必须通过人民大众转化为现实的力量。这个转化的首要前提就是马克思主义哲学的价值取向和人民大众的根本利益相一致，在理论上和实践中都代表人民群众的根本利益。离开了这一点，就谈不上马克思主义哲学的大众化和指导社会实践的现实性。正如马克思所说："人们为之奋斗的一切，都同他们的利益有关"①，"'思想'一旦离开'利益'就一定会使自己出丑"②。这就要求马克思主义哲学要注重现实的"此岸世界"，关注大众感性的世俗生活，关心大众的根本利益诉求。

马克思主义哲学的价值追求和人民大众的根本利益具有内在的一致性。马克思主义哲学从人类社会的发展规律出发，梳理人类社会的从低级到高级的发展脉络，在对资本主义社会基本矛盾和无产阶级历史使命科学分析的基础上，提出了建立共产主义社会的人类理想，把实现人的全面自由的发展作为马克思主义的最终目的。"代替那存在着阶级和阶级对立的资产阶级旧社会的，将是这样一个联合体，在那里，每个人的自由发展是一切人的自由发展的条件。"③ 在这样的社会构想中，马克思主义提出，在生产力高度发达和物质精神产品丰富到足以满足每个人生存和发展需求的基础上，以人的自由全面发展为最高标准，实现人类从必然王国向自由王国的发展。由此可见，马克思主义哲学的核心价值取向就是以人为本，关注的是人如何存在的问题，争取的是人的合理的根本的利益。

马克思主义哲学与人民群众的根本利益的一致性还体现在马克思主义哲学的现实运动上。历史唯物主义强调人民群众是历史的主体和创造者，把是否符合人民利益作为评价历史的最高标准，并且认为历史是追求者追求自己目的的活动，不是群众要去符合思想满足思想，而是思想要符合满足群众的利益和要求。无论是马克思恩格斯参与和领导欧洲无产阶级的革命运动实践，还是后来的马克思主义者领导的各国社会主义革命运动的实践，以及我国当前的中国特色社会主义建设实践，均以力求实现马克思主义哲学的现实运动与人民群众根本利益的具体的历史的一致。历史也表明，只有在符合人民群众根本利益的社会革命和改革实践中，马克思主义哲学大众化才能顺利推行。就像毛泽东所说："一切群众的实际生活问

---

① 《马克思恩格斯全集》第 1 卷，人民出版社 1956 年版，第 82 页。
② 《马克思恩格斯全集》第 2 卷，人民出版社 1957 年版，第 107 页。
③ 《马克思恩格斯选集》第 1 卷，人民出版社 1995 年版，第 94 页。

题，都是我们应当注意的问题。假如我们对这些问题注意了，解决了，满足了群众的需要，我们就真正成了群众生活的组织者，群众就会真正围绕在我们的周围，热烈地拥护我们。"① 在当前的社会发展中，马克思主义哲学不仅要从根本和长远上与人民群众的根本利益相一致，更要指导人民群众对现实利益问题的解决。围绕着社会公平正义与社会发展效率、人的生存权利和发展权利、不同阶层的利益矛盾的化解等重大问题，把解决人民根本利益和解决人民现实利益结合起来，只有这样的马克思主义哲学才能被大众理解、接收，成为大众的思想武器。

总之，大众化的马克思主义哲学不是教条主义，不是经验主义，也不是实用主义，是对社会发展客观规律的科学反映和积极利用，是对人民群众根本利益的维护和实现。只有坚持开放态度、批判精神、实践本性，坚持与时俱进、以人为本，才能真正实现马克思主义哲学大众化。

四　马克思主义哲学中国化、时代化与大众化的内在关系

中国化、时代化与大众化是马克思主义哲学"三位一体"的内在属性，是马克思主义哲学实践观的具体展开。马克思主义哲学认为任何实践都是特定主体在特定的历史阶段和空间背景下的具体的过程，只有从空间、时间和主体这三个方面来认识，才能抓住不同历史阶段的生产生活实践和社会实践的本质特征，也只有基于这样的认识，马克思主义哲学才能有效指导当下所进行的实践活动。对于马克思主义哲学的当代实践而言，社会主义中国是实践的特定空间，中国所处的当前时代是实践的特定时间，从事中国特色社会主义事业建设的中国人民大众是特定主体，正是对应了马克思主义哲学的中国化、时代化、大众化。三个方面互为基础、互相包含，共同构成了马克思主义哲学实践运动的有机整体。

马克思主义哲学中国化是指把马克思主义普遍原理同中国的革命、建设和改革的实际相结合，同中国的历史传统和优秀文化相结合，运用马克思主义的立场、观点和方法解决中国的实际问题。中国化侧重强调这一实践是以中国及其国情为空间背景。马克思主义哲学时代化是指把马克思主

---

① 《毛泽东选集》第 1 卷，人民出版社 1991 年版，第 137 页。

义基本原理同时代特征、时代主题相结合，使之能够适应时代需要、解决时代课题，在推动着时代发展的同时，其理论也随时代的变化不断丰富和发展。时代化侧重强调这一实践是着眼于提出和解决当下中国所面临的实际问题。马克思主义哲学大众化是指把马克思主义的基本原理与当下中国的人民大众的实践相结合，被广大人民大众接受、掌握和运用，内化为价值观念、思维方式，指导人民大众的实践并在大众实践中得到检验和发展。马克思主义哲学大众化强调这一实践的特定人群是当代中国人民大众，要致力于满足人民大众的根本利益和整体利益。只有把马克思主义哲学中国化、时代化与大众化看成是一个整体，才能完整的理解马克思主义哲学的实践本性，才能在实践中创新和丰富马克思主义哲学。

马克思主义哲学中国化的实践逻辑

李昆明*

马克思主义哲学与中国实践相结合形成了中国马克思主义哲学，中国实践的历史性发展是马克思主义哲学中国化的内在动力和实践逻辑。近代以来，中国实践经历了革命战争实践、经济建设实践和社会和谐实践三种具体的形态，其中，革命战争实践构成了马克思主义哲学中国化的最初历史境遇，形成了毛泽东哲学思想；伴随着新中国的成立，中国实践从革命战争向经济建设转换，马克思主义哲学中国化逐渐实现了自身的范式转换，形成了中国特色社会主义哲学理论。当前，中国社会的和谐建设实践，提出了马克思主义哲学中国化理论创新的时代诉求。

一 战争实践与毛泽东哲学思想的形成

马克思曾经指出："理论在一个国家实现的程度，总是决定于理论满足这个国家的需要的程度。"① 马克思主义哲学在中国的传播以及马克思主义哲学中国化第一个理论形态的形成，是近代中国社会时代变化的需要和现实实践的选择。这种需要最鲜明的特点，是半封建半殖民地国家向民主主义国家转变的革命性、彻底性的历史性变革，亟须科学理论指导。这种选择最直接的基础，在于无产阶级领导的以工农联盟为主力军的人民大众推翻地主买办资产阶级政权的新民主主义革命战争实践。革命战争实践，是马克思主义哲学中国化的历史境遇和毛泽东哲学思想形成的实践基

* 李昆明，南京政治学院理论一系教授。

① 《马克思恩格斯选集》第 1 卷，人民出版社 1995 年版，第 11 页。

础。对此，毛泽东曾有过精辟地概括："马克思列宁主义来到中国之所以发生这样大的作用，是因为中国的社会条件有了这种需要，是因为同中国人民革命的实践发生了联系，是因为被中国人民所掌握了。"①

20世纪20—40年代的中国，其社会矛盾的尖锐性、复杂性十分罕见。中国社会在经历了大革命失败之后，中国革命将何去何从？中国革命应该按照什么样的道路模式继续走下去？这是摆在中国共产党人面前最紧迫、最重要的问题。毛泽东曾经专门就其做出过论述，他指出："中国的特点是：不是一个独立的民主的国家，而是一个半殖民地的半封建的国家；在内部没有民主制度，而受封建制度压迫；在外部没有民族独立，而受帝国主义压迫。因此，无议会可以利用，无组织工人举行罢工的合法权利。""在中国，主要的斗争形式是战争，而主要的组织形式是军队。"②这就是说，中国社会变革的特殊性决定了中国革命的主要实践形式是战争实践。如何用马克思主义哲学科学地解答战争实践中的各种问题，即如何实现马克思主义哲学与战争实践的有效结合，成为中国共产党人的核心任务。为此，首要的任务是确立马克思主义哲学中国化的根本原则，而毛泽东在1930年5月所写的《反对本本主义》一文解决了这个首要任务。

这篇文章是以毛泽东为代表的中国共产党人从认识论上总结中国革命经验的第一篇哲学著作。它真实地反映了中国马克思主义者对待马克思主义的科学态度，通俗而深刻地阐明了中国共产党人在实践活动的过程中如何坚持辩证唯物主义和历史唯物主义，防止和反对主观主义，为中国革命具体实践指明了正确的思想路线，它标志着毛泽东在马克思主义与中国革命实践如何结合的问题上达到了理论自觉。正如毛泽东所指出的："那些具有一成不变的保守的形式的空洞乐观的头脑的同志们，以为现在的斗争策略已经是再好没有了，党的第六次全国代表大会的'本本'保障了永久的胜利，只要遵守既定办法就无往而不胜利。这些想法是完全错误的，完全不是共产党人从斗争中创造新局面的思想路线，完全是一种保守路线。"③"马克思主义的'本本'是要学习的，但是必须同我国的实际情

①　《毛泽东选集》第4卷，人民出版社1991年版，第1515页。

②　《毛泽东选集》第2卷，人民出版社1991年版，第542、543页。

③　《毛泽东选集》第1卷，人民出版社1991年版，第115—116页。

况相结合。我们需要'本本',但是一定要纠正脱离实际情况的本本主义。"① 作为马克思主义哲学中国化的第一个形态,毛泽东哲学思想在组织战争、指导战争、赢得战争的具体实践中丰富和发展了马克思主义哲学理论,形成了自己的理论主题、理论特色和理论形态。这一理论形态,以毛泽东哲学的认识论思想、矛盾论学说、军事辩证法思想为主要理论内容,具有鲜明的中国传统思维方式变革的方法论特性。

毛泽东的认识论思想集中体现在《实践论》中。它紧紧抓住认识过程中理论与实践相统一这一中心问题,对马克思主义的实践观给予了系统的论述,系统地阐明了认识发展的辩证过程,突出发挥了能动的革命的反映论的作用,充分揭露了中国共产党内的主观主义,特别是教条主义的认识论根源,极大地丰富和发展了马克思主义哲学的认识论思想,是对马克思主义哲学认识论的发展与贡献。《矛盾论》则精辟地阐述了对立统一规律是唯物辩证法的根本规律,并对矛盾的普遍性和特殊性、主要矛盾和矛盾的主要方面、矛盾诸方面的斗争性和同一性、对抗在矛盾中的地位等作了全面的、系统的和开放式的论述,是对马克思主义哲学辩证法的发展与贡献。毛泽东从一般和个别相结合的角度为马克思主义普遍真理和中国革命具体实践相结合这一基本原则作了哲学上的论证,从而为我们党确立一切从实际出发、理论联系实际、实事求是的思想路线奠定了哲学基础,也为中国革命找到了科学的方法论。毛泽东的军事辩证法思想是毛泽东哲学思想中最富有中国特色和实践特征的理论成果。毛泽东在领导中国革命斗争实践过程中,根据中国革命战争以农村包围城市的武装割据的斗争形式和以持久的积极防御方式逐渐变战略防御为战略反攻的斗争方式,科学把握革命和战争进程中各种矛盾运动的特点和规律,系统地创立了人民战争理论和揭示了军事领域中各种运动形式和它们之间的辩证关系,从中国革命战争这个特殊事物中获得了认识战争、指导战争的方法论。毛泽东的《中国革命战争的战略问题》、《论持久战》等军事著作,成为世界军事宝库中的经典。首先,毛泽东着重说明了中国革命战争具有自身的特殊规律性,丰富和发展了唯物辩证法关于一般与特殊相互关系的原理。他指出:"从时间的条件说,战争和战争指导规律都是发展的,各个历史阶段有各个历史阶段的特点,因而战争规律也各有其特点,不能呆板地移用于不同

---

① 《毛泽东选集》第 1 卷,人民出版社 1991 年版,第 111—112 页。

的阶段。从战争的性质看，革命战争和反革命战争，各有其不同的特点，因而战争规律也各有其特点，不能呆板地互相移用。从地域的条件看，各个国家各个民族特别是大国家大民族均有其特点，因而战争规律也各有其特点，同样不能呆板地移用。我们研究在各个不同历史阶段、各个不同性质、不同地域和民族的战争的指导规律，应该着眼其特点和着眼其发展，反对战争问题上的机械论。"① 其次，毛泽东在中国革命战争的战略战术方面充分运用唯物辩证法中矛盾对立统一的基本原理，制定了积极防御的战略方针。最后，毛泽东运用唯物辩证法分析战争的全局和局部关系，丰富了关于整体与部分关系的马克思主义认识论原理。毛泽东指出，战争的全局和局部的关系在特定的范围内是确定的，但是这种界限又不是一成不变的，它随着范围的不同而有所不同。在战争的全局和局部关系中，全局决定局部，但是局部有时也会反过来影响全局。正如毛泽东所说："战争中有些战术上或战役上的失败或不成功，常常不至于引起战争全局的变坏，就是因为这些失败不是有决定意义的东西。但若组成战争全局的多数战役失败了，或有决定意义的某一二个战役失败了，全局就立即起变化。"② 因此，在战争过程中，要把握好全局与局部的辩证关系，既要做到局部服从于全局，也不能忽视具有决定意义的局部对于全局的影响。

"理论的方案需要通过实际经验的大量积累才臻于完善。"③ 毛泽东哲学思想就是在中国革命斗争实践中逐渐形成和发展起来的。正如毛泽东所说："马克思列宁主义的伟大力量，就在于它是和各个国家具体的革命实践相联系的。对于中国共产党说来，就是要学会把马克思列宁主义的理论应用于中国的具体的环境。……因此，使马克思主义在中国具体化，使之在其每一表现中带着必须有的中国的特性，即是说，按照中国的特点去应用它，成为全党亟待了解并亟待解决的问题。"④ 毛泽东哲学思想是以毛泽东为主要代表的中国共产党人和革命群众集体智慧的结晶，是在对马克思主义哲学的基本理论进行学习和传播的过程中，由自发的感性认识上升到自觉的理性认识的创造性应用的哲学理论成果。它既是一个科学的世界

---

① 《毛泽东选集》第 1 卷，人民出版社 1991 年版，第 173 页。

② 同上书，第 175—176 页。

③ 《马克思恩格斯全集》第 23 卷，人民出版社 1974 年版，第 417 页。

④ 《毛泽东选集》第 2 卷，人民出版社 1991 年版，第 534 页。

观体系，同时又是一个科学的方法论体系。它所要解决的问题是如何把马克思主义普遍真理同殖民地半殖民地的国家和人民的革命实践结合起来，进而对中国革命和建设的发展起到巨大的指导作用。它以实事求是为基本特征的唯物论，以对立统一规律为核心的辩证法，以实践为基础的认识论，以社会基本矛盾为基础的历史唯物论，构成了完整的毛泽东哲学思想体系。由此可见，毛泽东哲学思想在马克思主义哲学发展史上的贡献在于，它在解决中国革命和建设问题的实践过程中，不只是单纯地局限于已有的马克思主义理论的结论，而是经过艰苦的理论探索，得出许多符合中国社会历史背景和实践现状的新的理论结论，揭示了中国革命和建设的特殊规律，对中国人民革命和建设的经验进行了正确的概括和总结，从而使马克思主义理论在新的历史条件下保持了生命活力，提供了在落后国家运用马克思主义哲学和发展马克思主义哲学的范例。

二 "建设哲学"取代"斗争哲学"的范式转换

新中国成立后，中国共产党人所面临的任务和所要解决的问题由阶级斗争开始向经济建设方向发生转变。在党的八大会议上，当时已经对我国国内的主要矛盾有了正确的认识，提出我们的中心任务在于促进生产力的大力发展。然而，由于在社会主义改造基本完成后对国内主要矛盾的错误判断，生产力的发展被搁置了下来，从而影响了我国社会主义建设的整体前进步伐。在一定意义上说，"文化大革命"的失败，在客观上宣告了斗争哲学在社会主义建设时期的失败和终结。同时，它为实现从"以阶级斗争为纲"的斗争实践向"以经济建设为中心"的建设实践转变提供了可能，也为建设哲学取代斗争哲学提供了历史契机。

实践形态的转变决定了当代中国马克思主义哲学的主体性认识方式的转变。毛泽东哲学思想坚守的实践唯物主义指向，在改革开放实践基础上得到丰富和发展。从思维方式上看，中国马克思主义哲学发展实现的重大转换，理论界喜欢用"转向"来表述，比如从本体论到生存论转向、从体系意识到问题意识转向，还有价值论转向、人学转向等。这些转向，理论折射到实践中最重要的是两个转向：一是阶级性思维方式的转向，表现为从阶级分析到利益分析；从阶级性到先进性；从阶级性至上到以人为本。二是两极化思维方式的转向，表现为从二元对立到多元共生；从压倒性思维到共生性思维。无论从时代潮流看，还是从中国实际看，这都是不可低估的伟大历史进步。从学术发展看，中国马克思主义哲学在基础理论研究如辩证法、历史观、价值论等具体理论方面，特别是20世纪80年代以来围绕"实践唯物主义"这一马克思主义哲学本质特征和理论形态的讨论的基础上，实践的观点作为马克思主义哲学的历史起点和逻辑起点得到强化。实践唯物主义立足于从整体上把握马克思主义哲学，认为实践的观点贯穿于马克思主义唯物论、认识论、历史观和辩证法之中，是整个马克思主义哲学理论体系的基础和逻辑起点，强化了实践范畴在马克思主义哲学理论体系中的地位。实践唯物主义是对马克思主义哲学的基本性质、基本精神的重新理解，是对马克思主义哲学的深入发掘。它把人们从教条主义的束缚中解放出来，改变了人们形而上学的思维模式，形成了实践的动态思维模式，高扬了人的主体性，满足了当代中国社会改革开放实践发展的迫切需要，反思和纠正了"文化大革命"对人性的践踏，从而在理论层面上起到了思想解放的作用。从理论成果来看，中国马克思主义哲学研究坚持与中国改革开放的具体实际相结合，根据现实实践的不断变化而及时丰富和发展自己的理论体系，形成了邓小平哲学思想、"三个代表"哲学思想和科学发展观的哲学思想，亦即中国特色社会主义理论体系的哲学思想。

中国特色社会主义理论体系既是对历史经验和新的实际问题的总结和概括，也是对当代现实实践的哲学剖析和解答。中国特色社会主义理论体系回答了什么是社会主义、怎样建设社会主义，建设什么样的党、怎样建设党，实现什么样的发展、怎样发展等重大理论和实际问题。这"三大基本问题"正是中国特色社会主义的基本问题，也是当前马克思主义哲学中国化面临的时代问题。建设和发展中国特色社会主义，在新的时代背景和历史条件下推进马克思主义哲学中国化发展，最根本的是要清醒认识和科学回答这三大基本问题。对这三大基本问题的认识程度和把握程度，决定着中国特色社会主义实践和理论的创新程度、丰富程度和深刻程度。中国特色社会主义理论体系紧紧围绕探索和回答这三大基本问题而展开，从实践到理论进行了卓有成效的创造，用一系列紧密联系、相互贯通的新思想、新观点和新论断，深化和丰富了对共产党执政规律、社会主义建设规律以及人类社会发展规律的认识，丰富和发展了马克思主义哲学。

具体来说，中国特色社会主义理论体系丰富和发展了马克思主义的社会实践理论。科学的实践观是马克思主义理论的基石。中国特色社会主义理论体系以马克思主义的科学实践观为依据，面对人的主体性实践活动的现实状况和多样性方式，把社会历史发展的动力学说与信息时代、知识经济生产以及全球化社会交往联系起来，提出解放和发展生产力是社会主义的本质特征，社会主义的根本任务是发展社会生产力，社会主义现代化必须建立在发达生产力的基础上，通过不断完善生产关系及上层建筑解放和发展生产力；提出科学技术是第一生产力，依靠科技进步和创新发展生产力，走中国特色自主创新道路，建设创新型国家；提出人才资源是第一资源，优先发展教育，建设人力资源强国等重要思想观点，是对科技发展，新的生产工具的发明和运用，人的主体能动性的增强和生产实践范围的拓展作出的深入思考和回答，丰富和发展了马克思主义的社会实践理论和社会动力学说，奠定了中国特色社会主义实践的理论基础。

中国特色社会主义理论体系丰富和发展了马克思主义的社会发展理论。发展是人类社会的实践主题，也是马克思主义的理论主题。在这一理论体系中，关于坚持发展生产、共同富裕、生态良好的发展道路，建设资源节约型、环境友好型社会，实现以人为本、全面协调可持续发展的科学发展理论，是人类发展思想的集大成，它创立了科学社会主义的科学发展观；关于社会和谐是中国特色社会主义的本质属性，构建民主法治、公平正义、诚信友爱、充满活力、安定有序、人与自然和谐相处的和谐社会，建设和发展物质文明、政治文明、精神文明、社会文明、生态文明的相关论述，形成了社会主义和谐社会理论。这一理论体系，坚持"没有民主就没有社会主义"的原则，积极探索从各个层次、各个领域扩大公民有序政治参与，完善和发展了社会主义民主政治；提出要"代表中国先进文化的前进方向"，面向现代化、面向世界、面向未来，建设社会主义和谐文化，从而提高全民族的文化创造力和国家文化软实力的重要思想；提出要统筹国内、国际两个大局，走科学发展、和谐发展、和平发展道路，积极推动和谐世界建设等一系列思想理论。

马克思曾经说过："一切划时代的体系的真正内容都是由于产生这些体系的那个时期的需要而形成起来的。"① 中国特色社会主义理论体系正

---

① 《马克思恩格斯全集》第3卷，人民出版社1974年版，第544页。

是根据中国现实实践发展需要，将马克思主义哲学理论同中国实际和时代特征相结合的产物。在中国特色社会主义理论体系中，中国共产党人结合中国社会现实实践，将这一发展思路沿承了下来：邓小平理论在拨乱反正的历史背景下，在改革开放和社会主义现代化建设初期，解答了马克思主义哲学中国化的新主题，初步回答了"什么是社会主义、怎样建设社会主义"的问题；"三个代表"重要思想是以江泽民为代表的第三代党中央领导集体在科学判断世界发展新局势和对我国社会主义发展现状提出新的历史定位的前提下，结合我国改革开放和现代化建设的新实践，创造性地回答了在新的历史条件下"建设什么样的党、怎样建设党"的问题；科学发展观作为理论体系当中的最新成果，在改革开放深入发展，全国人民全面建设小康社会的历史进程中，为了适应国际、国内各种新的发展要求，提出了"以人为本，全面、协调、可持续发展"的发展理念，明确回答了"实现什么样的发展、怎样发展"等重大问题。在新的历史条件下，坚持实事求是的思想路线，不断探索和回答什么是社会主义、怎样建设社会主义，建设什么样的党、怎样建设党，实现什么样的发展、怎样发展这三大基本问题的过程，就是在整体上不断深化和丰富对共产党执政规律、社会主义建设规律以及人类社会发展规律认识的过程，就是不断推进马克思主义哲学中国化的过程。中国特色社会主义理论体系的形成，开辟了马克思主义哲学中国化的新境界。

三　构建社会主义和谐社会实践的理论诉求

当前我国正处于构建社会主义和谐社会新的实践过程中，中国特色社会主义建设事业进入了新的发展阶段。立足我国的基本国情和现实实践，研究和回答马克思主义哲学中国化面临的时代性课题，使马克思主义哲学随着构建社会主义和谐社会实践的发展而发展，做到与时俱进，为推进中国特色社会主义建设、构建社会主义和谐社会提供理论指导，为人类化解现代社会困境、建设和谐世界做出贡献，这就是当前中国马克思主义哲学在新的时代背景下进行理论创新的现实诉求。胡锦涛同志指出："把社会和谐明确为中国特色社会主义的本质属性，有利于更全面地坚持科学社会主义的基本原理，有利于更全面地体现党的奋斗目标和全国各族人民的共同理想，从而也有利于更好地建设中国特色社会主义，更好地实现最广大人民的根本利益。"①

社会主义和谐社会的哲学理论，必须以马克思主义哲学为理论基础，把人的主体性社会实践活动作为哲学思考的出发点，把以人为本的和谐社会作为价值理念，从而形成具有中国特色的社会主义和谐社会理论。社会主义和谐社会应该是一个充满人文关怀的社会，在这个社会中要重建人与自然、人与社会以及人与人之间的有机统一。以人为本的和谐发展不仅是社会主义和谐社会建设的核心价值取向，也是中国社会发展应对全球性问题的危机和挑战而做出的时代选择与调整。因此，构建社会主义和谐社会的价值诉求，从根本上说，是一个根源于人与自然、人与社会、人与人等矛盾的社会历史的实践问题，是与当代中国社会发展状况和目前中国关于人的发展要求相适应的现实问题。在当前我国经济社会的发展过程中，应该遵循什么样的价值原则、价值标准和价值目标来协调各种利益之间的关系，用什么样的思维方式和思想理念统一人们的思想意志和利益期待，是马克思主义哲学中国化的一个重要理论主题。社会主义和谐社会的哲学理论，必须坚持以人为本的价值原则；必须以人民群众的根本利益为价值标准；必须以不断满足人民群众日益增长的物质文化需要以及促进人的全面发展为价值目标。构建社会主义和谐社会的逻辑起点和现实起点都是"人"，和谐社会哲学理论的主体内容是现实实践中人与自然的和谐关系、人与社会的和谐关系以及人与人的和谐关系。把促进人的自由而全面的发展，人类的理性生活与社会的感性生活统一起来，是当前马克思主义哲学中国化新形态的现实诉求。

首先是以人为本的理论诉求。以人为本是构建社会主义和谐社会的根本宗旨。和谐社会的实践坚持经济、社会和人的全面发展的目标，目的在于更加全面、更加深刻地实现以人为本的发展理念。在和谐社会建设中，发展经济社会是谋求社会成员的全面发展，而绝不仅仅是经济的高速增长，也不是单纯 GDP 总量的提高；经济社会的发展依靠全体劳动者的创造和推动，通过改善和优化劳动者的素质和技能，提高人们参与的程度和水平；经济社会发展的成果惠及全体社会成员，实现人人享有发展，从而提高人们生存、享受和发展的水平和质量。然而，经济社会各领域应如何

①　胡锦涛：《在中共十六届六中全会第二次全体会议上的讲话》，《十六大以来重要文献选编》（下），中央文献出版社 2008 年版，第 674 页。

具体思维与运作，才能体现以人为本的理念与宗旨，也许各级领导人和管理者未必完全理解、把握和贯彻。以人为本的问题尚需深入研究。

其次是公平正义的理论诉求。公平正义是构建社会主义和谐社会的主要基石。和谐社会以公平正义为基础，没有公平正义，和谐的基石就会受到动摇，和谐社会就建立不起来。数千年来，中国人民梦寐以求的理想就是公平正义。历代的农民造反和起义，其起因都是社会严重缺失公平正义，追求的目标是建立一个公平正义的社会。过去，我们对公平问题一直是认识含糊，把握偏颇，把公平误解为平均，实行平均主义，伤害了积极性，后来又强调效率优先，忽略了兼顾公平，更造成社会的许多不和谐问题。从理性上认识，改革开放的伟大实践变更了人们的观念意识能力，提升了人们的理性认识水平，促进了人的发展。人的发展总是要追求正义的，人的正义追求源于人是自我创生的历史存在，即不断超越现存状态，以人的自身本质为理想目的的自为存在。从感性上认识，社会缺失公平正义的现象还是比较严重的，不少官员以权谋私、权钱交易、官商勾结，其形式何其繁多，其借口何其巧妙，都缘于由金钱的引诱而丧失了权力的威信，出卖了权力的正义，进而引发了社会的不满，催生了种种"群体性事件"。实现公平正义，是我们的理想目标。

最后是人人享有的理论诉求。达到人人享有是构建社会主义和谐社会的终极目标。人人享有发展是一种崇高的理想，实现人人享有发展，也就能达到理想的境界。人人享有发展的社会，自然就是一个和谐的社会。人人享有发展的社会，最基本的含义是人人享有参与经济活动的机遇和人人享有经济活动的成果。这也是一个社会组织经济活动的目的。其实，经济也有以人为本的问题，它不能单纯地被解释为社会生产的再生产活动，它的原本意义是指经邦济国或经世济民，即经营管理这个世界或国家，让普天下老百姓受惠，是目的与手段相统一的概念。如果人们没有平等地享有参与就业的权利，如果经济社会发展的成果不能惠及社会的所有成员，社会和谐的理念就不能成为现实生活。

上述三种诉求共同体现了马克思主义哲学的基本精神，即关注人的生存和人的解放，把人从受奴役、受压迫的社会关系中解放出来，从而实现人的全面而自由的发展。马克思曾经说过："由于在已经形成的无产阶级身上实际上已经完全丧失了一切合乎人性的东西，甚至完全丧失了合乎人性的外观，由于在资产阶级的生活条件中现代社会的一切生活条件达到了违反人性的顶点，由于在无产阶级身上人失去了自己，同时它不仅在理论上意识到了这种损失，而且还直接由于不可避免的、无法掩饰的、绝对不可抗拒的贫困——必然性的这种实际表现——的逼迫，不得不愤怒地反对这种违反人性的现象，由于这一切，所以无产阶级能够而且必须自己解放自己。"① 这一论述表明，马克思所创立的理论就是"人是人的最高本质"② 的理论，这使马克思主义哲学理论自始至终都一直贯穿着"以人为本"的基本精神。

---

① 《马克思恩格斯全集》第 2 卷，人民出版社 1957 年版，第 45 页。
② 《马克思恩格斯选集》第 1 卷，人民出版社 1995 年版，第 9 页。

实事求是:中国化马克思主义哲学基础问题

张定鑫[*]

"实事求是"命题作为党的思想路线范畴在 30 余年改革开放过程中获得了丰富的时代内涵,其当代"所指"已超越其往日的"能指"。然而,这个命题在社会舆论界甚至在学术界,也存在着程度不同的被常识化现象。这个人们熟知的领域,实际上存在一个并非真知的"深水区"。因而,进行这一命题的研究就成为一道进一步推进马克思主义哲学研究或马克思主义中国化之哲学基础研究"绕"不过的学术"工序"。在中国共产党成立 90 周年之际,研究这个问题不仅具有纪念意义,而且可以借此推进中国的哲学事业。

一 "实事求是"命题含义演绎

众所周知,"实事求是"一语作为中国人的用语始于东汉《汉书·河间献王传》。[①] 唐朝训诂学家注之为:"务得事实,每求真是也。"[②] 其意为辨别古代典籍、文物或文献真假、对错,即一种严谨好学、务求真谛的治学态度,这是"实事求是"的原初含义。两宋理学提出"即物穷理"而突出"实事求是"的认识论方面:"格,至也。物,犹事也。穷至事物之理,欲其极处无不到也";"致,推极也。知,犹识也。推极吾之知识,

---

[*] 张定鑫,江西财经大学马克思主义学院教授。

① (东汉)班固:《汉书》(中),中华书局 2005 年版,第 1839 页。
② (唐)颜师古:《汉书补注》,台北:新文丰出版公司 1975 年版,第 1105 页。

欲其所知无不尽也";"格物者,物理之极处无不到也。知至者,吾心之所知无不尽也";"物格知至,则知所止矣"。① 随着明清之际"崇实黜虚"的实学思潮兴起,原属于考据学命题的"实事求是"又由"即物穷理"或"格物致知"方面侧向"经世致用"。曾国藩进一步把汉学的"实事求是"与宋学的"即物穷理"融合起来:"近世乾嘉之间,诸儒务为浩博。惠定宇、戴东原之流钩研诂训,本河间献王实事求是之旨,薄宋贤为空疏。夫所谓事者,非物乎? 是者,非理乎? 实事求是,非朱子所称即物穷理乎?"②"有义理之学,有词章之学,有经济之学,有考据之学。义理之学即宋史所谓道学也,在孔门为德行之科;词章之学在孔门为言语之科;经济之学在孔门为政事之科;考据之学即今世所谓汉学也,在孔门为文学之科。此四阙一不可。"③ 从而使"实事求是"变成了哲学认识论命题。"实事求是"命题在近代注入了科学精神即注重实验:"西人格致之学,所以牢笼天地,驱役万物,皆实事求是之效也","知洋情之为然,而不知测知中国之能行与否以求得其所以然,殆犹知彼而不能知己者也。其言蒙养书院章程,大致以西法佐中法,而实不外古人实事求是之意。实事求是,西洋之本也"。④ 这样,"实事求是"就事实上充当了通约国学与西学的术语。⑤

延安时期,毛泽东针对中国共产党内部如何对待马列主义与中国革命具体实践之间的关系问题即学风问题,对"实事求是"命题作出了马克思主义的经典式理解,诠释为"有的放矢",就是"将马克思列宁主义的理论与中国革命的实践相结合"⑥ 或"将马克思列宁主义的普遍真理和中国革命的具体实践互相结合"⑦,并把这种"实事求是态度"或"有的放矢态度"判定为"马克思列宁主义的态度"、"马克思列宁主义的作风"。

---

① (南宋)朱熹:《四书集注》,岳麓书社 1985 年版,第 4 页。

② (清)曾国藩:《曾国藩全集·诗文》,岳麓书社 1986 年版,第 166 页。

③ (清)曾国藩:《问学》(沈云龙主编:《近代中国史料丛刊续集第 1 辑〈曾文正公(国藩)全集·求阙斋日记〉》2 卷上,刘传莹集录,台北:文海出版社,第 17963 页)。

④ 郭嵩焘:《伦敦与巴黎日记》,岳麓书社 1984 年版,第 904、857 页。

⑤ 我国学者直接用"实事求是"去解读西方的现象学。参见贺麟《译者导言:关于黑格尔的〈精神现象学〉》,载黑格尔《精神现象学》上卷,贺麟译,商务印书馆 1979 年版,第 10 页。并明确肯定:"求是、求真,乃是西方形而上学的根本特征,也是一脉相承的思想。"参见王路《"是"与"真"——形而上学的基石》,人民出版社 2003 年版,第 42 页。

⑥ 《毛泽东选集》第 2 卷,人民出版社 1991 年版,第 611 页。

⑦ 《毛泽东选集》第 3 卷,人民出版社 1991 年版,第 796 页。

这样，毛泽东第一个赋予了"实事求是"以马克思主义学风或辩证唯物主义认识论的含义，这是"实事求是"的现代含义。

然而，从反右斗争扩大化、"大跃进"到"文化大革命"、"两个凡是"20多年的挫折表明，不能像过去那样继续躺在马克思主义老祖宗的"本本"上作简单"恢复"或承继——主观愿望做到"实事求是"①，实际上由于缺乏科学的理论创新而脱离"实事求是"甚至背离"实事求是"，正如当代中国哲学家所概括的，"多年以来，我们一再强调'实事求是'，总难做到从实际出发"。② 应该在尊重马克思列宁主义原典及其历史语境、坚持马克思主义基本原理的基础上通过构建新理论取代既往定论，开显"实事求是"新的时代内涵。

当代中国人正是采取了这种态度："完整地准确地理解"马列主义毛泽东思想③或者说"解放思想"——"研究新情况，解决新问题"④，把"毛泽东思想的根本态度、根本观点、根本方法"归结为"实事求是"，把"马列主义哲学"概括为"实事求是"。⑤ 邓小平在多种场合用"实事求是"直接指称"马克思主义的辩证唯物主义和历史唯物主义"。他郑重地把"实事求是"定位为"无产阶级世界观的基础"，把"解放思想"置于实现"实事求是"的突破口，使"实事求是"与"解放思想"联袂"出场"，为当代中国人在新的历史条件下如何达到"实事求是"境界开拓了一条新路径。他在1980年2月《坚持党的路线，改进工作作风》中把我们党特别是毛泽东长期以来事实上坚持的实事求是的思想路线用哲学术语正式明确为"党的思想路线"，借毛泽东的话把"党的思想路线"具体内容简约为"实事求是"。⑥ 中国共产党在1981年通过的"若干历史问题决议"和1982年通过的"党章"都对实事求是含义作出了明确界定。之后，邓小平把整个马克思主义归结为"实事求是"。这样，自

---

① 1961年1月13日，毛泽东在《大兴调查研究之风》中提出"今年搞个实事求是年"。1973年8月，中共十大通过的"党章"明确提出"要发扬理论联系实际"的作风，"保证党的事业永远沿着马克思主义路线前进"。

② 高清海：《哲学在走向未来》，吉林人民出版社1997年版，第70页。

③ 《邓小平文选》第2卷，人民出版社1994年版，第42—43、171、279页。

④ 同上书，第279页。

⑤ 《邓小平军事文集》第3卷，2004年，军事科学出版社、中央文献出版社2004年版，第106页。

⑥ 《邓小平文选》第2卷，人民出版社1994年版，第278页。

"文革"之后到 20 世纪 90 年代初期，"实事求是"这个词汇就被赋予新的含义，成了党的思想路线"符号"，成了代表整个马克思主义之基本立场、基本精神的"符号"，而不再止于辩证唯物主义认识论或学风范畴了。

在马克思主义普遍真理与中国实际相结合实现第二次历史性飞跃之后的世纪之交以来，中国人在"思想路线"问题上没有在既往语境上简单重申"实事求是"命题，而是开拓其哲学新境界。

哲学家们这样明确提出，"要实事求是，当然要坚持从实际出发，坚持调查研究，正确处理主客观关系，等等。这是属于认识论方面的问题。可要做到实事求是，同样离不开历史唯物主义"，"只有关心群众利益特别是物质利益才可能实事求是"，"大多数人的利益（长远利益和目前利益）是共产党人制定政策的出发点。牢固站稳这个出发点，才可能实事求是，才愿意实事求是，才能够实事求是"。① "实事求是原则就应当是真理与价值的统一，它不只是要求我们的认识符合客观实际及其规律性，还进一步要求我们从中引出的实践方案具有合理性的价值取向。只有同时做到了这两条，才算是贯彻了实事求是原则。"②

中国共产党领导集体在这个问题上一方面继续深化如何"实事求是"的途径问题而提出"与时俱进"、"求真务实"，"自觉地把思想认识从那些不合时宜的观念、做法和体制中解放出来，从对马克思主义的错误的和教条式的理解中解放出来，从主观主义和形而上学的桎梏中解放出来"③。另一方面突出为何、为谁"实事求是"的价值取向问题而明确提出"实事求是的目的"命题④，完整而深刻定位于党的"基本经验"⑤、"社会主义核心价值体系"和"中国特色社会主义道路"，⑥ 凸显党的思想路线与宗旨意识、"执政能力建设"与"先进性建设"之间的内在联系。这一趋

---

① 陈先达：《心中有群众才能实事求是》，《光明日报》2000 年 9 月 5 日。

② 陶德麟：《从建国 50 年的历程看哲学的作用——兼论三个"标准"的意义及其相互关系》，《武汉大学学报》（哲学社会科学版）1999 年第 5 期。

③ 《江泽民文选》第 3 卷，人民出版社 2006 年版，第 284 页。

④ 同上书，第 130 页。

⑤ 同上书，第 270—272 页。

⑥ 胡锦涛：《高举中国特色社会主义伟大旗帜，为夺取全面建设小康社会新胜利而奋斗——在中国共产党第十七次全国代表大会上的报告》，人民出版社 2007 年版，第 34、11 页。

向固然在于"与时俱进"、"求真务实"等判断的推出，而"亮点"在于"执政为民"、"以人为本"、"社会和谐"等理念的推出，从而使当代语境中的"实事求是"超越了其往日的能指即认识方法或科学方法论范畴。

也就是说，实事求是当代所指覆盖着整个马克思主义立场观点方法，整体凸显了马克思主义哲学的崇高性，凝聚了当代中国人在"思想路线"这个哲学问题上的新视域。

二　"实事求是"的两个侧面及其层次

那么，究竟如何解析实事求是当代所指呢？

从人们"认识世界"的基本逻辑即认识—真理论看，当代意义的实事求是内存着主体如何"实事求是"或怎样"实事求是"的问题。实事求是当代所指这一基本侧面包括两个层次。

——存"真"，即充分尊重"客观存在着的一切事物"这一老实态度或科学精神。实事求是的"主体"对客观存在的既有"理论"或"普遍真理"（"矢"）、对"实践"或"实际问题"（"的"）都抱着虚心的态度或"尊重"的心态——"心诚"，全面地、系统地掌握"矢"与"的"这"两端"的完整内容，而不"头痛医头，脚痛医脚"。就对待"矢"的存"真"心态而言，当代中国人从"解放思想"或"完整地准确地理解"马列主义毛泽东思想，破除对经典断章取义或把具体真理绝对化的教条主义偏斜，到"对外开放"、"与时俱进"——"大胆吸收和借鉴人类社会创造的一切文明成果"、回应"全球化"趋势、理性地"与国际接轨"；就对待"的"的存"真"心态而言，当代中国人始终立足中国国情，从实现"工作重心转移"到"全面建设小康社会"、"实现科学发展"，为了在中国最终达到"共同富裕"而"老老实实"地始于"部分先富起来"，为了在中国展现社会主义的"名副其实"而"老老实实"地长期立足于"初级阶段"，为了实现民族伟大复兴而"老老实实"地在国际舞台上坚执"发展中国家"角色，一再重申"我国仍处于并将长期处于社会主义初级阶段的基本国情没有变，人民日益增长的物质文化需要同落后的社会生产之间的矛盾这一社会主要矛盾没有变"。这种对"客观存在着的一切事物"之存"真"的老实态度或科学态度，正是实事求是当代所指的第一个层次或"基底"。

——求"是",即认识规律、尊重规律的"形而上"境界。这是实事求是在"认识世界"范畴所达致的最高境界。这种"形而上"境界在中国特色社会主义实践过程呈现为:崇尚法治和科学,破除经验和传统的束缚;尊重自然规律、经济规律和人类社会其他发展规律,尊重世界文明发展的普遍性成果。由于我国固有的传统思想、常识思维根深蒂固而影响了人们达致这种"形而上"境界,"实事求是"在当代中国的侧重点或突破口选在"解放思想"上,主攻因长期以来的"习惯"、"经验"、"常识"所酿成的"僵化或半僵化"问题。不难理解,"解放思想"在这里构成了"实事求是"的内在规定性或内在要求。这种探求并尊重规律或科学(即规律的"可知"形态)的"形而上"境界可以说是实事求是当代所指的第二个层次,即在"认识世界"范畴的最高层次。

这种求"是"层次标明:实事求是当代所指并非"怎么都行"(anything goes)或可以"公说公有理,婆说婆有理"——没有是非标准,而是比存"真"更高的一个层次或更高的一个要求——求"是"≠求"实"。人们有时对这一层次的注视程度不及后者。要知道,历史上多次出现过的诸种形式教条主义的错误,与其说是理性或"形而上"这只手"伸得过长"——"读多了书",不如说是理性精神不足或形而上境界没有真正到位,理论思维不开阔,知识不系统,致使"有效"理论"供给不足"或不"及时"。所以我们反复强调要从对马克思主义理论的教条式理解、主观附加或解读中解放出来,深化对自然规律、社会规律等各种规律的认识,真正达到求其所"是"的水平。

然而,作为思想路线"符号"的"实事求是",实际上是"认识世界"和"改造世界"的统一。凡哲学的认识,其实都以人的某种道德立场为条件,用康德哲学家话语来说,就是实践理性有一个目的即"善"。否则,在一定条件下,"'思想'一旦离开'利益',就一定会使自己出丑"①。当代意义的实事求是作为哲学(包括马克思主义哲学)范畴也不例外,内存着主体为了什么而"实事求是"、为谁而"实事求是"的动力源即实践—价值论问题。这是实事求是当代所指的另一侧面。

---

① 《马克思恩格斯全集》第 2 卷,人民出版社 1957 年版,第 103 页。

——务"实"，即重效果、重现实、向前看的实践精神。邓小平述之为"一切从实际出发，理论和实践相结合"，"解放思想必须真正解决问题"。① 他第一次正式把"实践是检验真理的标准"纳入实事求是范畴而构成"党的思想路线"一个质的规定性，并在社会历史领域将这个"实践"标准具体化为"生产力"标准、"三个有利于"标准。这个实践标准在当下被具体化为能否始终做到"科学发展"、"社会和谐"。"中国特色社会主义"坚持这个实践标准，以社会主义制度优越性为基点，根据社会主义社会生产力发展和人民物质文化生活水平提高的需要，对一切理论、模式或人类历史所创造的一切文明成果（包括马克思主义经典结论）予以取舍，不受任何所谓"正统"或"道统"的束缚。邓小平曾经这样说：社会主义是好东西，但如果是穷社会主义总不能说是好的。马克思主义是好东西，但如果马克思主义不能带来人民生活的改善，谁还相信马克思主义？② 这即形象地阐明了"实事求是"之彻底无惧的务"实"性。

这种将存"真"、求"是"与务"实"结合起来并使前者服务于后者，不囿于既往原则、成见的"唯实"精神，是实事求是当代所指在"改造世界"的第一层次或根本要求。若以哲学术语来表达，也就是"真理尺度"与"价值尺度"在人的实践活动中达到辩证统一。马克思曾经比较过人类劳动活动与动物生命活动之间的区别："动物只是按照它所属的那个种的尺度和需要来建造，而人懂得按照任何一个种的尺度来进行生产，并且懂得处处都把内在的尺度运用于对象"。③ 人类生产劳动优越于动物的地方在于动物只能按照其物种的本性进行本能活动，人则按照客体尺度和主体尺度并把它们结合起来进行能动的创造性活动。黑格尔从其思辨哲学的角度把人类实践活动这一特性或优越性归结为既"扬弃了理念的片面的主观性"又"扬弃了客观世界的片面性"，并称之为"实现善的冲力"。④ 而实事求是之务"实"就充分彰显了人类实践活动中这一最呈人类本质的特性。

---

① 《邓小平文选》第2卷，人民出版社1994年版，第118、279页。

② 冷溶、汪作玲：《邓小平年谱》（上），中央文献出版社2004年版，第687—688页。

③ 《马克思恩格斯全集》第42卷，人民出版社1979年版，第97页。

④ ［德］黑格尔：《小逻辑》，贺麟译，商务印书馆1980年版，第410—411页。

——至"善",即为人民服务的共产主义①境界②。在当代中国,所谓"至'善'",意指锲而不舍地追问中国人民朝思暮想的是什么,遵循世界文明发展的普遍性规律去实现其所思所想,以人为本,最终实现全人类的和谐——用马克思恩格斯的话说即达到"每个人的自由发展是一切人的自由发展的条件"。③ 从实践—价值论角度看,这种至"善"或共产主义境界是实事求是当代所指之务"实"层次的进一步延伸或升华,是"实事求是"在"改造世界"范畴的最高境界。

至"善"境界,标示着当代意义的"实事求是"不属于个人生存智慧"术",而是当代中国人民的哲学文化,居于"无产阶级世界观的基础"部位,凝结了实现"每个人的自由发展是一切人的自由发展的条件"之"全人类"意识。邓小平当年在恢复党的实事求是传统时就表露了这种至"善"情结:我们太穷,太落后了,老实说对不起人民。要想一想,我们给人民究竟做了多少事情呢?④ 革命是在物质利益基础上产生的,如果只讲牺牲精神,不讲物质利益,那就是唯心论。⑤ 世纪之交以来被反复强调的"必须坚持尊重社会发展规律与尊重人民历史主体地位的一致性,坚持为崇高理想奋斗与为最广大人民谋利益的一致性"⑥,同样彰显了当代意义的实事求是之至"善"境界。

三　整体把握实事求是的当代所指

实事求是当代所指不仅包含上述侧面及其层次,还包括这些侧面及其层次之间所存在的"合则全,离则伤"的关系。

---

① 这个词汇虽在今天被谨慎地使用而不再像"文革"时期那样随口说、随处写,却依然是我们神圣的终极目标。像"党在社会主义初级阶段的基本路线"、"基本经验"、"中国特色社会主义道路"的确没有"共产主义"字眼,但字里行间无不渗透着"共产主义"因子或价值取向。

② 这里是对《大学》、《四书集注》中"至善"一词的借用。《礼记·大学》说:"大学之道,在明明德,在亲民,在止于至善。"朱熹注之为"止者,必至于是而不迁之意。至善,则事理当然之极也。言明明德新民,皆当止于至善之地而不迁,盖必其有以尽夫天理之极,而无一毫人欲之私也。"参见《四书集注》,岳麓书社 1985 年版,第 3 页。

③ 《马克思恩格斯选集》第 1 卷,人民出版社 1995 年版,第 294 页。

④ 冷溶、汪作玲:《邓小平年谱》(上),第 381、380 页。

⑤ 《邓小平文选》第 2 卷,人民出版社 1994 年版,第 146 页。

⑥ 《江泽民文选》第 3 卷,人民出版社 2006 年版,第 279 页。

存"真"是求"是"乃至"实事求是"全过程的"始基",是向这一中华古语原初意义的返本。因为"实事求是"之"首"立足于"事实",仅仅在"事实"中"求是"而不离开"实事"去"求是",更不违背"事实"独撰"是",也不为了某个先入为主的"是"而对马列文本断章取义或剪裁历史实事与生活现实。值得注意的是,这种存"真"——尊重"客观存在着的一切事物"的老实态度或科学态度在当下某些"时尚"里被视为"傻帽"、"刻板",致使世界观领域或人们的社会心理埋下"隐患"——到头来吃"不心诚"的大亏。另一方面,"实事求是"中的"是"≠"事实"或"意见",不是在"事实"里"照葫芦画瓢"或"跟着感觉走",而高于"事实"。因此,存"真"又以求"是"为其形而上境界。

实事求是当代所指中的务"实"与至"善"也是相互依存、前后递进的。务"实"是至"善"的途径,舍此,至"善"会乌托邦化,至"善"又是"实事求是"全过程的"终极目标",舍此,务"实"会降为市侩,存"真"、求"是"将沦为烦琐哲学。就二者的这种辩证关系而言,务"实"——"实践精神"可视为马克思主义者或共产党人内部区分对待马克思主义特别是其既有定论的态度(或"学风")是否科学的"标杆",至"善"境界则体现了马克思主义之为马克思主义质的规定性,显现了马克思主义与非马克思主义之间的分野,显现了实事求是当代所指与既往限于方法论或学风范畴的"实事求是"之间的不同水准,显现了实事求是当代所指与各种形式的市侩哲学及异域诸种"主义"之间的雅俗程度或境界差异。"相信谁、依靠谁、为了谁,是否始终站在最广大人民的立场上,是区分唯物史观和唯心史观的分水岭"。① 显然,务"实"若离开了至"善",实事求是作为"无产阶级世界观的基础"将被大打折扣,丧失其"质的规定性"。

并且,存"真"、求"是"与务"实"、至"善"这两个侧面是合二而一的整体。实事求是当代所指若是只有务"实"、至"善"一面,那么,她或者会被演变为一种违背规律、排斥理性、对抗科学的"一厢情愿",其结果使马克思主义乌托邦化——过去曾吃过这类亏,或者会被降格于"有奶便是娘"的市侩哲学或常识意义的"实用主义",偏离马克思

---

① 《十六大以来重要文献选编》(上),中央文献出版社 2005 年版,第 369 页。

主义哲学的真理性、科学性；当代意义的实事求是只有存"真"、求"是"一面，那么，她就无关中国人民痛痒，不过是一个无国无根、"对事不对人"、用于"做学问"的"学术方法"，或者说适用于任何人的生存智慧之"术"，偏离马克思主义哲学的宗旨或意识形态性，丧失马克思主义哲学的崇高性。其实，正如雅斯贝斯所说的，即使是"不涉及价值的科学……在选择其问题和对象的时候，整个说来仍然不能不受它自己所能够加以直观的那些评价的左右"①。遗憾的是，在常识或舆论界乃至学术层面，人们在论说"实事求是"时大都驻足于"实事求是"之认识论、方法论水准或范畴，比如在说到邓小平理论等马克思主义具体理论形态的"精髓"时，就仅仅把"实事求是"解读成一种认识方法论或学风问题。

实事求是当代所指不再是"实事求是"既往能指——限于辩证唯物主义认识论或马克思主义学风问题，而覆盖整个马克思主义哲学及其价值境界、覆盖整个马克思主义立场观点方法。其深层根据在于马克思主义的认识论与实践论是贯通的，马克思主义的实践论与价值论是贯通的。

就前者而言，马克思主义认识论本不限于狭义认识论而与实践论联为一体，是实践认识论：用马克思的话说，就是"理论的对立本身的解决，只有通过实践方式，只有借助于人的实践力量，才是可能的；因此，这种对立的解决决不只是认识的任务，而是现实生活的任务"②，用毛泽东的话说即"主观和客观、理论和实践、知和行的具体的历史的统一"③。一些哲学家这样明确肯定：当认识与实践结成一个统一体时，实践活动则是整体，认识活动是部分，认识是实践的一部分。当然，如果以一个认识过程作为考察对象，我们也可以说其中的实践是认识这个整体的部分，但就一个人、一个集团、一个民族、一个国家，乃至整个人类社会的实践总和而言，实践是整体，认识只是部分。④ 并且"挑明"：历史唯物主义的首要功能肯定不会是纯粹的科学认识，而是行动。历史唯物主义不是目的本身，它的存在是为了使无产阶级自己看清形势，为了使它在这种明确认识

① 黄颂杰：《二十世纪哲学经典文本》（欧洲大陆哲学卷），复旦大学出版社 1999 年版，第357 页。

② 《马克思恩格斯全集》第 42 卷，人民出版社 1957 年版，第 127 页。

③ 《毛泽东选集》第 1 卷，人民出版社 1991 年版，第 296 页。

④ 黄枬森：《哲学的科学之路：马克思主义哲学的科学体系研究》，北京师范大学出版社2006 年版，第 382 页。

到的形势中能够根据自己的阶级地位去行动。① 马克思主义哲学本来就不是止步于"书斋"内的学说，不满足于在"概念世界"驰骋，而指向"改变世界"。不难看出，实事求是当代所指所包含的认识—真理论与实践—价值论两个侧面，实际上体现了马克思主义认识论和实践论相统一的固有本真性。

就后者而言，马克思主义或者说马克思主义哲学是显著的实践性与鲜明的价值性的统一。以唯物史观为例，马克思恩格斯不仅强调"实践"或"生产实践"对于一般人类社会形成发展的始源性意义，② 而且突出产业无产阶级的生产实践和政治斗争实践对于资本主义文明发展、对于实现包括产业无产阶级在内的全人类解放、自由的革命性意义、终极性意义：资产阶级和无产阶级之间的阶级斗争是现代社会变革的巨大杠杆③、对实践的唯物主义者即共产主义者来说全部问题都在于使现存世界革命化、无产者在共产主义革命中失去的是枷锁而获得的将是整个世界。④ 马克思主义的"实践论"就是这样同时内含着无产阶级的"价值取向"（即价值论），二者犹如"车轮"与"方向盘"的关系。

因为，马克思主义的价值理念只有经过无产阶级"实践"过程才得以"显现"。马克思恩格斯在《共产党宣言》中就把无产阶级"实践"即"共产主义革命"过程归结为建立"一个联合体，在那里，每个人的自由发展是一切人的自由发展的条件"，以"代替那存在着阶级和阶级对立的资产阶级旧社会"。无产阶级的价值目标就"潜伏"于这种无产阶级"实践"过程之中，并通过这种实践本身而"显现"之，那种与无产阶级"实践"过程脱节的"价值观"只能是海市蜃楼。同时，马克思主义价值论体现了马克思主义实践论的"本质"或者说无产阶级"实践"之终极目标，正如恩格斯在《在马克思墓前的讲话》中将马克思一生的斗争或革命实践过程归结为"第一次使现代无产阶级意识到自身的地位和需要，意识到自身解放的条件"那样。无视这个方面，就将马克思（主义）的"实践"论变成了一种没有远大目标的市侩哲学或"机会主义"，与别的

---

① ［匈］卢卡奇：《历史与阶级意识》，杜章智、任立、燕宏远译，商务印书馆 1999 年版，第 313 页。

② 《马克思恩格斯选集》第 1 卷，人民出版社 1995 年版，第 67 页注①。

③ 《马克思恩格斯选集》第 3 卷，人民出版社 1995 年版，第 685 页。

④ 《马克思恩格斯选集》第 1 卷，人民出版社 1995 年版，第 75、307 页。

"主义"或哲学学说几无差异。这里，马克思主义的实践性与价值性本不是"两张皮"，而是彼此一体、前后贯通的，作为面向整体马克思主义的实事求是当代所指，实际上凸显了马克思主义实践论与价值论之间这种统一性。

余　论

既然实事求是当代所指这些侧面及其层次存在着彼此连贯、递进的关系，就不能割裂认识—真理论与实践—价值论这两个侧面之间的有机联系，不能片面突出某个层次而使其他处于"短板"状态。否则，将伤害实事求是当代所指，不自觉地使以"实事求是"为"符号"的思想路线常识化。所谓关于中国特色社会主义之"价值体系"、"理论体系"等命题的陆续推出，实际上从一个国家的意识形态侧面向学界提出了这么一个要求：该把作为认识—真理论的"实事求是"与作为实践—价值论的"实事求是"联通——使它们一体化或系统化。我们可以通过"实事求是当代所指"来进行这种"系统化"工作。

尽管曾为中国古语的"实事求是"已是中国化马克思主义哲学的基本形式，思想路线的基本形式，我们党和国家对待马克思主义经典及世界文明成果的基本态度、基本逻辑，但"实事求是"所指在不同的历史阶段或历史环境实际上存在着不同的侧重点、不同的历史内涵，所存之"真"、所求之"是"、所务之"实"、所至之"善"的具体内涵总是随着客观环境、时代的变化而演绎不止，特别是其"当代所指"凝聚了当代中国人在"思想路线"这个哲学问题上的新视域。因而，"实事求是"作为思想路线"符号"，或者说马克思主义的哲学路线问题，不可能是"一劳永逸"的或可以"坐享其成"的。

中国发展模式、中国道路与中国经验

文化自觉、自信、自强何以可能

王南湜[*]

文化自觉、文化自信、文化自强是时代赋予我们的历史性任务，这一任务的目标指向不是别的，正是中华民族文化的伟大复兴。如何实现这一历史性目标，或者说，这一目标的实现何以可能，则是我们眼下所必须思考的课题。笔者以为，为实现这一历史性目标，我们必须具备三种意识：文化使命意识、文化生命意识和文化承命意识。

一 文化自觉与文化使命意识

文化自觉需要我们具有文化使命意识。所谓文化使命意识就是说这个时代的中国人尤其是文化人，要自觉地认识到时代赋予我们进行文化创造，以复兴中华文化的历史使命。

那么，如何理解这种使命意识呢？人们往往从当下社会所存在的种种问题来理解文化创造或文化建设的必要性。诚然，一个社会的文化是维系该社会正常运行的精神保障，因而，文化创造应该承担起这一责任。毫无疑问，随着中国社会的转型，社会生活的巨变而产生出了种种不良现象，诸如人们常常列举的信仰丧失、道德滑坡等。这些问题当然是文化创造所要面对的问题。但从根本上说来，文化创造的目标却不限于此。

进而，人们还可能从保障民族健康发展的立场来理解文化创造的意义。这就是说，创造一种健康的适应于时代的新文化，在于它是中华民族在新时代健康发展的需要。中华民族在经受了一个多世纪的深重苦难，经

* 王南湜，南开大学哲学院教授。

过数代人饱含血泪的奋争，终于在 21 世纪挺立于世界的东方，展现出了民族复兴的灿烂前景。这样一个东方巨人，当她在世界舞台上扮演着越来越重要的角色之时，便不能没有一种健康的精神观念的内在支撑和引导。没有这样一种精神观念的支撑和引导，人们的行为在总体上就很难是合理的，而很可能是非理性的和混乱的。同理，一个民族若没有一种适当的精神观念的支持和引导，其行为在总体上也很难是合理的。特别是当一个民族处于发展和壮大起来之时，行为的合理性便尤为重要。近代历史上曾经有过不少民族在发展的关键时刻，由于受某种错误的精神观念引导，陷入了非理性的疯狂状态之中，例如，20 世纪的德国和日本，给其他民族和本民族都带来了巨大的灾难。因此之故，进行文化创新，建设一种健康、合理的精神文化，当是中华民族在新时代健康发展的需要。比之只关注于现实生活中的不良现象，这样一个目标诚然是更为重要的，是需要我们牢记于心的。但是，文化创新的意义还不限于此。

　　从根本上说来，当今实现文化创新的最深刻意义，在于借此历史机遇而实现中华民族文化的历史性伟大复兴，以一种新的姿态再度屹立于世界的东方。在以往数千年的历史上，中华民族曾经为世界创造出了一种与西方文化十分不同的独特的文化。这种文化不仅滋养了中华民族的精神生命，也为这一文化圈中的其他民族提供了精神营养。但自近代以来，在西方资本主义文明的强势攻击之下，这一文化却遭受到了前所未有的磨难和衰落，以至于许多人为了救亡图存，不惜将之弃之如敝屣，而去热烈拥抱被认为能拯救民族的西方文化。但文化并非如人的衣帽鞋袜那般可以随时更换之物，文化乃是与民族的精神生命血肉相关的东西。因此之故，尽管西方文化已经抵达中国上百年之久，但在最深层面上，国人仍与之格格不入，仍然在苦苦地寻找那能够安顿自家心灵的亲切的精神家园。当然，我们不能重返那已经衰败的古老的精神家园，因为那已不适合于现代生活。但是，为了安顿自家心灵，我们还必须探寻一种既具有回家了的亲切感而又适合于现代生活的精神家园的可能性。这种现代精神家园无疑还不是现成的存在，因而必须通过我们的精神劳作去创造出来。

　　这一创造若能获得成功，不仅国人漂泊已久的心灵得以安顿，也不仅由于中华文明自身的规模巨大而能够一举扭转近代以来东方文化的被动局面，实现东西方文化的平等，而且还能够由此而为各非西方民族树立起一种文化再生的典范,以为实现各民族文化平等相处的和谐世界贡献力量。

由此可见,当今中国的文化创造所具有的意义是何等的重大,身处这个时代的中国人所肩负的历史使命又是何等地重大! 对此,我们决不能等闲视之! 为了能够实现这一历史性的伟大创举,我们必须具有一种文化创造的历史使命意识。

这种使命意识之必要,还在于历史赋予我们的这一伟大使命是有时效性的。创造新的民族文化,既是我们的历史责任,也是一种历史机遇。简单地回顾一下人类精神文化的历史,便会发现,并不是每个时期都有耀眼的创造性文化出现,而是只有少数几个时期才发生了足以影响数百上千年的思想创造。其所以如此,盖因为文化并不是人们茶余饭后闲情逸致的消遣品,而是人类对自身生活中根本问题的把握,是对于生活中问题的一种象征性的表达和象征性的解决。一种精神文化,特别是哲学文化,无论看起来多么超凡绝俗,多么晦涩抽象,都是深深地植根于人类现实生活的。但现实生活并非时时需要文化创造,而是只有在特定时期才有这种需要。人类生活可以分为两种情况,一种是基本生活方式稳定的常规时期,一种是基本生活方式发生断裂或跃迁的巨变时期。在前一种情况下,既然基本生活方式大致上是稳定的,那么,人们对于生活中所遇到问题的解决也就可以沿用已经生活证明是成功的既有模式,至多也只需要作一些小的修改,而无须创立新的尚不知其效果的方式。在这种情况下,精神文化作为对于人类生活中根本问题的把握和反思,也就一般地处于某种常规状态,即在某种既有的范式对问题下进行细化或对既有范式作非根本性改良。而在后一种情况下,人们的基本生活方式发生了根本性的变化,面对这种变化,在既往生活中有效的解决问题的模式已变得不再有效,对之作非根本性的修补也无济于事,而是迫切需要创造一种适应变化了的生活方式的新的解决问题的模式。在这种情况下,精神文化也就必不可免地要面对这种巨变,表达这种巨变,并创造出新的象征性的解决问题的方式。这时候,文化的革命性创新时期就到来了,文化创新的历史性机遇也就到来了。但文化既然是人创造出来的,而不是自然涌现出来的,因而,如果我们没有抓住这一历史机遇,就有可能错失了使民族文化再生和再度辉煌的时机。因此,我们必须具有强烈的把握住这一文化创新历史机遇的使命意识。

二　文化自信与文化生命意识

能够具有回家了的亲切感的精神文化，必定是与该民族的历史生命息息相关的文化，而不可能是任何一种与民族精神文化传统无关的东西。就此而言，当今中国文化的创造，便不是一种无根的凭空生造，而必定是一种对于传统精神观念的再创造或重建。一种有生命力，能够支撑和引导民族行为的文化，就构成了一个民族的精神家园。但脱离了民族历史生命的文化是不能够给予人们一种具有回家了的亲切感的，因而就不是一种精神家园。与其他文化传统相比，中国文化与在当今世界上占主导地位的西方文化之间不仅在各种显性的文化成果上，而且在内在的思维方式上，有着最为显著的不同。这一重大不同已经日益得到中外比较文化研究者特别是比较哲学研究者的深刻揭示。而这种不同必然导致中华民族所认同的精神家园与其他民族的重大不同。或许，其他非西方民族可能与占主导地位的西方文化有更多的认同，但中华民族文化的独特性，使之难以从根本上认同于西方的思维方式。因此，当今中国的文化创造能否成功，首要的关键便在于能否成功地延续民族的文化生命，使传统的精神观念在当代获得新生。但是，传统文化还有生命力吗？或者说，这样一种文化再生的可能性存在吗？这是许多人会提出的问题。

经过了长期心灵漂泊的国人，可能一般不会反对复兴民族精神文化以重建亲切的精神家园，但却会对这样一种重建的可能性产生怀疑。要回应这种质疑，就是要建立起民族文化生命力的信念，即构建起我们文化的生命意识。当然，这种民族文化生命力的信念或文化的生命意识，不能只是一种主观信念，而是必须达到对于这种可能性的客观论证。这就是要考察文化再生的客观上的可能性，或者说，追问中华文化在何种意义上还具有再生的生命力。

为此，我们需要把文化分成为两个层面，即实用性层面和理想性层面，以考察这两个层面在社会生活发生巨变之时是否会有不同的反应方式。

文化的核心内容是价值观念。一般说来，我们可以把价值理解为生活的意义。由于人类生活是由经济、政治和精神文化三大活动领域构成的，因而，生活的意义或价值也可以划分为经济、政治和精神文化三种。其中经济和政治价值是现实生活层面上的意义，而精神文化价值则是理想生活层面上的意义。生活的意义无非就是人们规范自己行为的准则。人的活动不同于动物之处，在于人能够进行有意识的选择，肯定某些活动而排斥另一些活动，或者说认定某些活动为有价值的，而另一些活动为无价值，甚至负价值的。人类对生活意义的需要首先是对于现实生活意义的需要。人类的生物性决定了人类生活首先只能是一种受外部环境和人自身条件制约的有限的现实生活。这种现实性不仅表现于人与自然的关系上，亦表现于人与人的关系上。在人与自然的关系上，人首先把物质交换关系视为首要的关系，把外部自然首先视为物质生活资料的来源。在人与人的关系上，为保证生物生命存在的社会秩序，亦成了首要的考虑。这意味着生产物质生活资料的经济活动和生产社会秩序的政治活动在人类生活中是在更大程度上受限定的。虽然经济活动与政治活动作为人类活动是人类自觉进行的，是在某种可能性空间范围内可选择的，但是，这种选择是极大地被限定的。在经济和政治生活中，虽然人们可以作出抉择，但这种抉择却一般地不可能达致完美，而只能是在各种不完美的可能性之中的选择。这种不完美性既然是为人类生存的现实条件所决定，那么它便是人类所不得不接受的东西。但是，人类所拥有的语言符号能力使他又能够借助于象征作用而超越这种现实性限制，而指向一种完全自由的境界，不受任何现实条件限制的境界。这样，人类生活对于意义的需要便有两个层面，一个是对于现实生活意义的需要，一个则是对于理想生活意义的需要。生活意义的两个层面决定了人类价值或一般而言人类精神文化亦有两个层面，前者可称之为现实性或实用性价值或文化，后者则可称之为理想性价值或文化。前者是一种有限的、相对的生活意义，后者则是一种无限的、超越的生活意义。换言之，前者是为人们的经济、政治等现实活动提供意义，是现实活动的意义，后者则是为这种意义提供意义，是意义的意义。显然，在政治、经济和精神文化三大活动领域间的关系所构成的社会基本结构处在不同状态的情况下，两个层面的意义或文化与人们的现实活动的关系是相当不同的。因此，当现实社会生活发生巨变之时，对于三大领域或两个层面的文化的影响也必然是不同的。在这种情况下，我们便不能一般地、笼统地谈论一种文化再生的可能性问题，而是应当至少把两个层面分析开来，分别地考察它们在社会生活巨变条件下的可能发展趋势。

　　实用性文化是与现实的经济政治生活直接相关的文化层面，因而，现实经济政治生活的变化对其的影响也就最为直接。既然实用性价值或文化是对于人们现实生活中行为方式的规范或意义，既然任何一种行为方式都必定有与之相匹配的规范或意义准则，则现实经济政治生活的变化必然要求这些价值或意义准则的相应变化。这一点是没有疑问的。事实上，百多年来，中国文化的这一层面已经发生了翻天覆地的变化。

但实用性价值或文化并非人类价值或精神文化的全部，甚至也不是最为重要、最为核心的部分。实用性文化由于是为了应付现实经济、政治生活中的问题而创设的，是受到种种既定的外部条件的制约的，因而往往不能充分地表达一个民族的最为深层的价值趋向。而理想性文化则由于并非为了现实生活而设，它便能够更为充分地表达人们的文化趣味和精神理想。就此而言，理想性文化或价值构成了人类精神文化最为核心的部分，对于一个民族而言，亦构成了该民族文化的核心部分。那么，这种文化在经济政治生活巨变的条件下的可能趋向会如何呢？这里的关键在于它与人们的现实生活的关联是否有异于实用性文化。

一般而言，两个层面的生活意义与人们的现实生活之间的关联，是极为不同的。文化或价值的实质就是划界，划分人与其他存在物的界限。所谓文化赋予生活以意义，也正是通过划界，确定一种范围内的活动为有积极意义的，而在这一范围之外的活动则为负面意义的。生活意义也就是如此这般生活的理由。在此意义上，实用性文化或价值是一种有限的理由，而理想性文化或价值则是一种终极的理由。在某种意义上，我们可以说理想性文化并不直接规范人们的现实生活，而只能给现实生活的有限意义间接地提供一种终极意义上的规范作用。或者说，将现实生活的有限意义搭接到理想的终极意义上去，使得现实生活也能具有某种超越性意义。在这种意义上，两个层面上的生活意义与现实生活的关联方式亦是非常不同的。在实用性文化层面上，生活意义直接就是对于现实生活的肯定或否定，是直接地、实际地关联着现实生活的规范的东西，是直接以经济、政治等现实活动为内容的。而在理想性文化层面上，生活意义作为一种终极性的理想目标，则只是间接地相关于现实生活。或者说，实用性文化层面上的生活意义是与现实生活或经济、政治活动直接捆绑在一起或实际结合在一起的，而理想性文化层面的生活意义由于其超越性而只是虚拟地与现实生活连接在一起的。用康德话来说，就是对于现实社会生活而言，实用性文化是一种建构性的原则，而理想性文化则是一种范导性或调节性原则。一种理想性价值，对于现实生活中的人们来说，它永远只是一个理念性的"应当"，而非现实性的"必须"；它只是对于人们形而上的追问的一种满足，而非对于现实生活问题的解决。人类之所以需要一个生活理想并不是要在现实生活中按照理想的规范去行动，而只是要使自身的生活具有一种超越的意义，即通过将现实生活虚拟地搭挂于终极理想之上，以获得超越于现实的恒久意义。这正如一位法学家在谈到自然法时所说的那样，自然法之对于人类，有如北极星之对于航海家，航海家之需要北极星，并非要把船开到它上面去，而只是要用它来引导航向。这样，既然理想性价值与现实生活之间在这种条件下只有一种虚拟的搭挂关系，那么，一种不可避免的结论就是，当现实生活发生转变时，并不必然地要求或导致理想性文化的相应变化。终极理想的超越性以及与现实生活搭挂的虚拟性，能够有效地防止现实生活层面的变化传递到理想性生活层面。这也就是说，当人们的现实生活从传统转变为现代之时，虽然实用性文化的相应变化是不可避免的，但理想性文化却不必然要发生同样的变化；对于一个民族而言，作为其文化之核心的理想性价值是有可能保留其传统特征的。而这就意味着，一个民族的理想性文化在现实社会生活发生巨变之时，仍然是有生命力的，或者说是有可能获得再生的。

当然，民族理想性文化在现实生活巨变中的保留，并不是说它能够以任何一种方式原封不动地保留下来。以什么方式保留，仍是需要进一步探讨的。一种文化，如果不想失去生命力，仅仅以一种文化"木乃伊"的方式保存，那它就必须在现实生活中起作用，发挥自身的功能。既然理想性文化的功能是为现实生活的意义或实用性文化提供终极意义，那么，在经历现实生活的巨变之时，一个民族的理想性文化亦必须与转变了的实用性文化搭接起来，能够为新的实用性文化提供终极的意义支持。而这就需要对传统的理想性文化进行一种再解释工作。这样一种再解释也就是文化的"反本开新"。所谓"反本"，就是剥除一切由于种种历史的、偶然的原因而附加于文化理想之上的东西，回归到文化理想本身；而所谓"开新"，则是依据变化了现实重新创建文化理想与实用性价值之间的虚拟性的搭接、关联。在人类历史上，文化的这种"反本开新"是屡见不鲜的。可以说没有一种文化理想不经过这种"反本开新"而能够存留至今的。而这种"反本开新"之所以可能，正是由于理想性文化与现实生活搭挂的虚拟性。由于这种搭挂是非实在的、非硬性的，从而使得这种再解释的空间便是极其巨大的，巨大到既足以给予新的实用性价值以终极意义上的支持，又能够保留传统的文化理想。通过这种"返本开新"，作为一种民族文化之核心的理想性价值或文化理想便能够适应现实生活的变化而得到保留。这也就是说，民族理想性文化的保留或再生，不仅是我们的主观愿望，而且也是一种客观的可能性。而基于这样一种客观可能性的文化自信，才能够成为一种有根据的自信。当然，要将这种客观的可能性变成现实，还需要人们的不懈努力。但无论如何，持有民族文化理想必能再生的文化生命意识，则是使这种可能变为现实的先决条件。

因此，所谓文化的生命意识之为文化自信的前提，首先是须将传统文化中赋予实用性文化意义的理想层面的"本根"，与非"本根"的实用性层面加以区分，从而认清文化生命力之所在，而不是笼而统之地谈论传统文化在现代社会是否能够存留问题，进而对之进行笼统的保守或攻击。由此观之，以往的文化保守主义所倡扬的"反本开新"，甚至"中体西用"，本身并没有错，其失误处只在于未能恰当地分别文化的"本"与"末"、"体"与"用"。他们的观念在寻找文化之"本"之"体"之时，往往并未真正达到作为民族文化之灵魂的"本""体"，而往往将其"末"其"用"也当成了"本""体"。这样一来，由于往往拖带或包裹了太多的旧的"末""用"层面的东西，就往往无法与现代性实用性文化层面之间形成一种新的搭接关系，无法为后者提供终极价值层面的意义支撑，从而也就抑制了其生命力的展现。因而，剥离附于其上之不再适用的实用性层面，而探寻和辨析民族文化之生命力本源，便是我们葆有文化生命意识，从而增强文化自信的一个必要条件。

三　文化自强与文化承命意识

"承命"一词这里用来指对民族文化的天命或命运的担当。"承命"中的"命"字，可以是一般的命令，但亦可指"天命"，所谓"顺天承命"之"命"便是。但若是"天命"，对人而言，也就成了其"命运"。这样，所谓"承命"便是对于自身"命运"的承接、担当。而文化的承命意识便是对于民族文化命运承接、担当的意识。此话怎讲？

马克思曾云："人们自己创造自己的历史，但是他们并不是随心所欲地创造，并不是在他们自己选定的条件下创造，而是在直接碰到的、既定的、从过去承继下来的条件下创造。"① 这就是说，人们在创造自己的历史的时候，不可避免地要将他们所面对的条件承担起来，方能进行创造。而且，越是在主观上自觉地直面所面临的条件，就越是能有效地进行创造。而越是无视这些历史条件，就越不可能有效地创造。笔者之所以在这里提到要担当起民族文化命运的"承命意识"，是因为这种通过创新而实现民族文化的复兴绝非一件轻而易举之事，而是一件非常艰巨的功业，它需要人们直面这一困难，付出极其巨大的努力，甚至数代人的努力方有可能奏效。然而，反观近代以来的文化史，人们似乎由于过分急于求成，而缺少了一份直面文化实情的韧性态度。

这里所谓的文化实情是指由于现实社会生活的巨变给理想性文化层面所带来的困境。由于实用性文化与现实社会生活直接的实际搭接关系，因而现实社会生活的巨变必然会或迟或早地导致实用性文化的相应改变，而这就造成了一个文化中改变了的或正在改变中的实用性文化与传统的理想性文化之间的不适或矛盾状态。一方面，为适应现实社会生活的转型，实用性文化必须有相应的改变，不然，社会生活无以正常运行；但另一方面，民族传统的理想性文化的存留却也具有某种意义上的强制性或必然性。一个民族的传统精神文化，它所表达的是该民族传统的终极生活理想。一般说来，这种文化理想形成于雅斯贝尔斯所说的"轴心时代"。这是人类历史上的特定时期，在这一时期里，各种传统文化的特质基本上定型。在西方，这一历史时期即苏格拉底、柏拉图、亚里士多德和耶稣基督的时代；在中国，则是孔、老、孟、庄的时代。正是他们这样一大批"同时代人"的文化创造活动，奠定了中西方民族传统文化的理想原型。这样一种生活理想一经形成，便深深地积淀于各民族文化之中，构成该民族深层的"文化—心理结构"，具有极强的稳定性，具有一种真正的形而上的特征。这样一种经历了数千百年而绵延下来的生活理想，在人们心中的根植之深入、之牢固，是超乎寻常的，因而它就必定具有一种近乎自然的强制性的吸引力量，使得人们难以轻易将其割舍。既然数千百年来这样一种生活理想为人们提供了生活的终极意义，既然由于数千百年的长存而使人们感到它亲切得如同自身的一部分，既然任何一种可能的替代品都不能使人们感到它的亲切性，感到它是自己难分难舍的精神家园，那么，这

① 《马克思恩格斯选集》第 1 卷，人民出版社 1995 年版，第 585 页。

样一种民族传统文化理想的力量便是难于抵抗的。就此而言，一个民族文化理想的保留，在某种意义上就是必然的或强制性的。这样一种互相冲突的文化的两个层面都要求存在权利的状况，便是国人必须面对的文化实情。

面对这样一种文化内部冲突的实情，人们固然可以有多种选择，至少有三种基本选择：完全顺应现实生活的变化，抛弃传统；简单地坚持传统；以某种方式将两个方面结合起来。第一种方式比较简单易行，但无法满足人们对亲切的精神家园的渴望。第二种方式更为简单，但却要以文化的两个层面的分裂为代价，在个体文化实践上亦将以精神分裂为代价。而第三种方式欲将两个方面结合起来，即同时满足两个方面的要求，则最为困难，最具挑战性。因为这里要做的工作是将相互冲突的两个层面综合起来，使之成为一个协调的整体。这如何可能呢？其可能性就在于前面所说的理想性文化与现实生活之间的间接的、虚拟的、范导性的连接关系上。既然这种关系并非直接的、实际的、建构性的，那么，就有可能以一种方式重构理想性文化的核心理念与改变了的现实社会生活及实用性文化的连接关系。只是这种重构是一件非同小可之事，必须以极大的韧性，进行长期的艰苦探索工作，当有可能取得成功，而任何简单化的速成性的设想，必定只能导致无效或欲速则不达。

事实上，对理想性文化与变化了的实用性文化之间关系的重构，并非只是后发展民族所遇到的，而是在西方国家早已发生过的事情。对西方已经发生过的事情回顾，当能使我们更好地认识到这种重构的艰巨性。为了简单起见，我们只以近代西方哲学这种理想性文化的重构为例，来看哲学家们是如何实现与其现实生活相匹配的文化创造的。众所周知，西方社会生活在近代发生了根本性的变化。社会生活的变化首先无疑是经济生活方式的变化，即从自然经济转变为市场经济，从直接的产品生产转变为商品生产。与这一转变相匹配，社会的政治生活发生了根本性变化，从一种基于等级制的封建专制制度转变为民主政治。相应的，精神文化也发生了根本性的变化，这表现在哲学上就是近代哲学从笛卡尔以来的革命性转变。

但哲学并非就是对于现实生活的直接表现。任何真正的哲学，必定要以某种方式表达现实生活，但这种表达一般而言，又往往要通过种种中介环节。在西方，由于其理性主义传统，这一中介便主要的是作为理性之集中体现的科学。相对于古代科学，近代科学意识所发生的根本变化，首先就是对于世界的机械必然性的意识，即机械因果观念取代了目的论因果观念。与亚里士多德及中世纪的目的论截然相反，"在笛卡尔看来，物质世界的一切，其周围都被传递冲击的微粒所包围，一切都服从机械的因果性"，"笛卡尔排斥亚里士多德的目的因，结果就把因果关系普泛化了"。①这一对目的因的拒斥，对机械因果关系普泛化的结果，便是任何对于世界的解释只能依据能够数学化的机械决定论原理来进行。因果观念的这一转变，其意义非同小可，它意味着一种与古代截然不同的世界观的形成。据此，凡是能用数学这种理性的典型形式处理的事物，便是真实而客观的，是第一性质，而凡是不能以之处理的，便只能被打发到主观的、缺乏真实性的第二性质的领域中去。于是，在这一新的世界观中，便最终达到了"笛卡尔那著名的二元论：一方面是由一部在空间延展的巨大机器构成的世界；另一方面是有没有广延的思想灵魂构成的世界"②。

　　但这样一来，近代科学意识便导致了一个巨大的矛盾：一方面是有广延的客观的物质世界，它犹如一架数学机器，服从机械因果关系的支配；另一方面则是无广延的主观的精神世界，拥有意识、目的、情感等。在古代和中世纪那里尚还模糊的人的能动作用与超越于人的力量作用之间的紧张关系，便被明明白白地揭示了出来。现在，如果物质与精神"这两个实体中的每一个都绝对独立于另一个而存在，那么具有广延的事物的运动是如何产生没有广延的感觉的呢？没有广延的心灵的思想或范畴怎么可能对物体实体有效呢？没有广延的东西怎么能够知道一个具有广延的宇宙，又怎么在这个宇宙中达到其目的呢？"③ "第一性质"与"第二性质"的截然区分，所导致客观世界与主观世界的截然区分与对立，人与自然的连续性被彻底割断，同时也体现着现代意识与传统意识的断裂，尤其是近代科学思想与传统基督教思想的对立。在近代科学意识的冲击下，一方面，传统意识不可避免地要发生改变，但另一方面，这种改变从可能性上说并不是无限制的。人是一种历史的存在，他不可能完全割断历史，在一种全新的基础上生存，在精神文化领域尤其不可能。同时，人也是一种统一性的存在，他不可能在一种处于巨大分裂的意识中生存。为了人能够正常的

---

① ［英］布伦丹·威尔逊：《简说哲学》，任溶溶译，上海人民出版社2005年版，第44页。
② ［美］伯特：《近代物理科学的形而上学基础》，徐向东译，北京大学出版社2003年版，第95页。
③ 同上书，第96页。

生存，他必须在某种程度上克服这种对立，并建立起新的统一。近代哲学的任务，从根本上来说，就是把握住这种对立，并进而探讨克服、调和或者至少弱化这一对立的方式。

笛卡尔以来的近代哲学家都意识到了这种对立，并试图以某种方式在其哲学中予以表达，进而加以解决。但在起初，哲学家们并未能充分表达出这种对立，而是往往以某种方式模糊了这种对立，也就谈不到解决了。近代哲学家中，康德是第一个清楚地意识到了近代科学所带来的这一对立的关键性人物。他的现象与物自身的区分、自然与自由的区分、理论理性与实践理性的区分，都是试图把握住近代科学所造成的这一对立，并以某种方式将其在理论上予以解决。显然，要重建统一性，只有首先把握住近代精神中的这一巨大对立才有可能。而这，便是近代西方文化的实情。就此而言，只有康德最为深切地抓住了近代西方文化的实情。只有在康德哲学所揭示的近代精神深刻对立的基础上，才可能以某种合理的方式克服这一对立。康德之后的费希特、席勒、谢林，特别是黑格尔，都是在康德所奠定的基础上建构自己的解决方案的。无论黑格尔如何批判康德，但他对康德的奠基性贡献始终是肯定的。没有康德的奠基性工作，从费希特到黑格尔的后续工作便没有可能进行。

比照近代西方社会生活与哲学所发生的变化，再回过头来反观中国近代以来的文化，我们不难看到，自鸦片战争以来国人所遇到的问题与西方社会在近代所遇到的问题大致上是相同的。唯一不同的是社会生活的巨变在西方是内在地发生的，而在中国则是从外部引发的。这导致在西方只是古今之争的问题，在中国则变成了古今、中西之争的纠缠。但无论如何，中国思想所要面对和解决的问题是与之类似的，那就是把握住和揭示出这一对立，并建立起新的统一性来。哲学是一种对于现实生活中重大问题的象征性解决。因此，这种象征性解决是否有效，是否成功，其关键便在于对于现实生活中问题的把握。如果哲学思想如其所是地把握住了现实问题，那就为解决问题奠定了一个前提；而如果哲学思维未能把握住真实问题，那就根本谈不上真实地解决问题。如果由于某种原因而未能把握住这一对立，其结果就是不可避免地要错失创造性的解决问题的机会，从而错失复兴中国哲学之机遇。

那么，何谓把握住现实问题呢？难道鸦片战争时期的人们不就已经意识到他们所面临的是"两千年来未有之变局"吗？难道百多年来中国的哲学家们不都是围绕着社会生活的巨变在思考问题吗？不错，这些都是真实的。但是，问题不在于是否思考社会生活的巨变，而在于是否真正认识到这一巨变的根本意蕴，并将之表达于哲学思想之中。

面对"两千年来未有之变局"，人们的认识不可避免地要经过一个由表及里、由浅到深的过程。人们曾经把对于西方的认识总结为从对器物文明的"船坚炮利"到政治文明，再到精神文明的发展过程。但这样的认识是否就已经达到了对于现实问题的真实把握，还值得再思考。仔细反思这一思想总结，一个隐含的前提仍然是如何建成如西方那样的现代化国家社会。这里所隐含的思路仍然是，无论政治文明也罢，精神文明也罢，都是服务于现代化的。现代化无疑是极其重要的。一位学者说过，只要世界上有一个国家实现了现代化，其他国家就别无选择，哪怕是为了自保，也必须实现现代化。但问题是现代化并非人类生活的全部。人类生活是一个整体，包含着诸多方面，除经济的和政治的之外，还有精神文化的生活。精神文化常常被人们视为经济政治生活的副现象或手段。从一个方面看，这种理解有其依据，但从另一个方面看，人之为人，人之区别于动物之处就在于它把生活的意义放在最基本的层面，一切生活以是否有意义为判别依据。而生活的意义正是精神文化所维系者。这样看，如果我们忽略了精神文化层面的非手段意义，那就不可能真正把握住现实问题。

这里的关键问题是要看到，在经济、政治发生变化的同时，精神文化可能发生哪些变化，已经发生了哪些变化，这些变化在何种意义和程度上是必然的、不可避免的。换言之，适应于社会生活的变化，精神文化的变化在何种程度上是必要的，其限度何在，即传统文化还能在何种程度上以何种方式保留下来。这些问题往往被人们简单化了，把巨变看成了简单的断裂。其结果是，我们在将西方的现代与传统简单的对置了起来的时候，也就简单地把现代化的西方与传统的中国对置了起来。而这就既将中国问题简单化了，也将西方问题简单化了，更将中西关系问题简单化了，而没有考虑现代化的西方与传统西方的复杂关系，从而也就更不可能考虑到现代化的中国与传统中国以及与西方的复杂关系。无疑，若不考虑到这些复杂关系，就不能认为是达到了对于现实问题的真实把握。很清楚，这里的关键问题是对于精神文化问题的恰当认识，即直面精神文化所发生变化的实际情况，面向文化的实情，首先揭示出我们所面临的种种古今中外的冲突对立关系，并将之表达于哲学思想之中。只有在把握住了这些对立的前提下，才可能提出有效的解决方式。而若是在还未把握住这些对立的前提下，便侈谈解决，其结果只能是无效的虚构。

毫无疑问，自鸦片战争以来，许多有识之士的确已经意识到了上述对立，并提出了一系列解决方案。但若将这些议论与近代西方哲学相比，便不难看出其缺陷之所在来。其中最根本的缺陷便只是感受到了这些对立，只是满足于泛泛而谈，而未能如康德那样，将之概念化，将之把握在一种理论之中。既然对这些对立的描述是空泛的，那么，提出的解决方式也就只能是空泛的公式，诸如"中体西用"、"中国文化本位"、"西体中用"、"中西互为体用"、"创造性转化"、"综合创新"等，不一而足。若与康德哲学相比，不难看出，所有这些公式的根本问题，都在于满足于泛泛而谈，而从根本上说未能首先将中国文化所遇到的困境以概念化的方式揭示出来。既然连问题都尚未把握，还如何谈得上进一步解决问题？这里之所以要如此尖锐地提出问题，并非是要非难前贤，而意在自我激励。前人能够提出这些方案，已属不易。但过了半个多世纪之后，我们不能仍停留于对这类公式的花样翻新之上，在前人的贡献上原地踏步。

这种近代以来的文化建设中屡见不鲜的自觉或不自觉地模糊中西冲突对立的心态，从根本上看，可以说是一种缺乏文化自信心的表现。但这种缺乏自信心不是表层的，而是深层的。"西化"派的缺乏文化自信心，可以说是在深层与表层是一致的。但文化保守主义的缺乏文化自信心却是深层的。这种深层缺乏的一个表现，是处处或明或暗以西方为参照而比较中西文化，如以"内在超越"胜"外在超越"之类。从表面看，这一比较似乎提升了中国传统文化，但所借以比较的问题却是从西方引进的"超越"概念。这种比较从一开始就注定了是虚妄的。这一点只要回顾一下在中国历史上哪一个真正强盛的时代有过这种比较，就不难明白。真正的自信者从来不会老想着与别人一比短长。汉唐时代的思想家们何曾想过此类比较，骨子里的文化自信心使得他们能够心平气和地对待任何外来文化，随心所欲地加以取用。只有不自信者才会借助比较寻求某种心理平衡。不言而喻，这种文化不自信是与现实生活密切相关的，因而是可理解的。当中华民族尚未能在现实生活中获得他应有地位的时候，文化上的自信便显得是自欺欺人。但中华民族在现实生活中重新雄起，迫切需要重建与之相匹配的民族文化之际，如果文化人还生活在自己造成的不自信心态之中，就不再是可理解的了。

　　这里所说的文化自信心，绝非那种动辄就表现为"可以说'不'"、"不高兴"之类的浮躁爆发心态，而正是一种文化承命意识。这种自信心不是面向过去，炫耀祖宗的文化财富，而是立足现实，面向未来，创造与中华民族未来现实生活相匹配的新的民族文化。比照近代西方哲学数百年之发展才完成其转变便可知道，这种文化创造绝非易事，绝非仅凭一点激情呼喊便可成功，而是需要几代人持续的努力。因而，这里需要的便是一种正视文化冲突之现状的诚实心态，一种对待外来文化不亢不卑的健康心态，一种坚韧持久的刚毅心态。一言蔽之，文化自信心绝非对于历史的自信，而是对于通过自己的辛劳工作，克服重重困难，创造中华民族未来文化的自信。

　　因此，国人特别是文化人必须从正视文化冲突的现实开始，必须重新考量这种中西文化的胶着状态，特别是分析前贤们的理论构思，发现其中对于中西文化冲撞的反映，客观冷静地把握这种形势，不强求一种不成熟的统一，而宁可坦承这种分离。就此而言，当今中国最迫切需要的是能够直面并把握和揭示出精神文化中深刻对立的康德精神的追随者，而不是动辄构造体系的黑格尔的肤浅的模仿者。

马克思晚年东方社会发展道路
新思想的实质

姚顺良[*]

马克思晚年对东方社会发展道路的探索及其得出的一系列新思想，集中体现在他写于 19 世纪 70 年代末—80 年代初的"人类学笔记"、《历史学笔记》，以及关于俄国农村公社命运问题的论述中。对此，国外在 20 世纪六七十年代、国内在 80 年代后半期都曾出现过研究的热潮，对马克思进行这一研究的动因和目的、其得出的新结论的实质和意义作出了极为不同的诠释。我认为，这些研究并没有真正抓住问题的实质，仍然有进一步深化的必要。

一

对马克思晚年写作"人类学笔记"和《历史学笔记》的原因，存在着一种流行的看法，认为这是马克思研究方向的重大转变。他放弃了《资本论》的写作，转向科学人类学和实证历史学的研究，因此将其一生划分为"哲学人类学——政治经济学——科学人类学和实证历史学"三个阶段。有人甚至进一步将其说成马克思理论立场的根本转变，放弃了"经济决定论"，回到了"哲学人类学"的早期立场。我们认为这些看法都是错误的：在晚年马克思那里，不仅不存在所谓理论立场的根本转变，其研究方向在根本上也是一致的。所谓从经济学向人类学或历史学的转

---

* 姚顺良，南京大学社会理论研究中心教授。

变，不过是后人将现代实证科学分类的观点强加给马克思罢了。马克思向人类学或历史学研究的拓展（不是转变！），特别是对农村公社和世界历史进行再研究的真实原因，可以归纳为以下三个方面：

马克思在"人类学笔记"中对农村公社问题进行再研究，首先是出于写作《资本论》续卷，完善对资本主义生产方式理论批判的需要。土地私有权是资本主义生产方式的基本前提之一，而农村公社表明，土地所有权的最初形式并非私有制，而是公有制。研究农村公社问题，揭示土地所有权的历史演变，对于揭示资本主义生产前提的生成、把握资本主义生产方式的本质和发展趋势具有重大的理论意义。因此，早在 1853 年给《纽约每日论坛报》所写的文章中，马克思就谈到过俄国农村公社的问题。在《1857—1858 年经济学手稿》中的"资本主义生产以前的各种形式"部分，马克思围绕"生产的原始条件"问题，依据当时所能找到的相关材料，开始系统地研究作为"原始共产主义最后阶段"的农业公社，在那里马克思详细地考察了"亚细亚的所有制形式"、"古代的所有制形式"和"日耳曼的所有制形式"。在《资本论》第 1 卷出版之后的第 2 年，即 1868 年底马克思继续研究有关地租和土地所有制关系的文献。1876 年 5—6 月，马克思对毛勒的《马尔克制度、农户制度、乡村制度、城市制度和公共政权的历史概论》、《德国的马尔克制度史》等著作进行了详细的摘录。马克思认为："他的书是非常有意义的。不仅是原始时代，就是后来的帝国自由民、享有特权的地主、国家权力以及自由农民和农奴之间的斗争的全部发展，都获得了崭新的说明。"① 并为在德国发现马尔克村社制度感到高兴。同年 12 月，马克思阅读了汉森、德默里奇、乌提舍诺维奇、卡尔德纳斯关于农村公社在塞尔维亚、西班牙等国演变情况的著作。到了 19 世纪 70 年代末 80 年代初，在《资本论》第 2 卷的整理基本完成，需要进一步加工第 3 卷、完善地租理论时，马克思在"人类学笔记"中把主要的注意力放到农村公社的研究上，着力厘清土地所有制的历史演化，正是上述理论批判要求的继续。

其次是指导欧洲工人阶级的现实斗争，论证"土地国有化"的需要。1869 年 9 月，在马克思的直接参与和推动下，第一国际巴塞尔代表大会通过了有关"土地国有化"的原则，并对土地由私人所有向集体占有过

---

① 《马克思恩格斯全集》第 32 卷，人民出版社 1974 年版，第 51 页。

渡的经济必然性作出了深入的说明与论证。但是，德国资产阶级经济学家却掀起了一场反对巴塞尔大会决议的运动。其代表之一瓦格纳在其《土地私有制的废除》一书中，还专门引证了俄国法律史学家波·尼·契切林关于俄国公社土地占有制历史演变的观点。契切林认为，农村公社与农奴制有着不可分割的联系，正是农奴制的废除引发了农村公社的瓦解。这种观点同马克思是完全对立的，这也促使马克思对俄国农村公社进行更为深入的研究。

最后，更为直接也是具有决定意义的是回应俄国革命者的内部争论，探索东方社会发展道路的需要。这不仅是马克思重新系统研究农村公社的直接实践背景，也是他对世界史进行再研究的重要原因。1847—1852 年，德国历史学家奥·哈克斯特豪森在游历俄国后出版了《对俄国的内部关系、人民生活特别是农村设施的考察》（Ⅰ—Ⅲ册），在书中介绍了俄国的农村公社。他认为："俄国的公社组织，对于俄国，尤其是现时，在国家制度方面说，是无限重要的。西欧的所有国家现在都患有一种病，想把这病治好，至今仍是一个不能解决的任务——这种病就是赤贫状况和无产阶级化。俄国就不知道有这种灾难；因为公社的组织使它免于灾难。"[①]哈克斯特豪森的发现使赫尔岑和车尔尼雪夫斯基等人把农村公社看作解决俄国社会问题的希望之光，提出俄国可以在公社的基础上直接进入社会主义，绕过资本主义发展阶段。在他们的影响下，19 世纪 60 年代以后形成了有名的俄国民粹主义运动。与此相反，俄国自由派资产阶级经济学家则认为，俄国只能走同西欧一样的道路，"首先摧毁农村公社以过渡到资本主义制度"。1872 年《资本论》俄文版出版以后，马克思关于"资本主义原始积累的历史概述"也成了他们中的某些人论证自己观点的重要论据。1877 年俄国民粹派理论家尼·康·米海洛夫斯基发表在"祖国纪事"杂志上的《卡尔·马克思在尤·茹柯夫斯基的法庭上》一文，就是针对这一现象写的。到了 19 世纪 80 年代初，甚至在俄国革命者中都出现了上述两种观点之间的论争。查苏利奇 1881 年 2 月 16 日写信给马克思说，"最近我们经常可以听到这样的见解，认为农村公社是一种古老的形式，历史、科学社会主义，——总之，一切不容争辩的东西，——使它注定要灭亡。鼓吹这一点的人都自称是你的真正的学生，'马克思主义者'"。并

---

① 转引自《普列汉诺夫哲学著作选集》第 1 卷，人民出版社 1986 年版，第 19 页。

请马克思对此明确表示意见，强调"假如你能说明你对我国农村公社可能的命运的看法和对世界各国由于历史的必然性都应经过资本主义生产各阶段的理论的看法，给我们的帮助会是多么大"①。

同时，巴黎公社失败后，西欧资本主义进入和平发展时期，而东方开始酝酿着新的危机和革命，这种革命风暴首先在俄国开始形成。1861 年俄国农奴制改革和 1877—1878 年的俄土战争，极大地加剧着俄国革命的形势。因此，马克思密切关注俄国社会的动向和俄国革命问题的争论。早在看到米海洛夫斯基的文章之后他就写下了一封《给"祖国纪事"杂志编辑部的信》，表示要"直截了当地说"出自己的意见。② 不过这封信后来并未发出。在接到查苏利奇的信以后，马克思又极为认真地写了复信，共写了四稿（最后一稿与正式复信一致，前三稿是草稿）。可以说，马克思在"人类学笔记"中对农村公社和《历史学笔记》中对世界历史的再研究，正是以此为直接背景的。

马克思对农村公社的再研究，主要体现在"人类学笔记"中的《马·柯瓦列夫斯基〈公社土地占有制〉一书摘要》和《约·布·菲尔〈印度和锡兰的雅利安人村庄〉一书摘要》中，在《亨利·萨姆纳·梅恩〈古代法制史讲演录〉一书摘要》中也有涉及。

1879 年 10 月—1880 年 10 月间，马克思对柯瓦列夫斯基的书作了详细的摘要和评注，篇幅超过原书的一半。柯瓦列夫斯基的书在空间上包括了美洲、亚洲和非洲三大洲的材料，在时间上涉及 16 世纪—19 世纪末的漫长历史时期。他对印第安人、墨西哥、秘鲁、印度和阿尔及利亚等地作为原始社会遗迹的农村公社制度，从历史演变和相互对比中进行了广泛的研究。这些材料使马克思能够在整个世界历史的范围内更为全面地考察农业公社现象，探索农业公社的本质和发展趋势。1881 年马克思还对菲尔的书作了摘要。菲尔描述了 19 世纪的印度特别是孟加拉，以及锡兰（今斯里兰卡）农民的农业、村社和家庭状况，也描述了农民同地主、高利贷者，同政府捐税、司法机关的关系。马克思在摘录中重视的是有关农村公社的问题。值得注意的是，马克思在对柯瓦列夫斯基、菲尔以及梅恩著

---

① 查苏利奇 1881 年 2 月 16 日给马克思的信，转引自《马克思恩格斯全集》第 19 卷，人民出版社 1963 年版，第 637 页。

② 《马克思恩格斯全集》第 19 卷，人民出版社 1963 年版，第 129 页。

作的摘录过程中，不仅将主要注意力集中在农村公社本身的历史和现状上，还十分重视研究资本主义殖民者的统治、掠夺和相关经济政策对农村公社的影响。这实际上是考察农村公社和探索东方社会发展道路这同一个问题的相互联系的两个方面。

大体在同一时期，马克思还写下了《历史学笔记》，共有 4 个笔记本。其中按年代顺序摘录了公元前 1 世纪初—公元 17 世纪中叶，世界各国特别是欧洲各国的历史事件。马克思的"历史学笔记"题材极为广泛，时间上涉及到原始社会之后的整个前资本主义社会，空间上也涉及到西欧以外的地区如俄国和巴尔干国家，第 1 册更是包括了广大亚非拉地区。从内容上说，主要是政治事件，但也涉及到经济和文化领域，特别是从资本主义产生和形成的角度对意大利的社会制度、尼德兰革命、英国社会演变和原始积累，以及文艺复兴、宗教改革、自然科学和哲学发展状况都给予了充分的重视。与《历史学笔记》同时，马克思还写下了关于各民族经济史的笔记。① 这是马克思继早年在"克罗兹纳赫笔记"中对格·亨利希《法国史》、蒲菲斯特《德国史》和林加德《罗马人第一次入侵以来的英国史》等包括古代史在内的通史研究②之后的又一次全面的世界历史再研究。关于这一研究的动因和目的，学界有不同的推测。我们认为，正如在"人类学笔记"中考察农村公社的演变和命运离不开对资本主义殖民者影响的考察一样，马克思对世界历史的再研究，也同他对农村公社的再研究和东方社会发展道路的新探索有着内在关联：既要从对农村公社的再研究中得出的新的思想视角重新审视世界历史包括西欧资本主义形成史，又要从对世界历史的再研究中深化了的新的理论高度重新审视东方社会发展的未来道路。

二

马克思晚年通过对农村公社和世界历史的再研究，获得了一系列新的思想和观点。这些思想和观点除了可以从马克思的相关研究笔记中显露出来以外，最为明显和直接地体现在他对俄国农村公社命运问题所"直截

---

① 马克思：《历史学笔记》，红旗出版社 1992 年，"前言"第 Ⅰ 页。

② 《马恩列斯研究资料汇编》（1981），书目文献出版社 1985 年版，第 8—20 页。

了当地说"出的结论中。为此，我们需要将马克思恩格斯有关这一问题的一些主要的文本联系起来加以考察。这些文本按照时间顺序为：1875年恩格斯的"流亡者文献"之五《论俄国的社会问题》，1877年马克思写下但未寄出的《给俄国"祖国纪事"杂志编辑部的信》（1884年3月6日恩格斯将其抄本寄给了查苏利奇①），1881年马克思《给维·伊·查苏里奇的信》及该信的前三份草稿，1882年马克思恩格斯为《共产党宣言》俄文第2版所写的《序言》，以及1892年3月15日、6月18日和1893年10月17日恩格斯给尼·弗·丹尼尔逊的三封信，1894年恩格斯的《"论俄国社会问题"跋》，1895年2月26日恩格斯给普列汉诺夫的信等。从上述文本中，我们可以清楚地看出，从1877年以后到19世纪80年代初，马克思在俄国农村公社命运和俄国社会发展道路问题上形成了一系列新的思想。

　　如何理解马克思的这些新的思想，国内外学界的观点大体可以归结为以下两种：

　　一种是带有传统色彩的观点，认为这些新思想涉及的仅仅是关于个别国家发展道路问题上的具体结论的改变。马克思在这里强调的是世界历史发展规律的普遍性与特定民族、特定国家发展道路的特殊性之间的辩证关系。俄国当时的自由派经济学家和马克思去世后出现的"合法马克思主义者"的理解，他们把唯物史观关于社会形态演进的系列绝对化，甚至把《资本论》中关于西欧资本主义起源的历史概述"彻底变成一般发展道路的历史哲学理论，一切民族，不管他们所处的历史环境如何，都注定要走这条道路"，以此来论证俄国应当"首先摧毁农村公社以过渡到资本主义制度"。而在马克思看来，唯物史观是指导历史研究的科学方法论，而不是取代历史研究的"一般历史哲学理论"。"极为相似的事情，但在不同的历史环境中出现就引起了完全不同的结果。"因此，尽管从世界历史来看，社会形态的演进必须遵循"原始社会——奴隶社会——封建社会——资本主义社会——共产主义社会"的发展顺序，但就某个特定民族或国家来说，则由于历史条件和历史环境的不同，可以跨越其中的某一具体的社会形态。马克思关于俄国农村公社"跨越卡夫丁峡谷"可能性的结论，正体现历史普遍性和历史特殊性的辩证法。

　　另一种则是带有"创新"色彩的观点，认为这些新思想涉及到马克

---

① 《马克思恩格斯全集》第36卷，人民出版社1974年版，第123页。

思历史理论的根本改变。它表明马克思晚年将唯物史观的社会形态演进理论仅仅看作一种纯粹的"西方社会理论"，完全不适用于东方。这种观点在 20 世纪六七十年代一度十分流行，其中以意大利学者翁贝托·梅洛蒂最为典型。他提出马克思在历史发展问题上存在从"单线论"到"多线论"的转变。他认为，马克思原来主张"单线论"，即认为人类社会发展必然经过"原始社会——奴隶社会——封建社会——资本主义社会——共产主义社会"五个阶段。但到了晚年，马克思改变了观点，提出了"多线论"，即认为历史可以不遵循上述五个阶段的依次演进，向两个甚至多个不同的方向发展。① 这种观点在国内 20 世纪 80 年代后半期的反映，就是有的学者提出了马克思晚年形成了新的"东方社会理论"的观点。

笔者认为，上述两种观点都是错误的。实际上，马克思对"一般历史哲学理论"的批判既不是将唯物史观的社会形态演进理论当作纯粹的"西方社会理论"加以抛弃，从所谓"单线论"转向"多线论"；也不是仅仅一般地确认社会形态演进的统一性和多样性，局限于指认一个民族在发展过程中基于某些历史条件可以跨越某个特定的社会发展阶段。这里涉及的是对作为唯物史观基本内容之一的"世界历史"理论的深化和发展问题。

按照马克思的"世界历史"理论，前资本主义社会形态作为"地域性历史"是在各自孤立的地点上发展起来的，只是资本主义开创了"世界历史"，整个世界的发展才逐渐成为统一的过程。就前资本主义发展阶段来说，马克思从来没有把社会经济形态演进的历史序列绝对化，在《资本论》第 1 卷比较工厂主和领主"对剩余劳动的贪欲"时，就指出"在多瑙河各公国"，农奴制关系就是通过徭役直接从原始的"公社所有制"的基础上发展而来的。② 在"人类学笔记"中，马克思也讲过："现代家庭在萌芽时，不仅包含着奴隶制（servitus），而且也包含着农奴制，因为它从一开始就是同田野耕作的劳役有关的。它以缩影的形式包含了一切后来在社会及其国家中广泛发展起来的对立。"③ 因此在这一阶段，甚至从某种意义上可以说"多线"发展是"世界历史"理论的题中应有之

---

① ［意］翁贝托·梅洛蒂：《马克思与第三世界》，高铦译，商务印书馆 1981 年版，第 17—36 页。

② 《马克思恩格斯全集》第 23 卷，人民出版社 1972 年版，第 265 页。

③ 《马克思恩格斯全集》第 45 卷，人民出版社 1985 年版，第 366 页。

义。不过与梅洛蒂不同，这是"多"中有"一"、"多"趋向"一"：即无论是由原始社会经过奴隶制发展到封建制，还是由原始社会直接过渡到封建制，也无论这种封建制是"领主—农奴"形式还是"地主—农民"形式，其共同特征都是直接的"人的依赖关系"，其发展趋势都是从"或多或少由自然形成的共同体"趋向"以物的依赖性为基础的人的独立性"。

而在资本主义登上历史舞台以后，人类历史日益发展为世界历史，情况就发生了根本的变化。这里，不仅作为整个人类历史来说资本主义历史阶段是不可逾越的，而且某一民族在自身发展过程中能否跨越资本主义阶段的问题，也呈现出复杂的情况。因为这不仅要自身具备一定的条件，要以发达民族资本主义已经存在和发展为前提，更为重要的是要以整个世界历史发展的程度、资本主义的全球统治能力及资本主义自身是否已造成了向更高阶段过渡的历史条件为前提。这一切表明，俄国农村公社的命运以及俄国社会发展道路问题绝非孤立的问题，而是涉及"世界历史"理论的重大问题。而上述两种对马克思晚年关于东方社会发展道路新思想的解读都离开了这一关键问题。

马克思晚年对"世界历史"理论的这一重大突破，主要表现在以下三个方面。

一是世界历史的形态发生了根本的变化。资本主义是世界历史的最初动力，但不再是世界历史的实现形式。在最初提出"世界历史"理论的《德意志意识形态》中，马克思恩格斯说，人们的世界历史性存在随着生产力的发展必然成为经验的事实，"各个相互影响的活动范围在这个发展进程中越是扩大，各民族的原始封闭状态由于日益完善的生产方式、交往以及因交往而自然形成的不同民族之间的分工消灭得越是彻底，历史也就越是成为世界历史"。① 从那时起直到 19 世纪 70 年代中期，他们一直强调世界历史的形成过程就是资本主义自身发展的过程，大工业"首次开创了世界历史"。因而，不仅世界历史的最初推动力来自资本主义，而且世界历史本身也只能首先在资本主义世界体系的形式下形成。当然，资本主义世界体系的形成不过是将其不可解决的内在矛盾扩展到全世界，因而世界历史的进一步发展最终将摆脱资本主义形式，但那是世界历史发展的

---

① 《德意志意识形态》（节选本），人民出版社 2003 年版，第32—33 页。

第二阶段。现在，马克思关于世界历史的看法不同了：尽管世界历史的最初动因仍然源自资本主义，但由于资本主义自身已经走向危机和衰落，它已经无法容纳在自身形式下发展起来的世界历史进程了。正像资本主义不能实现人类的彻底解放而只能为其创造条件一样，资本主义同样不能造成真正的世界历史而只能为其创造条件。世界历史只有突破资本主义的狭隘关系才能得以最终形成，它从一开始就是在共产主义的形式下实现的。

二是东方社会在世界历史形成过程中的作用发生了根本的变化，不再是纯粹被动的，而是成为推动世界历史形成的主动力量。直到 20 世纪 70 年代中期以前，马克思恩格斯一直都把世界历史形成的过程看作是资本主义向全球的单纯空间拓展，把世界历史形成的动力单向度地归结于西方社会。"正像它使乡村从属于城市一样，它使未开化或半开化的国家从属于文明的国家，使农民的民族从属于资产阶级的民族，使东方从属于西方。"① 东方社会在他们看来已经完全丧失了生命力，不过是世界历史形成的被动对象。正是从这种认识出发，他们在无情地揭露资本主义殖民活动的暴力、掠夺等兽行的同时，充分肯定其客观的历史进步意义。这一点在马克思 19 世纪 50 年代对中国和印度的相关时事评述，特别是《不列颠在印度的统治》和《不列颠在印度统治的未来结果》等文章中表现得尤为明确。他认为印度的村社制度"始终是东方专制主义的牢固基础；它们使人的头脑局限在极小的范围内，成为迷信的驯服工具，成为传统规则的奴隶，表现不出任何伟大和任何历史首创精神"。其遭到破坏和趋于毁灭"与其说是由于不列颠的收税官和不列颠的兵士粗暴干涉，还不如说是英国的蒸汽和英国的自由贸易造成的结果"。"不过是在大范围内显示目前正在每个文明城市起着作用的政治经济学本身的内在规律罢了。"英国对农村公社从而对印度社会的破坏，"在亚洲造成了一场最大的、老实说也是亚洲历来仅有的一次社会革命"，"充当了历史的不自觉的工具"。②

现在则完全不同了：马克思强调农村公社具有强大的生命力。首先，原始公社本身具有比各种私有制形式更为强大的生命力。马克思认为："（1）原始公社的生命力比闪族社会、希腊社会、罗马社会以及其他社会，尤其是资本主义社会的生命力要强得多；（2）它们解体的原因，是

---

① 《马克思恩格斯选集》第 1 卷，人民出版社 1972 年版，第 255 页。

② 《马克思恩格斯选集》第 2 卷，人民出版社 1972 年版，第 67、75、67、68 页。

那些阻碍它们通过一定发展阶段的经济条件，是和现代俄国公社的历史环境毫无相似之处的历史环境。"① 其次，原始公社的天赋生命力还表现在，有的公社经历了中世纪的一切波折，依然保持到今天；即使是在其被替代的地方，它的各种特征也仍然非常清晰地存在于取代它的公社里面。最后，特别是当时存留在世界上广大地区的农村公社，作为原始公社的最后阶段，较之古代类型的公社有了新的特征：（1）冲破了血缘的狭隘联系；（2）房屋及园地已经成为私有财产；（3）耕地仍归公社所有，但定期重分，产品归己。这种公有制成分和私有制因素并存的二重性构成了农村公社强大生命力的源泉：一方面公有制及其所造成的各种社会关系，使公社基础稳固；同时，私有制的出现，又使个人获得发展，而这种个人发展和较古的公社的条件是不相容的。由此出发，马克思认为公社的瓦解并非由经济必然性所致，而是"死于暴力之下"。他告诫说："我们在阅读资产阶级作者所写的原始公社历史时必须有所警惕。他们是不惜伪造的。例如，亨利·梅恩爵士本来是英国政府用暴力破坏印度公社的热心帮手，但他却伪善地要我们相信：政府维护这些公社的一切善意的努力，碰到经济规律的自发力量都失败了。"② 相应的，马克思对资本主义殖民统治者在落后国家摧残农村公社的评价，也发生了根本的改变。他说："至于比如说东印度，那末，大概除了亨利·梅恩爵士及其同流人物之外，谁都知道，那里的土地公社所有制是由于英国的野蛮行为才消灭的，这种行为不是使当地人们前进，而是使他们后退。"③ "英国政府利用（已由法律批准的）'抵押'和'出让'，极力在印度西北各省和旁遮普瓦解农民的集体所有制，彻底剥夺他们，使公社土地变成高利贷者的私有财产。"并且指出，"阿尔及利亚存在高利贷的类似活动，在那里，国税重担是他们手中的进攻武器"④。这样一来，世界历史的最终形成，就不再是资本主义在世界上的单纯拓展，而是东西方相互作用的结果，甚至主要是东方人民反抗资本主义殖民统治、实现公社再生和社会复兴的结果。

三是实现世界历史的阶级力量发生了根本的转变，不再是资产阶级，

---

① 《马克思恩格斯全集》第 19 卷，人民出版社 1963 年版，第 432—433 页。

② 同上书，第 433 页。

③ 同上书，第 448 页。

④ 《马克思恩格斯全集》第 45 卷，人民出版社 1985 年版，第 324 页。

而是无产阶级和东方农民民族的联盟。在《共产党宣言》中，马克思恩格斯指出，资产阶级，由于一切生产工具的迅速改进，由于交通的极其便利，把一切民族甚至野蛮民族都卷到文明中来了。它迫使一切民族（如果它们不想灭亡的话）采用资产阶级的生产方式；它迫使它们在自己那里推行所谓文明制度，即变成资产者。一句话，它按照自己的面貌为自己创造出一个世界。可以说，直到 19 世纪 70 年代中期，开创世界历史都被看作是资产阶级的历史使命。可是现在，在马克思看来，由于资本主义已经自身难保，"资本主义是处于危机状态，这种危机只能随着资本主义的消灭、现代社会的回复到'古代'类型的公有制而结束"，因此资产阶级已经无力完成这一历史使命了。世界历史的最终形成只能由无产阶级，由西方无产阶级和东方农民阶级的联合，由西方社会主义革命和东方民族革命的"互相补充"来实现了。

今天看来，马克思过低估计了资本主义的生命力，过高估计了农村公社的生命力和实现社会主义条件的成熟程度。但是，这并不能抹杀马克思关于"世界历史"理论的上述新思想的价值。实际上，20 世纪东方民族解放和帝国主义殖民体系的崩溃，表明马克思对东方社会发展潜力的肯定和东方民族复兴前景的预言，已经以另一种方式得到了实现。特别是体现在上述新思想中的超越"欧洲中心论"的真正世界历史眼光和深刻的历史辩证法精神，更是保持着强大的生命力。

三

只有理解了马克思晚年新思想的实质在于对"世界历史"理论的突破，才能准确理解马克思晚年在俄国农村公社问题上的观点演变，并合理解释马克思与恩格斯在俄国"跨越卡夫丁峡谷"问题上的观点差异。

首先，马克思在俄国农村公社命运问题上的观点演变，正是源于其 19 世纪 70 年代末—80 年代初在人类学和历史学研究。19 世纪 70 年代中期以前，马克思对俄国农村公社的前景并不看好。1870 年他在谈到弗列罗夫斯基的《俄国工人阶级的状况》一书时，明确表示："对丁这种共产主义的黄金国，我从来不抱乐观的看法。"① 在 1875 年 2—3 月间马克思

---

① 《马克思恩格斯全集》第 32 卷，人民出版社 1974 年版，第 421 页。

还建议恩格斯"写点东西出来"批判俄国民粹主义者特卡乔夫的观点。恩格斯先写了《流亡者文献》之四，紧接着又写了"之五"即《论俄国的社会问题》。在后一篇中，恩格斯明确指出："俄国的公社所有制早已度过了它的繁荣时代，看样子正在趋于瓦解……如果有什么东西还能挽救俄国的农村公社所有制，使它有可能变成确实富有生命力的新形式，那末这正是西欧的无产阶级革命。"① 直到 1877 年 11 月《给俄国"祖国纪事"杂志编辑部的信》中，马克思得出的结论仍然是一种"有条件的否定"："如果俄国继续走它在 1861 年所开始走的道路，那它将会失去当时历史所能提供给一个民族的最好的机会，而遭受资本主义制度所带来的一切极端不幸的灾难。"②

但是，通过 19 世纪 70 年代末到 19 世纪 80 年代初对农村公社和世界历史的再研究，马克思的观点发生了重大转变。在写于 1881 年 3 月 8 日《给维·伊·查苏里奇的信》中，他的看法已经转变为"有条件的肯定"了，他说："我深信：这种农村公社是俄国社会新生的支点；可是要使它能发挥这种作用，首先必须肃清各方面向它袭来的破坏性影响，然后保证它具备自由发展所必需的正常条件。"③ 1882 年 1 月他同恩格斯共同署名的《共产党宣言》俄文第 2 版"序言"，进一步表述了这种"有条件的肯定"立场。

从这一新立场出发，马克思论证了俄国公社跨越资本主义"卡夫丁峡谷"的理论可能性。在《给维·伊·查苏利奇的信》的前三份草稿中，马克思主要是从以下两个方面论述的。

一是俄国农村公社的非资本主义发展既符合时代发展的历史方向，也符合俄国社会的总的运动方向。在马克思看来，"欧洲和美洲的一些资本主义生产最发达的民族，正力求打碎它的枷锁，以合作生产来代替资本主义生产，以古代类型的所有制最高形式即共产主义所有制来代替资本主义所有制"④ 俄国农村公社的非资本主义发展"是符合我们时代历史发展的方向的"。同时，他认为这也和俄国社会总的运动一致。俄国当时除国

---

① 《马克思恩格斯选集》第 2 卷，人民出版社 1972 年版，第 625—626 页。
② 《马克思恩格斯全集》第 19 卷，人民出版社 1963 年版，第 129 页。
③ 同上书，第 269 页。
④ 同上书，第 443—444 页。

有土地外，掌握着将近一半土地且都是优等地的土地所有制是和公社所有制对立的，这种状况使俄国的农业深陷于绝境之中。因此，甚至从纯经济的观点来看，俄国也只能通过本国农村公社的发展来摆脱它的农业现在所处的绝境；用英国式的资本主义租佃制来摆脱这种绝境的尝试，是徒劳无功的，因为这种制度是与俄国国内整个农业条件相抵触的。①

二是俄国的农村公社本身具有强大的生命力。马克思不仅如前所述，一般地指出了各种原始公社都比私有制更有生命力，农村公社比较早类型的原始公社具有更为强大的生命力，而且特别强调俄国的农村公社又有着一般的农村公社所不具备的优势。在欧洲，只有俄国农村公社不是像稀有的现象和罕见的怪事那样零星地保存下来，不是以不久前在西方还有的那种原始形式保存下来，而几乎是作为巨大帝国疆土上人民生活的统治形式保存下来的。土地公有制是俄国农村公社的集体占有制的基础，它使公社能够直接地、逐步地把已经出现的小土地个体耕作变为集体耕作，而俄国土地的天然地势又非常有利于大规模的使用机器。此外，俄国农民习惯于劳动组合关系，而且在没有分配的草地上、在排水工程和其他关系到共同利益的事业方面，已经在一定程度上实行集体经营了，这些都有助于他们从小土地经济过渡到集体经济。

当然，马克思也承认俄国的农村公社的一些弱势。首先是公社兼有公有制与私有制两种所有制形式，既构成了其强大生命力的源泉，也可能转而成为公社解体的根源。他指出，"农业公社天生的二重性使得它只可能是下面两种情况之一：或者是私有原则在公社中战胜集体原则，或者是后者战胜前者。一切都取决于它所处的历史环境"②。其次是农村公社的孤立性，容易成为比较集权的专制制度矗立其上的社会基础。不过马克思认为，"在今天，这一缺点是很容易消除的"。

在论述俄国公社跨越"卡夫丁峡谷"的可能性时，马克思反复强调，他说的是"理论上的可能性"。所谓"理论上的可能性"，包括两层意思：一是以"正常状态"为前提。"从纯理论观点，即假定以永远正常的生活条件为前提，来判断农村公社可能有的命运。"③ 二是包含着相互对立的

---

① 《马克思恩格斯全集》第 19 卷，人民出版社 1963 年版，第 437 页。

② 同上书，第 450—451 页。

③ 同上书，第 434 页。

全部可能性。例如农村公社的二重性的最终结局，"a priori〔先验地〕说，二种结局都是可能的，但是，对于其中任何一种，显然都必需有完全不同的历史环境"①。

在论述了俄国公社跨越"卡夫丁峡谷"的理论可能性后，马克思进一步提出了实现这种理论可能性的历史条件。

就俄国农村公社本身来说，它在经济上要有非资本主义发展的需要，在物质上要有实现这种发展的条件。马克思深信，"只要把'农村公社'放在正常条件，就是说，只要把压在它肩上的重担除掉，只要它获得正常数量的耕地，那末它本身就立刻会感到有这种必要。俄国农业只要求有土地和用比较原始的工具装备起来的小土地农民的时期，已经过去了。对农民的压迫耗尽了地力，使土地贫瘠，这种情况使这个时期过去得很快。现在，农民需要的是大规模组织起来的合作劳动。"② 同时，俄国农村公社的非资本主义发展在物质上也具备了实现的条件。如果俄国是脱离世界而孤立存在着的，如果它只靠自己的力量来取得西欧通过长期进化（从原始公社到它的目前状态）才取得的那些经济成就，那么公社便注定会随着社会的发展而灭亡。但是俄国农村公社不仅和资本主义生产是同时代的东西，而且度过了资本主义制度没有被触动的时期。俄国农村公社比同一类型的古代公社大大优越的地方正是在这里。一旦资本主义由于整个社会"回复到'古代'类型的公有制"而宣告结束，俄国的农村公社就可以从与它并存的资本主义取得进行集体劳动的一切条件，不通过资本主义制度的"卡夫丁峡谷"而享用资本主义制度的一切肯定成果。而在此情况下，俄国社会也有义务支付集体劳动所需要的最初创办费用。

更为重要的是外部条件，即需要俄国革命，需要俄国革命和西方无产阶级革命的互相补充。在《给维·伊·查苏利奇的信》的"初稿"中，马克思指出，农村公社目前正处于危险境地，这是由于沙皇国家帮助那些吮吸着农村公社本来已经枯竭的血液的新资本主义寄生虫去发财致富。破坏性影响的这种结合，只要没有被强大的反作用击破，就必然会导致农村公社的灭亡。他强调，要挽救俄国公社，就必须有俄国革命。如果革命在

---

① 《马克思恩格斯全集》第 19 卷，人民出版社 1963 年版，第 435 页。

② 同上书，第 438 页。

适当的时刻发生,如果它能把自己的一切力量集中起来以保证农村公社的自由发展,那么,农村公社就会很快地变为俄国社会复兴的因素,变为使俄国比其他还处在资本主义制度压迫下的国家优越的因素。

　　毋庸讳言,仅仅就俄国农村公社以至整个俄国社会的非资本主义发展道路来说,马克思的预言并未实现。但其中所蕴含的落后国家有可能不经过西欧资本主义曾经不得不经历的大部分苦难和斗争,而利用自己的"落后优势",吸收资本主义制度下的一切肯定的成果的思想,仍然具有普遍意义。从这个意义上说,不仅俄国社会后来的发展仍然带有这种特点,而且正如恩格斯后来所说:"这不仅适用于俄国,而且适用于处在资本主义以前的发展阶段的一切国家。"①

　　其次,明确了马克思晚年新思想的实质,才能合理地解释马克思恩格斯在"跨越卡夫丁峡谷"问题上的观点差异。只要对前面我们列举的马克思和恩格斯关于俄国农村公社问题的一系列文本作不带偏见的解读,我们就不难看出,两者的观点存在着一定的差异。与马克思的观点在 19 世纪 70 年代末—80 年代初出现了突破性的转变不同,恩格斯的观点更为始终如一;与马克思强调俄国农村公社自身的生命力和俄国本身的革命相比,恩格斯更为强调的是:"对俄国的公社进行这种改造的首创因素只能来自西方的工业无产阶级,而不是来自公社本身"和"西欧无产阶级对资产阶级的胜利"。② 这里当然有论述的背景和条件不同的历史原因,即马克思提出自己新观点的时候,革命民粹派活动处于高峰;正是在马克思给查苏利奇写复信的 1881 年 3 月,沙皇亚历山大二世被暗杀。恩格斯后来也指明了这一背景。但是,我认为,更为根本的原因在于马克思在"世界历史理论"上形成的新的思想突破。当然,这并不意味着两人的观点是根本对立的。一年后,马克思和恩格斯在《共产党宣言》1882 年俄文第 2 版"序言"中,进一步强调:"对于这个问题,目前唯一可能的答复是:假如俄国革命将成为西方无产阶级革命的信号而双方互相补充的话,那末现今的俄国土地公有制便能成为共产主义发展的起点。"③ 从后来东方国家社会发展的实践来看,马克思和恩格斯的观点与其说是对立

---

① 《马克思恩格斯全集》第 22 卷,人民出版社 1965 年版,第 502—503 页。

② 同上书,第 500 页。

③ 《马克思恩格斯选集》第 1 卷,人民出版社 1995 年版,第 251 页。

的，不如说是互为补充的。完整地准确地把握他们的思想，不仅对于理解唯物史观的"世界历史"理论，而且对于指导我国社会主义初级阶段的实践，都有着十分重大的意义。

中国特色社会主义建设的
基本经验与发展趋向

韩庆祥[*]

总结过去和现在是为了更好地走向未来。从哲学层面总结改革开放以来中国特色社会主义建设，既有利于从根本上揭示其基本经验，回答中国"从何处来"的问题，也有利于从根本上把握其发展趋向，回答中国"向何处去"的问题。从哲学上总结，就是要寻求一种解释说明中国特色社会主义建设的哲学分析框架，我们所采取的哲学分析框架是结构分析方法。

一 解释分析中国特色社会主义建设的哲学框架

马克思的唯物史观本质上是解释分析社会历史发展的一种哲学框架。

在马克思那里，社会在本质上是社会关系的总和，而社会关系的深层是一种结构性关系，因而社会在本质上首先体现为一种社会结构。基于这样的理解，马克思为了解释、分析人类社会历史特别是资本主义社会历史，创立了唯物史观。唯物史观的核心理论，从"静态"来讲，主要是社会结构理论，从"动态"来讲，主要是历史发展过程（规律）理论，社会结构理论和历史过程理论是马克思解释分析社会历史发展的两种基本框架。

马克思的社会结构分析和历史过程分析方法具有四个核心点：一是生产力、生产关系、经济基础（经济因素）、上层建筑（政治因素、文化因

---

* 韩庆祥，中共中央党校教授。

素）构成合力推动社会历史发展；经济因素、政治因素和文化因素之间的关系构成社会结构，社会结构是什么样的，社会历史发展状况往往就是什么样的。二是这几种因素之间的关系是，生产力决定生产关系，生产关系的总和构成经济基础，经济基础决定上层建筑。三是经济因素起最终决定作用。四是生产力和生产关系的矛盾、经济基础和上层建筑的矛盾是人类社会历史发展的基本矛盾，它们的矛盾运动推动社会历史发展，而从它们的矛盾运动中可以揭示出人类社会历史发展的一般规律。这里，马克思特别注重运用社会结构和历史过程来解释、分析社会历史。换句话说，"结构分析"和"过程分析"是马克思唯物史观解释、分析社会历史的最根本、最基本的方法论框架。这样来看，马克思的唯物史观本质上是一种解释世界的理论与方法，而不是一种改变世界的理论。

马克思运用"结构分析"方法得出的具体结论不一定完全适合中国，但他的"结构分析"的基本方法经过适当转换，可以用来分析中国改革开放和发展的 30 多年的历史，也可用来解释中国特色社会主义建设实践的历史发展过程。实际上，根据中国特色社会主义建设实践的经验，也可以提升出解释分析中国特色社会主义建设实践之历史发展的哲学框架，这一哲学分析框架就是结构分析，具体说就是其中蕴含着"政府主导—理论引领—市场经济—人民主体"四个基本要素所构成的一种结构，这种结构在推动中国特色社会主义建设实践的发展。而这也可以构成中国特色社会主义建设的"中国经验"。

二　"中国经验"的基本内容结构："政府主导"—"理论引领"—"市场经济"—"人民主体"

这里所谓的"中国经验"，指的是中国特色社会主义建设的基本经验。

1978 年改革开放以来，中国共产党人孜孜以求地探索中国特色的现代化发展道路，所获得的成就引起高度关注。由此引发了关于"中国模式"（china model/pat-tern）、"中国道路"、"中国经验"的广泛讨论，都试图从中寻找解释中国成功的理论框架。2004 年，英国著名思想库"伦敦外交政策中心"发表乔舒亚·库玻·雷默《北京共识》一文，文中提出了与"华盛顿共识"相对应的"北京共识"。美国学者阿里夫·德里克进一步对"中国模式"的核心内容进行了揭示，即"民族经济的一体化、自主发展、政治和经济的主权"。① 之后，便引发人们对"中国模式"的讨论与思考。提出"中国模式"，其实质意图主要是对中国特色的社会主义道路及其基本思路、基本经验的一种探索、概括和提升。对"中国模式"需要辩证看待，既不可作完全肯定的"捧杀"，也不可作完全否定的"棒杀"。

"现代化"是人类面临的共同课题，但最早是由西方发达国家完成的。由此形成的从经济到政治、从文化到社会各个方面的制度上和方法上的既定模式与经验，自然成为"现代化"的主要内容与基本特征。加之这些发达国家的强烈推广，使得"现代化"与"西方化"在某种程度上成了同义语，西方式的现代化似乎成为发展中国家之发展的一种范本。因此，在发展中国家对现代化道路的探索中，总是或多或少地有些对西方模式效仿的痕迹。渐渐地，人们却忽略了现代化背后的"本国国情"、"历史文化传统"、"本国的问题"和"政治原则"，而把"现代化"当作一种可以调和社会性质、淡化意识形态区别的武器；另一方面，各国社会主义具体实践与马克思主义所崇尚的经典社会主义理论之间存在的一些差异，在现实社会中也被某些人放大，以此抹杀社会主义与资本主义之间的本质区别。在这种情况下，西方式现代化便成为一种强有力的理论范式和话语核心，其包含的内在价值也被其时代性和共性问题所掩盖，变成了具有"普世价值"的一种导向。在这样的境遇和语境下，提出"中国模式"便具有特殊的意义，它既意味着我们要去探索一种既遵循现代化建设一般规律、但又异于西方式现代化而具有中国特色，且能促进中国成功的现代化建设道路，又意味着要去挖掘其中促进中国成功之背后所蕴含的"中国经验"。

那么，在中国特色社会主义现代化建设道路的征程中，目前我们究竟积累了哪些"基本经验"？在这些基本经验中蕴含着什么样的解释分析中国特色社会主义建设实践之发展历史的哲学框架？在我看来，这些基本经验与分析框架主要是："政府主导"—"理论引领"—"市场经济"—"人民主体"。

---

① ［美］阿里夫·德里克：《中国发展道路的反思：不应抛弃社会主义革命的历史遗产》，《当代世界与社会主义》2005 年第 5 期。

（一）政府主导："一元主导"——"二基和谐"——"自主创新"

有三种力量影响中国社会历史发展：经济力量、政治力量和社会力量，文化力量渗透于三者之中；这三种力量之间的结构是：政治力量相对过大，而经济力量、社会力量相对较小，经济和社会常常依附于政治；政治力量的载体主要是政治权力及行政权力，而政治权力及行政权力是分层级的，由此就构成了以权力层级为核心的"金字塔"式的社会结构；这种社会结构必然形成这样的权力运作方式，即权力至上、自上而下、逐级管制、缺乏制衡。这样的社会结构和权力运作方式是解释政府之所以成为主导的历史原因。

在中国特色社会主义建设实践的历程中，"政府主导"主要体现在：

"一元主导"。探索中国特色社会主义现代化建设道路的一个基本前提，是首先确定我们必须坚持的根本政治原则，这一根本政治原则就是"一元主导"：在政治领域，我们的政党制度是以中国共产党领导为主体，国家政体是以全国人民代表大会等为国家权力主体，我们是在中国共产党领导下开启改革开放和建设中国特色社会主义的，这是我们的政治优势；在经济领域，我们强调经济制度、所有制形式上以公有制为主体，分配制度上以按劳分配为主体，经济体制运行上以市场经济为主体；在文化或思想领域，在意识形态上，我们强调以马克思列宁主义、毛泽东思想、邓小平理论和"三个代表"重要思想以及科学发展观为指导。其实在实践发展过程中，我们党一直领导全国人民进行拨乱反正、解放思想，实现党的工作重点大转移，并开启改革开放的新步伐，30多年我国进行的农村改革、国有企业改革和政府行政体制改革都是在中国共产党领导下进行的，中国共产党已经成为中国改革开放和中国特色社会主义建设事业的坚强领导核心。中国共产党以其基本理论、基本路线、基本纲领建构起的中国道路的基本框架，其实质就是中国共产党要从理论和实践两方面来领导中国特色社会主义现代化建设：党的基本理论是对党的基本纲领和基本路线的理论概括，它表明我们党如何从理论上指导中国特色社会主义现代化建设；党的基本路线是党的基本理论和基本纲领的方向和旗帜，是中国特色社会主义现代化建设的指导思想；党的基本纲领包含中国特色社会主义经济、政治、文化和社会的基本目标和基本政策，它是党的基本路线在经济、政治、文化和社会等方面的展开，它表明我们党如何从经济、政治、文化、社会等总体布局上、从实践上领导中国特色社会主义建设。不仅如此，在中国特色社会主义市场经济和现代化建设进程中，社会利益的多元化与不确定性的风险是不可避免的。这虽然具有一定的合理性和积极价值，没有必要过度担忧，但也不能掉以轻心。我们所需要的是要对其消极面和潜在风险进行预先规避。如何规避？中国共产党作为唯一的执政党，担负着社会动员、促进增长、公平分配、整合利益、政治参与等繁重任务，因而也就承担着相应的政治责任。为化解利益冲突、社会风险与民怨爆发，构建完整而合理的利益诉求渠道和健全完善的监督体系，自然是中国共产党担当诸多重任和责任中的首要选项和重要内容。正是在这样的意义上，改革开放以来，我们始终坚持中国共产党这一主心骨和坚强领导核心，因而有效地应对了世情、国情新变化条件下的社会多样化以及不确定、复杂性所带来的种种风险。

在"中国经验"或"解释框架"中，这些政治上的根本性原则不可或缺，否则我们搞的就不是社会主义，也会动摇中国共产党执政的政治基础。

"二基和谐"。改革开放以前一段时期，由于当时的历史背景和历史条件，我们注重的是"两极对立"的思维方式，处理问题的方式往往是"对着干"。在今天中国特色社会主义建设时期，如果我们继续坚持"两极对立"的思维方式，既不利于让一切创造财富的源泉涌流，让一切有利于创新的能力迸发，也不利于使民众共创和共享社会发展成果，还不利于民众各尽其能、各得其所、和谐相处。最终，也难以真正建设好中国特色社会主义。

怎样才能建设好中国特色社会主义？怎样才能更好地建构社会主义和谐社会？最基本也是最关键的，就是政党和政府要处理好中国特色社会主义建设进程中经常遇到的两种基本的矛盾关系。这些"关系"的解决直接构成中国特色社会主义建设的主要内容。在中国特色社会主义建设进程中，必然遇到各种各样的"矛盾关系"，其中有一些属于基本的"矛盾关系"，这些基本的"矛盾关系"，可称之为"中国特色社会主义建设进程中必然发生的、影响深远的基本矛盾关系面"。比如：资本主义是"以资为本"作为基本价值取向来处理一切问题的，与资本主义对立的社会主义是"以劳动人民为本"作为基本价值取向来处理一切问题的。中国特色社会主义不能以资为本，但要利用资本要素来发展生产力，这就要处理好劳动与资本的关系；中国特色社会主义必须坚持社会主义基本制度，但也要利用市场经济体制来解放和发展生产力，这就要处理好社会主义基本制度与发展市场经济体制的关系；中国特色社会主义建设既要解决好与效率有关的社会物质财富积累问题，也要解决好与公平有关的人的全面发展问题，这就要处理好效率与公平、物质发展与人的发展的关系；中国国情是中国特色社会主义建设的出发点和基点。根据中国国情，在中国特色社会主义建设进程中，既要坚持以经济建设为中心，也要坚持改革开放和四项基本原则，既要坚持改革开放，又要坚持四项基本原则，既要强调快速发展，增强社会活力，又要注重好的发展，关注社会和谐，既要注重改革、发展，又要保持社会稳定。这就要处理好"一个中心"与"两个基本点"的关系、坚持改革开放与坚持四项基本原则的关系、快速发展与好的发展的关系、社会活力与社会和谐的关系、推进改革开放与保持社会稳定的关系。要言之，要建设好中国特色社会主义，就必须考虑并解决好上述一系列基本的"两个矛盾关系面"的和谐性"结合"问题。这种结合是中国特色社会主义建设的基本方式，是否结合得好，直接影响中国特色社会主义建设的成败。改革开放以来，中国特色社会主义建设的一条重要经验，就是我们党和政府既注重整体推进、关系协调，注重组织和调动一切可利用的积极要素向所解决的根本问题（如解放和发展生产力等）和所实现的目标聚集，更注重上述诸多"两个矛盾关系面"的结合，注重做好"结合"的文章。邓小平强调的解放思想与实事求是相结合，强调的"两手抓、两手都要硬"所蕴含的结合，十七大报告强调的"10 个结合"，胡锦涛同志在纪念改革开放 30 周年大会的讲话中强调的"结合"，都注重的是基本的"两个矛盾关系面"的结合。党的十七大报告所概括的中国改革开放以来注重的"10 个结合"[①]，就是中国特色社会主义建设进程中所遇到且必须处理好的两个基本矛盾关系的结合，实际上也是中国特色社会主义建设的基本经验。不处理好这些基本的矛盾关系，既会使中国特色社会主义建设偏离正确的政治方向，也会背离中国国情，抑制中国特色社会主义建设的活力。

　　中国特色社会主义建设进程中所遇到的基本的"矛盾关系"或两个基本方面的关系，具体包括三个层次：第一，发展原则层面的关系。这些

---

① 《中国共产党第十七次全国代表大会文件汇编》，人民出版社 2007 年版，第 11 页。

"关系"与中国特色社会主义建设的根本原则直接相关，具有统领全局与规范其他关系的方向的重要地位和作用。其中主要有：（1）解放思想与实事求是的关系。过去我国社会主义建设的一条教训，就是背离实事求是原则，脱离中国国情，从唯上唯书思维出发建设社会主义，结果犯了超越历史阶段的错误。由此，实事求是，从中国特殊实际出发，是中国特色社会主义建设必须坚持的一条根本原则。在中国特色社会主义建设中，坚持实事求是必须解放思想，这主要是因为一些僵化思想观念阻碍着我们实事求是，影响着中国特色社会主义建设。这里，实事求是必须以解放思想为条件，而解放思想又必须以实事求是为基础。不坚持实事求是，中国特色社会主义建设就不能立足中国国情，而不坚持解放思想，中国特色社会主义建设就难以持续进行。（2）坚持改革开放与坚持四项基本原则的关系。改革开放是中国特色社会主义建设的强大动力，这种改革开放既要解放思想，同时也必须以坚持四项基本原则为前提。不坚持改革开放，中国特色社会主义建设就难以深入进行，不坚持四项基本原则，中国特色社会主义建设就会偏离正确的政治方向。（3）坚持社会主义基本制度与发展市场经济体制的关系。在中国特色社会主义建设进程中，在坚持社会主义基本制度的前提下发展市场经济体制是一个伟大创举。但如何处理二者的关系，是中国特色社会主义建设必须解决好的一个难题。市场经济体制与社会主义基本制度二者的侧重点有所不同，但最终目标都是为了促进人的全面发展。只是在发展过程中，我们要在始终坚持社会主义基本制度的前提下，不断发挥市场经济的灵活性和创造性，克服传统社会主义模式的种种弊端，为激发社会主义的内在活力提供重要体制机制。不发展市场经济体制，中国特色社会主义建设就缺乏活力，不坚持社会主义基本制度，中国特色社会主义建设就失去正确的政治方向。（4）促进改革发展与保持社会稳定的关系。正确处理促进改革发展与保持社会稳定的关系，是中国特色社会主义建设获得健康发展的前提和保证，就是说，只有处理好二者之间的辩证关系，才能保证中国特色社会主义建设的健康发展。第二，发展目标层面的关系。这些关系构成中国特色社会主义建设的价值目标。主要包括：（1）物与人的关系。中国特色社会主义建设的首要根本任务是解放和发展生产力，解决物质财富积累的问题。当"物"的发展问题没有解决的时候，"人"的发展问题自然无法真正提到议事日程；而当"物"的发展问题基本解决之后，"人"的发展问题也就自然提到了日程上来，成为中国特色社会主义建设不可忽视的主导理念。不解决"物"的发展问题，"中国特色"就缺乏物质基础，不解决"人"的发展问题，"社会主义"就缺乏价值指向。（2）提高效率与促进社会公平的关系。效率与公平的关系一直是中国特色社会主义建设需要关注并处理好的主要关系。在改革开放初期，"效率优先兼顾公平"的策略有效地打破了平均主义，为建设合格的社会主义奠定了物质基础；但在经济社会发展进程中，如果长期奉行这一策略，很容易导致人与人之间在机会、权利和财富分配以及享受改革发展成果等方面的不公平，进而导致社会不和谐。由此，公平正义就越来越成为中国特色社会主义的基本价值，公平与效率也越来越具有同等重要的地位和意义。（3）共创与共享的关系。坚持共创发展成果与共享发展成果的统一，是中国特色社会主义的本质要求和奋斗目标。共创，指的是人在劳动权上的平等、共享，指的是人在分配上的平等，一个是机会上的平等，一个是结果上的平等，二者相辅相成，缺一不可。共创是共享的基础和根据，共享是共创的深化和结果。没有共创，就谈不上共享，没有共享，共创就缺乏动力和意义。如果共创与共享发生分离与矛盾，就容易导致各种社会矛盾与冲突。（4）社会活力与社会和谐的关系。社会活力体现的是社会的创造力，社会和谐体现的是社会的凝聚力，二者具有辩证统一关系。以创造力实现凝聚力，以凝聚力体现创造力，也是中国特色社会主义建设中一个至关重要的问题。其中社会活力必须以社会和谐为基础，没有和谐的社会有机系统，这个社会就不会充满活力，而社会的和谐又必须通过社会的活力体现出来，没有社会活力，社会和谐就难以真正实现。第三，发展方式层面的关系。它主要包含这样一些关系：（1）快与好的关系。"快"意味着速度、规模、数量，"好"意味着质量、效益，以及关注民生。"快"是中国特色社会主义建设在"量"上的具体要求，"好"则是中国特色社会主义建设在"质"上的具体体现，"快"必须以"好"为标准，"好"必须以"快"为条件，二者互相规定、互相补充、相辅相成。（2）资本与劳动的关系。在中国特色社会主义建设进程中，必然涉及到劳动与资本的关系。中国特色社会主义建设首先任务是要解决物质财富的积累问题，而劳动是创造财富的直接手段；在进一步发展的过程中，仅用劳动来创造物质财富已远远不能满足经济发展的需求，因此，在尊重劳动的基础上，还要善于利用资本要素，即从"劳动—资本"等基本生产要素的内在结合上来创造社会物质财富。于是，在中国特色社会主义建设过程中，就有了如何处理好资本与劳动的关系问题，正确处理这两个方面的基本关系，是建设中国特色社会主义的一个关键。（3）循序渐进发展与超越式发展的关系。在中国特色社会主义建设中，发展具有内在规律性，因而必须遵循规律循序渐进；发展也具有多样性和创新性，由此可以根据具体情况采取超越式发展。

注重且努力实现好上述各种基本矛盾关系的有机"结合"，使我们党和政府既坚持了原则性，又具有灵活性；既避免了左右摇摆，也有利于澄清中国特色社会主义建设问题上的一些模糊认识。有些人认为中国特色社会主义就是中国特色资本主义，有人强调只有民主社会主义才能救中国。这些模糊认识的根源主要在于忽视我们所强调和实现的"结合"，没有认识到这种结合的意义。认为中国特色社会主义就是中国特色资本主义的人，只看到我们发展市场经济、利用资本和注重效率的一面，没有看到我们坚持社会主义基本制度、注重劳动者的根本利益、促进社会公平和推进人的全面发展的一面；认为只有民主社会主义才能救中国的人，未认识到在初级阶段建设中国特色社会主义必须发展市场经济、利用资本和注重效率的必然性。

"自主创新"。新中国成立以来，中国共产党人一直在主动地探索中国特色的现代化道路。直到改革开放以后，中国共产党人才真正自觉地、"创造性地探索具有中国特色的自主型发展模式"①。邓小平在谈到建设初级阶段的社会主义时强调："我们现在所干的事业，是一项新事业。马克思没有讲过，其他社会主义国家也没有干过，所以，没有现成的经验可学。我们只能在干中学，在实践中摸索。"这意味着在中国，真要建设社会主义，那就只能一切从社会主义初级阶段的实际出发，"走自己的路"，意味着需要积极探索，大胆实验，尊重群众的首创精神。② 江泽民同志强调："创新是一个民族进步的灵魂，是一个国家兴旺发达的不竭动力，也是一个政党永葆生机的源泉"，"通过理论创新推动制度创新、科技创新、文化创新以及其他各方面的创新，不断在实践中探索前进，永不自满，永不懈怠，这是我们要长期坚持的治国之道"，因而，全党必须在实践中与

---

① 罗荣渠：《现代化新论续篇》，北京大学出版社 1997 年版，第 113 页。
② 《中国共产党第十五次全国代表大会文件汇编》，人民出版社 1997 年版，第 15 页。

时俱进，"富于创造性"①。胡锦涛又进一步强调："要坚持走中国特色自主创新道路，把增强自主创新能力贯彻到现代化建设各个方面"，把"提高自主创新能力，建设创新型国家"提升为国家发展战略的核心。② 从邓小平的"走自己的路"，到江泽民同志的"治国之道"，再到胡锦涛同志的"走中国特色自主创新道路"和"国家发展战略的核心"，实质上蕴含着中国共产党人"开创中国特色社会主义事业新局面"的主导性。中国共产党人开辟的自主创新之路可从理论和实践两个方面来理解：在理论上，从提出社会主义初级阶段的论断，到创立中国特色社会主义理论体系，从邓小平理论到科学发展观，从马克思主义一般原则到马克思主义中国化，这是一种自主创新；在实践上，从计划经济体制到社会主义市场经济体制，从传统工业化道路到走新型工业化道路，从作为一场新的伟大革命的改革开放，到创立经济、政治、文化和社会的新体制，从以经济建设为中心到科学发展，从资源消耗型经济到循环型经济，这也是一种自主创新。"中国经验"中的这种自主创新，被伦敦外交政策研究中心所认同。该中心提出了"北京共识"的三大定理，其中第一、第三定理认为，"大胆实验，使创新价值重新定位，求变、求新和创新是体现实力的基本措辞"，它"包含一个自主理论"。③

强调中国特色社会主义建设中的自主创新是有其重要根据的。在人类社会发展的历史长河中，社会主义是一种新生事物，没有固有不变的模式可循，需要随着时代和实践的发展变化不断进行创新：苏联东欧社会主义的演变启示我们，一味照搬马克思恩格斯书本中的"社会主义公式"、不结合本国实践来推进社会主义创新，必然遭到失败；西方的现代化道路因其主导价值与中国文化有本质区别，也不能为中国特色社会主义建设提供现成的模本；中国共产党人所能依靠的，只能是基于对中西方社会历史发展的经验教训的反思、对当代中国发展的再生之路的思考和对社会历史发展规律的把握，积极主动和创造性地探索具有中国特色的自主型发展模式。首先，注重自主创新能力是反思中西方社会历史发展的经验教训得出

---

① 《中国共产党第十六次全国代表大会文件汇编》，人民出版社 2002 年版，第 12、17 页。

② 同上书，第 21 页。

③ 黄平、崔之元主编：《全球化与中国——华盛顿共识还是北京共识》，社会科学文献出版社 2005 年版。

的一个重要启示。总体来讲，中国传统社会的运作方式相对注重对个人及其个性的控制，结果把"人"字越写越小，缺乏自主创新能力，这是制约近代以来中国社会发展因而使社会缺乏活力的一个深层原因。近代西方研究人的目的主要是为了解放人和开发人，结果"人"字越写越大，人的自主创新能力也就培育起来了，这是西方强大的一个深层原因。其次，当代中国发展的再生之路是提高人的自主创新能力。改革开放初期，我国一些地方在实践上主要采取的是以"物"的手段来实现经济增长。有数据显示，在发达国家的经济增长中，75% 左右靠技术进步，25% 左右靠能源、原材料和劳动力的投入。而我国的情况恰好相反，我国主要行业的关键设备与核心技术基本依赖进口。从哲学看，这实质上是注重物质驱动（资源驱动和资本驱动）的经济发展模式。这种模式在中国发展的历史进程中起着"物质财富积累"的重要作用。但从今天和未来发展的走势来看，这种模式的发展空间越来越小，代价越来越大。如何寻求当代中国发展的再生之路？这是一个事关我国发展的前途命运和兴衰成败的战略性问题。在我国巨大的人口压力和资源紧缺的背景下，中国共产党给我们指出了一条新路：那就是把人的自主创新能力看作是实现经济发展方式根本转变的中心性环节。从哲学角度看，以自主创新能力为核心的发展方式可概括为注重"创新驱动"的发展模式。第三，影响社会发展的力量总体上将转向创新能力。从哲学角度看历史发展，有一条规律：历史越往前追索，人以外的物质因素在经济社会发展中的作用越大，历史越往后发展，人的创新能力在经济社会发展中的主体作用越突出。当今中国社会发展的总趋势，就是从以权力为主导的发展模式，经过以物为主导的发展模式，再逐步走向以创新能力为主导的发展模式。农业经济时代看重的是土地等自然资源，土地是最大的生产要素和财富。工业经济时代看重的是资金和设备，资金和设备是最大的生产要素和财富，资金和设备是资本家炫耀的资本。日益逼近的知识经济时代看重的则是知识、智力、技能和具有创新精神、创新能力的人才，具有创新能力的人才是"知本家"炫耀的资本。如果说在传统工业时代主要是拼资金和设备的话，那么，在知识经济时代，则主要是拼具有创新能力的人才。在知识经济社会，以知识创新为基础的技术进步在经济增长中所占的比例越来越大，人的知识、智力、技能和自主创新能力对经济社会发展的促进作用也日益取代土地、资本等物质资源，并且日益在整个经济结构中占据支配地位。1995 年，世界银行采用新的方法测量国民财富，把国民财富分为物质资本、自然资本和人力资本，指出世界上物质资本仅占国民财富的 16%，自然资本占 20%，而人力资本占 64%。其中高收入国家人力资本的比重较高。1997 年 9 月 29 日，在《福布斯》杂志公布的全美富豪排行榜上，微软公司总裁比尔·盖茨以 98 亿美元高居榜首。正是充分认识到人的自主创新知识的重要性，比尔·盖茨坦言：如果把我们公司 20 个顶尖人才挖走，Microsoft 就会变成一家无足轻重的公司。托夫勒的新的社会力量转移理论强调：影响社会发展的力量主要有三种，即暴力、财富和知识；在当今时代，由于暴力和财富越来越依靠知识，所以，影响社会发展的力量总体上将向知识转移。这告诉我们，具有自主创新能力的人才资源已成为经济社会发展的第一资源，当今世界各国之间的综合国力竞争说到底是自主创新能力的竞争。由上可以看出，提高自主创新能力，是我们最需要的，也是最缺乏的。就是说，提高自主创新能力，对当代中国发展越来越具有基础性、战略性、决定性的意义，它关系着国家发展的兴衰成败和前途命运。

政府主导的上述三个方面内容具有不同的地位："一元主导"，侧重的是中国特色社会主义建设的政治原则（方向）、根本前提（立场）与主体（主旋律），在中国特色社会主义建设中居主导地位；"二基和谐"，属于解决问题，侧重的是中国特色社会主义建设进程中的基本"矛盾关系"或诸多"两个基本矛盾方面"的和谐性结合，强调的是中国特色社会主义建设的基本运行方式，它在中国特色社会主义建设中不仅具有协调、平衡、统筹兼顾以达到可持续发展的作用，而且具有深化推进、发展的作用；"自主创新"，侧重的是中国特色社会主义。

建设的根本路径与手段，在中国特色社会主义建设中具有动力作用。

（二）理论引领："解放思想"——"思想路线"——"理论创新"

正确的理论是进行正确实践的前导，理论只要真正掌握群众，也能变成强大的物质力量。在社会历史大转折时期，当需要明确新的发展方向、发展目标、发展思路和发展路径时，特别要注重新的理论创新与理论引领。我们党是否成熟，首先体现在是否形成了一种正确的理论，同时确立正确的理论，也关乎到我们党执政的理论基础或意识形态基础。

在中国特色社会主义建设 30 多年的历程中，理论引领的作用是十分突出的。这主要体现在解放思想、思想路线和理论创新三个基本方面。

"解放思想。" 1978 年以前，由于受不合时宜的"左"的观念、对马克思主义的错误的和教条式的理解以及对社会主义僵化理解的影响，使我们在社会主义建设问题上走了一段曲折的弯路，付出不小的代价。历史和实践的教训启示我们，正确的理论引导是实践走向成功的前提，而要确立一种引领中国改革和发展的正确理论，在中国首先要解放思想、实事求是。解放思想，主要是把思想认识从那些不合时宜的观念、做法和体制的束缚中解放出来，从对马克思主义的错误的和教条式的理解中解放出来，从对社会主义的僵化理解中解放出来，从主观主义和形而上学的桎梏中解放出来。过去，我们对中国国情认识的一条重要教训，就是以唯书、唯上的思维看待社会主义，从马克思恩格斯书本中所设想的社会主义和斯大林的"社会主义模式"出发看待中国的社会主义，认为中国可以跑步进入共产主义。结果多注重生产关系领域的革命，没有把大力发展社会生产力看作中国社会主义建设的首要根本任务，犯了跨越历史阶段的错误。要正确认识中国国情，必须运用求实思维即从客观实际出发，来解放思想。1978 年以后，我们党通过倡导实践标准大讨论，冲破"两个凡是"，解放了思想，选准了正确认识中国国情的出发点，即从中国实际出发，实事求是地认识中国国情，结果认为中国的社会主义仍处于初级阶段，还是一个生产力不发达的"不够格"的社会主义，我们应该走中国特色的社会主义道路；因而其首要根本任务应是大力发展社会生产力；而发展生产力的有效方式是利用市场经济体制；判断改革开放成败得失以及选择发展生产力方式的根本标准是"三个有利于"。正是这种正确的认识与判断，当然也正是邓小平理论，才使中国社会主义建设实践沿着正确的方向发展，也使我国改革开放迈开了坚实的步伐。我们不仅注重求实思维，而且也注重功能思维。以前一段时期，我们相对热衷于争论事物在性质和名分上的"两极对立"，而且把这种对立看成是观察一切事物和对象的唯一的标准。在这种一味注重"两极对立"的抽象的定性思维方式影响下，我们往往把在资本主义社会中存在、但实际上属于人类共同文明的优秀成果当作"姓资"而加以排斥，结果影响了对人类优秀的共同文明成果的吸收。在今天，我们依然要注重不同国家在意识形态和根本制度上的"性质"对立。然而，在当代，我们中国共产党人要胜任历史方位转变后新的历史使命，要正确认识和处理国内外各种复杂的矛盾关系，要在激烈的综合国力竞争中应对各种挑战并能掌握主动权，要担负起中国特色社会主义建设事业的大业，要巩固党的执政基础和执政地位，就必须注重提高我们的执政能力，注重能力建设。只有这样，我们才能在世界形势发生深刻变化的历史进程中始终走在时代前列，才能应对国内外各种风险的考验，才能建设好中国特色社会主义，才能巩固党的执政基础和执政地位。这种时代精神和中国社会实践的发展，要求我们必须在坚持根本原则的前提下解放思想，树立相对注重"功能"的内在实力思维，注重名分与实力的统一，注重以实正名。从 1978 年到今天这 30 多年，在一些根本问题上我们坚守"四项基本原则"，这无疑是确定的。在这一前提下，我们还以"三个有利于"为标准，以极大的灵活性进行大胆探索和创新，注重实力和实效。从哲学上讲，改革开放以来的 30 多年是许多事物和对象在性质上处在混合和不确定状态的 30 多年。在这种混合和不确定性中，我们依然要追问事物和对象的性质，但也要追问事物和对象对我们的发展和强大有什么功用、价值、意义，即有什么积极功能，而要追问功能，必须确立一种判断标准，这一标准就是"三个有利于"。在 30 多年中国特色社会主义建设进程中，我们正是根据"三个有利于"，大胆而灵活地利用了市场经济、股份制，灵活而有序地发展非公有制经济。要言之，在一些根本原则性的问题上，我们牢牢坚守底线，而在一些具有广泛灵活性和不确定性的问题上，我们根据"三个有利于"进行大胆的探索和创新。这样做，使我们既坚持了改革开放的社会主义方向，同时也找到了一条适合中国国情的中国特色社会主义道路。

　　求实思维和功能思维在实践上的效果，就是解放思想、解放人和解放生产力。求实思维要求超越唯上唯书思维而从中国客观实际出发来认识和建设中国的社会主义，功能思维要求超越抽象的定性思维而注重根据实践效果来选择有利于解放和发展中国生产力的方式，显然这有利于解放思想。1978 年以来，我们中国共产党人在意识形态领域高举解放思想的大旗，不断冲破层层阻力，尤其是经济建设领域中的陈旧思想观念的阻力，注重发挥人的主体性，大大推进了我国经济社会的发展进步。改革开放初期，针对"两个凡是"及"左"的唯书唯上倾向，我们党高举解放思想的大旗，强调"实践标准"以及从中国客观实际出发，以确立解放思想、实事求是的思想路线，转向以经济建设为中心，开启了改革开放的新步伐；在深化改革开放的过程中，当我们强调以经济建设为中心、大力发展社会生产力的时候，却遇到了传统的社会主义观的阻碍。针对传统的社会主义观，我们党又举起解放思想的大旗，提出"生产力标准"，强调把是否有利于解放和发展生产力作为判断社会主义的一个重要标准；在进一步深化改革开放的过程中，当我们强调要大胆地闯、大胆地试并建立市场经济体制的时候，又遇到了"姓社姓资"的抽象定性思维的阻挠。针对这种阻挠，我们又举起解放思想的大旗，提出了注重事物功能、功效的"三个有利于"判断标准。解放思想的实质就是解放人，为人松绑，释放人的潜能，焕发人们的积极性、主动性和创造性，为中国特色社会主义建设注入新的活力。人是生产力中的根本因素，因而解放人的实质就是解放生产力、发展生产力。从改革开放以来我国的经济社会实践发展看，解放思想确实带来了中国人潜能的巨大释放，进而也促进了生产力的快速发展。

　　"思想路线。"解放思想取得的一个重要成果，就是确立了解放思想、实事求是的思想路线。它既侧重于"破"，又侧重于"立"。1978 年，中国正处在拨乱反正、实现伟大历史转变的关键时期。在这一时期，思想路线问题是决定中国能否实现历史转变的首要根本问题，思想路线的拨乱反正是最根本的拨乱反正，不解决思想路线问题，其他问题都无从谈起。为解决思想路线问题，我们党首先揭露了"两个凡是"思想路线的性质、实质、根源和危害，阐述了"解放思想，实事求是"思想路线的性质、含义、内容、实质和实现条件，更主要的是充分阐述了"解放思想、实事求是"的思想路线对中国改革和发展以及中国特色社会主义现代化建设的重大意义，认为思想路线问题是事关实现伟大历史转折及中国社会主义现代化建设的前途和命运问题：第一，从当时的现实来讲，解放思想、实事求是，是有效解决过去遗留的问题和新出现的问题并把各项工作顺利推向前进的思想前提。1977—1978 年，当时党中央面临的一个重要问题是处理遗留问题，这里牵涉到对是非功过的判别问题。能否解决好这一问题，既涉及到能否营造一个安定团结的政治局面，又关系到能否引导大家向前看，把大家的思想和目光引导到搞四个现代化上来，顺利实现全党工作重心的转变。这是一个关系中国向何处去的重大而迫切的问题。而这时党的主要领导同志却提出了"两个凡是"。如果按照"两个凡是"去做，我们就可能进一步陷入到遗留问题难以解决的怪圈和矛盾中去。在这紧要关头，邓小平同志在复杂的局势中抓主要矛盾，重新确立了"解放思想、实事求是"的思想路线，带领大家从实际出发来处理遗留问题。由此，一切功过是非便易弄清，也促进了安定团结，使大家把精力都用在搞四个现代化上来。在解决遗留问题的同时，党中央还要去研究新情况，解决新问题，这关系到能否把各项新的工作顺利推向前进。在邓小平看来，确定实现四个现代化的具体道路、方针、方法和措施，搞经济建设、改革等，都是新情况新问题。这些新情况新问题都是马克思主义经典作家未曾遇到过，书本上也未讲过，我们又缺乏经验和本领。唯一的办法，就是开动脑筋，发挥群众的创造积极性，在实践中摸索出一条路来。这就必须根据实践标准、生产力标准、"三个有利于"标准来打破僵化，解放思想，实事求是。究竟能不能解决问题，问题解决得是否正确，关键在于我们是否善于针对客观现实，采取实事求是的态度，一切从实际出发。"只有思想解放了，我们才能正确地以马列主义、毛泽东思想为指导，解决过去遗留的问题，解决新出现的一系列问题"，也才能"切实地想办法使我们的步伐快一些，使生产力发展快一些，使国民收入增加快一些，把领导工作做得更好一些"。① 第二，从党的领导能力来讲，解放思想，实事求是，是科学制定党的路线、方针、政策的思想基础。执政党的能力首先表现在能否制定好正确的路线、方针和政策，而党的路线、方针、政策正确与否，事关中国社会主义建设的成败。这已被历史所证明。所以，我党历来重视路线、方针和政策这样一些重大的问题。党的路线一般包括思想路线、政治路线和组织路线，政策既是路线的具体体现，又是实施路线的策略性措施。在邓小平看来，思想路线是确定政治路线的基础，不解决思想路线问题，正确的政治路线和组织路线就制定不出来，制定了也贯彻不下去；不解放思想，不实事求是，不从实际出发，理论与实践不相结合，不可能有现在的一套方针、政策。② 搞社会主义现代化建设是我党的政治路线，这是打破以阶级斗争为纲和"两个凡是"的"左"的束缚，从中国实际出发而提出来的。社会主义在本质上应创造比资本主义社会更高的生产力，其制度应表现出比资本主义制度优越，但实际上我们的生产力水平比发达资本主义国家落后，因此，社会主义制度比资本主义制度的优越性要充分显示出来，就必须集中精力搞社会主义现代化建设。因此，不解放思想，打破"左"的束缚，不从中国实际出发，就不可能把全党的工作重心转

---

① 《邓小平文选》第 2 卷，人民出版社 1994 年版，第 114、141、279 页。

② 同上书，第 191 页。

到四个现代化建设上来。我党的组织路线主要是关于人才如何有效发挥作用问题，是选人、用人和育人的问题，在这一问题上，"四人帮"搞得非常混乱。邓小平指出："我们的人才是有的，关键是要解放思想，打破框框"，"我们说资本主义社会不好，但它在发现人才、使用人才方面是非常大胆的。它有个特点，不论资排辈，凡是合格的人就使用，并且认为这是理所当然的。从这方面看，我们选拔干部的制度是落后的。论资排辈是一种习惯势力，是一种落后的习惯势力"。① 这就是说，要解决好选人、用人、育人问题，制定适合四个现代化建设的组织路线，就必须解放思想，实事求是。邓小平在选人、用人问题上提出的革命化、年轻化、专业化、知识化所依据的就是解放思想、实事求是的思想路线。第三，从历史尤其从实践来看，解放思想，实事求是，是正确把握并顺利推进中国社会主义改革和现代化建设实践的思想武器。中国社会主义改革和现代化建设是一个新课题，对其本质和规律加以科学的认识和把握是非常必要的，要做到这一点，就必须解放思想，实事求是。我们现在的体制很不适应四个现代化的需要，搞四个现代化也会遇到一系列新情况、新问题，要改革、要解决新问题，就必须解放思想，实事求是。邓小平在总结中国革命和建设的经验教训时指出：过去我们搞革命所取得的一切胜利，是靠实事求是，然而在 1960 年以后，实事求是的传统丢了，常常头脑发热，违背客观规律，结果给党的事业带来很大危害，使国家遭受很大的灾难。今天，经济发展对我们来说是一个新的问题，要付学费，现在我们正在摸索比较快的发展道路，不解放思想不行，不实事求是也不行，也就是说，"现在我们要实现四个现代化，同样要靠实事求是"，"只有解放思想，坚持实事求是……我们的社会主义现代化建设才能顺利进行。是个关系到党和国家的前途和命运的问题"。否则，"一个党，一个国家，一个民族，如果一切从本本出发，思想僵化，迷信盛行，那它就不能前进，它的生机就停止了，就要亡党亡国"②。第四，从认识过程来讲，解放思想、实事求是，是正确总结我国社会发展的历史经验教训，进一步提高认识，明确工作方向的思想方法。邓小平同志非常善于总结经验教训，他主张"走一段"就要回顾一下。在他看来，要升华对于事物的认识，把握事物的客观规

---

① 《邓小平文选》第 2 卷，人民出版社 1994 年版，第 193 页。

② 同上书，第 143、278、143 页。

律，提出新的科学理论，制定正确的路线、方针和政策，促进事业的发展等，都要靠不断地总结经验教训，都是总结实践经验教训的结果。要正确总结经验教训，必须坚持科学的方法，这首要就是坚持正确的思想路线，如果没有正确的思想路线，不管有多么丰富的经验，都难给予科学的总结和说明，也更谈不上从中引出规律性的东西来。正如他所说的：每个党、每个国家都有自己的历史，只有采取客观的实事求是的态度来分析和总结，才有好处。《对起草〈关于建国以来党的若干历史问题的决议〉的意见》一文的重要内容之一，就是总结"左"的教训和历史的经验教训。在这一问题，邓小平的意见是："我们写建国以来党的若干历史问题的决议，要实事求是……我们要实事求是地总结历史的经验教训。"① 历史和实践证明，从思想路线出发来总结历史经验教训，对提高人们的思想认识，调整工作重点，明确日后工作努力的方向，采取行之有效的工作方法，以及减少失误，是有重要积极作用的。1982 至 1992 年这 10 年，邓小平更侧重于"解放思想、实事求是"思想路线的具体运用。他运用这一思想路线，着重分析或解决了组织路线、经济体制改革、政治体制改革、香港问题上的"一国两制"、经济特区、市场经济和中国社会主义发展阶段等一系列重大问题。可以说这 10 年，是邓小平贯彻运用思想路线来分析或解决一系列重大问题的 10 年。由此不难看出，思想路线问题，是关乎中国社会主义建设的道路、方向、方式和效果的依据和指导思想问题。

　　"理论创新。"解放思想、实事求是的思想路线带来的最大理论成果，是推进了党的理论创新。中国共产党领导中国改革开放和社会主义现代化建设的指导思想是至关重要的，它关乎中国改革和发展的方向。基于中国革命实践而形成的毛泽东思想引领中国革命取得了成功，而"文革"时期盛行的"左"的以阶级斗争为纲的理论使中国经济社会发展付出沉重的代价。成功与失败的经验教训昭示我们：选择并确立一种立足中国国情、汲取中国优秀历史文化传统、解决中国问题、指导中国具体实践的我们自己的"理论"或"主义"，是中国特色社会主义建设实践走向成功的首要前提。正因如此，中国共产党人始终把马克思主义作为中国社会主义现代化建设的指导思想，始终坚持马克思主义在意识形态领域中的主导地

---

① 《邓小平文选》第 2 卷，人民出版社 1994 年版，第 380 页。

位，始终以中国化的马克思主义引领中国发展。在我国改革开放和社会主义现代化建设进程中，会有多种多样的思想影响着我国实践发展，在这种情境下，我们必须坚持主旋律。在意识形态领域，只有"一"没有"多"必然僵化，而只有"多"没有"一"必然分化，僵化和分化都会阻碍着我国实践的健康发展。唯一正确的方法，就是强调主旋律，尊重多样化。需要注意的是，我们在坚持一元主导的政治原则的同时，并没有轻视、忽视多样化，而是在坚持政治原则一元主导的前提下尊重多样化。也正因为如此，我们中国共产党人在中国特色社会主义建设实践的进程中，力求自觉地提升并确立中国特色社会主义理论体系。自改革开放以来，我们党逐步形成并确立了"邓小平理论"、"三个代表"重要思想、科学发展观等理论创新的成果。"邓小平理论"在引领中国共产党和中国人民解放思想、解放人、解放生产力，进而在解决中国人民富裕、解决中国特色社会主义建设方面发挥着重要作用；"三个代表"重要思想在引领中国共产党进行先进性建设和执政能力建设方面发挥着推动作用；科学发展观在引领中国经济、政治、文化和社会全面、协调、可持续发展方面，发挥着先导作用。可以说，没有这些理论创新成果的引领，我们的改革开放和现代化建设实践就不可能取得巨大的成就。正如十七大报告所讲的："中国特色社会主义理论体系，……凝结了几代中国共产党人带领人民不懈探索实践的智慧和心血，是马克思主义中国化最新成果，是党的最可宝贵的政治和精神财富，是全国各族人民团结奋斗的共同思想基础"；"改革开放以来我们取得一切成绩和进步的根本原因，归结起来就是：开辟了中国特色社会主义道路，形成了中国特色社会主义理论体系"。①

（三）市场经济："领域分离"—"结构转型"—"模式转换"

理论创新推进实践创新的一个最重要成果，就是 1992 年我国确定建立社会主义市场经济。市场经济对中国特色社会主义现代化建设的影响是深刻且深远的，它引发了"领域分离"—"结构转型"—"模式转换"。

"领域分离"市场经济会逐步孕育出公民社会，市场经济、公民社会对中国社会发展的根本影响在于它将产生的三种分离。首先，"经济与政治"的相对分离。它使政党、国家逐渐趋向在"法律规定"的范围内理

---

① 《中国共产党第十七次全国代表大会文件汇编》，人民出版社 2002 年版，第 10—11 页。

性地行使公共权力。市场源于人类天生的需求与供给本性，只要允许交换，市场就会生成。市场具有自组织性，这意味着国家没有必要从微观上直接管理经济。相应的，一旦市场经济崛起，那么它就会从国家手中脱离出来，表现为"经济与政治"的相对分离（"政企分开"）。基于这一分离，社会发展会进入一个以经济活动自由超越权力直接管制的新阶段。其次，"私人领域与公共领域"的相对分离。它使私人活动空间逐渐扩大，私人行为逐渐自主和自治。基于市场与国家的相对分离，二者分别居于不同的轨道，国家"法律许可才可为"，市场"法无禁止即可为"；二者背后的社会空间明显不同，前者即国家领域，后者即私人领域；社会在市场经济的驱动下形成私人领域与国家领域的划界。基于这一变化，国家的政治统治色彩渐趋潜隐，民主政治的色彩逐渐显现。这预示着，传统国家那种对整个社会绝对式的、自上而下的权力管制的正当性和必要性在逐渐削弱，国家的支配地位面临挑战。最后，"私人权力与公共权力"的相对分离。它使人们对政党、国家及其权力观念不断发生变化，逐渐形成一种"公民赋权"的现代意识。在社会日益公私划界的基础上，人们私权意识增强，并逐渐意识到必须让渡一部分私权给国家（如安全权，私人行使既不经济也不可能），而国家则接受委托成为一种公权机构；同时，因为国家不再直接创造财富，但履行公务又需要经济支撑，因此，就产生公民纳税支撑其公务行动的需求，这就是公民纳税、国家服务的基本逻辑；由此，私人纳税与国家提供公共服务，私人授权与国家接受授权，便形成一种新的社会基本架构，公民纳税与授权观念成为社会的基本共识。建立市场经济体制以来，这三种分离正在逐渐进行，且已初见端倪。

"结构转型"。这三种相对分离过程会产生一个显著的结果就是，社会结构会发生重大变化，即逐渐形成市场经济、公民社会和公共服务型政府相互制约、相辅相成的新型社会结构。1978 年以前，中国的社会结构是经济领域、社会领域没有独立而依附于政治力量的政府管制型社会结构。现代化的进程一定意义上就是领域分离的过程，其分离的结果就是形成一种新型的社会结构。由此可以说，现代化的过程也是结构转型的过程。至今，随着领域的逐渐分离，一种市场经济、公民社会和公共服务型政府构成的新型的社会结构正在形成：一个相对独立的市场经济领域正在形成，在经济领域，市场机制越来越发挥主导作用；一个相对独立的公民社会领域正在形成，公民意识已经觉醒，公民的独立性、自主性逐渐确立起来，公民的社会参与也日趋增强；市场经济和公民社会内在要求转变政府职能，管制型政府正在逐渐转向公共服务型政府。今天中央提出的"政企分开"、"政社分开"与"加强社会建设"、"建设公共服务型政府"，实际上就反映了正在发生的结构转型的现实和趋势。

"模式转换。"社会结构转型正在引起政党、国家与公民关系模式的转换或重组，进而在实质上正在引发政党、国家政治权力、权威的基础发生转换。首先是公民逐渐成为现代社会的主人。这意味着国家的地位和角色要实现现代转换，国家是为公民提供公共服务的公共权力机构；其次是现代"公民赋权"观念的普及化。这会使整个社会对政党、国家政治权威的基础产生理性思考：既然公民是主人，国家是为公民提供公共服务的公共权力机构，那么，政党、国家政治权力、权威的基础就应该获得公民的认同。这对政党、国家来说，就是"关系模式"转变问题，是政治权力、权威的基础的转换问题：政党、国家政治系统要满足全体公民所提出的正当性社会诉求，要获得全体公民的认同、支持和拥护，既要顺应社会结构的变化，实现政党、国家与公民的关系模式的重组，由"管制—服从"的关系转向"纳税—服务"的关系，由"主—客"关系转向"主—主"关系，又要顺应政党、国家权力、权威基础转换的趋势，把政党、国家政治权力、权威的基础由传统的革命业绩转换为现代的建设业绩及民意资源的支持，由主要靠革命业绩、权力管制及其权力控制资源获得权威转向主要靠提高执政能力、建设业绩并为民众创造公共价值来赢得权威。今天中央提出的立党为公执政为民、以人为本、建设公共服务型政府和提高执政能力，实际上也反映了正在发生的模式转变的现实和趋势。

（四）人民主体："民众参与"—"表达诉求"—"关注民生"

市场经济的发展逐渐培育出注重利益、能力、理性和自立的人，也逐渐使人民群众的独立意识、自主意识、民主意识等主体意识日趋觉醒与增强。这种人民主体性对中国特色社会主义建设起着重要推动作用。这里，人民主体集中体现为以人为本及其坚持人民立场，具体体现为注重"民众参与"、尊重"合理诉求"和"关注民生"。

唯物史观强调，人民群众是历史的创造者和推动者。中国共产党人也把全心全意为人民服务确定为党的根本宗旨。对于中国特色社会主义现代化建设这样一个全新的事业来说，没有亿万人民群众的探索、参与、实践和创造，是不可能实现的。这就要求尊重人民群众的主体地位。具体落实到实践上，就是必须坚持以人为本，始终把维护人民群众的根本利益作为中国特色社会主义现代化建设的出发点和落脚点。改革开放以来，我们力求把坚持人民立场作为一条红线贯穿到中国特色社会主义现代化建设的各个方面。正如邓小平所指出的："社会主义现代化建设的极其艰巨复杂的任务摆在我们的面前。很多旧问题需要继续解决，新问题更是层出不穷。党只能紧紧地依靠群众，密切地联系群众，随时听取群众的呼声，了解群众的情绪，代表群众的利益，才能形成强大的力量，顺利地完成自己的各项任务"①，"我们党提出的各项重大任务，没有一项不是依靠广大人民的艰苦努力来完成的"②。因而，应当把人民拥护不拥护、赞成不赞成、高兴不高兴、答应不答应作为党制定各项方针政策的出发点和归宿。江泽民同志根据我国的实际情况指出："任务要依靠群众来完成，经验要依靠群众去积累，新事物要依靠群众去创造，困难也要依靠群众才能克服。"③胡锦涛总书记在美耶鲁大学的演讲中更强调指出："我们坚持以人为本，就是要坚持发展为了人民，发展依靠人民、发展依靠人民、发展成果由人民共享，关注人的价值、权益和自由，关注人的生活质量、发展潜能和幸福指数，最终是为了实现人的全面发展。"④ 其实，改革开放以来，从动员"民众参与"，到尊重"合理诉求"，再到"关注民生"，都体现着以人为本及其人民立场。

1978 以来，我国改革与发展在逻辑上大致经历三个时期，即"动员参与期"、"表达诉求期"和"整合凝聚期"。在这三个时期，以人为本及其人民立场分别体现为"注重民众参与"、"尊重合理诉求"和"关注民生"。

"民众参与。"改革开放初期，我们的主要历史使命，是力求把人民群众的一切积极因素和力量动员起来，参与到改革开放与发展中去，共创社会发展成果，因而在逻辑上，这是一个"动员参与期"。这一时期的基本特征，就是我们从制度和政策上采取了一系列重要的方法和措施，使民

---

① 《邓小平文选》第 2 卷，人民出版社 1994 年版，第 342 页。

② 《邓小平文选》第 3 卷，人民出版社 1993 年版，第 4 页。

③ 《毛泽东、邓小平、江泽民论党的建设》，中央文献出版社、中共中央党校出版社 1998 年版，第 534 页。

④ 胡锦涛：《在美国耶鲁大学的演讲》，《人民日报》2006 年 4 月 23 日，第 1 版。

众做到各尽其能，使社会充满活力。以人为本在这里主要体现为民众参与且各尽其能。在这一时期，我们主要采取了"思想动员"、"政策动员"和"机制动员"。

"表达诉求。"在我国改革和发展进程中，许多民众的积极因素和力量被动员起来了，我国社会也突出呈现为多样化的发展状态。当民众的积极因素和力量的作用越来越大的时候，当社会多样化的态势日趋发展的时候，就会向社会表达这样或那样的诉求。归纳起来，主要有利益诉求、权利诉求、民主诉求和公正诉求。这意味着我国改革开放和发展在逻辑上进入了"表达诉求期"。这一时期的基本特征，就是我们力求尊重人民群众所表达的各种合理诉求，努力使社会各阶层的社会成员能各得其所。以人为本在这里主要体现为充分尊重人民群众的合理诉求。

"关注民生。"面对这些诉求，无非采取两种态度：一种是消极对待。这样做，就会使群众表达其诉求的渠道不畅，会造成多种利益主体之间的矛盾冲突，不利于社会和谐，也不利于扩大党的群众基础和增强党的凝聚力；另一种是积极对待。也就是不仅要建立一种积极整合民众合理要求、凝聚民众一切积极力量、注重解决民生问题和化解各种民怨的制度化的权益表达机制和民主参与机制，而且要进一步对我国的改革和发展进行顶层设计，并形成改革和发展的新的整体秩序。这样做，有利于形成一种各得其所而又和谐相处的局面，也有利于扩大党的群众基础和增强党的凝聚力。这意味着我国改革开放和发展在逻辑上进入了"整合凝聚期"。这一时期的基本特征，就是积极保障和改善民生。这也是这一时期以人为本及其坚持人民立场的集中体现。从人的存在性质来讲，人具有生存与发展两种基本需求，相应的，民生也具有满足生存性需求的民生与满足发展性需求的民生。满足生存性需求的民生，主要指为人民群众的生存需要提供基本的生活资料，如住有所居，病有所医，学有所教，老有所养，等等；满足发展性需求的民生，主要指为人民群众的发展需要提供基本保障，如充分发挥民众的创新能力，积极营造人们和谐交往的社会环境，尊重民众的政治参与和社会参与，尊重民众的创造个性。

"中国经验"的上述四个方面具有内在的逻辑联系：在中国特色社会主义建设进程中，"政府主导"首先体现在"理论引领"，即通过理论创新来引导中国特色社会主义建设的实践；"理论引领"包括理论创新，而理论创新的一个重要成果，就是在中国社会主义初级阶段确立了社会主义

"市场经济"体制；市场经济培育并发挥了"人民主体"精神。以上四个方面构成一种结构，这种结构的最大功能，就是成就了中国特色社会主义建设，并构成我国改革、发展与中国特色社会主义建设的基本经验。其中政府主导和理论引领是最为重要的。尽管这些经验还处在进一步探索与发展之中，甚至某些方面会产生负面效应，但它是立足中国国情、解决中国问题、指导中国实践、促进中国成功的基本经验，也是从结构上对中国特色社会主义道路的一种学术上的初步总结和提炼，它会随着中国特色社会主义建设实践的发展不断得到丰富和完善。

三　中国特色社会主义的发展趋向：基于执政为民与实践创新，注重"调整结构"、"体制保障"、"转变方式"、"建构秩序"

中国特色社会主义正处在发展过程中。那么，它今后的发展趋向是什么？中国共产党人在其中的责任与使命是什么？人民群众有什么新期待？在中国特色社会主义进一步发展的进程中，中国共产党人的重要责任和使命，是要进一步补充、丰富和完善中国特色社会主义道路和中国特色社会主义理论体系，是通过实践创新来真正深入贯彻落实中国特色社会主义建设所取得的理论成果；人民群众的新期待，就是由理论创新进一步走向实践创新，真正把中国特色社会主义理论体系的最新成果切实付诸实践行动。要言之，就是更加注重执政为民方面的实践创新。基于这种实践创新，中国特色社会主义进一步发展的趋向就是："调整结构"—"体制保障"—"转变方式"—"建构秩序"。

（一）"调整结构"

所谓"调整结构"，指的是整体结构的战略性调整，既包括权力结构调整，也包括经济结构、政治结构、文化结构和社会结构的调整。结构调整影响这中国特色社会主义发展趋向。

改革开放经过30多年的历程之后，需要从根本上对改革开放进行清理和总结。改革开放30多年使我国取得巨大成就，但同时也存在大量问题；改革、包括政治体制改革取得许多成果，但今天却遇到了"难啃的硬骨头"；起初推行的改革，问题明晰，目标明确，标准具体，动力很足，而当今我们改革的动力显得不足，缺乏"顶层设计"；当今我国的社会结构发生了很大变化，但人们对社会结构的变化缺乏全面深入的认识、分析和理解；中国共产党人提出了许多先进理念，但在实践中却阻力重重。由此，在对改革开放进行清理和总结中，下述一些根本问题就呈现在我们面前：中国存在的问题究竟是什么性质的问题，是怎样产生的？体制改革、包括政治体制改革的深层障碍究竟在哪里，应从哪里寻求改革，尤其是政治体制改革切实有效的突破口？怎样全面深入解释并积极主动推动我国社会结构的转型？中国共产党人提出的先进理念为什么在实践层面遇到了"肠梗阻"？弄清这些问题，有利于回答今后中国特色社会主义建设"向何处去"的问题。

任何国家都有自己的问题，我们需要追问的是属于中国特有、普遍存在、根深蒂固、影响中国长远发展命运的根本性问题。人们常常认为，中国存在的问题是体制性问题，即是由体制产生的。这在一定意义上是正确的。但进一步追问就会看到：体制是由结构决定的，归根结底，许多问题是由结构产生的，是结构性问题，即是由传统的"社会层级结构"及其蕴含的权力结构和权力运作方式产生的。所谓社会层级结构，本意是指在传统政治国家领域中依据权力至上与权力大小而形成的权力级别阶梯和权力层级结构，后被延伸为在经济、社会和文化领域根据人和人之间之权力大小、地位高低、身份有别而建立的层级关系结构。这种传统的社会层级结构之核心是权力层级结构。这种权力结构具体体现为：以权力为本且政治权力较大，经济权力、社会权力较小，因而总体上属于"金字塔式"的权力层级结构，一切资源相对容易向上聚集，一切指令相对容易向下贯彻，自上而下传达上层指令相对通畅，自下而上反映基层意见会相对遇到某种阻力。显然，这种传统的社会层级结构注重的是权力层级以及地位层级、身份层级和关系层级。考察一个社会，最基本的方法论，是从"结构—体制—文化"三维入手。马克思考察、理解社会的根本视角是社会结构。在马克思看来，资本主义社会的运作体制和机制是由资本主义的社会结构决定的。就是说，有什么样的社会结构，往往会有什么样的社会运作体制，有什么样的社会运作体制，往往会有什么样的文化。中国更是如此。从根本上说，中国民众的文化取向中有一种"官本位"，这种"官本位"与政府一元主导体制有关，而这种体制，说到底与政治权力至上而经济权力和社会权力较小的"金字塔形"的权力结构有关。由此，结构问题不解决，体制和文化问题也解决不了。

改革开放初期，我们十分注重文化观念变革；后来，我们进一步深入体制层面，进行体制改革。当今我们的改革主要是在体制层面进行的，如经济体制、政治体制、文化体制和社会管理体制的改革。应当说这是一种进步。然而，目前的问题是：体制改革已出现难以深入下去的迹象；社会中存在的许多问题通过体制改革依然未能解决。这究竟为什么？我认为，其根本原因在于我们未能认识到中国传统"社会层级结构"这一比体制更为深层、更为根本的问题，也未能自觉主动地推进结构性调整。实际上，当今中国存在的许多问题、包括体制问题的世俗基础和根源，主要是中国传统社会形成并作为残余遗留下来的权力至上、自上而下的、逐级管制的传统"社会层级结构"及其权力运作方式。比如：为什么会造成一些权力的市场化？因为在现存的社会层级结构中，政府的权力具有管制作用，权力是至高无上的，这种权力不仅掌管许多资源，而且还要占有许多资源。哪里有权力，哪里就有资源，哪里有资源，哪里往往就有权力的僭越。权力的市场化说到底与一些政府的权力至上、权力管制有关。为什么现在许多地方实行的仍然是粗放型经济增长方式？其根本原因是缺乏自主创新能力，后者显然与依附性人格有余而主体性人格有关；而依附性人格有余而主体性人格不足，主要是由于传统社会与文化过于对人进行控制与约束，不大注重对人的解放与开发，这显然与权力至上的自上而下的社会层级结构和"官本位"的政府权力运作体制及其对人的控制有关。为什么会存在某些权力对权利的践踏？根源在于对权力缺乏有效的制约与民主监督，进一步说是由于权力至上，后者意味着官本高于民本，人治高于法治，集中高于民主，权力高于权利，权力可以凌驾于民主监督之上。为什么出现能力恐慌？说到底与"官本位"的权力运作体制及其对人的控制有关，与不注重对人的解放和开发有关，与权力高于能力有关。为什么政府职能缺位、越位？仍然与权力至上和"官本位"的政府权力运作体制有关。这种体制往往固守权力，注重对资源的控制与占有，反而不注重供给与服务，就是说它重管制轻治理、重私人特权轻公共服务。由于政府掌握权力注重管制。所以，在需要政府为民众提供优质的公共产品与公共服务的时候，它往往"缺位"；而在有资源、有利益、有"蛋糕"的地方，政府往往"越位"。为什么公民社会不成熟？也与权力至上的自上而下的社会层级结构有关，与"官本位"的政府权力运作体制及其对个人与社会民间组织的过于控制有关。这种社会层级结构与权力控制使得民众依附型人格有余而主体性人格不足，使民众过于依附与服从于政府权力而缺乏平等独立的人格、创造个性和参与精神，也往往使一些个人的基本需求、合法权益得不到应有的尊重。为什么存在着社会不公平且不和谐的现象？根本原因，与权力至上的自上而下的社会层级结构和"官本位"的政府权力运作体制而造成的公共治理不健全有关。在今天，权力至上的社会层级结构和官本位的政府权力运作体制一定意义上会导致权力的市场化和权力的"私有化"；权力的市场化和"私有化"必然导致公正理念的缺失；公正理念的缺失必然引起分配秩序的混乱；分配秩序的混乱带来的直接结果，就是社会各阶层之间的利益冲突；这种利益冲突必然产生社会分化，具体表现在涉及到利益问题时人们之间难以达成共识，许多人往往从自己的特殊利益而不是从共同利益出发来看待问题，许多人开始以站队的思维或对立的思维来思考问题，不再把社会看作一个整体存在，富人阶层与穷人阶层之间出现一种互相敌视的倾向，许多部门都在强化自己的局部利益，不再以全局的眼光来看待问题等；这种社会分化必然产生许多社会不和谐现象。为什么依附性人格有余而主体性人格、创造性人格不足？根本原因是由权力至上的自上而下的社会层级结构和"官本位"的政府权力运作体制及其对人的控制造成的为什么当今中国共产党人提出的一些先进理念（如以人为本、科学发展、公平正义、和谐社会、执政能力等）在贯彻落实过程中会遇到"肠梗阻"？这也与"社会层级结构及其权力运作体制有关"。因为这些理念在很大程度上是通过社会层级结构及其权力运作体制来实现的，这些理念一旦置于并通过这种社会层级结构及其权力运作体制来实现，就会不同程度上被这种社会层级结构及其权力运作体制扭曲、变形，进而影响其真正实现。我们讲以人为本，但这种社会层级结构却以官为本，我们讲提高执政能力，然而这种社会层级结构及其权力运作体制却注重权力。由此，我国体制改革遇到种种阻力，存在的许多问题难以真正解决，在根本上源于传统的"社会层级结构"及其权力运作体制。如果说"资本统治"属于"马克思的总问题"的话，那么，传统社会形成并作为残余遗留下来的"社会层级结构及其权力运作体制"（即邓小平所讲的权力过分集中而对其又缺乏有效制约、官僚主义、家长制和形形色色的特权等），就是"中国的总问题"。或者说，"中国的总问题"说到底是"结构问题或结构性问题"。这一总问题本质上与当代中国的政权性质无关，关涉的只是邓小平所谓的权力的具体社会运行机制。在中国传统社会，各领域不同程度上存在的这种社会层级结构对稳定社会秩序具有一定积极作用，然而其消极影响更为深远。从历史上看，它不仅阻碍中国从农业文明向工业文明、计划经济向市场经济、国家社会向公民社会、传统社会向现代社会、管制型政府向公共服务型政府的转变，而且使社会特别是政治呈现出非理性、非逻辑的特征。

由此，当今中国应把体制改革进一步引申到结构调整（一定意义上也可称之为结构改革）上来。要搞清楚什么是结构性调整，首先应了解当代中国正在发生的社会结构转型。

基于上述分析，所谓结构调整（改革）具有两个层面的内容：一是权力结构层面。就是从市场经济、公民社会、公共服务型政府三个方面同步进行调整，并按照相互制约、相互协调、相辅相成的目标要求进行调整；经济体制改革的目标是建立社会主义市场经济体制，市场经济主要解决财富问题，市场经济体制建设，既为培育公民社会和建设公共服务型政府提出适合自身发展的要求，也为其提供物质基础；社会建设的目标是培育成熟的公民社会，公民社会主要解决公民的民主参与问题，培育公民社会，既向市场经济体制建设和公共服务型政府建设提出有利于自身发展的要求，避免权力霸权和资本霸权，也为市场经济体制建设和公共服务型政府建设提供健全的人格基础；政府自身改革的目标是建立公共服务型政府，公共服务型政府主要解决如何公正运用公共权力为市场经济体制建设和公民社会培育提供公共服务的问题，建设公共服务型政府，既向市场经济体制建设和公民社会建设提出有利于自身发展的要求，也为市场经济体制建设和公民社会建设提供良好的政治环境。显然，在今天，仅仅单方面进行经济体制改革、政治体制改革、文化体制改革和社会管理体制改革等体制性改革是不够的，应将体制改革进一步深入到结构性调整（改革），既要改造传统的社会层级结构及其权力运作体制，又要从市场经济、公民社会和公共服务型政府三维制约、互相协调、相辅相成的视野来推进结构性改革。结构性改革不进行，单方面的改革难以深入，也难以取得实效。二是经济结构、政治结构、文化结构和社会结构的调整。经济结构调整主要包括经济增长的要素结构、产业结构、投资结构、分配结构的调整；政治结构调整主要包括权力结构的调整；文化结构调整主要指调整好主旋律与多样化的关系结构；社会结构调整主要指对政府组织与社会组织之关系结构的调整。

（二）"体制保障"

中国共产党人一贯倡导执政为民，问题的关键是要为执政为民提供体制保障，其中最重要的是政府行政体制的保障。为此，必须推进政府行政体制改革。

如何推进政府行政体制改革？理论界围绕"政府与民众的关系"开出了一些大同小异的有价值的"药方"，但都没有抓住问题的根本—体制背后的社会结构。马克思的唯物史观运用"结构方法"分析社会历史，对我们有启示意义。按照马克思的社会结构理论，社会结构是由经济、政治和文化等因素构成的，社会结构状况影响着社会发展和人的发展状况，其中经济因素起最终决定作用。这反映的主要是近代欧洲的社会结构状况。受此启发，要从根本上真正解决政府行政体制改革问题，就需要为大家提供一种哲学分析框架：从体制走向社会结构。中国传统的社会结构与近代西欧的社会结构不同，如前所述，中国历史形成并遗留下来的传统社会结构是社会层级结构。

这种社会层级结构使我国传统政府行政体制具有下述特征，就是政府主导、权力至上、自上而下、逐级管制。这种体制有其存在的历史必然性与合理性，政府不仅在推动我国经济社会发展中具有"火车头"的带动作用，而且如果决策正确，可举全国之力办大事，还可控制社会矛盾，所以不能完全否定。在我国现有条件下，它依然要发挥重要作用。辩证地看，这种体制也有一定历史局限性，它注重政府的主导作用而人民群众的主体作用未充分发挥出来；它注重权力而非能力；它自上而下有余而民众表达权益不足；它使行政权力管制有余而公共服务不足。总之，这种传统的行政体制是以政府行政权力管制一切为中心，它容易使政府在决策时考虑其偏好与利益，有时会违背客观规律来决策，一旦决策失误，代价是沉重的。因而，这种体制时常成为落实科学发展观的体制障碍。

应根据我国社会结构变化的新趋势，着重在市场经济、公民社会、公共服务型政府相互制约、相互作用的框架内，逐步推进政府行政体制改革。其完整思路及逻辑是：（1）通过推进领域分开，解决政府的定位问题。在什么位谋什么政。要通过"政企分开"、"政社分开"，来避免政府的越位、缺位、错位；（2）解决政府应干什么的问题，这就要转变政府职能。应在政府与市场经济、公民社会的互动关系中确定政府职能，由管制型政府逐渐转向公共服务型政府，政府为市场提供公平竞争环境并加强市场监管，为社会提供公共服务并加强社会管理，为自身配置和调节公共资源（产品）制定规则并教育群众；（3）解决政府自身怎样干的问题，这就要创新管理方式。就是由行政审批和行政命令走向依法行政、靠制度行政和凭能力行政；（4）因社会结构的变化，公民参与日趋增强，所以还要解决在政府与公民的关系中政府怎样干的问题，这就要鼓励公民参与。就是扩大公民有序政治参与，政府与民众协商合作共同管理国家事务和社会事务，民众通过社会组织等渠道向政府合理合法表达诉求，参与监督；（5）解决如何保证政府顺利有效履行职责的问题，这就要加强行政问责。就是健全决策失误纠错机制和责任追究制度，政府责任是弥补制度缺位的最好良方。显然，这种行政体制既注重政府主导与民众参与相结合、政府权力管制与政府凭能力为民众提供公共服务相结合、自上而下与自下而上相结合，又注重政府与经济、社会的相互协调、相互推动，因而可为落实科学发展观提供"长效"的体制保障：第一，这种体制把政府凭能力为民众提供公共服务看作中心，这是以人为本的体现，它可由过去因"权"而威转向因"威"而权；第二，这种体制注重调动人民群众参与经济社会发展的积极主动性，注重民众表达权益，注重把人民群众看作实践科学发展观的"发动机"。

（三）"转变方式"

加快经济发展方式转变是中国经济社会进一步升级发展的必然要求。改革开放初期，由于必须解决物质财富积累、物质生活水平提高的问题，所以不少地方主要通过"物"的路径来拉动经济增长：一是消耗自然资源；二是开办一些高投入、高消耗、高污染的生产性企业；三是注重物质资本投资；四是依靠廉价的劳动力"成本"。历史地看，这种路径功不可没，为我国今后经济社会升级发展提供了较为雄厚的"物质积累"和"物质基础"。但这种路径使我们面临两个方面困局。在国内方面，从经济的角度可概括为"四高四低"：投入高、产出低；产值高、科技低；排放高、循环低；代价高、效益低。在国际方面，我国在世界产业分工链条化新格局中处于不利地位：当今世界产业分为研发、制造和营销三大链条。三者的世界宏观利润分配比例是：制造：（研发＋营销）＝1∶9。

1：9 的利润分配格局使中国处在价值链的底端。显然，这种路径使我们的发展空间越来越小，付出的代价越来越大。由此，我们要利用全球都在进行产业调整的机遇，以"等不起"的紧迫感、"慢不得"的危机感、"坐不住"的责任感，主动"加快"经济发展方式的根本转变，由"以增长促发展"走向"在转变中谋发展"，进而强占经济发展的制高点；我们也要从战略高度充分认识"转变"的重大意义。

从实践来看，转变经济发展方式具有不小难度。1995 年"九五"规划就提出了转变我国经济发展方式的问题。走过了 15 年，即在今天，传统的经济增长方式依然没有从根本上转变过来。正因如此，第十七届五中全会通过的《中共中央关于制定国民经济和社会发展第十二个五年规划的建议》中，明确提出了加快经济发展方式转变的"五大论断"："十二五"时期是加快转变经济发展方式的攻坚期；制定"十二五"规划，必须以加快转变经济发展方式为主线；加快转变经济发展方式是我国经济社会领域的一场深刻变革；必须把加快转变经济发展方式贯穿经济社会发展全过程和各领域；要在转变中谋发展。这里的"攻坚期"、"主线"、"深刻变革"、"全过程和各领域"、"谋发展"，充分表达了中央对加快转变经济发展方式的坚定决心和勇气。转变经济发展方式艰难的根本原因，在于从总体上我国还缺乏自主创新能力。具体体现在我国从整体上主要属于制造业大国，许多知名产品缺乏核心技术，不是世界名牌。因为缺乏自主创新能力以及核心技术，所以，促进经济增长只能依靠投资和出口，只能依靠某些第二产业带动，只能通过消耗物质资源来实现。从哲学来看，其深层原因是我国传统社会总体上属于权力社会，而不是能力社会。权力社会过于注重对人的控制，使人们愿意做官，抑制人的自主创新能力的充分发挥，而能力社会注重解放人，鼓励人们学习知识、发明科学技术，有利于使民众各尽其能、社会焕发活力。

考虑到我国发展的不平衡从而实现分类推进：欠发达地区可把着力点放在符合科学发展要求的项目选择上；发达地区可把着力点放在结构调整和产业升级上，核心是发展产业聚集区（一个地区的发展战略首要是产业发展战略，产业选择是首先要考虑的）；国家应在战略层面把着力点放在提高自主创新能力、建设创新型国家上来，实施创新驱动，即确立"提高自主创新能力、建设创新型国家"的发展战略。从哲学上分析经济发展方式的根本转变，本质上就是提高人的自主创新能力。如果说过去我们用 30 多年发展的高速度换来了较大的世界发展空间，那么，今后我国应主要通过提高自主创新能力来抢占世界发展的制高点。

从哲学角度讲，提高自主创新能力的基本思路是，依据"力量转移"理论，由权力社会逐渐转向能力社会，大力加强能力建设。从过去看，中西方社会拉开差距的一个根本原因，是西方社会相对注重能力，尤其创新能力，而中国传统社会结构中相对注重权力，马克思称之为"行政权力支配社会"。对中西文化了如指掌的严复、陈独秀、李大钊指出：中国之所以贫弱，西方之所以富强，主要原因之一是中国重天命，而西方重人力，西方知道万事全靠人力做成。从今天来看，国家之间的竞争在根本上是创新能力人才的竞争；从社会力量转移趋势来看，具有影响力的未来学家托夫勒认为，有三大力量操纵着社会生活和人的生活——暴力、财富和知识，影响当今世界发展的力量正在向知识和创新能力转移。

加强能力建设的基本路径，可以采取下述基本路径：一是确立"和而不同、能力本位"的文化价值导向。从哲学上讲，文化主要包括价值取向、思维方式和人格类型，它既解决整个社会朝什么方向导向和努力，又解决文化认同和文化竞争力问题。马克思曾经指出，如果从观念上来考察，那么一定的意识形态的解体足以使整个时代覆灭。如果说过去的战争可以打败一个民族，那么当今的文化可以征服人心。由此看来，文化软实力与硬实力同等重要。"和而不同"是在对待当今人和人的关系问题上需要倡导的价值取向，"能力本位"是在对待当今中国发展进程中人和做事的关系问题上需要确立的价值取向。二是树立"提高自主创新能力、建设创新型国家"的核心发展战略，用这一战略支撑其他国家战略。德国哲学家黑格尔曾说，一个民族若有一些仰望星空的人，这个民族就有希望，一个民族只关心脚下的事情，注定没有未来。对这里的"星空"予以引申，就是民族发展战略。只有从国家战略层面对提高自主创新能力予以高度重视，这个国家的未来才有希望。三是选择"使人能够充分发展其能力"的制度安排。主要在用人制度和分配制度里把"能力尤其创新能力及其贡献"设计进去。最后是要营造"凭能绩立足"的琢磨事的工作环境，引导人们由捉摸人走向琢磨事，由注重权力逐渐走向在正确行使权力前提下更加注重能力。这是一种大世界观、战略观和文化观。尽管实现这些是艰难的，但对中国发展来说是具有根本性和战略性的。

（四）"建构秩序"

所谓秩序，指的是人们遵循一定的事物发展规律，制定公正的做事规则和制度，形成合理的事物结构，并有一定的组织自觉主动实现这样的规则、制度与结构，以使人们各司其职、各尽其能、各得其所、和谐相处，从而形成一种使人和社会得到全面发展、协调发展、持续发展的良性运转状态。这里，"遵循规律"、"公正的规则和制度"、"合理结构"、"组织管理"、"各司其职、各尽其能、各得其所、和谐相处"和"协调发展"，是理解秩序概念的核心要素。这里，我们着重谈论中国改革、发展的秩序。因为新时期最鲜明的特点是改革开放，新时期最显著的成就是快速发展，而且中国特色社会主义的主题的发展。

总体来讲，经过 30 多年的改革和发展，我国呈现出良好的发展态势，但要形成一种良性的改革和发展新秩序还有相当的距离。形成一种良性的改革和发展新秩序，是中国特色社会主义建设的一种根本趋向。

首先是形成改革新秩序。这就是要在注重研究人类社会历史发展的一般规律、社会主义发展规律、党的执政规律和当代中国发展规律的前提下，基于公正的理念、规则和制度，由组织地、整体有序地推进各项改革：（1）首先在经济领域，使经济体制改革先行，建立社会主义市场经济体制，并且强调提高自主创新能力，使民众各尽其能、各得其所，聚精会神搞建设，一心一意谋发展，共同为创造社会财富做贡献，以解决社会活力（解放和发展生产力，解决好财富与效率问题）问题，使民众富裕起来且从中受益，进而为政治体制改革以及其他改革提供物质基础和群众基础。当今，要注重对不合理的经济结构进行战略性调整；（2）然后在文化领域进行文化体制改革，形成一种既解放思想又凝聚人心的共同思想基础与文化环境，形成价值取向上的"一和多"的合理关系结构，用解放思想以解决思想僵化问题，用共同价值观来凝聚人心以解决思想分化问题，进而力求为我国经济体制和政治体制改革提供团结奋斗的共同思想基础；（3）接着逻辑上在社会领域进行社会管理体制改革，注重公民社会建设，加强公民意识教育，特别要注重民主参与和民众素质的统一，注重社会管理与公共服务的统一，注重形成一种政府与公民的良好关系结构，力求为我国政治体制建设提供人格基础；（4）当市场力量、文化力量和社会力量三者逐渐强大并形成合力的时候，我们就具有了改革传统政治体制的基础、动力和态势，也就会从外部逐步推动政治体制改革；而当我们的经济建设、文化建设和社会建设为政治体制改革提供强有力的物质基础、思想基础和人格基础的时候，我们就具备了政治体制改革的基础；在这种情况下，我们的政府便不断觉悟，主动地逐步进行自我革命以达到自我完善，即更加有力地推进以权力结构调整和健全权力运行机制为核心内容的政治体制改革；在这种自我革命和自我完善中，我们的政府注重制度建设，转变职能，提高自己的执政能力，完善执政方式和领导方式，保持先进性，进而去领导好经济、文化和社会建设；并且在政治体制改革中，我们的政府靠控制与解放两手，来领导经济、文化和社会领域的改革，而对自身，它既防范改革中出现的风险，也注重自身的思想解放。

其次是形成发展新秩序。这里有一个前提，即对民众的需求进行理性分析，且针对民众的需求，确定我国实践发展变化的新要求和人民群众的新期待。当今我国民众的"生存性需求"即温饱问题已基本解决，今后面临的是更高层次的"发展性需求"。"发展性需求"首先是一种多样化需求，涉及到经济、政治、文化、社会（狭义）、人的发展等各个领域。"发展性需求"的多样化，要求当下社会的供给不能再是前一阶段的"生产性"模式，而应转向新的"分配性"模式；相应的，当前我国实践发展变化的新要求与人民群众的新期待也就体现为：从"生产性努力"转向"分配性急需"。"分配性急需"具有两个内容：一是物质层面的生产成果的分配；二是政治、社会和精神层面的资源分配。由此我们必须进一步解决两个相关的分配问题：如何在分配性问题中保证效率，以确保分配的可持续性；如何使"蛋糕"分得满意、秩序建得合理和规则定得公正，确保分配的正义性和道德性。前者是公平问题，后者是正义问题。这就对我们党在分配问题上基于公平正义的理念而建立一种合理的分配结构，提出了新的更高要求。"发展性需求"是一种高层次需求，关涉到人的政治性、社会性、精神性内容。"发展性需求"的高层次化，要求当下社会的供给不能再停留于前一阶段的"基础性"层面，而应转向新的"发展性"层次；相应的，当前我国实践发展变化的新要求与人民群众的新期待也就体现为：从"基础性急需"转向"发展性急需"。这里，"发展性急需"指的是当前中国发展具有特殊的境遇：一方面，人民群众日益增长的物质文化需要与落后的社会生产的矛盾依然是当今我国社会的主要矛盾；另一方面，人民群众的自主性以及政治参与、社会参与诉求日益觉醒与增强。

前者意味着，中国经济发展的"蛋糕"依然需要进一步做大，"生产决定消费"的运行逻辑依然是国内市场的主要方面，金钱的价值、商品的使用价值依然是国内人群消费的关注点，即现代性是主要方面；后者却意味着，"人民主体"的逻辑不可避免的出场。这就要求我们必须进一步解决这样的问题：一是如何依靠人民群众的创新能力充分发挥来把"蛋糕"做得更大？二是如何鼓励与引导民众有序的社会参与和政治参与并为民众提供良好的公共服务？这就对我们党积极自觉地建立好执政为民的体制，提出了新的更高要求。"发展性需求"还是一种共时性需求，同时指向人本身发展的不同方面。"发展性需求"的共时性要求当下社会的供给不能再是前一阶段的"历时性积累"性质，而应转换为新的"共时性提升"之内涵；相应的，当前我国实践发展变化的新要求与人民群众的新期待也就体现为：从"摆脱经济增长历时性落后"转向"破解经济、政治、社会和文化发展共时性挤压"。后者指的是：中国自身特殊的市场化模式具有内在紧张性，有效地解决实现"权力经济＝权利经济"的问题需要社会综合配套改革，而其能否跟进和跟进多少，对中国发展形成内在压力；中国现有发展模式的局限性带来了诸多问题，发展中的"弱产权、低端口"体制性约束，使中国发展面临潜在风险。上述两个方面集中指向这样的问题，即我们的发展可持续性较弱，发展潜力不足，发展还需要外部制度的整体配套。如何转换我们的发展模式？如何创设可持续发展的机制？这就对我们党最终实现科学发展提出了新的更高要求。中国共产党基于上述"发展性需求"，进而对当代中国发展新秩序进行理性建构并积极实践，直接关乎到自身能否掌好权、执好政的根本问题。

东方民族的命运和中国的实践经验与教训

张曙光[*]

马克思在创立了唯物史观这一面向整个世界历史的现代社会观之后，不仅以之对西方现代社会的矛盾运动尤其是经济运动做出了深刻的分析和透视，也相应地考察并预测了包括中华民族在内的东方世界的命运，马克思是将东西方作为一个越来越密切地联系在一起的有机整体来观察和把握的。那么，东方社会后来的变化，特别是进入近代历史的中华民族的实践经验与教训，是确证还是否证了马克思关于东方社会的论点和预见？笔者通过研究，得出的结论是肯定性的，但这个结论同时表明，马克思的唯物史观不仅需要极大的丰富，还需要由经典形态向新的形态转换。

一

众所周知，马克思创立唯物史观，基本理念源自于西方古希腊以来的思想文化传统和近代启蒙运动，就其经验性内容而言，则是对 19 世纪欧洲社会矛盾特别是资本主义与封建主义、工人阶级与资产阶级的矛盾的深刻概括。马克思以体现于现代工业和商品经济中的生产与交往实践为思维坐标，探究整个人类社会历史的基本性状，由此得出人类社会历史发展取决于生产方式的矛盾运动的结论。如列宁所说，马克思把社会关系归结于生产关系，把生产关系归结于生产力的高度，就有可靠的根据把社会形态的发展看作是自然历史的过程[①]。唯物史观的"经典表述"也因此成为可

---

* 张曙光，北京师范大学哲学与社会发展学院教授。
① 《列宁选集》第 1 卷，人民出版社 1995 年版，第 8 页。

媲美于自然科学"精确性"的社会理论范式。能够客观地测定其水平高低的人类生产力是"同质"的,"可比"的,作为生产力的"社会形式"的生产关系就有了同类可比性,树立其上的上层建筑意识形态也因而得到"科学"的解释。——这样,从生产发展的逻辑即生产力与生产关系的矛盾运动中建构出的唯物史观,不仅从纵向上说明了西方社会形态的嬗递,也得以从横向上发现东西方不同民族"普遍"的发展"规律",无论这些民族有多么大的历史文化差异。正是根据这一"普适"的理论,并依据飞速发展和扩张的资本主义商品生产和交换,马克思进而揭示出现代人类所面临的共同命运,这就是从农业社会走向工业社会,走向资本所驱动并主导的世界历史;资本主义自身的矛盾运动及其在世界范围内的胜利,又在为"共产主义"的来临创造条件,人类解放的共同前景由此展示在世人面前。这就是马克思唯物史观给我们描绘的人类历史图景。

马克思基于唯物史观对东方社会的考察和研究,集中于两个时段、两个区域,一是 19 世纪 50 年代他对东方社会尤其是正在遭遇着西方殖民主义入侵和欺凌的印度、中国的评论,二是马克思晚年关于俄国社会发展道路的通信。它们共同构成马克思关于东方社会发展的理论。

当西方资本主义列强于 19 世纪中叶向东方国家大举入侵和殖民时,东方民族的历史命运立即引起马克思的深切关注。

在《中国革命和欧洲革命》、《英人在华的残暴行动》、《鸦片贸易史》、《中国和英国的条约》、《新的对华战争》、《对华贸易》等文章中,马克思愤怒地谴责了英国殖民主义者为奴役中国而诉诸武力、输入鸦片的罪恶行径。他写道:"广州城的无辜居民和安居乐业的商人惨遭屠杀,他们的住宅被炮火夷为平地,人权横遭侵犯,这一切都是在'中国人的挑衅行为危及英国人的生命和财产'这种站不住脚的借口下发生的!"然而,"英国报纸对于旅居中国的外国人在英国庇护下每天所干的破坏条约的可恶行为真是讳莫如深!非法的鸦片贸易年年靠摧残人命和败坏道德来填满英国国库的事情,我们一点也听不到。外国人经常贿赂下级官吏而使中国政府失去在商品进出口方面的合法收入的事情,我们一点也听不到。对那些被卖到秘鲁沿岸去当不如牛马的奴隶、被卖到古巴去当契约奴隶的受骗契约华工横施暴行'以至杀害'的情形,我们一点也听不到。外国人常常欺凌性情柔弱的中国人的情形以及这些外国人带到各通商口岸去的伤风败俗的弊病，我们一点也听不到"。"与此同时在中国，压抑着的，鸦片战争时燃起的仇英火种，爆发成了任何和平和友好的表示都未必能扑灭的愤怒烈火。"①

——人类的人性中有丑恶的一面。对于人性的"恶"，资本主义文明较之封建专制有明显的反思和批判意识，资本主义讲"民主"和"人权"，封建专制则"使人不成其为人"。然而，资本主义所讲的民主和人权都极其有限，当它面对其他民族的传统文明时，它公然表现出极大的不文明："当我们把自己的目光从资产阶级文明的故乡转向殖民地的时候，资产阶级文明的极端伪善和它的野蛮本性就赤裸裸地呈现在我们面前，它在故乡还装出一副体面的样子，而在殖民地它就丝毫不加掩饰了。"② 马克思指斥英国用最无耻、最粗暴和最残酷的海盗行为对印度实行征服；和印度过去所经受的外敌入侵、歼灭性战争和征服相比，英国资本主义殖民者给它带来的灾难在程度上不知要深重多少倍。就英国殖民者在殖民地所犯下的罪恶而言，它是不可饶恕的。

然而，资本主义殖民者并不同于一般的强盗。马克思不认为西方资本主义入侵东方所带来的仅仅是破坏、灾难、罪恶，只要对其控诉、抨击一番并作出凶险的预言就算尽了一份人类道义。马克思基于其唯物史观及其辩证法，总是力求把人类的长远利益、必由之路与难以避免的痛苦乃至牺牲放在一起考察，因而，他在对东方世界横遭侵害表示强烈的义愤和深切同情的同时，也无情地批判了东方世界的原始性和落后性，展望了处于西方资本主义文明包围下的东方世界的前途。

对于东方世界在西方现代资本主义入侵面前暴露无遗的"蒙昧"和"落后"，马克思的批判既指向它的统治阶级，也指向它的人民群众。

在西方现代资本主义不无野蛮的文明的作用下，东方帝国土崩瓦解，其统治者的威权一落千丈。马克思对此作出了完全肯定的评价。他写道："满清王朝的声威一遇到英国的枪炮就扫地以尽，天朝帝国万世长存的迷信破了产，野蛮的、闭关自守的、与文明世界隔绝的状态被打破"；英国的大炮"迫使天朝帝国与地上的世界接触。与外界完全隔绝曾是保存旧中国的首要条件，而当这种隔绝状态通过英国而为暴力所打破的时候，接

---

① 《马克思恩格斯选集》第 1 卷，人民出版社 1995 年版，第 704—705 页。

② 同上书，第 772 页。

踵而来的必然是解体的过程，正如小心保存在密闭棺木里的木乃伊一接触新鲜空气便必然要解体一样"。① 东方的封建帝国已经腐朽，对于它自己的人民来说，也早已成为沉重的枷锁。然而，它现在却成了被欺凌、被毁灭的弱者，而实施欺凌和毁灭的不是它自己的人民，而是文明的西方人。于是，一出颇为滑稽的"悲剧"便上演了："一个人口几乎占人类三分之一的大帝国，不顾时势，安于现状，人为地隔绝于世并因此竭力以天朝尽善尽美的幻想自欺。这样一个帝国注定最后要在一场殊死的决斗中被打垮：在这场决斗中，陈腐世界的代表是激于道义，而最现代的社会的代表却是为了获得贱买贵卖的特权——这真是任何诗人想也不敢想的一种奇异的对联式悲歌。"② 这种离奇的"悲歌"并不是把有价值的东西毁灭给人看，而是由于毁灭的方式使丧失了历史价值的东西浮现出一层价值的油彩，它让我们想到的是类似伊拉克的萨达姆一类骄横的专制者的命运。——问题不在这里，问题在于，在民族国家的主权正当性依然存在的情况下，即使对一个专制暴虐的国家的外部打击，也往往在使这个国家的统治者陷入表面上悲剧的同时，导致对整个民族的持久的伤害。

具有悲剧意味的历史剧在同时上演：整个东方社会，它的文明和人民，都处在殖民者的践踏、摧残之下。"从人的感情上来说，亲眼看到这无数辛勤经营的宗法制的祥和无害的社会组织一个个土崩瓦解，被投入苦海，亲眼看到它们的每个成员既丧失自己的古老形式的文明又丧失祖传的谋生手段，是会感到难过的"——这是马克思直接的情感态度；"但是，我们不应该忘记，这些田园风味的农村公社不管看起来怎样祥和无害，却始终是东方专制制度的牢固基础，它们使人的头脑局限在极小的范围内，成为迷信的驯服工具，成为传统规则的奴隶，表现不出任何伟大的作为和历史首创精神。我们不应该忘记那些不开化的人的利己主义，他们把全部注意力集中在一块小得可怜的土地上，静静地看着一个个帝国的崩溃、各种难以形容的残暴行为和大城市居民的被屠杀，就像观看自然现象那样无动于衷；至于他们自己，只要哪个侵略者肯于垂顾他们一下，他们就成为这个侵略者的驯顺的猎获物。我们不应该忘记，这种有损尊严的、停滞不前的、单调苟安的生活，这种消极被动的生存，在另一方面反而产生了野

---

① 《马克思恩格斯选集》第 1 卷，人民出版社 1995 年版，第 691、692 页。
② 同上书，第 716 页。

性的、盲目的、放纵的破坏力量，甚至使杀生害命在印度斯坦成为一种宗教仪式。我们不应该忘记，这些小小的公社带有种姓划分和奴隶制度的污痕；它们使人屈服于外界环境，而不是把人提高为环境的主宰；它们把自动发展的社会状态变成了一成不变的自然命运，因而造成了对自然的野蛮的崇拜，从身为自然主宰的人竟然向猴子哈努曼和母牛撒巴拉虔诚地叩拜这个事实，就可以看出这种崇拜是多么糟蹋人了。"① ——这是马克思基于理性的认识。从这种理性的认识中，我们难道只能读出"冷峻"的理智，读不出更具深度和热度的人道思想吗？不，马克思恰恰是基于对每个人的生命尊严的捍卫才说出这番话的。马克思对殖民地的人民的不幸，与鲁迅对自己同胞"哀其不幸，怒其不争"的态度完全一致。

东方社会的社会组织、生活方式、宗教和迷信乃至东方人的民族素质，都成了马克思批判和针砭的对象。因为东方世界由小农生产、血亲宗法和专制主义所构成的社会结构，把东方人民牢固地置于半自然的群体依赖的状态中，重复着循环往复和停滞不前这一自然生物界的现象。虽然亚洲各国不断瓦解，不断重建和经常改朝换代，但社会的结构却没有实质性的改变。社会基本的生产方式或经济要素，不为政治领域中的风暴所触动。长期生活在这种停滞且封闭的社会环境中的人民，虽然不乏"文雅"、"灵巧"、"勇敢"、"沉静的高贵品格"，但他们的"迷信"、"利己性"、"无动于衷"、"苟安"、"盲目"、"驯服"、"疲沓"，似乎使他们对一切既成的东西都安之若素、习以为常，不敢想也无力量改造、更新古老的社会与文明了。在这种情况下，一个来自外部的更高的文明的挑战和打击，还能够避免的了吗？并且，这个挑战和打击不正是沉睡的狮子的觉醒所需要的吗？不正是为古老社会与文明走向新生提供的契机吗？这是一个历史的悖论，但这个悖论却包含着自我破解的因素，因为东方古老社会机体的破坏乃至归于消灭，与其说来自英国军人的武力打击，不如说是英国现代工业和自由贸易所导致的事变：英国资本主义工业文明到处在破坏印度传统的自给自足的经济基础，结果，就在亚洲造成了一场最大的、也是亚洲空前的社会革命。

有鉴于此，马克思不无痛楚地写道："的确，英国在印度斯坦造成的社会革命完全是受极卑鄙的利益所驱使，而且谋取这些利益的方式也很愚

---

① 《马克思恩格斯选集》第1卷，人民出版社1995年版，第765—766页。

钝。但是问题不在这里。问题在于，如果亚洲的社会状态没有一个根本的革命，人类能不能实现自己的命运？如果不能，那么，英国不管干了多少罪行，它造成这个革命毕竟是充当了历史的不自觉的工具。"① 野蛮的征服者总是被他们所征服的民族的较高文明所征服，这是一条永恒的历史规律。不列颠人是第一批发展程度高于印度的征服者，因此印度的文明就影响不了他们。他们破坏了本地的公社，摧毁了本地的工业，夷平了本地社会中伟大和突出的一切，从而毁灭了印度的文明。马克思认为，问题并不在于英国是否有权利来征服印度，而在于印度被不列颠人征服是否要比被土耳其人、波斯人或俄国人征服好些。"英国在印度要完成双重的使命：一个是破坏的使命，即消灭旧的亚洲式的社会；另一个是重建的使命，即在亚洲为西方式的社会奠定物质基础。"当然，英国资产阶级在印度所实行的一切，不会使印度的民众得到解放，也不会根本改善他们的社会状况，因为这两者都不仅仅决定于生产力的发展，而且还决定于生产力是否归人民所有。"但是，有一点他们是一定能够做到的，这就是为这两者创造物质前提。"②

着眼于人类文明史，一个基本的矛盾展现在我们面前：迄今为止，人类文明的进步总是以一部分人这样或那样的牺牲为代价；人们既应当最大限度地减轻这个代价，但又不可能使之取消，否则也就取消了整个文明。如果由于资本主义带来了痛苦和灾难就要消灭资本主义，那么，这同时也是消灭人类的进步与未来。因为"资产阶级历史时期负有为新世界创造物质基础的使命：一方面要造成以全人类互相依赖为基础的普遍交往，以及进行这种交往的工具，另一方面要发展人的生产力，把物质生产变成对自然力的科学统治。资产阶级的工业和商业正为新世界创造这些物质条件，正像地质变革创造了地球表层一样"。因此，在马克思看来，只有在伟大的社会革命支配了资产阶级时代的成果，支配了世界市场和现代生产力，并且使这一切都服从于最先进的民族的共同监督的时候，"人类的进步才会不再像可怕的异教神怪那样，只有用被杀害者的头颅做酒杯才能喝下甜美的酒浆"③。马克思预言：在印度人自己还没有强大到能够完全摆

_____

① 《马克思恩格斯选集》第 1 卷，人民出版社 1995 年版，第 766 页。

② 同上书，第 768、771 页。

③ 同上书，第 773 页。

脱英国的枷锁以前，印度人民是不会收到不列颠资产阶级在他们中间播下的新的社会因素所结的果实的。但是，无论如何我们都可以满怀信心地期待，在多少是遥远的未来，这个巨大而诱人的国家将复兴起来。——马克思关于印度的预见在今天正在应验，中国的命运同样包含在马克思的这一预言之中。

二

马克思晚年关于俄国社会发展的论述，主要由马克思给维·伊·查苏利奇4个手稿以及此前马克思给《祖国纪事》杂志编辑部的信构成。我们先来认真地看一下这些信的写作背景及其具体内容。

查苏利奇是俄国"劳动解放社"的成员。1881年2月16日，她写信给马克思，请求马克思谈谈他对俄国历史发展的前景，特别是对俄国农村公社的命运的看法。查苏利奇在信中谈到马克思的《资本论》在俄国极受欢迎和该书在革命者关于土地问题及农村公社问题的争论中所起的作用。她说："你比谁都清楚，这个问题在俄国是多么为人注意……特别是我们的社会主义党所注意……最近我们经常可以听到这样的见解，认为农村公社是一种古老的形式，历史、科学社会主义，——总之，一切不容争辩的东西，——使它注定要灭亡。鼓吹这一点的人都自称是你的真正的学生，'马克思主义者'。""因此，你会明白，公民，你对这个问题的见解是多么引起我们的注意，假如你能说明你对我国农村公社可能的命运的看法和对世界各国由于历史的必然性都应经过资本主义生产各阶段的理论的看法，给我们的帮助会是多么大。"①

马克思给《祖国纪事》杂志编辑部的信，是在该杂志于1877年10月登载了俄国民粹派思想家尼·康·米海洛夫斯基的《卡尔·马克思在尤·茹柯夫斯基先生的法庭上》一文后不久写的。米海洛夫斯基的这篇文章反驳了茹柯夫斯基在《欧洲通报》上对马克思的攻击。但是他是站在民粹派的立场上"捍卫"马克思的。他认为，《资本论》的理论是"严谨的、完整的，因而是有诱惑力的"，正因为如此，他警告说在它的面前不能完全"把门敞开"。他认为俄国不存在资本主义，因此，《资本论》

————————

① 转引自《马克思恩格斯全集》第19卷，人民出版社1963年版，第636—637页注。

的结论不适用于俄国①。

　　查苏利奇的信和米海洛夫斯基的文章都牵涉到当时俄国革命者内部发生的关于俄国社会发展前途的争论。19 世纪中叶的俄国由于农民运动高涨和克里米亚战争的失败，封建农奴制度已无法维持。沙皇亚历山大二世在 1861 年被迫颁布法令实行农奴制改革。但是改革极不彻底，农奴制残余被保留下来。尽管如此，俄国资本主义毕竟获得了有利的社会条件从而发展起来。在这样的社会背景下，以先进的平民知识分子为主，产生了坚决反对沙皇专制制度的民粹派。民粹派得名于他们 1874 年发动的"到民间去"的运动。民粹主义者们认为资本主义不仅是残酷的、野蛮的，也是退步的、没落的，而俄国的农村公社则是公平合理、朴素自然的社会形式，是社会主义的天然土壤，农民是最健康、最革命的阶级，因此，只要发动农民推翻沙皇统治，就能够直接在农村公社的基础上实现社会主义。民粹主义者也很尊重马克思，对他的学说表示了极大的兴趣。但他们大都不理解马克思学说的真谛和意义，并认为马克思的经济学说只适用于西欧资本主义国家而不适用于俄国。后来，以普列汉诺夫为首的一些民粹派成员由于越来越信奉马克思的学说，便脱离民粹派并与其他俄国先进知识分子一道，成立了以马克思主义为宗旨的"劳动解放社"，其中坚分子认定俄国的农村公社抵御不了资本主义的瓦解，俄国只有经过资本主义才能过渡到社会主义。马克思和恩格斯对民粹派是理解的，他们认为，民粹派思想上的不成熟是当时俄国比较落后的经济和政治发展水平的体现，他们赞赏民粹派同沙皇制度的奋不顾身的斗争及其客观上的资产阶级民主主义性质，但也不止一次地批评民粹派理论上的空想主义及其观点的错误。马克思明确指出："如果俄国继续走它在 1861 年所开始走的道路，那它将失去当时历史所能提供给一个民族的最好的机会，而遭受资本主义制度所带来的一切极端不幸的灾难。"② 马克思的这一重要结论，适足打破民粹派的幻想。

　　然而，马克思不能仅仅作出这样的回答，因为他所面对的问题是多层次的又是很困难的。这里面有如何看待俄国农村公社以及俄国社会的现状

---

① ［苏联］彼·费多谢耶夫等：《卡尔·马克思》，生活·读书·新知三联书店 1980 年版，第 762 页。

② 《马克思恩格斯全集》第 19 卷，人民出版社 1963 年版，第 129 页。

与前途问题，有选取何种理论作为认识坐标的问题。马克思需要解释自己的理论并将其应用于俄国社会的分析，同时纠正业已出现于俄国革命者中间以及报刊上对他的理论给予的片面的简单化的理解。因此，回答必须全面。

我们可以把马克思的回答以及相关论述加以概括，并相对地区分为宏观的基本观点和微观的具体论点这样两个层次，然后再分别考察这两个层次的内容。

属于宏观层次的基本观点主要指马克思的"世界历史"观点。这个观点在马克思早年和晚年的思想中，始终得到贯彻，所不同的只是，在早年，马克思强调的是开创了世界历史时代的资本主义正在磅礴于全世界，更为优越的"世界历史性的共产主义"只能是资本主义充分发展的产物。在晚年，马克思在充分考虑到东方社会的特殊性以及由于资本主义内在矛盾的全球化而导致东方社会不可避免地发生民族民主革命的前提下，认为东方社会有着不同于西方式发展道路的可能性，社会主义有可能在充分吸收资本主义一切肯定成果的前资本主义社会率先诞生。但是，马克思不仅没有因此否定开创了世界历史的资本主义仍然发挥着侵蚀和改变前资本主义社会的作用，而且不认为社会主义的建立能够不以资本主义创造的文明成果为基础。

至于以马克思提出俄国社会有可能跨越资本主义"卡夫丁峡谷"的设想，就认定马克思突破了他早年提出的"世界历史"思想，主张东方社会不必经过资本主义的发展阶段云云，是很难站住脚的。我们知道，即使在这之前，马克思也并没有主张无论在什么情况下，东方各国都要走西欧各国的发展道路。到了晚年，马克思所强调的仍然是具体的社会历史条件。资本主义正在侵蚀东方社会是一个不争的事实，至于东方社会能否避免跟在西方资本主义后面爬行的命运，则是以各种社会力量在斗争中谁胜谁负，人们能否选择出一种更合理更人道的发展道路（这样的选择在现实中并非没有可能性）为转移的。

马克思的"世界历史"观点以及关于人类发展普遍规律的论述，并不是一个简单的模式。在写于 1877 年 11 月左右的给《祖国纪事》杂志编辑部的信中，马克思严肃地指出：我的批评家"一定要把我关于西欧资本主义起源的历史概述彻底变成一般发展道路的历史哲学理论，一切民族，不管他们所处的历史环境如何，都注定要走这条道路，以便最后都达到在保证社会劳动生产力极高度发展的同时又保证人类最全面的发展的这样一种经济形态。但是我要请他原谅。他这样做，会给我过多的荣誉，同时也会给我过多的侮辱"。马克思在举例说明了这个道理后，进而指出："极为相似的事情，但在不同的历史环境中出现就引起了完全不同的结果。如果把这些发展过程中的每一个都分别加以研究，然后再把它们加以比较，我们就会很容易地找到理解这种现象的钥匙；但是，使用一般历史哲学理论这一把万能钥匙，那是永远达不到这种目的的，这种历史哲学理论的最大长处就在于它是超历史的。"① 马克思的"世界历史"观点不是这种超历史的"历史哲学理论"，它并没有武断地肯定东方社会必定要走资本主义道路或必定跨越资本主义阶段。因此，认为马克思晚年从根本上改变了他早年提出的世界历史思想以及东方社会发展的看法并给予赞扬或批判，是未得要领的无的放矢。

属于微观层次的具体论点主要是马克思关于俄国农村公社发展前途的一些看法。马克思关于俄国农村公社发展前途的看法，既涉及客观必然性，又涉及价值必要性，由一组相关的论点构成。

首先，不管俄国农村公社在世界历史时代如何发展，都不能否定就整个人类社会而言，或者说在世界范围内，资本主义产生和发展的历史必然性。因此，"如果俄国是脱离世界而孤立存在的，如果它要靠自己的力量取得西欧通过长期的一系列进化（从原始社会到它的目前状态）才取得的那些经济成就，那么，公社注定会随着俄国社会的发展而灭亡这一点，至少在我看来，是毫无疑问的"②。俄国农村公社的两重性本身，也表明了私有制原则逐步取代公有制原则的趋势。这样，如果俄国脱离世界孤立存在时是否迟早走向资本主义道路的问题，马克思虽未言明，但那答案是相当明确的。

其次，在资本主义所开创的世界历史时代，前资本主义国家已经失掉了独立地走资本主义道路的某些历史条件与最好机会。它们面临着殖民化的威胁，已经在很大程度上丧失了资本主义在西方崛起时可资利用的内外部环境。民族工业已不能自由发展，民族资本也难以迅速积聚。强大的西方资本主义国家要把自己的意志加诸这些落后国家，从而加剧了这些国家

---

① 《马克思恩格斯全集》第19卷，人民出版社1963年版，第130、131页。

② 同上书，第444页。

的原有矛盾并引发了新的内外矛盾。俄国农村公社虽然未遭到西方资本主义的直接侵蚀，但却遭遇着来自国内的种种因素的破坏：国家的压迫以及渗入公社内部的、也是由国家靠牺牲农民培养起来的资本家的剥削，此外还有地主的剥削与商人的劫掠等。可以说，俄国农村公社已经走到一个历史的十字路口，处境相当危险。

最后，从理论上说，正因为俄国农村公社和资本主义生产是同时代的东西，所以就有了它能够不通过资本主义生产的一切可怕的波折而吸收它的一切肯定成就的可能性。——并且，西方资本主义制度本身也经历着危机，西方一些资本主义生产最发达的民族，正力求破除它的现有的形式，虽然导致的是它的调整与修补。从实践上说，俄国农村公社几乎被推向灭亡的边缘，要挽救俄国公社，就必须有俄国革命。"但是，俄国政府和'社会新栋梁'正在尽一切可能准备把群众推入这一灾祸之中。如果革命在适当的时刻发生，如果它能把自己的一切力量集中起来加以保证农村公社的自由发展"，那么，它可以不通过资本主义制度的"卡夫丁峡谷"，而吸取资本主义制度所取得的一切肯定成果，这样，"农村公社就会很快地变为俄国社会复兴的因素，变为使俄国比其他还处在资本主义制度压迫下的国家优越的因素"①。

应当说，马克思关于俄国农村公社发展前途的论点和论据，相当完整、周密。既有理论的支持和论证，又考虑到实践经验；既充分正视现实，又估计到了各种可能；既看到了掌权的敌对势力的强大，又未排除民主势力发动革命的可能性。然而，被一些人极力渲染的所谓马克思关于"跨越"资本主义卡夫丁峡谷的理论，在马克思正式给查苏利奇的复信中，却大部分删掉了，包括跨越资本主义卡夫丁峡谷一类的话。只剩下这样两个论点：其一，资本主义作为从一种私有制形式变化来的另一种私有制形式，其"历史必然性"明确限于西欧各国。在俄国农民中，则是要把他们的公有制变为私有制。其二，俄国农村公社是俄国社会新生的支点，但要使它能发挥这种作用，首先必须肃清从各方面向它袭来的破坏性影响，然后保证它具备自由发展所必需的正常条件②。由此可见，马克思的态度是多么地慎重！

---

① 《马克思恩格斯全集》第 19 卷，人民出版社 1963 年版，第 441 页。

② 同上书，第 269 页。

特别值得一提的是，在马克思去世的前一年即 1882 年 1 月 21 日，马克思与恩格斯合写的《共产党宣言》的俄文版序言，在简略地说明了欧美和俄国新的社会发展情况之后，再一次论述了马克思历史理论的意义和俄国农村公社的命运。他们指出，《共产党宣言》的任务，是宣告现代资产阶级所有制必然灭亡。但是在俄国，除了迅速盛行起来的资本主义狂热和刚开始发展的资产阶级土地所有制外，大半土地仍归农民公共占有。那么试问，俄国公社这一已经大遭破坏的原始土地公共所有制形式，是能够直接过渡到高级的共产主义的公共所有制形式呢？或者相反，它还须先经历西方的历史发展所经历的那个瓦解过程呢？"对于这个问题，目前唯一可能的答复是：假如俄国革命将成为西方无产阶级革命的信号而双方互相补充的话，那么现今的俄国土地公有制便能成为共产主义发展的起点。"①显然，序言中的这些话与马克思给查苏利奇正式复信中的两个论点，原则上是一致的，只不过这里更为明确地把"革命"列为俄国农村公社走向新生的前提条件，并且措辞也更为严格。

从上面的引述中，我们不可能得出马克思晚年无条件地主张东方世界可以不经过资本主义而走一条与西方完全不同的道路的结论，也不可能得出马克思惮于社会发展中的灾难与罪恶而让他的冷峻理性迁就他的人道感情。我们所能体会到的是，马克思不赞同将东西方的社会历史差别或一概抹杀或一味夸大，而导致两种非历史的简单化看法，主张根据人类历史过程出现的新特点，亦即"世界历史"时代东西方的互相作用、互相贯通，具体地分析东西方社会发展的可能性及其实现的条件。总之，我们所能体会到的马克思思想的发展，是他的"世界历史"观点的深化和具体化，是他对整个人类社会的整体相关性以及由此产生的落后民族利用先进民族的积极因素超"常规"发展的可能性的重视。不言而喻，马克思晚年关于俄国农村公社的现状与前途的思考，其具体结论未必符合其他东方国家的情况，但是体现在其中的基本原则，也完全适合于其他东方国家。

这里的疑点仅仅在于，俄国的农村公社与未来的新型公有制社会，虽然都姓"公"，但其性质一样吗？如果说未来的公有制社会是原始公有社会"回复"的话，这种"回复"难道意味着后者可以成为前者的直接"起点"吗？未来的共产主义社会到底是与资本主义社会更为接近呢，还

---

① 《马克思恩格斯选集》第 1 卷，人民出版社 1995 年版，第 251 页。

是与原始性质的公社更为接近？在这里我们似乎感觉到马克思在一定程度上将社会的生产力方面与它的生产关系方面分割开来了，或者说将社会的物质条件与它的所有制性质分开来考虑了。所以他才认为：一方面，俄国农村公社可以成为共产主义发展的"起点"；另一方面，它又必须吸收资本主义制度所取得的"肯定成果"才能使之成为现实。

的确，社会的生产力及其发展有着相对于所有制形式、生产关系的一定独立性和自主性，它更具有全人类的意义，因而能够为社会性质不同的民族吸收和利用。这正是人类文化成为人类"获得性遗传"的机制，并且人们能够通过向前人学习以及相互学习而加速发展的原因。认为"要在俄国使用机器，它必须先经过机器生产的孕育期"，的确是无道理的。然而，问题在于，在有着浓厚原始性的俄国农村公社所有制的基础上或结构内，能否安置一个属于现代社会的生产力和生产方式？农村公社能否直接发展出社会化程度和个体化程度要高得多的现代社会组织形式？我们今天"事后诸葛"地提出这些问题，当然是基于后来历史发展的大量实践经验。然而，这里面也有一个理论上的缘由。这个理论上的缘由就是马克思的"三大社会形态"理论对上面这个问题的内在限定。

按照马克思的三大社会形态理论，原始社会连同后来的奴隶制和封建制社会，属于自给自足的自然经济社会，在这个历史阶段，不仅生产力水平很低，而且人们的关系还是自然发生的依赖关系，是以自然血缘关系和统治服从关系为基础的地方性联系，因此个人没有社会的独立性。只有到了第二大形态，即到了商品经济时代，人们才能以交换价值为媒介建立起多方面的普遍的社会关系，个人才能确立以物的依赖性为基础的独立性、自主性。而建立在个人全面发展和他们共同的社会生产能力成为他们的财富这一基础上的自由个性，是第三个阶段。第三个阶段则要以第二个阶段为前提。由此看来，属于第一大社会形态的原始社会与属于第三大社会形态的共产主义社会，其差别是根本的、巨大的，两者仅仅在作为私有制的对立面这一点上有相似性。原则上说，人类要从第一大社会形态进入第三大社会形态，必须经过第二个历史阶段。在特定的"历史环境"即在周围世界处在第二个历史阶段的情况下，个别地域中的个别民族即使可以由原始性质的公有制直接向共产主义形态的公有制过渡，也不能仅仅靠吸收第二个历史阶段所创造的物质条件，它还必须从根本上改变人的依赖关系，形成个人的社会法权关系，变人的"原始丰富"为个人的"全面发展"。然而，正如马克思所说，这"不是自然的产物，而是历史的产物。要使这种个性成为可能，能力的发展就要达到一定的程度和全面性，这正是以建立在交换价值基础上的生产为前提的，这种生产才在产生出个人同自己和同别人的普遍异化的同时，也产生出个人关系和个人能力的普遍性和全面性"①。吸取其他民族在第二大社会形态创造的物质条件，固然有助于自己的全面发展，但是，这种属于人自身在其历史发展中逐步形成的普遍的全面的关系和能力，既不简单地等同于以客体形态存在的物质条件，又不能直接地从别人那里移植过来，而只有通过自身的社会变革创造相应的条件加以建设和培养。这种相应的条件，就包括以交换价值为媒介和标志的市场经济体制及其法律形式。

我们知道，在马克思那里，市场经济就是资本主义市场经济，历史就是这样显示的，它并没有提供与此相反的例证。所以，"跨越"资本主义制度的可能性也就是"跨越"资本主义市场经济的可能性；而资本主义在其发展中创造的"文明成果"，既然不包括资本主义制度，自然也就不包括市场经济体制。这样就留下了不通过市场经济，因而不通过第二大历史形态，人们能否产生出"个人关系和个人能力的普遍性和全面性"、能否以原始的土地公共所有制为起点直接进入共产主义社会的理论疑点。

尽管有这个理论疑点，并不影响马克思关于"历史向世界历史转变"的思想的正确性，以及他关于在世界历史时代人类发展的新的可能性观点的正确性。落后国家通过学习和利用先进国家的文明成果并超越在先进国家那里日益成为桎梏的社会制度，最大限度地减轻社会发展中的痛苦与灾难，虽然未能在 19 世纪末的俄国农村公社实现，却在 20 世纪初期和中叶的苏俄、中国等属于东方社会的落后大国先后实现，业已证明马克思晚年的设想的巨大历史价值和理论意义。中国在 20 世纪末期所进行的改革开放的实践，正在雄辩地证明，在资本主义率先促成的历史向世界历史转变的时代，某些原来较为落后的国家和民族，可以不照搬西方的社会制度，亦不必把西方资本主义国家走过的老路重走一遍。但是，却不能跨越市场经济这一社会经济发展阶段，不能不利用"资本"的生产方式和社会关系。确切地说，只有大力发展市场经济，这些国家和民族才能真正超越资本主义制度。因为只有这样才能将资本主义在其发展阶段中所创造的

---

① 《马克思恩格斯全集》第 46 卷（上），人民出版社 1979 年版，第 108—109 页。

"肯定的成果""资本的伟大文明作用",充分地加以吸收和转化,从而为一个更加公平合理的社会的到来,准备物质的、制度的和文化的条件。

三

马克思基于其唯物史观,认为"工业较发达的国家向工业较不发达的国家所显示的,只是后者未来的景象"。对于前现代的农业社会来说,资本主义是它们不可避免的前途。即使两者处于同一时代,相互作用与影响,后者对前者的作用与影响也是决定性的。这里,马克思以"世界历史"的认识框架看待前资本主义社会与资本主义社会的关系,强调的是后者对前者的征服、瓦解,是它们的社会发展和文明形态的时代性、阶段性差别,因而是两者由前趋后的历时性导引、从属关系。但是,由此东方民族也会"同整个世界的生产(也同精神的生产)发生实际联系",并由此"获得利用全球的这种全面的生产(人们的创造)的能力"。① 当东方民族命运中的这种更具合理性的可能性变为现实性时,现代人类社会也将呈现出新的面貌:由人的物欲及其竞争所牵引和推动的工具性的强力意志,将向着人类内部的良性互动关系和人类能力的发展成为目的这一方向转变。

就东方社会而言,由于特殊的自然地理环境以及与之适应的历史文化条件,导致所谓"亚细亚生产方式"的产生。但是,虽然同属东方,中国、印度与俄国的亚洲部分却有很大的差异。自秦统一中国之后,在无数小农的家庭生产生活的基础上,形成了两千年不变的"超稳定"的儒家文化传统和中央集权,这个类似"大家长"的集权既适应了大一统帝国对内维护秩序和维护基本生产生活条件的需要(如治理大江大河),也能够较为有效地抵御外患。而自启建立夏朝以来,由于这个大一统的体制不是通过"公天下"而是通过"家天下"实现的,"天下为公"与"天下为私"的矛盾成为社会的基本矛盾,一旦一个王朝走向昏愦腐败,统治者与被统治者的矛盾激化,就会导致动乱和起义。于是,在上述超稳定结构之下,却形成王朝专制与动乱相互交替的局面。到明清之际,商贸活动虽然较为活跃,但由于缺乏相应的法律和技术条件的支持,统治者又总是

---

① 《马克思恩格斯选集》第 1 卷,人民出版社 1995 年版,第 89 页。

通过重农抑商等措施严禁社会分化，因而"资本主义"即使"萌芽"，也难以发展起来①。

　　然而，当西方近世文明以极不文明的方式撞开中华天朝的大门并持续地给予强烈的冲击和影响时，中华文明的传统秩序终于难乎为继了。经验证明，正是随着西方文明的东渐，随着海外资本的涌入和民族资本的产生，中国优秀的文化传统才得以彰显，新的社会历史因素才得以产生，中华民族"救亡图存"的活动也因而具有了现代属性即启蒙性质。当时许多先进分子认定从"西方"才能寻找到"救国救民的真理"，说明在他们眼里中西之间不仅"可比"，并且西方远比中国先进。出人预料的是，从可比的"器物"的变革出发，中国不得不一步步走向"制度"进而走向"观念"的比较与变革，而这既表明"器物"不是孤立的东西，作为社会生活的基本条件，它的发展和作用的发挥自有其逻辑；也表明人们在自己的生产生活环境中形成的制度特别是思想和价值观念更为内在，也更具范导性。

　　西方资本主义的"帝国扩张"对中国所起的作用是双重的、矛盾的，中国人的选择也往往处于两难之中。美籍华人学者黄宗智认为：国际帝国主义和世界市场既促进了中国经济的一些重要部门，但它们也给中国制造了相当大的混乱和不景气。他通过考察中国长江三角洲城镇的兴衰，得出如下论断：公元 1350 年至 1850 年间长江三角洲的历史，与斯密和马克思的经典模式及其衍生的观点相反。因为这 500 年的商品化并未导致资本主义萌芽和近代早期的发展，而是使小农经济和家庭生产更趋完备了。这段历史表明，简单地把英国古典经验抽象而来的模式套用到中国的经历是不适当的。它提醒我们去注意因后来的资本主义发展而使人们忽略了的经验，注意对资本主义组织形式发展的抵制因素，而不是这类组织形式的必然性。欧洲史学家已注意到英国与多数欧洲大陆国家的区别。中国的例子则以放大了的形式清晰地显示了西欧迟发展地区的某些倾向②。

　　其实，对中国社会近现代变迁的考察，更应当着眼于由西方资本主义主导的"世界历史"，即处于世界经济体系"中心"的国家对"边缘"

---

　　①　学界对此有不同看法，笔者倾向于黄仁宇的观点。参见［美］黄仁宇《中国大历史》，生活·读书·新知三联书店 1997 年版；［美］黄仁宗《放宽历史的视界》，中国社会科学出版社 1998 年版。

　　②　［美］黄宗智：《长江三角洲小农家庭与乡村发展》，中华书局 2000 年版，第 305—306 页。

国家的不断扩张和侵蚀、整个世界的资本主义的一体化和宗主国与殖民地的严重对立、东方国家为了民族自救而形成的新式民族主义、后来长达半个世界的两大阵营的形成与对立等。我们会发现，中国 20 世纪初从"旧"民主主义革命到"新"民主主义革命，革命胜利之后迅速地从"新民主主义"到"社会主义改造"的转变，"阶级斗争为纲"和"无产阶级专政下继续革命""理论"的提出及其自我折腾，直到"文革"十年浩劫的发生，这一越来越"激进"的、"左"的政治和文化取向，固然与革命集团尤其是它的最高领导的认识与个性分不开，但更为基本的原因，则在于"冷战"及其敌对思维的形成，而冷战及其思维，又是全世界发展的严重不平衡和东西方两大文化传统直接碰撞的反映和结果。

按照马克思的唯物史观，处于小农经济阶段的东方国家本来不具备从事社会主义革命和建设的物质基础，但东方国家为了民族自救和独立，避免成为西方资本主义附庸并产生新的阶级分裂，往往会在经济上采取统制式的社会主义模式。例如，像印度这样的国家在政治上采用西方式的民主体制，在经济上也长期实行计划经济，其经济改革甚至迟于中国。至于奉行列宁主义的政党，则在自己国家的政治和经济领域都建立了高度集中的体制。其原因，一方面，在于这些国家都有政治上集权的传统，这种传统为"举国体制"提供了历史的合法性；另一方面，东方的经济文化虽然落后，但社会矛盾的尖锐和社会变革要求的强烈，却往往超过西方资本主义国家，因而，那些旨在建立社会主义的政党，就必定会产生类似列宁特别重视革命者的历史能动性、重视政治权力和意识形态"反作用"的思想，将思想观念的更新、政治的动员与组织、武装力量的建设和斗争放到首要地位，突出所谓"上层建筑"对"经济基础"的"反作用"。英国马克思主义研究者麦克莱伦指出：马克思所设想的共产主义革命发生在经济福利达到一定水平的国家，足以保证革命以后人民享有很大的政治自由。然而结果却是，马克思主义的学说在这样一些国家中取得了最大的成功，在那里，资源的匮乏意味着政治自由是件无法获取的奢侈品。因此，在很多发展中国家，某些同民族主义相结合的马克思主义就充当了群众参与现代化进程的一种意识形态①。——应当说，这种看法是颇有道理的，

---

① ［英］戴维·麦克莱伦：《马克思以后的马克思主义》第 3 版，李智译，中国人民大学出版社 2004 年版。

在一个经济落后政治专制的东方大国，要践行马克思主义，建立社会主义，不可能采取西方的议会民主道路，而必须利用文化传统，发动民族大众，诉诸武器的批判和批判的武器，而在取得政权之后还要借助国家权威推行生产的社会化和工业化。因而也就会肯定集权的作用和民族主义。因而，在取得国家政权之后，这些政党为了迅速实行工业化，都要利用国家的力量，"改造""规划"整个社会，最大限度地增加生产、汲取资源。

这样，无论这些国家采取的具体政策有何不同，在强化中央集权乃至个人专断、以人治取代法治等方面，它们却有着高度的一致性。而为了统一全民的意志、排除异己力量，更会诉诸阶级斗争和政治运动。我们作这样的分析，决非认为"左"倾有理，更不是主张以"革命"、以"社会主义"的名义制造冤假错案的组织与个人没有罪错，而是从总结经验教训的角度，找出产生这些问题的社会历史原因，然后有针对性地采取消除的措施。邓小平说：斯大林严重破坏社会主义法制，毛泽东同志就说过，这种情况在欧美国家是不会发生的①。欧美国家不会发生严重破坏法治的情况，其一在于它们有强大的民主传统，其二在于它们有较为健全的政治和法律架构。而东方国家既缺乏民主的传统，又长期认为以党代政、搞群众运动既合理、合法又有效。因而，不仅斯大林严重破坏社会主义法制，制造大量冤假错案；前东欧国家也实行高压统治；毛泽东后来重蹈斯大林的覆辙；柬埔寨红色高棉的波尔布特的恐怖政策更激起天怒人怒。发生在东方"社会主义"国家的这些异常严重的罪错，仍然需要从不同的角度给予分析探究。

显然，从制度和观念的双重角度看，传统的社会主义模式非但难以消除东方专制的传统、家长制的传统，还被这个传统有意无意地利用。这里面的确有一个两难的问题，那就是东方社会既不可能一下子摆脱这个传统，还希望利用这个传统维护国家统一，加速现代化。问题在于，利用这个传统的结果，是为消除这个传统准备了条件，从而不断地削弱这个传统，还是延续乃至强化这个传统。参照一些亚洲国家的现代化进程，比较我们改革开放前高度集权的计划经济体制，以及后来在国家威权主导下对市场机制的引进，家庭式企业的普遍发展和达到一定规模之后的经营权的改变等事态，不难看出中国社会作为东方世界变迁的矛盾和特点：在西方

---

① 《邓小平文选》第 2 卷，人民出版社 1994 年版，第 333 页。

的冲击下，中国呈现出各种相反的可能性，面临这些可能性，中华民族原有的差异和矛盾进一步扩大，造成整个民族的严重分化和冲突；由于中国没有经历资本主义的充分发展，家长制和集权的传统未得到有效的清理，后来则延伸到现实"社会主义"的计划经济和行政权力之中，限制了基层的个人的权利与自由。事实表明，资本及其所主导的市场经济，以及相应的民主政治，才是"专制主义"（或所谓"封建主义"）的有效克星，只有对包括自己劳动力在内的商品的依赖才能取代人的群体依赖和人身依附，只有民主与公开监督、相互制约的制度，才能遏制住由于缺乏超验信仰、传统道德又严重丧失的世俗文化的庸俗化甚至恶俗化，及其对于腐败、潜规则和权贵资本的助长作用。——这也是"启蒙"在中国的合理性合法性所在。通过大量的经验教训，我们应该认识到中国社会转型的内在逻辑，认识到利用中国传统形成的实践形式都具有两重性，需要我们从"过渡"的"暂时"的角度加以理解。

随着整个社会自组织功能的加强，今天的中国已基本走出"极性思维"和"一收就死，一放就乱"的状态，新的人文价值秩序正在形成。反观黄宗智的结论，他也并非要以"民族"性取代"时代"性，或从根本上取消"现代"与"传统"的区别，而是要破除它们僵硬的二元对立，给历史以多样性和富有弹性的——也是更为真实和具体的——解释。如果说上述事实对唯物史观的经典形态确实有很大突破的话，那么，它却确证了广义的唯物史观的方法论功能。事实上，中国革命的逻辑也否定了在中西与古今之间非此即彼的思维，尤其是马克思主义与中国经验之间的二元思维。毛泽东一再强调"马克思主义普遍真理与中国具体实际相结合"，主张"马克思主义中国化"及其"民族的形式与风格"，这种具体地看待和运用普遍理论的态度，源自于中国现代历史活动本身极为丰富的矛盾辩证法。"通过他者，确证自身"和"利用传统，重塑传统"的中国经验，就是它的体现。这一经验并非只是"运用"和"变通"源于西方理论的经验，它也提供着突破现有理论局限的普遍性视域，并给予创新。诚然，凡是具有世界视野的理论，不管来自西方还是其他地方，都会对中国问题发挥很大的解释力，但是，中国问题本身的特殊性、复杂性和与西方世界的相关性，决定了我们需要汲取尽可能多的思想理论资源，形成多维度、多视角的思想理论，这样才能较为全面地透视中国的问题。

以中国的"三农"问题为例。有不少人将其仅仅视为一个有待完成的城市化问题，一个单纯的时间性问题，因而认定不再有理论研究的价值。这显然是对西方的发展理论或现代化理论的简单搬用。按照这种理论，既然西方领先于东方，中国自身则是沿海领先于内地、城市领先于农村，因而，后者只需亦步亦趋地跟随前者就行了，充其量考虑一下它们的特殊性并在理论上做些变通。这种看法的盲点在于，它没有意识到前者虽然对后者有很大的引领或示范作用，却又在很大的程度上限制着后者的发展。后者在初始的自然条件和后天历史性的边界条件上，都不可能与前者完全相同。如中国地域广大、人口众多，情况复杂，自然地理环境和历史文化条件都有很大的差异，必须允许多样化的发展模式，在资本引导的产业化、专业化之外，家庭承包制、合作社组织等，都有存在的理由。在这个意义上，某些地区的"小农经济"也是消除不了的。这并不影响工商文明在中国整体上对农业文明的主导。因而，前者对后者固然有某种示范和引领作用，但后者以自身独特的规定和内在动力，也完全可以积极地作用于前者并在这种作用中开显历史的新的可能性。这样，也才会有理论上的突破与创新。至于有人基于所谓中国"国情"的特殊性和某些后现代思想，主张让农民维持其传统的生产生活方式，包括传统的家族式关系和礼教，把这种生产生活方式描绘得如同田园牧歌，一片和谐，则既不符合事实，也是无视现代化和市场经济的一厢情愿。

可见，中国的问题及其解决既属于"思想与理论"的问题，又密切地关联着"历史与文化"，这两者不能相互替代，却又内在地联系在一起。人文社会科学的思想理论的普遍必然性，其不同于自然科学的普遍必然性之处，就在于它是历史地生成的，是包含具体的多样性的。人文社会科学的思想理论总要从特殊的历史文化中产生出来，而当它能够突破自身特殊的形式并通向其他特殊时，它就从特殊转化为普遍并达到了具体的普遍性。总之，思想文化的普遍性与历史文化的特殊性并不是对立的，而是相互蕴含的。

中国似乎注定了一种宿命，这就是从原来的"天下—国家"，在近代走向"民族—国家"，而又在重新融入世界的过程中，在被全球化所化的过程中，发现自己是世界的缩影。经历了一个否定之否定。这样，中国传统的思想文化的许多内容和元素，如儒家的"仁"道、"天下"主义、"王道"理念、"和而不同"，以及道家的"道法自然"、"知雄守雌"、"知白守黑"等，又可以在一个更高的历史阶梯上和历史语境中得到新的阐发，并显示出中国的也是世界的意义。如果说无产阶级只有解放全人类才能最后解放自己，那么，中国自身的发展就必须通过维护并促进整个世界的发展才能达到。

在中国有了巨大的变化和进步的今天，我们仍然认定中国属于发展中国家，处于社会主义"初级阶段"，面临着全面建设"小康"社会的任务，这表明我们对自己的估计还是清醒的。中国面临的根本问题仍然是现代化或社会转型的问题，中国的经验与理论，仍然要通过大量地借鉴和消化西方的思想理论、通过从传统思想文化中寻找有利于现代化的资源来形成。但改革开放的中国越来越明确的发展取向就是世界性，就是全球化与地方性的相互转换。中国与世界的关系既是整体与部分的关系，又是特殊与普遍的关系。如果说中国的问题越来越成为当代世界问题的缩影，那么，中国的发展也是全世界发展的缩影。中国已走出过去在两极之间摇摆的怪圈，从整体上呈现为一种从两极到中介的"中道"，这与西方学者提出的"第三条道路"，虽然内容不同，思想却是相通的。即使发达国家与极不发展的国家由于处于两极而各自走着距离很大的道路，也必定两极相通，并实际地在其相互作用与制约的关系中，相互渗透与转化，虽然这是一个相当长的过程。因而，笔者认为，中国的学者已经获得做世界性学问的社会历史条件，中国的问题、经验与理论，也将越来越能够启发、影响世界。任何具有特殊性的历史文化都蕴含着超越自身的新的可能性，也是能够突破自身局限性从而通向所有其他特殊的历史文化的普遍道路。而从当代中国的实践经验中我们更容易发现这一普遍的道路了。

中国的自然地理环境很大程度上制约着中国人的生存方式和社会建制，所以中国人长期看重"和合""均等"而担心"分化""差异"，但限制分化和差异就意味着取消多样性和活力。所以中国终于通过改革开放承认了客观存在的差异，并引入市场机制使社会得以自发地分化与整合。在哲学上这就是肯定"主客二分"。但中国的经验同时表明，只有在包含差异的整体性视域中推动分化，才不至于使社会陷入分裂，使人与自然陷入对立，而可达至人与人和人与自然的良性互动，因而"和而不同"是较主客二分更高并更具统摄性的理念。这种以"和而不同"主导的新的中国经验，对于当今许多世界性问题的解决，都有参考意义，也将为唯物史观注入差异性和多向性的维度，使其更符合现代人对平等与自由的双重要求。

前些年我们常说"在西方历时性的现象在中国却共时性地存在着"，言外之意中国的"共时态"是异常的、有问题的。如果取一种东西方外在对立而又完全西式的观点，那么，它的确异常；如果超越东西方的分离，从全球多样统一的角度看问题，则这种现象于异常之中又显示着正常。这不仅在于中国内部的差异和不平衡，不过是世界差异和不平衡的缩影，这些差异和不平衡之间可以对话、沟通与协调，因而西方也是局部性的并要对世界负责；而且，从哲学上看，单纯的历时性只是一种抽象，历史不等于线性的时间之流，它是有结构的，这一结构就是历时与共时的统一及其相互转化。所以，我们既不能将历时性现象单一化、线性化，那样历时就变成了恶无限；也不能将共时现象凝固化，而应当将其视为一个大历史过程的过渡环节。

与马克思历史观颇有相通之处的沃勒斯坦的"世界资本主义体系"理论就不存在历时与共时的二分，他认为资本主义这个世界体系虽然发端于早期的欧洲，但按照其本性却要扩展并囊括整个世界，包括将中国纳入其中，并制造着不平等。而中国在被纳入这个系统之后，也完全有可能进入中心。因为"在这种体系内，在长远的历史时期中，从结构上看，优秀分子的循环出现很可能是不可避免的，这意味着在一定时期中某个占统治地位的国家往往迟早要被另外一个国家取而代之"[1]。当然，从资本主义的一元多样体系转换为一体多元的新世界体系，消除资本主义所加剧的各民族之间的不平等，才是人类应当努力的方向。正是在这里，我们依然能够感觉到马克思唯物史观的价值，而当前的中国一方面积极地向海外投资、援助，一方面努力探索各领域、各地区之间乃至人与自然环境之间合理分化又良性互动、和谐相处的关系，重建民族的也是现代的人文价值秩序，无疑将形成更具时代意义和见解独特的实践经验。

人类实践的经验表明，由于特殊的自然环境和历史传统，东方人的经验和西方人的经验都有特殊性，它们又都在某种程度上表征着普遍性。普遍性只能存在于特殊事物之中，而特殊事物作为特定时空条件所规定的事物，就有了限定与局限，而难以充分表达、体现人生宇宙的普遍永恒之道。特殊事物的空间局限性，需要各种特殊事物的互补来解决；特殊事物

---

① ［美］伊曼纽尔·沃勒斯坦：《现代世界体系》第 1 卷，罗荣渠译，高等教育出版社 1998 年版，第 464 页。

的时间局限性，则需要其革故鼎新、与时变异。近代以来，中国传统文化之所以相形见绌于西方现代文化，根本上在于它的历史形式停滞、僵化了，不仅不能体现甚至禁锢了中国文化活的精神和普遍价值。它与西方文化普世价值的对立，源自它与自身普遍性的对立！这才是中国传统文化问题的要害。因而，真正重视中国民族文化的特殊价值，不能取人为"保护"的办法，而只能让它在与西方文化的碰撞和交流中，实现创造性的转换，焕发出新的生机与活力。不同民族的生命活动既会在某些方面趋同，也会在另一些方面趋异，同异之间也是相对而言、相互转化的。中国人在现代化和文化复兴的过程中所获得的经验，与西方人的经验也必定有同有异，而随着全球化与地方性的相互区分与转化，随着人类内部交往的扩大和应对共同问题的合作的发展，他们的经验将更多地汇通并得以共享。因而，中国经验作为现代人类经验的重要组成部分，既有其独特性，又并非与其他民族的经验不相干；我们不可轻视它，但也不可盲目夸大，而最需要给予的是合理的分析与提炼。

中国道路及其价值意蕴

欧阳康[*]

马克思主义的中国化历程是在回答和解决中国革命与建设发展中的重大理论和实践问题中展开的。历史地看，马克思主义理论研究的很多重大进步都是在探索实践中的某些重大问题中获得的。现实地看，当代中国在其发展进程中面临着很多极为复杂的重大实践问题急需理论解读和思想引领，而这也正是理论更好发挥其作用的特别机遇。正是在理论与实践的良性健康互动中，马克思主义才能更好地发挥其功能，也能获得时代性发展。本文试图在理论与实践的结合上探讨当代中国面临的一个重大问题：中国道路及其价值意蕴问题，向大家讨教。

一 深度把握我国价值体系的演进逻辑

对于正在发展着的中国道路可以从各种角度来加以探讨，而核心价值体系构建是中国社会发展中的核心内容，也应当是研究中国道路的重要视角。为此我们首先应当对当前中国的价值状况有清晰的了解。一方面，新中国成立60余年，改革开放30多年来，中国的经济社会政治文化快速发展，取得了前所未有的成就，正在作为一个大国崛起于世界民族之林；另一方面，当前中国社会内部各种价值要素和价值观念之间激烈冲突，表现为社会矛盾凸显，社会冲突频发，价值状况堪忧，有可能妨碍我国社会的进一步健康和快速发展。为此我们必须深度追问，中国今天复杂的价值状况是怎么形成的？

* 欧阳康，华中科技大学哲学系教授。

　　历史地看，中国在古代历史上是有自己的核心价值体系的，那就是以儒学为核心、儒释道兼容这样一种价值观念和实践体系。但是近代以来它们却不断地受到冲击，处于消解和式微的过程中。1840 年鸦片战争以来，西方文明借助于其现代化的"船坚炮利"入侵中国，让中国人民对西方文明产生了严重的心理抵御机制，其表现是一方面我们搞洋务运动，向西方学习，另一方面又提出要"师夷之长技以制夷"。辛亥革命和"五四"运动喊出"打倒孔家店"的口号，要学习西方的科学与民主，希望把西方文明整体性请入中国的殿堂。但由于国内战争爆发，这种努力并未能持久，也未能真正转变为大众行动。日本帝国主义的入侵，使中国的国难当头，救亡图存成为民族主题，更顾不上搞现代化。新中国成立后经历了对于现代化的狂热与误解，还有"文化大革命"的价值颠覆，使全社会的价值关注点集中于革命与反革命的较量。

　　改革开放实际上是一种全新的价值体系建构。市场经济对传统价值观的冲击，比以往任何时候都要大。它要求建立一套以个体为单位，以市场为基础，以利益为导向的价值体系，这就不得不冲击到社会生产和社会生活的根基，涉及到每一个社会民众，影响着社会的深层价值基础。这些年来，我们在保持公有制的主导地位的同时，允许并鼓励外资、合资、民营和个体资本等在中国发展，由此而造成多种所有制并存的价值格局与利益纷争。我们保持了政府对于宏观经济的积极掌控，又积极建设社会主义市场经济，允许多种交往方式和流通方式并存，由此面临着多种经济运行模式之间的矛盾与冲突，等等。

　　以上简略回顾表明，当前中国复杂价值状况是一个漫长历史演进过程的结果。当前中国价值体系的多样化发展，既是世界复杂价值格局在中国的延伸和微缩，也有中国社会本来的价值复杂性的传承与继续，还包含着中国快速现代化和全球化的进程中不断产生并多重表现出来的独特性价值新问题。因此我们现在谈核心价值体系建构，必须直接面对现实的价值复杂性状况，面对大众的多元价值理解和价值期盼，才有可能适应和引导大众的价值生活与价值选择。

二　正视当前中国社会发展中的价值复杂性状态

　　据媒体报道，到 2010 年底，中国的 GDP 总量已经位居世界第二，成为世界第二大经济体。这是一个时代性的进步，是改革开放和中国特色社会主义现代化的重大成果，是中华民族伟大复兴的一个重要基础。但它同时也告诉我们，未来中国的发展尤其道路选择将更加需要我们的独立自主和变革创新。如果说我们过去主要是学习和借鉴西方人和东方人曾经走过的现代化和社会发展道路，并谋求可能意义上的最大发展，那么也许从现在开始，我们只能更加独立自主地开创自己的发展道路。今后我们能够从其他发达国家借鉴的东西不能说没有，但至少不会比过去更多，更难以说是主导性的。

今天的中国社会内部有着极为复杂的价值要素和价值结构，它们带来了前所未有的矛盾与问题，使中国社会面临着世界上所有的国家迄今为止没有遇到过的最为复杂的困难和最为严峻的挑战。要成功有效地应对这些挑战，争取全面协调和可持续发展，急需提升我们的理论智慧和实践能力。

中国当前的价值状况为什么会这么复杂？一个重要的原因是改革开放以来，在中国社会的快速发展中，我们一直试图把迄今为止的人类文明各种类型的几乎所有积极要素都纳入到中国的发展道路中，由此而产生了与各种思想理论和实践模式的极为复杂而又特殊的内在相关性。但是中国道路又不是其中任何单一理论和单一实践模式的直接的和整体性的照搬，而是对它们的部分移植、借鉴和改造，并力图使之进入中国经济社会文化的新体系和新形态。

第一，在传承和发展社会主义理论方面，我国的发展既没有从根本上违背马克思、恩格斯当年所设想的社会主义，而是遵循了其基本的原则，但是也绝不是他们所设想的社会主义的原样再现，而是根据中国的国情加以调试和改造。我们借鉴了当年苏联东欧社会主义国家的经验，尤其是学习他们以高度集中的政治和经济力量成功地应对帝国主义侵略和严酷的世界大战，并积极建设社会主义的经验，但又通过探索中国特色而离开了苏联东欧的大一统社会主义模式，努力开拓着中国特色社会主义的独立自主发展道路。我国和古巴、朝鲜等社会主义国家一样仍然坚持着社会主义的基本原则，但我国率先通过改革开放而在经济社会文化的很多方面走上了自己的独特的快速发展道路。目前我国与越南在社会主义发展道路上有着最大的相似性，但我们的改革开放先于越南的"革新开放"政策 8 年，总体上看是我们在前面勇敢探路，积极引领着社会主义的改革开放和发展进程。我们建立了社会主义市场经济，但并没有放任于市场，没有放弃政府对于社会经济发展的宏观调节与控制。所以，在社会主义的理念和实践上，我们既有历史性的传承与扬弃，更有革命性的变革与创新。

第二，从中国的现代化模式来看，1978 年以来中国以前所未有的速度加入了世界的现代化进程，并取得了令世界瞩目的成就。但中国的现代化不同于当年西欧式的以资本原始积累和对工人血腥压榨为条件的现代化模式，却借鉴了西方现代化的最根本的要素之一，即市场经济，并由此而使社会经济获得了快速发展。我们在近年的发展中向美国等发达国家学习借鉴了很多的东西，但并不是也没有可能把美国模式搬到中国。"亚洲四小龙"在其现代化的进程中把市场经济与中央集权和儒家伦理结合起来，创造了一种新的现代化模式。同为亚洲国家，我们从"亚洲四小龙"的崛起中确实寻得启示有所借鉴，但从中国的历史和现实出发，尤其是作为一种社会主义，我们与他们的发展道路也有着原则的不同。在经历了1978 年前后的东亚金融风暴之后，我们更加清楚地了解了他们的问题与缺失。20 世纪的最后 10 年，拉丁美洲国家按照"华盛顿共识"所主张的现代化道路，搞以"自由化、私有化、市场化"为基本价值导向的新自由主义，一度兴旺，进入 21 世纪即陷入严重的经济危机，宣告了"华盛顿共识"的破产。有人由此提出了具有特别意味的"北京共识"。我们尽管对此一直保持着低调，但却由此而增加了对于"拉美陷阱"的了解和警戒。

我们既要积极加入现代化全球化，又希望将其在共产党的领导下在社会主义的体制中展开，于是一方面积极改革开放，加速现代化进程，另一方面又积极地掌控发展进程，使之更好地造福于社会和人民。由于现代化和全球化本来就不是由共产党创立和主导的，而是由西方发达国家所创立和主导的，包含着理性化、工业化、市场化、都市化、民主化和法制化等多元价值要素，[1] 这是个非常复杂的价值体系，而共产党要领导中国加入这个进程，并在其中发挥一定的积极作用，所以既必须积极地改变和发展自己，顺应现代化和全球化挑战与需要，又必须根据中国的情况在可能条件下努力改变或引导全球化，这就必然面临非常复杂和尖锐的挑战。

第三，就对传统的继承与超越而言，我们致力于把中国现代化和社会

---

[1]　欧阳康：《现代化的"围城"及其超越》，《求是学刊》2003 年第 1 期。

发展与中国优秀历史文化相结合，既有利于使中华优秀传统文化融入现代社会，获得时代性意义，也有利于为中国现代化奠定更加坚实的中华历史文化基础，使其变得更加丰富和多样。在这方面如果把中国和希腊做个比较，从中可以获得启示。中国和希腊都具有悠久的历史文化传统，但由于走上了非常不同的发展道路，今天处于非常不同的境地。笔者自 1996 年首次去希腊访问，时隔 14 年后于 2010 年再去雅典参加国际性哲学学术会议，不仅在城市建设和社会经济文化方面没有看到明显进步，感受更为深刻的居然是国家财政几乎破产带来的严重社会萧条，看到的是巨大的民众游行示威浪潮，听到的是民众自信心的低迷与困惑。希腊哲学学会从世界各国吸引了 10 多个国家的学者，希望能够探讨如何才能寻得"有益于健全人性的最好的哲学思想（Best Philosophy Ideals to Improve Humanity）"。尽管古代希腊曾经产生了西方最具影响力的柏拉图哲学、亚里士多德哲学等，但这并没有能够保证他们始终走在人类文明的前列。由此看来，有着最优秀的历史文化传统的国家不一定能够长期引领人类文明的进步，而中华文明也有可能创造出一个特例。我们较好地传承了优良历史文化传统，又要努力走进现代文明的发展前列。

当代中国以前所未有的开放心态，通过改革开放和快速发展，积极地向世界各种文明类型学习，将各种有利于社会发展的积极价值因素引入中国，融汇到中国社会发展之中，又不断地引入和创造出许多新的价值元素，使之成为促进中国社会发展的积极力量，从中获得了诸多发展机遇和社会红利。但客观来说，这些要素采自不同的经济政治和社会文化体系，各有其发生作用的背景和支撑条件，有其具体的功能和效用。它们原来各自存在于不同的经济政治和问题体系，彼此之间不发生接触，也不会有矛盾与碰撞。现在都进入到了中国，进入到同一个经济政治和文化体系，但各自仍然有不同的体系性和体制性需要，各有发生作用的场景和方向，彼此之间不一定当然地便能相互匹配和协调，可能会有差异甚至冲突，甚至必然会发生矛盾与冲突。

中国要以一个体系同时应对来自非常不同的要素的体系性需求，一时当然难以做到，这就使得当今的中国社会以共时态方式汇集了世界现代化历史进程中的诸多矛盾与问题，例如，几百年来西方的自由资本主义原始积累时期所面临的劳工问题和经济危机问题；20 世纪初期美国社会在"进步时代"所面临的经济金融秩序和财税体系不健全而带来的社会混乱问题；20 世纪 50 年代东欧社会主义所面临的大一统模式带来的思想和运行机制僵化问题；30 年多前"亚洲四小龙"兴起又在 20 世纪 90 年代末期遭遇严重危机所带来的复杂问题；近 10 年（2001—2011 年）来拉丁美洲国家作为后发国家追随西方现代化而面临的严重经济危机问题；近 3 年（2008—2011 年）来美国这个世界唯一超级大国所发生的严重金融危机及其对于世界经济的广泛和深刻影响；等等。这种种矛盾与问题都以一定的变形的方式存在于中国。

而从中国自身的状况来看，改革开放以年来中国经济快速增长，中国的 GDP 总量已经排名世界第二，成为世界第二大经济体。世界已经把中国看作一个经济大国，呼唤着中国的世界责任，但中国的人均 GDP 却仍然排在世界的第 100 位左右，仍然是一个穷国。中国社会内部存在的地区、行业、阶层差异与矛盾，与各种外部矛盾相互激荡，有可能引起新的更大的社会矛盾与问题。

由上我们看到，在当代中国复杂的社会问题群中，既有传统社会主义的矛盾，也有传统资本主义的矛盾；也有现代资本主义的矛盾，既有中国特色社会主义新产生的矛盾；既有传统文化的现代转型的矛盾，也有我们自身不断产生出来的新的矛盾；既有经济发展不足的矛盾，也有经济发展成果如何合理分配的矛盾；既有经济发展的结构、质量与速度等的矛盾，也有政治思想社会文化体系如何适应经济发展需求的矛盾，等等。这多方面的矛盾内在交错，互相牵制，其复杂性程度是其他国家并不多见的。

尤其值得重视的是，社会价值观念的多元化发展既是社会进步的要求，也是对社会管理体系的挑战，如果诸多价值元素不能够很好地融合为有机的社会价值系统，就有可能出现价值的体系性空缺，尤其是主流价值的迷失和核心价值的削弱，影响大众的价值认同和价值选择，甚至会造成社会的离散与分化。因此，如果说我们过去主要是通过学习借鉴发达国家先进经验而发展了我们自己，则中国已经到了只能自主建设和自立发展的时期。而中国社会的自主发展需要核心价值体系的支撑和引导。

三　把握全球化时代世界运行体系的价值特点

中国的价值复杂性与世界的价值复杂性可以说是交相辉映，汇聚于中国当代社会。世界的价值复杂性具有多种表现形式，在当前的经济危机中表现得最为直接和直观。

与历史上的经济危机相比，本次金融危机最大的特点在于，它发端于美国这个当今世界唯一的超级大国，一个在世界经济政治军事和文化都占据无可动摇的主导地位的国家，由此而产生了对于世界的极为广泛的影响。这里值得我们关注的是，由于各方的努力，本次经济危机居然没有引起世界性巨大经济破坏和政治动荡。这表明世界各国尤其发达国家的自我调控能力正在增强，并且正在探索构建起一种全球性的共同协调解决危机的体制或机制。当前的世界格局，一方面是经济高速全球化，另一方面是政治多元化越来越明显。在这个背景下，有几个非常奇特的全球性现象值得我们关注。

第一个现象就是国家的作用显得越来越突出，而不是像当年马克思，尤其列宁设想的国家将会消亡或者半消亡状态。在世界经济一体化发展的历程中，一方面是全球市场体系、全球分工体系、全球金融体系、全球市场体系等不断建设和加强，跨国企业和国际组织的功能日益强大，人类利益和共同价值越来越明显，另一方面是国家的作用并没有消亡或消解，反而由于全球化时代的利益分化与文化冲突变得更加显赫。美国著名学者米切尔·哈德逊认为，美国正是通过让美元脱离黄金本位制而由国家主权货币转变为世界货币，由此，美国政府有可能通过控制美元发行而控制了很多国家的经济命脉。多年来美国一直在全世界宣传自由主义，但他们自己并不是一直在实行自由主义，而是根据美国自己的需要加强着政府的宏观经济控制。①

在全球化的背景下，国家作为其国民、民族、地区和单位之间的调节者的地位更加明显和突出，国家对于国民和国家利益的保护作用越来越强大，国家和地区间关系变得更加多元和敏感，国家间关系更加错综复杂，呈现多样化多极化发展趋势。例如仅在东北亚地区，由于美国的介入，形成了中美之间、中日之间、中韩之间的错综复杂关系。朝韩、韩日之间的关系变化，带动着美韩、美日和中日韩美关系的多元变化。国家作用的强化，既加强了国家间的合作，也会带来国家间关系的对峙，由此而加剧了世界的多极化进程。世界多极化趋向在全球化的进程中如此强烈而又鲜明

---

① 欧阳康、〔美〕米切尔·哈德逊：《货币、金融危机、新自由主义》，《哲学研究》2010年第 3 期。

地表现出来，超出了我们过去的想象，需要我们予以高度的重视，也要求我们进一步思考，在全球一体化的时代，国家到底应该扮演什么样的角色？

第二个特点是发达国家在面临经济和社会危机时的自我调控能力明显增强。目前世界主要国家都在危机中反思各自的价值观，认识和调整世界的价值格局。首先是以美国为代表的最发达国家在调整自己的价值观和价值谋略。从布什总统离任前提出的 7000 亿救市计划，到奥巴马总统上台以后提出的"无核时代"，减碳排放，到希拉里国务卿提出的"巧实力"等，都是他们不断调整价值观的具体体现。在涉及到政府与市场、金融与实业、全球价值与美国利益等一系列根本问题上，他们都在努力提出新的理念，做出新的探索。他们力求站在世界文明的道德高地，在价值观层面引领世界的发展。他们所做的任何事情，包括对于他国的经济封锁、政治干预甚至武装入侵，往往都是在维系世界正义的旗帜下展开的，值得我们关注和研究。其他的发达资本主义，如日本、德国以致整个欧盟等，面对着中国崛起而带来的世界格局的变化，一方面表现出严重的失落与不适应，另一方面也不得不努力调适自己的理论和行动，改变着自己的全球定位与外交战略。

第三个特点是个人能够搅动整个世界。全球化的过程，是将个体前所未有地整合到世界体系中的过程，也使个人的世界意义得到放大，使之有可能在世界范围内影响世界，甚至搅动世界秩序。这就是全球化时代的"蝴蝶效应"，或世界范围内的"社会突变"。例如，2010 年 7 月，美国佛罗里达州盖恩斯维尔市一家仅 50 信众的基督教堂的牧师琼斯提议在纪念"9·11"事件之时焚烧《古兰经》，引起了伊斯兰世界的极度愤怒，几乎造成伊斯兰世界与基督教世界的严重对峙，甚至让整个世界陷入到一场巨大的风险与危机当中。全球化时代意味着全球性合作，而我们所面临的却是全球性的风险，这些风险不仅产生于国家利益的较量，还往往产生于民族智慧的较量，根源于人性的博弈。全球化时代的风险具有很多特点：一是诱发因素多，二是风险频率高，三是风险周期长，四是风险危害大，五是风险预测难，六是难以根本化解，等等。全球化时代同时可以被称为全球性高风险社会、高风险世界，要求我们从根本上提高抵御全球风险的能力。

第四个特点是民族宗教文化的矛盾与冲突问题变得越来越突出。当年亨廷顿曾经提出"文明冲突论"，认为 21 世纪将是文明冲突的世纪，其中基督教文明、伊斯兰文明和儒家文明将要扮演最为重要的角色。当时很多人不以为然，现在看来也许真的让他不幸言中。在世界经济政治社会组织等越来越趋同的情况下，民族文化也成为各国文化的最后符号，文化差异成为各民族自保的最后屏障，文化冲突成为最为隐蔽也最为明显的国际冲突。民族文化差异往往又是和宗教差异密切地联系在一起的，因此文化冲突又常常和宗教冲突联系在一起，从而变得格外复杂和多样。极端民族主义、原教旨主义和恐怖主义往往有着某些特殊的内在纠结，演变成某些特殊的暴力事件和分裂事件。美国 9.11 事件过去 10 年了，还有人力图从基督教文化与伊斯兰文化的冲突来对其加以解读。在国际上是如此，在所有的多民族国家之中也是如此。我国的新疆、西藏等问题无疑也是民族和宗教问题交织的具体表现。如何增强少数民族与主要民族之间的文化认同，增强信教者和不信教者之间的相互理解，使不同宗教之间和不同教派之间能够彼此宽容、共生共荣，已经成为保持社会稳定、促进社会发展的重大的全局性问题。

四 探索构建当代中国核心价值体系的合理思路

当前中国正处于将多种价值因素有机整合并构建主流价值和核心价值体系的关键时期，这就要求我们特别重视以复杂性的思维来看待复杂的价值现实和价值观念，在多重线索汇聚和多元变化整合的动态过程中更好厘清价值体系建构中的各种复杂问题，处理好各种价值要素之间的关系，以系统性思维更好谋划中国社会的未来发展，在批判与建设的统一中构建起健康合理的社会核心价值体系。

第一，要有实证和量化意识。要对我国当前社会复杂价值状况开展实证的和量化的调查研究和系统分析，准确把握各种价值要素之间的现实分布、力量对比及其演化趋向，探讨它们之间的利益兴奋点和矛盾冲突点，探讨它们各自的体制性需求及其建构途径，探讨科学整合不同价值要素的合理社会体系及其有效途径，创造协调不同利益群体的有效机制，为核心价值体系建设奠定坚实基础。

第二，要有批判和超越意识。当前中国社会价值要素复杂，价值观念纷乱，价值格局松散，可谓泥沙俱下，鱼龙混杂。要从未来发展的战略高度对中国现有复杂的价值要素、结构和功能分门别类地做出合理性评价，敢于坚持，善于批判，勇于超越，慧于建设。要积极提炼主流价值观念，构建核心价值体系，通过主流价值和核心价值体系构建积极引导社会价值认同，更好引领社会价值观念和大众价值实践向着更加健康、科学和合理的方向发展。

第三，要有全球和世界意识。中国已经成为经济全球化的内在有机组成部分，未来的发展中还将加大与世界各国尤其是发达国家的互动。中国的核心价值体系构建既是中国社会立足世界民族之林的安身立命之本，也将对世界各国产生非常积极的影响。我们既要更加善于学习，努力把握和顺应世界文明发展大道，更加积极吸纳世界所有文明要素之精华，又要更加善于改革，努力将世界文明所有积极要素有机融汇到当代中国社会主义现代化的总体进程，促进中国更加健康快速地发展，还有更加善于创造，增强预见性，为引领世界价值发展做好必要的准备。

五　在引领中国价值转型中发挥马克思主义的当代价值

面对当代极度复杂的价值世界，马克思主义需要学习和应用复杂性的思维与方法，以便对当今极为复杂的价值世界做出自己的科学理论解读并发挥实践指导功能。马克思主义在未来中国的命运和在未来世界的命运如何，从根本上说取决于今天的中国发展得如何。如果中国在马克思主义的指导下发展得好，那么马克思主义在中国的命运就可能会很好，在世界的命运也会由之而比较好。如果马克思主义在中国发展得不够好，那么马克思主义在整个世界的命运都会受到负面的影响。

如何使马克思主义的命运变得更好？我认为不仅仅要解决宏观的经济发展模式、政治制度设计、意识形态指导、文化体系构建方面的问题，还要解决一个重要问题，就是要努力走入老百姓的精神家园，成为中华民族共有精神家园中的活性内容。[①] 当前笔者正在主持国家教育部的重大课题攻关项目"马克思主义与中华民族共有精神家园"研究。通过调研，我们感到，无论是要让 13 亿中国人拥有共同的中华文化认同和中国特色社

---

① 欧阳康：《融入精神家园——马克思主义的当代价值与当代命运》，《华中科技大学学报》2010 年第 1 期。

会主义认同，还是要让中国共产党的七千万党员能够做到真学真信马克思主义，尤其是让中国共产党和中国政府的中高级干部都能真懂真用中国化马克思主义，都是一件极为重要和紧迫而又非常艰巨的事情。建设中华民族共有精神家园，尚需我们做出极大的努力。

而从马克思主义的自身来看，如果马克思主义不能科学面对和有效解读当代世界和中国极为复杂的价值世界，就不可能真正走进当代中国人和世界的生活世界，更难以走进人们的心灵世界，难以有效地发挥作用。这就需要马克思主义更好地关注实践，充实内容，更新形态，走进日常生活，走进广大民众，走入精神家园。这既是马克思主义的理论命脉之所在，也是马克思主义理论工作者的时代责任。

马克思主义哲学与中国现代化

夏兴有[*]

我们党 90 年的历史，不仅是一部中国共产党的奋斗史，也是一部领导人民艰辛探索中国现代化的历史。我们党为什么能穿越历史云烟，经受住艰难困苦的考验，带领人民走出一条在东方落后国家建设现代化的独特道路呢？德国社会学家韦伯说，任何一项伟大事业的背后，一定有支撑这一事业的文化精神。就 20 世纪以来的中国历史来说，引领中国共产党和中国现代化的精神源头，就是在实践中不断发展着的马克思主义及其哲学。今天，我们审视 20 世纪中国波澜壮阔的历史，可以看到，在纷繁复杂的历史表象背后，涌动着的正是马克思主义哲学对各种理论论争的澄清所带来的人的思想解放，是它释放出的巨大力量成就了中国的现代化实践。因此，反思马克思主义哲学与中国现代化互动的历史进程，廓清哲学如何面向中国现代化，为中华民族复兴发挥应有的作用，对于正确解决今天马克思主义哲学面临的现实问题，走出"哲学作用迷失"的困境，具有极其重要的理论和实践意义。

一 建党 90 年来马克思主义哲学历史作用回顾

20 世纪初，马克思主义哲学传入中国。在近百年的历史发展中，每当中国处于危难的历史关头，每当中国共产党陷于迷茫，马克思主义哲学都焕发出穿透现实迷雾的理性光芒，以其承载的现代文明基因照亮中国独立、解放、富强的道路，在改变人的精神面貌、引导社会发展进步、走向

---

* 夏兴有，国防大学教授。

现代化方面发挥出巨大的作用。

第一，革命时期，主要是唤起民众觉醒。中国现代化始于 19 世纪 40 年代，当时的中华民族第一次直面西方列强以野蛮战争方式表现出的现代文明。迫使中国开始从传统农业社会向现代工业社会艰难转型，从洋务运动、戊戌变法到辛亥革命，无论是器物层面还是制度层面构筑现代化的尝试，均以失败而告终。在深重的历史灾难和民族危机关头，马克思主义及其哲学传入中国，它不仅是我们党的指导思想，而且成为中国现代化运动的文化基石与理论核心。"五四"时期的中国人不可避免地从现代性意义上去解读马克思主义。在这一过程中"救亡"与启蒙共生，马克思主义哲学在"民主"和"科学"的旗帜下，唤醒了中国人追求自由、平等、解放的现代意识。

马克思主义哲学既包含着现代文明的基因，也承载着对资本主义的批判和反思。因此，中国共产党领导的现代化在原初起点上就意味着：既接纳现代化，又突破资本主义的原有逻辑。阿瑞夫·德里克指出："毛泽东并不拒绝现代性本身，而是追求另类现代性，其目的在于克服现代性带来的压抑和异化。"马克思主义哲学勾画了一个既秉承启蒙理想的自由平等，又摆脱了资本主义弊端的另一种文明的可能形式。以毛泽东为代表的中国共产党人坚持以历史唯物主义观察和解决中国社会问题，以全新的哲学智慧确立"新道德"、"新精神"、"新价值"，推动国民精神突破传统农耕社会的狭隘视野，由传统向现代转型。随着民主革命全面展开，马克思主义哲学赢得了各界广泛认同，从"文化认同"到"实践契合"，从国内革命战争到抗日战争，从解放战争到抗美援朝战争，不断融入新民主主义革命实践，充分显示了对中国独立、解放的巨大意义。

第二，建设时期，主要是探索社会主义规律。新民主主义革命胜利，为中国走向现代化奠定了坚实的政治基础，如何领导人民在一个经济文化相对落后的东方大国建设社会主义，实现现代化，成为摆在我们党面前的全新课题。正是在这个意义上，我们党对中国现代化问题进行了艰难曲折的探索，先后确立了实现工业化、实现"四个现代化"等目标，标志着现代化建设在理论和实践上的展开。党的十一届三中全会以后，我们党准确把握时代特征和基本国情，回答了"什么是社会主义、怎样建设社会主义"的重大问题，突破了以往关于社会主义发展设计的个别结论，摆脱了长期拘泥于某种模式的发展偏向，吸取了西方国家在发展生产力、调整社会关系等方面的有益经验，超越了近代以来中国通过革命化实现现代化的旧有路径，拓宽了中国现代化建设的视野。我们党顺应社会发展规律，紧紧把握发展这个人类的永恒主题，先后提出了"发展是硬道理"、"发展是我们党执政兴国的第一要务"、大力"推进科学发展"等战略思想，不断推进中国经济、政治、文化、生态等领域的建设全面发展。

发展需要智慧，发展需要哲学。有了哲学智慧，才能真正反思借鉴其他国家的经验教训，既包括社会制度相同国家的经验教训，又包括社会制度不同国家经验和教训；既包括发达国家的经验教训，又包括发展中国家和新兴工业化国家、地区的经验教训，从根本上把握发展的客观规律。有了哲学智慧，才能更加深刻地认识世界，从而更加深刻地认识自己；更加深刻地认识世界，就是要更加深刻地把握人类社会发展规律；更加深刻地认识自己，就是更好地立足国情，更加深刻地把握社会主义建设和我们党执政的发展规律。这种哲学，就是当代中国马克思主义哲学，它蕴含在中国特色社会主义理论体系之中，坚持以宽广的世界眼光揭示中国现代化建设的发展道路，引领中国从发展生产力层面，自觉顺应世界经济发展大势，推动中国不断融入经济全球化、信息网络化的发展大格局中去；从调整生产关系层面，敏锐洞察世界各国调整改革大势，推动中国通过深化改革不断提高驾驭经济市场化的能力；从完善上层建筑层面，科学借鉴人类政治文明发展成果，推动中国不断完善和发展社会主义民主，建设社会主义政治文明；从改善发展环境层面，充分吸收人类生态文明发展成果，推动中国走建设全面、协调、可持续发展之路。

第三，改革时期，主要是推动思想解放。中国改革开放以真理标准大讨论为契机和起点。真理的实践标准大讨论是一次伟大的思想解放运动，哲学在这次运动中发挥了非凡的作用，引发了对许多重大理论和实践问题的重新审视和思考。中国现代化面临的时代课题实在太多，而亟须解决的问题，就是推动人们从沉重的精神枷锁束缚中解放出来。正因如此，邓小平特别提倡解放思想、实事求是，江泽民特别强调与时俱进，胡锦涛特别强调求真务实。从教条化、庸俗化的马克思主义中解放出来，从僵化的社会主义条条框框中解放出来，从固有的保守和狭隘意识、传统积习中解放出来。

精神枷锁束缚，是人没有自主性、没有选择性、没有创造性的思想文化根源。实现思想解放，就是要求人们以历史主体的姿态认识和改造世界，以社会"主人翁"的姿态发挥自己的聪明才智，建设自己的美好家园。历史上，儒家政治哲学用人治代替法治，用圣人智慧代替老百姓思考，用官员作为代替百姓作为，结果使老百姓养成了一切靠圣人君主替他们思考，一切靠明君清官替他们做主，一切听命于救世主、大救星的习惯，彻底丧失了自主性。而马克思主义哲学则恰恰相反，它要求破除各种条条框框对人的束缚，恢复人的主体地位和自由本性。改革开放以来，我们党从变革体制机制入手，以市场经济改造和取代自然半自然的小农经济，形成了落后思维方式、陈旧观念不得不改变、必须主动改变的客观现实。面对不可逆转的社会变迁，广大人民群众的历史主动性、创造性被空前唤起，以前所未有的姿态自觉转变思维方式，树立与时代发展相适应的新思想、新观念。解放思想说到底是解放人。从解放思想深入到解放人，为人们打开了一扇独立思考和自主抉择的大门，使中国人奔向现代化的能量涌流而出，得到最大限度的释放。

历史表明，马克思主义哲学传入中国，对推动中国社会发展进步起到了巨大的引领作用。马克思主义哲学中国化的意义，就在于不断地建构中国现代性，推进中国现代化。如果说独立自强、实现现代化是贯穿近代以来国家和民族变革社会生活的重大历史课题，那么，如何面向现代化，引领中华民族实现伟大复兴，则是中国马克思主义哲学始终面临的重大实践课题。

二　当前马克思主义哲学发展面临的主要问题

改革开放以来，在哲学学术研究领域，传统哲学教科书体系影响日渐势微，哲学取得了重大进展，包括实践哲学、文化哲学、发展哲学、价值哲学、政治哲学等在内的各个哲学分支都得到了前所未有的发展，马克思主义哲学在与其他思潮的相互激荡中取得了丰硕研究成果。但是，在社会现实领域，哲学日益弥漫起一股"学院化"、"边缘化"、"贫困化"倾向，使哲学对社会发展起何种作用、哲学如何发挥这种作用的问题日益突出出来。我认为，当前马克思主义哲学发展面临的一个主要问题，就是"作用迷失"，哲学与现实、与时代、与生活渐行渐远，游离于中国现代化的鲜活实践。

第一，作用迷失的主要表现，就是哲学家的"政治淡漠症"和政治家的"哲学淡漠症"。哲学家的政治淡漠症，主要是指一些哲学家不关心政治，满足于学院式的纯学术研究。有的明确主张自我"边缘化"，有意疏远现实政治；有的以晦涩的话语、范式体系消解着主流意识形态。而另一些哲学家，则是以简单的政治化倾向，图解和敷衍现实，使马克思主义哲学沦为缺乏论述力的粗陋的辩护工具。由于历史和现实的复杂原因，"教科书哲学"与现实生活的联系表现出畸形状态，这正是马克思所反对的。马克思主义哲学作为一种变革世界的理论，要求人们立足于现实，从对现实事物的批判、反思中推动社会发展进步，实现人们自身的解放，这使它与人们当下的存在状况具有一种天然的、密切的联系，它的深刻性和生命力就在于同现实社会特别是政治密不可分的联系。割断这种联系，或者把它教条化为一种简单的图解工具，必然使马克思主义哲学发展陷于危机。

政治家的哲学淡漠症表现为，政治家哲学兴趣减退，理论素养下降。李瑞环曾经指出："现在，我们领导干部的哲学科学水平，特别是马克思主义哲学的水平，从总体上讲是下降了。中国的改革阻力之一是有些人思想僵化、思维方式陈旧、思想方法落后。这个问题要靠学习马克思主义，特别是马克思主义的哲学来解决。"理论素养下降，使政治家（主要是我们的各级领导干部特别是高中级领导干部）不能从世界观、历史观高度看待和解决社会发展问题，缺乏对人与自然、人与人的终极思考，政策的制定和执行中往往习惯于经验思维，无法具备宽广世界视野和深厚的人文关怀，决策中"废棋"、"臭棋"频出，就是缺少"高棋"，使社会发展付出巨大代价。

哲学家的政治淡漠症和政治家的哲学淡漠症，背后隐藏的是一种政治责任感的流失，这是与时代要求背道而驰的。马克思认为，哲学要"非常懂得生活"，并提供"关于此岸世界真理的批判哲学"。生活世界分为两部分：私人领域和公共领域，政治是公共领域和公共权力的核心。当年，马克思就曾批判费尔巴哈强调自然过多，而强调政治太少，认为"哲学与政治的联盟"是哲学借以"成为真理的惟一联盟"，这是值得我们认真思考的。

第二，作用迷失的社会后果，主要是使社会发展矛盾加剧、关系紧张、压力空前。作为一种反思性的智慧，哲学不仅能认识世界，成为一种工具理性，而且能客观地重塑世界，成为一种价值理性。它可以通过对人与自然、人与人、人与自身关系的沉思，合理安置人在世界中的位置，实现人类的目的与价值。而哲学作用的迷失，则必然使人们在看待人与自然、人与人、人与自身关系上出现实践错乱，我把这种代价概括为"三个透支"：透支自然，透支群众，透支精神。

所谓透支自然，就是经济发展与资源能源和生态环境失衡，片面的发展破坏了我们的生态环境。改革开放初期，中国发展基础很薄弱，当时面临的最大问题是十几亿人的温饱问题。因此发展主要是经济发展，甚至是 GDP 的发展。今天，中国发展起来了，而面临的问题，却是能不能喝上干净水，能不能呼吸到新鲜空气，能不能吃上无污染食品等问题。我们的发展带来了生存环境的不断恶化，是以对自然的透支为代价的。

所谓透支群众，主要是社会基本阶层与新兴阶层利益关系失衡，就是把人仅仅作为手段，而忽略了人本身才是目的。广大人民群众在发展中创造了巨大财富，却没有能够充分共享到发展的成果，群众不满于分配不公、贫富差距，群体性事件频频发生，社会管理压力空前。这就背离了人是手段和目的之统一这个马克思主义哲学的基本主张。

所谓透支精神，就是精神文明发展与物质文明发展失衡，对物的过度依赖，忽略人的精神生活，在很大程度上透支了人们的精神。市场经济打破了原有的社会格局，社会阶层分化带来了发展的巨大活力，但同时，也使中国从传统"熟人社会"向"陌生人社会"转变，传统的道德体系瓦解，新的现代道德体系、法治体系尚未完全确立。在这一过程中，忽略内在追求的人迅速沦为物的奴隶，资本的野蛮性吞噬着现代人的精神家园，层出不穷的道德错乱、商业欺诈、诚信危机、信仰危机等现象，已经成了我们社会发展面临的重大现实问题。

以上三种"透支"，凸显了中国发展、现代化建设中的"现代性问题"。这种现状必须从根本上加以改变。解决这一问题，呼唤着中国人现代精神和社会责任感的苏醒。对此，马克思主义哲学肩负着重大历史使命。如果马克思主义哲学对此失语，作用迷失，其后果无异于马克思主义哲学的"自我放逐"。

第三，作用迷失的根本症结，主要是问题意识匮乏和批判功能弱化。马克思主义哲学的道理有千条万条，但是其根本的出发点无非是关注现实人的命运，解决现实人的问题。解决中国问题，是马克思主义哲学在中国获得生机的深层内在动力。哲学不是哲学家们自己的"盛宴"，不是哲学家个人的"私语和独白"。哲学的本质与功能，在于立足现实，面对时代，回答和解决现实问题。当前，马克思主义哲学发展中问题意识匮乏，发现新问题、深入解决现实问题的能力不足，是其作用迷失的一个重要症结。超越批判性缺失，标志着哲学内在的深刻与锋利。马克思、恩格斯、列宁、毛泽东无不以社会反思和批判为己任。霍克海默认为，马克思主义哲学的本质就是一种社会批判理论，它应该做一只国家的"牛虻"，其作用就是使其时刻保持清醒，不断地改造自身，向着更合理的方向发展。一些哲学工作者、领导者浮在生活表面，用各种应时、跟风作品的数量来证明普及新理论的成绩，而对主流意识形态并未在一些民众头脑里扎根熟视无睹，导致马克思主义哲学的批判功能不断弱化。

三　马克思主义哲学"找回自己"、发挥作用的途径

哲学"找回自己"，就是找到作用于现实的基本途径。理论来源于实践，来源于大众生活实践。哲学只有贴近大众生活实践，从中提炼新概念，概括新理论，发现新道理，才能找回自己。这不是一句空话，必须切实从以下几个方面付出努力。

第一，直面现实问题，合理安置工具理性。哲学必须对现实问题作出更有论述力的回答。有学者把当代中国的问题表述为"社会转型"，我很赞同。改革开放 30 多年，中国经济、政治、文化发生了巨大转变，但依然是"未完成"的问题。马克思主义哲学深入破解一系列相关问题，必将有力推进中国现代化进程。20 世纪 80 年代，德国社会学家乌尔里希·贝克在采访中指出，在全球化浪潮冲击下，中国最大的风险是社会转型引发的巨大震荡，和西方社会相比，中国以历史浓缩的形式将转型中的各种问题呈现出来，这是史无前例的。如何进一步开掘哲学的人文意蕴和时代精神，克服转型期"现代化性缺失"问题，关系到中国现代化建设能否成功。

直面现实问题，当前亟待解决的一个突出问题，就是要克服"思想路线偏移"现象。党的思想路线、认识路线，是一种科学的工具理性，它要求理论与实际一致，理论与实践统一。无论思想内容多么美好，但如果与现实反差巨大，不仅难以深入人心，也会在实践中出现问题。一种理论不一定轻易被另一种理论驳倒，但却极容易被社会现实、社会实践驳

倒。克服思想路线偏移，施之于科学的工具理性，是马克思主义哲学在中国现代化实践中焕发生命力、引领力的重要途径。

第二，重塑社会诚信，深入开掘价值理性。马克斯·韦伯把人类理性区分为工具理性和价值理性，为哲学发挥现实作用指出了一条可行的途径。工具理性主要回答世界"是什么"、"怎么样"的问题，价值理性主要回答世界"应当是什么"、"怎样才更好"的问题。二者是人看待世界的两种哲学态度，无论单纯强调哪一方面，都会造成人的异化和扭曲。西方现代化道路，由于工具理性的过度膨胀，曾使社会陷入空前的精神文化危机。中国现代化要避免陷入西方的老路，就要坚持马克思主义哲学对人的生活世界的关注与反思，探索一条工具理性和价值理性辩证统一的现代化道路。

长期以来，我国在社会主义现代化建设中存在唯经济、唯科技的倾向，工具理性片面发展。以人为本的科学发展观的提出，是对工具理性的纠偏，是以价值理性的哲学态度引导中国社会的发展。笔者认为比较突出的问题，就是切实解决社会诚信缺乏的问题。在传统"熟人社会"，诚信的维系，主要靠熟人之间的信义道德。不讲诚信的人会受到周围人的道义谴责和孤立。今天，随着社会流动性增大，中国日益变成一个"生人社会"，即使同住一个楼道，多年谋面也未必相识。商业活动当事人，即使不熟知也能做交易。这种生人社会的诚信维持，必然呼唤建立现代契约精神和诚信观念。解决这个问题，只靠工具理性是不够的，必须深入开掘价值理性。开掘价值理性，是超越单纯经济决定论，真正体现以人为本的精神，实现马克思主义哲学与中国现代化良性互动的根本路径。

第三，坚持以人为目的，推进科学发展。人是发展的手段和目的的统一，这是唯物史观的基本精神。今天马克思主义哲学关注现实，就要秉承马克思主义哲学的人本立场。针对上述"三个透支"，坚持走为后代人着想的路，坚持走为多数人着想的路，坚持走为自由人着想的路。作为后发现代化国家，当前中国面临的最大问题就是如何建构自身的现代化道路。中国的现代化是社会主义的现代化，其对资本主义的精神危机、人的异化状态的克服，是社会主义区别于资本主义的根本特征。立足于人的自由全面发展目标的人的现代化的实现，是中国能否探索特色道路，解决中国问题的关键。

马克思主义哲学的发展离不开对世界现代化进程的反思，离不开对中国现代化实践活动的理论抽象和时代升华。离开了中国现代化进程，成为脱离实践基础的空中楼阁，马克思主义哲学的发展就成为无根基的形而上学的玄思。由此，马克思主义哲学必须承担起与中国现代化结合的时代使命，使哲学家走出书斋，关心现实，关心社会问题；政治家运用哲学的智慧，走出经验思维的泥沼，从而使中国现代化呈现出其特有的时代精神与魅力。

描述历史规律还是批判资本主义

王晓升[*]

马克思历史观的理论主旨是什么，究竟是要描述历史发展的规律还是要批判资本主义。许多人都认为，其理论主旨就是要描述历史发展的规律。这也是我国学术界的基本观点。但是，如果我们进一步追问，马克思如何"描述"社会历史发展规律呢？他究竟如何研究社会发展的规律的呢？马克思探讨社会历史发展规律的时候是不是包含了辩证法？如果包含了辩证法，那么这种辩证法究竟表现在何处呢？当我们深入思考和回答这些问题之后，就会发现，马克思的历史观虽然也解释历史发展的进程，但是其主要目的是批判资本主义。马克思的历史唯物主义是资本主义批判的批判哲学，而不是描述历史发展规律的实证科学。

一 马克思如何"描述"社会发展规律？

按理说，如果马克思要研究社会历史发展的一般规律就应该深入阅读历史学家的各种历史著作，研究人类社会各个不同时期的社会、经济、文化状况，经验地考证各种历史事实，并在这些历史事实的基础上探讨社会历史发展的基本规律。这种研究才具有经验科学的意义，或者说，只有这样做的时候，马克思才有可能"描述"历史发展的规律。只有这样，历史唯物主义才能成为真正的"实证科学"。从马克思的思想发展的进程中，我们知道，马克思早年确实曾经阅读过大量的历史学著作。1843年七八月，马克思开始阅读大量的历史学著作和国家与法的理论著作，写下

---

* 王晓升，华中科技大学哲学系教授。

了厚厚的五大本读书笔记，这就是《克罗茨纳赫笔记》。从这内容来看，这五本笔记主要涉及政治、历史。在这些笔记中马克思摘录的主要历史论著有：德国历史学家施米特关于法国史的两卷本的著作；法国作家、浪漫主义的代表弗·勒·沙多勃利昂论述法国七月王朝的两部篇幅不大的著作；德国政论家卡·兰齐措勒的著作《关于七月事件的原因、性质和后果》；德国历史学家瓦克斯穆特的《革命时代的法国史》；法国历史学派的代表兰克和 T·冯·萨维尼写的发表在《历史政治杂志》上的论述复辟时期和七月王朝时期的法国状况的一系列文章；英国历史学家、天主教徒林加尔特关于英国史的七卷本著作以及瑞典历史学家盖尔关于瑞典史的三卷本著作德译本所作的摘要。① 据统计，这些历史著作从时间上说，从公元前 600 年到 19 世纪 30 年代，前后近 2500 年。② 马克思完全可以借助于这些历史学资料来研究社会历史的一般规律。但是，马克思并没有从历史资料的研究中提炼社会历史发展规律，而是从经济学的研究以及黑格尔法哲学的研究中得出了历史唯物主义的基本结论。

　　无论是从马克思对于"市民社会"的政治经济学分析，还是从马克思对于市民社会与国家关系的分析，我们都可以看到，马克思的这些分析实际上就是对于资本主义社会的分析。马克思本人在《〈政治经济学批判〉序言》中详细论述了他自己的研究政治经济学的经过。他指出，在 19 世纪 40 年代初期，他碰到了物质利益的问题。这个问题促使他思考经济问题。在解答经济学问题中，马克思阅读了黑格尔法哲学。通过对于黑格尔法哲学的研究，马克思得出一个结论："法的关系正像国家的形式一样，……根源于物质的生活关系，这种物质的生活关系的总和，黑格尔按照 18 世纪的英国人和法国人的先例，概括为'市民社会'，而对市民社会的解剖应该到政治经济学寻找。"③ 这就是说，马克思通过对于黑格尔法哲学的研究得出了"市民社会"决定国家的思想。而这个思想构成了马克思的历史唯物主义的基本内涵。而马克思对于市民社会和国家关系的分析不是对人类社会历史上的任何一个社会形态的国家和市民社会关

---

　　① 中国社会科学院马克思主义研究网《克罗茨纳赫笔记》，马克思主义研究数据库，ht-tp：//myy. cass. cn/file/2006011322108. html。

　　② 邓宏炎：《论马克思市民社会决定国家理论的形成》，《华中师范大学学报》1999 年第 6 期。

　　③ 《马克思恩格斯选集》第 2 卷，人民出版社 1995 年版，第 32 页。

系的分析，而是对资本主义社会中国家和市民社会关系的分析。因为，只有在资产阶级革命之后，国家和市民社会才发生了分裂。市民社会成为独立国家的一个领域。马克思在《论犹太人问题》中说明资本主义社会中国家和市民社会之间的分裂的特点。我们知道，只有当市民社会和政治国家发生了分化，我们才有可能讨论国家和市民社会之间的关系，如果这两者之间没有发生分化，那么我们就不可能讨论这两者之间的关系。

在分析了国家和市民社会之间的关系之后，或者说，在分析了资本主义社会的基本结构之后，马克思又进一步分析了"社会的物质社会关系"，也就是"市民社会"。马克思在这里所说的"物质生活关系的总和"或者"经济基础"的概念是不是超历史的呢？黑格尔在他的法哲学中明确地指出，"市民社会是在现代世界中形成的"①。马克思在《德意志意识形态》中详细阐述自己的历史观的时候，也指明了市民社会在历史发展中的基础地位。而在解释市民社会概念的时候，他明确地说，"'市民社会'这一用语是在 18 世纪产生的，当时财产关系已经摆脱了古典古代的和中世纪的共同体。真正的市民社会只是随同资产阶级发展起来的，但是市民社会这一名称始终标志着直接从生产和交往中发展起来的社会组织。这种社会组织在一切时代都构成国家的基础以及任何的其他的观念的上层建筑的基础"②。在这里，有两点值得我们重视，第一，真正意义上的市民社会，也就是资本主义社会，是随着资产阶级发展起来的。因此，要真正地了解市民社会就要研究资本主义社会。第二，当马克思在社会历史观意义上使用市民社会概念的时候，马克思不是指资产阶级社会，而是指人类社会中一切时代的生产和交往组织。但是马克思对于这种生产和交往组织的理解是以资本主义社会中所形成的生产和交往组织为模型的。这是因为，只有在资本主义社会的生产和交往组织的基础上才产生一个独立于"市民社会"的国家。当马克思在社会历史观意义上研究"市民社会"的时候，虽然这个"市民社会"是指一切社会中生产和交往组织。而要真正地了解这种生产、交往组织与国家的关系就必须研究资本主义社会，也就是马克思在政治经济学意义上说的市民社会。马克思用"市民

---

① ［德］黑格尔：《法哲学原理》，范扬、张企泰译，商务印书馆 1961 年版，第 197 页。

② 《马克思恩格斯选集》第 1 卷，人民出版社 1995 年版，第 130—131 页。

社会"概念所指称的物质生活关系虽然是一切社会中的生产和交往组织，但是如果没有对于"资本主义社会的物质生活关系"的深入理解，就不可能理解其他社会中的物质生活关系。马克思的政治经济学研究就是要研究资本主义社会中的物质生活关系。通过对于资本主义社会中的物质生活关系的研究，马克思发现了物质生产力的发展与社会经济关系之间的对立和矛盾。通过对于这里的矛盾关系的分析，马克思得出了一个结论，这就是资本主义社会和历史上的曾经存在过的其他社会形态一样必然会灭亡。

显然，马克思在《〈政治经济学批判〉序言》中所描述的社会结构，也就是市民社会和国家的关系、生产力和生产关系之间的关系等都是建立在对于资本主义社会的分析的基础上的。马克思的历史唯物主义所分析的直接对象不是人类社会的一般进程，而是资本主义社会的经济和社会结构。马克思本人也直言不讳地指出，"资产阶级社会是最发达的和最多样的历史的生产组织。因此，那些表现它的各种关系的范畴以及对于它的结构的理解，同时也能使我们透视一切已经覆灭的社会形式的结构和生产关系。资产阶级社会借这些社会形式的残片和因素建立起来，其中一部分是还未克服的遗物，继续在这里存在着，一部分原来只是征兆的东西，发展到具有充分意义，等等。人体解剖对于猴体解剖是一把钥匙。反过来说，低等动物身上表露的高等动物的征兆，只有在高等动物本身已经被认识之后才能理解。因此，资产阶级经济为古代经济等等提供了钥匙。但是，绝不是像那些抹杀一切历史差别，把一切社会形式都看成资产阶级社会形式的经济学家所理解的那样"①。马克思的历史发展规律的表述中确实概述了人类历史发展的几个不同阶段，但是，马克思对于这几个社会阶段的理解却不是建立在经验研究的基础上的，而是用他对于资本主义社会结构的研究作为"钥匙"来剖析这些不同的历史阶段。马克思特别指出，不能把这些不同社会简单地等同起来，资本主义社会中所使用的概念，不能被简单地套用到前资本主义社会中。或者说，在马克思看来，生产力、生产关系、市民社会和国家都是资本主义社会中的概念，这些概念在前资本主义社会中并不完全适用。用来说明资本主义社会关系的这些概念不能被套用到这些社会中。马克思指出："劳动这个例子令人信服地说明，哪怕是

---

① 《马克思恩格斯选集》第 2 卷，人民出版社 1995 年版，第 23 页。

最抽象的范畴，虽然正是由于他们的抽象而适用于一切时代，但是就这个抽象的规定性来说，同样是历史条件的产物，而且只有对于这些条件并在这些条件之内才具有充分的适用性。"① 在资本主义社会中充分适用的概念并不充分地适用于前资本主义社会。这就是说，虽然马克思也抽象地表达了社会历史发展的一般规律，但是这个规律不是对于社会历史进程的精确说明。因为，马克思在分析资本主义社会中所使用的概念不能被简单地套用到前资本主义社会。当这些用来分析资本主义社会的概念说，被用来说明前资本主义社会的时候，它们充其量来说，不过是一把钥匙，是分析的方法，而不是对社会历史发展规律的正确描述。而马克思对于社会历史进程的表达，无非就是要进一步批判资产阶级经济学家把资本主义社会的规律当作永恒的社会规律的做法。由此，我们可以说，马克思对于社会历史规律的表达主要是用来批判资本主义社会的，而不是对于社会历史发展规律的正确描述。把马克思用来分析资本主义社会的概念简单地套用到前资本主义社会，把马克思对于资本主义社会结构和社会矛盾的分析理解为普遍适用于人类社会的一切阶段的做法实际上就是资产阶级政治经济学的做法。许多人认为，马克思对于生产力和生产关系、经济基础和上层建筑的分析完全、普遍地适应于人类社会的一切时代。在这里，不同的社会历史时代被等同起来的。资本主义社会结构的模式被简单地套用到了人类社会的一切阶段。

马克思是以资本主义社会为模型解释社会历史发展过程的，并把资本主义社会中的矛盾也就是生产力和生产关系的矛盾、经济基础和上层建筑之间的矛盾作为分析模型来研究人类不同历史形态上出现的社会矛盾的。虽然马克思也曾经阅读过大量历史论著，收集过历史资料，但是马克思对于社会历史发展规律的论述毕竟不是经验性的，而是立足于资本主义社会所进行的逻辑建构。我们不能把这种逻辑建构看作是对于社会历史过程的经验描述。

二　马克思怎样研究社会历史进程

马克思在《〈政治经济学批判〉序言》所研究的直接对象是现代资本

---

① 《马克思恩格斯选集》第 2 卷，人民出版社 1995 年版，第 23 页。

主义社会，他对于整个人类社会结构的阐述以及对于社会历史规律的阐述都不是经验性的，都不是对于社会历史规律的实证的描述。我们可以说，马克思没有"描述"社会历史发展的规律，而是逻辑地建构了社会历史发展规律。在这里，我们要进一步分析，马克思究竟是如何来逻辑地建构社会历史发展的规律的。虽然对于历史发展过程的逻辑建构有一定的经验基础，但是不能把这种经验基础上的逻辑建构等同于实证科学意义上的经验描述。

马克思对于社会历史发展过程的研究是以资本主义为直接对象的，并把他对于资本主义研究的成果用于研究一般的社会历史发展过程。那么马克思究竟是怎样研究资本主义的呢？

马克思确实也进行了大量的实证研究。马克思本人一再强调，他的研究是从"当前的经济事实出发"，从资本主义社会现实出发。对于马克思来说，从现实出发充分地占有材料，并在此基础上整理材料，概括出抽象的理论，这是政治经济学中的研究方法。但是，这个研究方法不是研究资本主义社会的全部。在马克思看来，形成抽象的概念之后，还要用这些概念按照一定的逻辑结构把资本主义社会的经济关系展示出来。马克思把这个方法称为叙述的方法。马克思说："当然，在形式上，叙述方法必须与研究方法不同。研究必须充分地占有材料，分析它的各种发展形式，探寻这些形式的内在联系。只有这项工作完成以后，现实的运动才能适当地叙述出来。"① 在这种经济学的方法的研究中，马克思把这两种方法分别称为两条道路。第一条道路是"从表象中的具体达到越来越稀薄的抽象"，第二条道路是"抽象的规定在思维形成中导致具体的再现"。在马克思看来，资产阶级政治经济学所走的是第一条道路，而第二条道路才是科学上正确的道路。这就意味着马克思批判了资产阶级政治经济学，接受了资产阶级政治经济学实证研究的成果，并从这些成果出发，在《资本论》中逻辑地展开资本主义社会的结构。在这种逻辑地展开资本主义社会结构的过程中，马克思接受了黑格尔的思想方法，也就是从抽象的概念开始到对于资本主义社会结构的具体的再现。在马克思看来，黑格尔所采取的这个方法是正确的，而他的错误在于，把思维中达到具体或者思维中把握具体的过程理解为具体的产生过程。

① 《马克思恩格斯选集》第 2 卷，人民出版社 1995 年版，第 111 页。

马克思强调指出，"从抽象上升到具体的方法，只是思维用来掌握具体，把它当作一个精神上的具体再现出来的方式。但绝不是具体本身的生产过程"①。当马克思在思维中再现具体的时候，马克思不是按照经验主义的方法依照不同的社会现象在历史上先后出现的顺序来安排范畴之间的相互关系，而是按照它们在资本主义社会中的重要性来叙述或者展开资本主义的社会结构。马克思说："把经济范畴按照它们在历史上起决定作用的先后次序来排列是不行的，错误的。它们的次序倒是由它们在现代资产阶级社会中的相互关系所决定的。"② 对于经济范畴的这种安排是一种社会经济结构的观念上的建构。这种观念的建构真实地展示了资本主义的社会结构。

马克思也把这种研究方法用来思考人类历史，或者说马克思按照黑格尔历史哲学的方法来研究社会历史。在社会历史研究中，马克思虽然也阅读了大量的社会历史文献，也进行了许多经验的研究，但理论思路的核心确实是黑格尔历史哲学的逻辑建构的方法。在 19 世纪 40 年代中期建立历史唯物主义理论的初期，马克思就强调，社会历史的研究要"从现实的前提出发"，这个现实的前提是"处在现实的、可以通过经验观察到的、在一定条件下进行的发展过程中的人"。③ 但是，他认为，对于社会历史的研究不能像"抽象的经验论"那样，只是把历史当作僵死的事实的汇聚。在他看来，历史的研究必须对于经验的材料进行抽象，"指出历史材料的各个层次的顺序"。马克思又强调，这种对于历史资料的抽象和整理，不是像思辨唯心主义那样，为历史发展过程提供"适用于各个时代的药方和公式"④。他吸收了具体的历史材料，但是，他又对这些历史资料进行了逻辑的加工。这种逻辑的加工表现在他采取了黑格尔的辩证法的方法来探讨生产力和生产关系、经济基础和上层建筑。从马克思对于它们之间的关系中我们看到，黑格尔哲学中的异化和扬弃异化的思想痕迹。生产力的发展要建立生产关系，但是生产关系会作为一种异化的对象而抑制生产力的发展，于是社会历史过程就要扬弃生产关系。经济基础和上层建

---

① 《马克思恩格斯选集》第 2 卷，人民出版社 1995 年版，第 19 页。
② 同上书，第 25 页。
③ 同上书，第 73 页。
④ 《马克思恩格斯选集》第 1 卷，人民出版社 1995 年版，第 74 页。

筑之间的关系也是如此。马克思主义哲学教科书中关于社会历史规律的解释，实际上就是保留了黑格尔历史哲学的基本痕迹。

从马克思对于历史研究方法的最初说明中我们可以看到，马克思对于社会历史过程的研究方法与他对于资本主义社会的研究方法是一致的。实际上当马克思说，他的研究要从现实出发的时候，他所说的现实就是资本主义的社会现实。"意识在任何时候都只能是被意识到了的存在"，"而人们的存在就是他们的现实生活过程"。现实生活中的人的活动，而不是德国哲学家们所说的"一般人"。马克思所思考的人是现实生活中的个人，也就是现代资本主义社会中的个人。当马克思考察现实生活中的人的物质生活条件的时候，马克思的社会历史研究对象和他的政治经济学研究对象就一致起来了，他的政治经济学研究也具有了社会历史研究的性质。或者反过来说也是一样的，他的社会历史研究具有了政治经济学研究的性质。马克思的政治经济学研究是批判资本主义的，那么马克思的社会历史的研究也同样是批判资本主义的。这个事实也可以用来解释，为什么马克思在政治经济学的批判中更具体地说，是在《〈政治经济学批判〉序言》中论述了历史唯物主义的基本思想。

马克思本人在《资本论》中说："对人类生活形式的思索，从而对它的科学分析，总是采取同实际发展相反的道路。这种思索是从事后开始的，就是说，是从发展过程的完成的结果开始的。"[①] 这就是说，要认识了这个人类社会历史，就必须从现实开始，从研究资本主义社会的生产形式开始，并追溯它的发展过程。这种向后思索的思路与马克思在1857—1858年政治经济学批判的手稿中的思想是一致的。在那里，马克思认为，高级的社会形态是完全发展了的社会形态，或者说，那些以萌芽的形式而存在的社会形态在高级社会形态中充分展开，理解了高级社会形态就可以理解低级社会形态中曾经存在着的这些萌芽形式。另一方面，在马克思看来，只有充分掌握了它的发生发展的过程，人们才能真正地理解资本主义社会的秘密。或者说，对于马克思来说仅仅拘泥于特定的社会形态，也就是资本主义社会形态不足以清楚地解释这个社会的经济状况。雅克·比岱在研究马克思的《资本论》的时候也指出，"显然，在许多地方，这种特殊化的讨论并不是自足的。在这里，马克思必须清楚地诉诸元语言（也

---

① 《马克思恩格斯全集》第23卷，人民出版社1972年版，第92页。

就是超历史的术语——引者注），以便准确地把握他想说的那种特殊的东西"①。为此，他认为，在马克思研究资本主义的一开始就是如此，并强调，要理解马克思对于资本主义社会的特殊的讨论，就必须联系到他对于人类社会中的一般现象的讨论。② 马克思的历史观的研究总是和政治经济学的研究联系在一起的。政治经济学的研究，为马克思的社会历史研究提供了合适的模型，而社会历史的研究深化了马克思对于资本主义的理解。

从马克思对于社会历史研究方法以及政治经济学研究方法的论述中，我们可以看到，马克思是用一种经过唯物主义改造过的黑格尔方法来研究社会历史发展过程的。用这种方法所叙述的历史过程不是对于社会历史过程的经验的叙述，而是一种逻辑的建构，我们不能把这种逻辑的建构当作教条，它不是用来为历史发展过程提供"适用于各个时代的药方和公式"。从这个意义上来说，马克思在《〈政治经济学批判〉序言》中所说的生产力和生产关系的学说、关于经济基础和上层建筑的学说不是"适用于各个时代的药方和公式"。在前面的分析中，我们已经指出，马克思关于生产力和生产关系的学说、关于经济基础和上层建筑的学说，是分析资本主义社会结构中所提出的。按照马克思对于经济范畴的排列次序的理论，生产力、经济基础在社会发展中的决定作用的观念是按照它们在资本主义社会中的决定地位来安排的，是一种逻辑上的次序。这种逻辑上的程序的安排只是在资本主义社会才具有"充分的适用性"。可以说，马克思关于生产力和生产关系、经济基础和上层建筑的学说，在分析资本主义社会结构方面具有"充分的适用性"。这个学说最适合用来批判资本主义。

三　从劳动一般到劳动的二重性

在研究历史唯物主义时，马克思所使用的劳动概念是一般劳动。一般人类劳动的概念是超历史的劳动概念，或者说是适合于一切时代的劳动概念。而马克思在资本论中对于劳动的分析也使用了一般的人类劳动的概念。通过对于劳动概念的理解，我们也可以深入把握历史唯物主义和资本

---

① Jacques Bidet, *Exploring Marx's Capital Philosophical*, *Economic and Political Dimensions*, Translated by David Fernbach, Koninklijke Brill NV, Leiden, The Netherlands, 2007, p. 272.

② Ibid., pp. 272 – 273.

主义批判之间的内在联系。

马克思对于劳动概念的理解是与他对于生产力和生产关系的理解分不开的。生产力和生产关系的概念是马克思用来研究整个人类历史过程的概念。在社会历史的研究中，马克思曾经在一般的抽象意义上讨论了生产力和交往关系。马克思强调，人类生存包含着三个方面的基本前提。第一个前提是人的物质生活资料的生产，第二个前提是为了进行物质资料的生产而进行的生产资料的生产，第三个前提是人在家庭中对人的生命的生产。这三个前提是密切联系在一起的。人在对自身生命的再生产（物质资料的生产）以及对他人生命的生产中，必然会发生一定的关系。他说，"生命的生产，无论是通过劳动而达到的自己生命的生产，或者是通过生育而得到的他人生命的生产，就立即表现为双重关系，一方面是自然关系，另一方面是社会关系，社会关系的含义在这里是指许多个人的共同活动。至于这种活动在什么条件下，用什么方式和为了什么目的进行，则是无关紧要的"①。在这里，马克思没有讨论特定的社会历史条件下生产力或者生产关系，而是讨论任何一种社会生活条件下都必然存在的历史前提和历史关系。这是一种超历史的历史观。毫无疑问，马克思对于人的劳动以及人在劳动中必然产生一定关系的分析是马克思主义历史观分析的起点，也适合于分析任何一种社会形态。

但是，马克思的这些基本命题不能被简单地套用。马克思在这里所提出的适合于一切时代的历史命题恰恰是有时代背景的。马克思本人十分清楚这个时代背景。他说："对任何种类劳动的同样看待，适合于这样一种社会形式，在这种社会形式中，个人很容易从一种劳动转换到另一种劳动，一定种类的劳动对他们说来是偶然的，因而是无差别的。"② 这就是说，只有到了资本主义社会，人们才有可能无差别地对待或者理解劳动，一种把各种社会偶然性都剔除在外而孤立地从人和自然关系的角度来理解劳动。把劳动理解为人和自然之间的物质交换关系，把人对自然的改造理解为生产力。这就意味着，马克思在《德意志意识形态》中在分析社会历史的三个前提的时候所提出的人和自然以及人和人之间关系的说明，实际上是指的资本主义社会中的劳动概念。从这个劳动概念中所引出的生产

---

① 《马克思恩格斯选集》第 1 卷，人民出版社 1995 年版，第 80 页。
② 《马克思恩格斯选集》第 2 卷，人民出版社 1995 年版，第 22 页。

力和生产关系的概念也只有在资本主义社会才具有"充分的适用性"。马克思在社会历史的研究中所采用的方法，就是把资本主义的概念用到前资本主义社会。

马克思在《资本论》中恰恰借助于一般劳动的概念而进一步分析劳动的二重性。一般人类劳动是一个历史范畴，他包含了人的劳动力的耗费，是人和自然之间关系的解决。马克思说："如果把生产活动的特定性质撇开，从而把劳动的有用性质撇开，生产活动就只剩下一点：它是人类劳动力的耗费。尽管缝和织是不同质的生产活动，但二者都是人的脑、肌肉、神经、手等等的生产耗费，从这个意义上说，二者都是人类劳动。"①社会历史观意义上的一般人类劳动在这里被转换为政治经济学意义上的抽象劳动，转变为一般劳动的耗费。而这种一般劳动的耗费，成为价值的基础，是商品交换的基础。在资本主义社会中，各种不同的劳动都可以被无差别地对待。从历史观的意义上来说，这种无差别的人类劳动是人处理自己和自然之间关系的劳动，从政治经济学意义上来说，这种劳动是人的劳动的消耗。这两者在本质上是一致的。在人和自然之间所进行的物质交换中，人在自己的劳动对象中耗费了自己的体力和智力。不论人的具体劳动形式如何，人的劳动都可以用人的劳动时间来加以衡量。用劳动时间来衡量人的劳动似乎与一定的社会生产形式无关，似乎是人类历史上的普遍状况，似乎可以用来说明一切人类劳动。然而从马克思对于抽象劳动和具体劳动分析中，我们可以看到，对于劳动的抽象理解恰恰是和资本主义社会商品交换中的价值评估联系在一起的。其中包含了深刻的社会意义。马克思指出，"既然这种具体劳动，即缝，只是当作无差别的人类劳动的表现，它也就具有与别种劳动即麻布中包含的劳动等同的形式，因而，尽管它同其他一切生产商品的劳动一样是私人劳动，但终究是直接社会形式上的劳动。正因为这样，它才表现在一种能与别种商品直接交换的产品上。可见，等价形式的第三个特点，就是私人劳动成为它的对立面的形式，成为直接社会形式的劳动"②。这就是说，抽象劳动不能被简单地看作是人和自然之间的关系，而要从社会的维度去理解，其中包含着深刻的社会关系。为了把握抽象劳动中所蕴含着的社会关系，我们就必须追溯人类劳动

① 《马克思恩格斯全集》第 23 卷，人民出版社 1972 年版，第 57 页。

② 同上书，第 73 页。

的发展过程。通过这种研究，马克思发现，在人类历史上，劳动都受到了分工的制约，劳动从一开始就被限制在一定的社会关系中，而只有到了资本主义社会，人在不同领域中转换劳动成为可能，劳动才有可能被看作是人的对象化活动，从而被抽象地理解。马克思说："即一切劳动由于而且只是由于都是一般人类劳动而具有的等同性和同等意义，只有在人类平等概念已经成为国民的牢固的成见的时候，才能揭示出来。而这只有在这样的社会里才有可能，在那里，商品形式成为劳动产品的一般形式，从而人们彼此作为商品所有者的关系成为占统治地位的社会关系。"① 所以马克思对于一般劳动的分析只能在资本主义社会条件下发生。一般劳动是资本主义社会中的特定现象，其中包含了社会关系。马克思正是通过一般劳动与劳动的社会关系的分析，分析了人类历史的发展过程。马克思指出："对生产一般适用的种种规定所以要抽出来，也正是为了不致因为有了统一（主体是人，客体是自然，这总是一样的，这里已经出现了统一）而忘记本质的差别。那些证明现存社会关系永存与和谐的现代经济学家的全部智慧，就在于忘记这种差别。"② 马克思对于劳动和生产一般的规定的研究不是要证明劳动和生产没有历史规定性，而恰恰就是要说明这种历史规定性。通过这种历史规定性的分析来解释资本主义社会的劳动和生产的特殊性。

比岱在分析马克思的《资本论》的时候，恰恰看不到马克思在历史观意义上所说的一般劳动与政治经济学批判中所说的"抽象劳动"之间的理论联系。他说："自从《1857—1858 年经济学手稿》以来，在对'一般劳动'进行解释的时候，马克思体会到了一种困难，这个困难就是，在'一般劳动'的概念中没有包含他后来在《资本论》中所说的'抽象劳动'的特殊规定。"③ 应该承认，马克思从历史观的维度论述"一般劳动"的时候，确实没有从劳动力的消耗的意义上理解劳动，从这个意义上来说，"一般劳动"的概念并不包含后来《资本论》中所说的抽象劳动的内涵。但是，一般劳动的分析实际上为马克思在《资本论》中

---

① 《马克思恩格斯全集》第 23 卷，人民出版社 1972 年版，第 75 页。

② 《马克思恩格斯选集》第 2 卷，人民出版社 1995 年版，第 3 页。

③ Jacques Bidet, *Exploring Marx's Capital Philosophical*, *Economic and Political Dimensions*, p. 277.

的抽象劳动和具体劳动的分析提供了方法论的基础。只有当马克思把握了"一般劳动"的概念，他才有可能把劳动的特殊内容和劳动力的耗费这种特殊形式区分开来。马克思在分析一般劳动的时候，他撇开了生产关系，而在分析抽象劳动的时候，他又进一步撇开了具体的劳动对象。可以说，抽象劳动概念是"一般劳动"概念的进一步抽象化。虽然一般劳动概念是从资本主义社会中抽象出来的，但是，只有当马克思把一般劳动更深入地抽象为抽象劳动的时候，马克思才可以分析抽象劳动者交换中的作用，从而揭示资本主义社会中剩余价值剥削的秘密。

马克思关于生产力和生产关系的学说是从资本主义社会中抽象出来的，马克思把这种理论抽象的结果用于分析前资本主义社会的各个阶段，从而说明生产力和生产关系在不同历史阶段上的演化，从而证明资本主义社会中，生产力和生产关系也同样会产生矛盾。当从一般劳动开始分析历史发展的过程，并由此而进一步深入到抽象劳动概念的时候，马克思就把社会历史观的一般分析具体化为资本主义社会矛盾的分析。

四　从资产阶级意识形态批判到商品拜物教批判

马克思是在《德意志意识形态》一书中系统地阐发自己的历史观的。这个历史观是在批判"德意志意识形态"的基础上进行的。那么"德意志意识形态"是怎样的意识形态呢？马克思在该书的第一章也就是《费尔巴哈》这一章中开宗明义地说明了这种意识形态的一般特性；这种意识形态把思想、观念等看作是某种独立的东西，并把这些独立的东西看作是人的真正的枷锁。按照这种意识形态的观念，社会的变革就是思想的变革，就是要把人们从思想的枷锁中摆脱出来，他们"要用人的、批判的或利己的意识来代替他们现在的意识，从而消除束缚他们的限制"①。青年黑格尔派的思想实质上就是这样一种意识形态。在马克思看来，这是一种颠倒的意识。本来，思想是人在现实生活中产生，现实的生活条件决定了人们的思想。但是，在青年黑格尔派那里，人的思想却取得了一种独立的形式，并反过来成为束缚人的生活的东西。马克思把青年黑格尔派的这种颠倒意识看作是一种意识形态，并致力于批判这种意识形态。

---

① 《马克思恩格斯选集》第1卷，人民出版社1995年版，第65—66页。

马克思在批判德意志意识形态的时候指出，德国哲学是从天国降到人间，而他自己的思想是从人间上升到天国①。于是，他一再强调在社会历史问题的研究上要从现实出发，从现实的人的活动出发，而不是像德国的意识形态那样，从思想出发。他说："人们头脑中的模糊幻象也是他们的可以通过经验来确认的、与物质前提相联系的物质生活过程的必然升华。因此，道德、宗教、形而上学和其他意识形态，以及与它们相适应的意识形式便不再保留独立性的外观了。它们没有历史，没有发展，而发展着自己的物质生产和物质交往的人们，在改变自己的这个现实的同时也改变着自己的思维和思维的产物。不是意识决定生活，而是生活决定意识。"②既然人的思想是由人们的物质生活条件所决定的，由此，人们在社会生活中所受到的束缚与其说是思想上的束缚不如说是物质生活上的束缚。由此，要改变人们受束缚的限制既不能诉诸思想，也不能诉诸感性的直观，而要进行革命的实践。为此，马克思把自己的唯物主义称为"实践的唯物主义"。从这个意义上说，历史唯物主义也是"实践的唯物主义"。

那么对于德意志意识形态的批判以及在这种批判中所建立起来的唯物主义历史观与资本主义批判有什么关系呢？

在马克思看来，德意志意识形态是资本主义的异化现实的颠倒意识。在工业化发展的过程中，人和人之间的普遍的交往关系被确立起来了。但是，这种普遍的交往关系对人来说成为一种异己的关系。马克思指出："各个人的全面的依存关系、他们的这种自然形成的世界历史性的共同活动的最初形式，由于这种共产主义的革命而转化为对下述力量的控制和自觉的驾驭，这些力量本来是由于人们的相互作用产生的，但是迄今为止对他们来说都作为完全异己的力量威慑和驾驭着他们。这种观点仍然可以被思辨地、唯心地、即幻想地解释为'类的自我产生'（'作为主体的社会'），从而把所有前后相继、彼此相联的个人想象为从事自我产生的这种神秘活动的唯一的个人。"③ 德国唯心主义者所提出的"类的自我产生"或者神秘的"唯一者"都是现代资本主义社会的产物，是现代工业社会发展的结果。现代社会发展的状况是唯心主义思想家的颠倒意识的客观基

---

① 《马克思恩格斯选集》第 1 卷，人民出版社 1995 年版，第 73 页。

② 同上。

③ 同上书，第 90 页。

础。对于他们的颠倒意识的批判实际上也就是资本主义颠倒现实的批判。
在资本主义社会中人的活动所形成的"类"的力量如此巨大以至于它成
为一种独立于人并威慑和驾驭人的力量。德国唯心主义看不到这种类的力
量是个人的力量的产物，而把这种类的力量看作是一种独立的力量，并认
为，这种抽象的类的力量支配着社会现实。显然，马克思对于德国唯心主
义的批判或者说对德意志意识形态的批判也就是对资本主义现实的批判。

　　马克思对于德意志意识形态的批判在《资本论》中进一步深化，并
转变为对于商品拜物教的批判。商品拜物教是德意志意识形态的另一种表
现形式。本来，现代社会中形成的普遍交往是个人活动的产物，但是它却
取得了一种独立的形式，并反过来控制个人的活动。德意志的意识形态认
为，这个社会是由类的力量所控制的，这个社会的历史发展过程就是类的
自我产生的过程。在资本主义社会，商品交换是按照等价原则进行的，或
者说是按照商品的价值量来进行的。商品的价值量是一般人类劳动的凝
聚。不同的个人的具体劳动是不能交换的，凝聚在不同商品中的劳动也是
不同的。这些不同的劳动产品之所以能够进行交换就是因为，它们都包含
着抽象的人类劳动。这种劳动是可以计算的。由此，商品的交换是不同的
人的劳动的交换。商品交换的背后所隐藏着的是，人和人之间的社会劳动
之间的关系。马克思说："商品形式的奥秘不过在于：商品形式在人们面
前把人们本身劳动的社会性质反映成劳动产品本身的物的性质，反映成这
些物的天然的社会属性，从而把生产者同总劳动的社会关系反映成存在于
生产者之外的物与物之间的社会关系。由于这种转换，劳动产品成了商
品，成了可感觉而又超感觉的物或社会的物。……这只是人们自己的一定
的社会关系，但它在人们面前采取了物与物的关系的虚幻形式。"① 而商
品拜物教就是把人和人之间的关系都理解为物和物之间的交换关系。

　　马克思对于德意志意识形态的批判和他对于商品拜物教的批判，在思
想方法上完全是一致的。德意志意识形态是一种颠倒意识，它把个人活动
的成果都看作是类的自我产生的结果。商品拜物教也是把人和人之间的关
系看作是物的关系。而这两种颠倒意识都是资本主义制度的产物。在商品
交换中，物的交换关系掩盖了人和人之间的关系，在资本主义社会历史的
进程中，外化了的、异化了的交往关系压制着人的活动。从德意志意识形

---

　　① 《马克思恩格斯全集》第 23 卷，人民出版社 1972 年版，第 88—89 页。

态的批判到《资本论》中的商品拜物教的批判，马克思对于资本主义的批判也得到了进一步的深化。在《德意志意识形态》中，马克思所批判的是一般的社会交往关系对个人活动的压制，而在《资本论》中，马克思把这种交往关系具体化为商品交换关系，分析了这种商品交换关系对人的压制。在这个过程中，马克思实际上看到了社会交往关系在资本主义社会中变成了商品交换关系，看到了这种关系的物化实质，看到了这种物化关系对人的控制。马克思对于人的解放的诉求就是要把人从这种物化关系的压制中解放出来，或者说，把人和人之间的物的依赖关系，转变成为个人的独立和自由发展。

五　历史唯物主义是批判资本主义的哲学

马克思在《德意志意识形态》中把这种革命性的变革理解为"使现存世界革命化，实际地反对并改变现存的事物"①。他用"实践的唯物主义"来概括这个思想。如前所说，历史唯物主义是实践的唯物主义。而这种实践的唯物主义就是资本主义批判的唯物主义。

马克思的历史唯物主义的基本思想是：整个所谓世界历史不外是人通过人的劳动而诞生的历史。②人通过自己的劳动而生产物质生活资料，因此，人在自己的活动中必须建立一定的社会关系，而整个社会制度、社会意识都是人在改造自然的活动的基础上产生的；但是人在生产自己的物质生活资料的过程中所生产的东西（劳动的成果）会不受劳动者自己的控制，甚至反过来控制人本身。人在劳动的基础上所建立的社会关系或者社会制度也会转变成为抑制人的生产活动的外在强制力。人要在自己的创造性活动中，不断地扬弃人在劳动中所产生的异化。马克思在《政治经济学批判序言》中所说的生产力和生产关系、经济基础和上层建筑之间的适应和矛盾关系，就是指人在劳动中的异化和扬弃异化的关系。在马克思看来，人在自己的劳动中所产生的异化在资本主义社会中达到了顶点。本来，历史是由人创造的，但是在资本主义社会中，创造历史的人却变成了商品，他们和市场上所有的其他物质性的东西一样，人在这里被物化了。

---

① 《马克思恩格斯选集》第1卷，人民出版社1995年版，第75页。

② 马克思：《1844年经济学哲学手稿》，人民出版社2000年版，第88页。

人和人之间的交往关系表现为货币交换关系，或者商品交换关系。人和人之间的关系都表现为物的关系。这就如同我们现代日常生活中常常见到的那样，商品交换关系渗透到日常生活中的一切领域。卢卡奇强调，资本主义社会与传统社会不同的地方就在于，商品交换的形式"渗透到社会生活的所有方面"①。马克思把资本主义社会中所出现的这种现象称为"物的依赖关系"。在资本主义社会中，人变成了物—商品，人和人之间的关系变成了商品交换关系。这是一个见物不见人的社会。在这个社会中，人失去了自由，历史似乎不是人所创造的，而完全是由客观的社会结构所决定的，人在这里似乎并不发挥作用。这种见物不见人的社会很容易使人产生一种见物不见人的社会历史观。

马克思的历史观恰恰就是与这种见物不见人的历史观根本对立。资本主义社会中所产生的全面的物化现象是人的活动的结果，人要扬弃这种物化现象。在《德意志意识形态》中，初步表述历史唯物主义的基本思想的时候，马克思指出，"迄今为止的一切交往都只是在一定条件下个人的交往，而不是作为个人的个人的交往。这些条件可以归结为两点：积累起来的劳动，或者说私有制，以及现实的劳动"②。在马克思看来，在现实的劳动中存在着分工，分工和私有制一样都限制了人的自由。而在现代社会中分工越来越发达，私人积累越来越多，分工和私有制的发展对人的自由的限制越来越强化。③ 实践的唯物主义者就是要扬弃私有制和分工，从而实现共产主义。他说，在共产主义阶段，"劳动向自主活动转化，同过去受制约的交往向个人本身的交往的转化，也是相适应的。随着联合起来的个人对全部生产力的占有，私有制也就终结了"④。马克思说的历史唯物主义的理论主旨在这里得到了充分的展示：人在自己的活动或劳动中创造历史，但是人的劳动受到了分工和私有制，或者说，现实的劳动和积累起来的劳动的制约。而这种制约在资本主义制度中达到了顶点。这种现实的劳动和积累起来的劳动所产生的制约（劳动异化）应该被扬弃。

在后来的政治经济学批判中，在《资本论》中，马克思进一步深化

---

① ［匈］卢卡奇：《物化与无产阶级意识》，杜章智等译，商务印书馆 1992 年版，第 145 页。

② 《马克思恩格斯选集》第 1 卷，人民出版社 1995 年版，第 127 页。

③ 同上。

④ 同上书，第 130 页。

历史唯物主义的这个思想。他通过对于资本主义社会中的商品交换关系的分析，深入说明了资本主义社会对人的自由活动所产生的压制。在《政治经济学批判（1857—1858 年手稿）》的"货币章"中马克思说："毫不相干的个人之间的互相的和全面的依赖，构成他们的社会联系。这种社会联系表现在交换价值上，因为只有在交换价值上，每个个人的活动或产品对他来说才成为活动或产品；他必须生产一般产品——交换价值，或孤立化和个体化的交换价值，即货币。"① 这表明，在资本主义社会，人们之间形成了一种广泛的依赖关系，但是这种依赖关系是以货币的手段来维系的。在以货币所维系的社会关系中，所有的人都在一定程度上转化为交换中的物。在这种交换关系中，人之为人的特性消失了。为此，马克思进一步强调："不管活动采取怎样的个人表现形式，也不管这种活动的产品具有怎样的特性，活动和这种活动的产品都是交换价值，即一切个性，一切特性都已被否定和消灭的一种一般的东西。"② 从表面上看，个人有自由活动的权利，但是这种活动都接受价值规律的支配。马克思把资本主义社会中所存在的这种社会关系称为物的依赖关系，并把这种物的依赖关系是独立于个人的社会关系，这种关系控制着人的活动。物的依赖关系对于人的活动的控制，被马克思又说成是抽象的统治。他说："个人现在受抽象统治，而他们以前是互相依赖的。但是，抽象或观念，无非是那些统治个人的物质关系的理论表现。"③ 德意志意识形态就确认了这种抽象的统治。

如果从观察者的维度来看待这种物化的社会关系，那么这种物化的社会关系就被理解为有规律的。从观察者的角度来看，资本主义社会中的这种价值规律是不能被否定的。但是马克思并不是停留在这种观察者的维度，而且从参与者的维度来看待资本主义社会的这种客观规律，他要扬弃这种客观规律。马克思对于资本主义社会中的物化现象采取了一种否定的态度。这种否定的态度在方法论上就表现在马克思所采取的辩证法上。马克思在解释这种辩证法的时候指出，"黑格尔的《现象学》及其最后成果——作为推动原则和创造原则的否定性的辩证法——的伟大之处首先在于，黑格尔把人的自我产生看作一个过程，把对象化看作非对象化，看作

---

① 《马克思恩格斯全集》46 卷（上），人民出版社 1979 年版，第 103 页。
② 同上书，第 103 页。
③ 同上书，第 111 页。

外化和这种外化的扬弃；因而他抓住了劳动的本质，把对象性的人、现实的因而是真正的人理解为他自己的劳动的成果。"① 从参与者的维度来看，资本主义社会中的物化关系是人在自己的劳动中所产生的，人也应该在自己的活动中扬弃这种异化。在《资本论》中马克思接受了黑格尔哲学的方法，并承认自己是黑格尔的学生②。他借助于这种辩证法思想，阐述了自己的历史观，并批判了资本主义。马克思的历史唯物主义是贯彻了辩证法思想并借此而批判资本主义的批判哲学。

---

① 马克思：《1844 年经济学哲学手稿》，人民出版社 2000 年版，第 120 页。
② 《马克思恩格斯全集》第 23 卷，人民出版社 1972 年版，第 24 页。

"中国奇迹"背后的辩证精神

郭忠义[*]

　　近年来，"中国奇迹"成为中外经济学家及相关学者关注的一大热点。在各具创意的理论解读中，几乎都存在因学科边界约束导致的解释缺陷。于是，从总体性视域上的哲学解读的意义开始显现。因为，中国30多年奇迹般的增长已经使"改革开放新时期"成为一个标志中国崛起的"时代"，或许只有作为时代精神精华的哲学，才能从特有的宏观视域来解释这一伟大奇迹的历史生成。

一　"中国奇迹"成因的解读及其缺陷

　　"中国奇迹"[①]是1994年世界银行首席经济学家林毅夫等人首次从学术角度提出的概念，其不断丰富的内涵可概括为三：一是在20世纪末的世界性经济转轨大潮中，唯独只有中国没有出现经济衰退而在转轨绩效上取得了伟大的领先；二是中国实现了世界经济史上史无前例的经济增长（30多年GDP年均递增近10%，2亿多人脱贫，外汇储备和外贸出口世界第一，经济总量跃居世界第二）；三是在2008全球金融危机中，中国独领风骚，辉煌依旧。

　　首先，如果说"转轨"是20世纪晚期世界最为重大的历史剧变，中国的经济转轨则是跨越世纪的绚丽彩虹。它不仅成功实现了由计划经济到

---

　　* 郭忠义，辽宁大学哲学系教授。

　　① 参见林毅夫等《中国的奇迹：发展战略与经济改革》，生活·读书·新知上海三联书店、上海人民出版社1999年版。

社会主义市场经济的制度创新，而且取得了转轨中经济增长全球第一的辉煌绩效；相反，几乎所有转轨国家都经历了激烈的经济衰退，俄罗斯为首的独联体国家更是经历了现代经济史上最为长久的经济萧条，其经济降幅之大和恢复时间之长，甚至超过了 1929—1933 年经济危机，原因何在呢？

包括一些诺贝尔奖得主在内的许多学者，对经济转轨进行了卓有成效的研究，将绩效差异的主要而直接的原因归之于中俄转轨路径上的"双轨制"过渡和"休克疗法"，将转轨国家的经济衰退归咎于"华盛顿共识"。有些经济学家用数学模型对此做出了简明而富有逻辑力量的理论证实。① 中国的经济学家更是站在改革开放的前沿，写出了《双轨制经济学》等一大批学术论著，但却基本上没有超出上述基本观点。那么，为什么独有中国拒斥"华盛顿共识"，选择了独特的转轨道路呢？

其次，西方的主流经济学不能解释一个经济体为何持续的高速增长而不出现大的经济波动。国际社会盛行着这样一种观点，认为社会的快速发展需要经济上的市场化与政治上的民主化，政治集中和政府强力推动经济发展的模式，对于经济增长是有害的。中国经验否定了西方经济学教科书的原则。以发展中国家经济为对象的发展经济学亦无能为力。它曾依次提出了推动现代经济增长的各种核心要素：资本、劳动力、技术、教育与技能培训、资源生产率、创新企业家、产业结构调整，80 年代后又引入了产权制度；但是在这些理论指导下，除亚洲"四小龙"外，多数发展中国家不仅没有实现预期的增长，反而相继陷入"发展困境"。相反，上述核心要素在中国 30 年中都以国家战略和经济政策的形式推动了经济增长。因此以林毅夫为代表的一些学者，将中国奇迹归因于中国政府采取了适合国情的具有比较优势的发展战略。② 然而，为什么中国政府能够采取这样的发展战略呢？

耶鲁大学教授陈志武认为，中国奇迹的生成在于搭上了经济全球化的便车，全球化成就了中国的经济奇迹。③ 同样持经济自由主义观点的香港学者张五常将中国奇迹归结为县域竞争制度，归结为经济自由，并将这种

---

① ［比］热若尔·罗兰：《转型与经济学》，张帆、潘佐红译，北京大学出版社 2002 年版。

② 参见林毅夫等《中国的奇迹：发展战略与经济改革》，生活·读书·新知上海三联书店、上海人民出版社 1999 年版。

③ 陈志武：《重新思考"中国奇迹"》，《经济观察报》2008 年 02 月 17 日。

制度视为中国竞争力的关键因素。[①] 确实，没有市场经济制度就没有中国奇迹，但是，20 世纪 70 年代以来英美政府经济政策指导思想从凯恩斯主义向新经济自由主义的转变及其所推动的全球化运动，似乎与中国经济政策的主导原则是矛盾的，中国的经济增长同样离不开凯恩斯主义的理论要素。政府作用似乎逐渐成为关键。

清华大学教授秦晖等人实证地分析了中国转轨过程，看到了中国发展中的深层问题，提供了中国奇迹成因的崭新视角；将中国奇迹归结为"负帕累托"的初始条件，低人权低保障即社会福利制度缺失造成的劳动力低成本优势。[②] 然而，从全球发展轨迹看，"负帕累托"条件下并非必然出现否极泰来的经济增长，却可能出现"路径依赖"式的恶性循环。个别转轨国家至今尚未度过社会动荡危机，已经呈现负帕累托状态，却未出现经济稳定增长；绝大多数低人权低保障的发展中国家都与经济奇迹无缘。

仅仅经济学视域内的理论解读似乎是无能为力的。因为中国的改革开放是政府主导的制度变迁，而非基于市场选择生成的经济现象，因此必须超出经济学的狭隘视域。2004 年 5 月雷默《北京共识》的论文，超越了经济学视域，数次提到中国模式的概念，开启了从中国发展道路上解读的新视域。

在 2009 年全球金融危机中，中国经济不仅率先走出低谷，而且以对世界经济增长 55% 的贡献率，成为拉动世界经济增长的第一引擎。英美政府虽然改变了新自由主义的经济宪章，但对国家主导的中国经济发展模式依旧充满狐疑。尽管世界对中国奇迹进行中国模式解读，但因涉及经济、政治、文化三大领域，学科视界的限制使各种解读不尽如人意。共识性的观点是市场经济制度与政府适时高效的战略和决策是中国奇迹的关键。那么，就必须关注给出经济发展战略与决策的政府的指导思想与哲学理念。

相对而言，中共十七大报告的解读比较准确："新时期最显著的成就是快速发展"，"新时期最鲜明的特点是改革开放。——改革开放以来我

---

① 张五常：《中国的经济制度》中译版，2008 年 12 月 26 日，网易财经。

② 秦晖：《"中国奇迹"的形成与未来——改革 30 年之我见》，《南方周末》2008 年 2 月 21 日。

们取得一切成绩和进步的根本原因，归结起来就是：开辟了中国特色社会主义道路，形成了中国特色社会主义理论体系"。这就意味着改革开放造就了快速发展的经济奇迹，中国奇迹的根本原因在于中国特色社会主义理论及其实践模式。

问题在于，中国特色社会主义理论因缺少解释经济增长的理论模型显得过于宽泛，高度抽象的"改革开放"因缺少哲学意蕴难以界定经济发展战略的内在精神。在流行的中国特色社会主义教程中，又强调毛泽东思想与邓小平理论的在世界观方法论上的一脉相承和指导思想上的一以贯之。那么，为什么改革前后的经济史会有如此重大的差异呢？

本文认为，中国奇迹产生的根本原因在于中国特色社会主义理论实现了意识形态范式的变迁，这种变迁背后是辩证精神由否定性到肯定性的历史转向。

二　为什么消解辩证法的"否定"前提

我国学界的辩证法理解存在两大误区：一是高扬作为现代辩证法奠基人的黑格尔的"推动和创造原则"，将黑格尔的辩证法界定为"否定辩证法"①，导致大众对黑格尔辩证法的片面的"否定性"理解和肯定性前提的遮蔽；二是进而将革命性批判性作为马克思辩证法的否定性本质。

黑格尔的辩证法是否定性的吗？在其主要著作中罕见实据。笔者认为，黑格尔的辩证法或思辨逻辑主要有两种含义：一是指既是实体又是主体的绝对精神存在的本体形式，即存在的（自在）逻辑。二是指绝对精神之展开即外化或异化的逻辑形式，即绝对精神发展的历史（自为）逻辑；同时又是绝对精神借助于人而实现的自我认识逻辑。正是在这个意义上，存在论、逻辑学、认识论是同一的。从绝对内在同一的"纯存在"，到展开了的自然社会和人类思维的历史过程，都是"肯定、否定和否定之否定的统一"，"肯定、否定和否定之否定"构成了黑格尔的逻辑程式。因此将黑格尔的辩证法冠以"否定性"有理解的片面性之虞。

首先，在《小逻辑》中黑格尔明确指出："逻辑学是研究纯粹理念的

---

① 赵敦华：《西方哲学简史》，北京大学出版社 2001 年版，第 341 页。

科学，所谓纯粹理念就是思维的最抽象的要素形成的理念。"① "逻辑思想就形式而论有三个方面：（a）抽象的或知性〔理智〕的方面，（b）辩证的或否定的理性的方面，（c）思辨的或肯定理性的方面。〔说明〕这三个方面并不构成逻辑学的三部分，而是每一逻辑真实体的各环节。"② 显然，否定性绝不是黑格尔辩证法的特质，即使是在第二方面也蕴含着肯定。相反不包含肯定的否定，不是辩证法，而是怀疑主义——"彻底怀疑一切认识形式的否定性科学"③。"哲学把怀疑主义作为一个环节包括在它自身之内，——这就是哲学的辩证阶段。但哲学不能像怀疑主义那样，仅仅停留在辩证法的否定结果方面。——辩证法既然以否定为其结果，那么就否定作为结果来说，至少同时也可说是肯定的。因为肯定中包含有它所自出的否定，并且扬弃其对方否定于自身内，没有对方它就不存在。但这种扬弃否定，否定中包含肯定的基本特性，就具有逻辑真理的第三形式，即思辨的形式或肯定的形式。"在这一阶段"在对立的规定中认识到它们的统一，或在对立双方的分解过渡中认识到他们所包含的肯定"④。可见，黑格尔辩证法的基本逻辑程式不只是否定性的。

其次，黑格尔存在论认为，作为逻辑学开端的"纯存在"或"纯有"是绝对精神的最初形式，即"绝对就是有"。⑤ 这种看似绝对肯定的"纯有"是纯粹的抽象，因此是绝对的否定，这种否定直接地说来，也就是无。因此"绝对即是无"。⑥ 否定性的含义一是纯粹的无规定性，二是自由。"当自由在自身中把自己深化到最强烈的程度，本身也成为肯定性，甚至成为绝对肯定性，这种自由就是否定性。"⑦ "这种自由，虽是一种否定，但因它深入于它自身的最高限度，自己本身即是一种肯定，甚至是一种绝对的肯定。"⑧ 可见，纯粹的"无"也不是单纯的否定，只有"有"与"无"的统一才是真理。

---

① 〔德〕黑格尔：《小逻辑》，贺麟译，商务印书馆1980年版，第63页。

② 同上书，第172页。

③ 同上书，第171页。

④ 同上书，第181页。

⑤ 同上书，第190页。

⑥ 同上书，第192页。

⑦ 〔德〕黑格尔：《逻辑学》，杨一之译，商务印书馆1980年版，第171页。

⑧ 〔德〕黑格尔：《小逻辑》，贺麟译，商务印书馆1980年版，第193—194页。

再次，黑格尔对认识的描述亦然："正是自我意识的外在化建立了事物性，并且这种外在化不仅具有否定的意义，而且具有肯定的意义，不仅对于我们或者自在的有肯定意义，而且对于自我意识本身也有肯定意义。"——自我意识的自在（肯定）——外在化自身即把自身建立为对象（否定）——扬弃了这种外在化和对象性（否定之否定）的过程，就"是意识的［辩证］运动"①。由此可见，黑格尔的辩证法就其思维形式和思维过程而言是肯定和否定的统一，不存在否定的辩证法问题；就其体系化的宏观逻辑构架而言，具有浓重的肯定性特征。因此阿多诺才断定黑格尔的辩证法是"肯定的辩证法"。

那么，为什么人们认为黑格尔的辩证法是"否定辩证法"呢？可能的原因在于教条化、片面化地理解了马克思对黑格尔的评价："黑格尔的《现象学》及其最后成果——作为推动原则和创造原则的否定性的辩证法——的伟大之处首先在于，黑格尔把人的自我产生看作一个过程，把对象化看作失去对象，看作外化和这种外化的扬弃；因而，他抓住了劳动的本质，把对象性的人、现实的因而是真正的人理解为他自己的劳动的结果。"② 其实，在《手稿》中马克思是从两个维度来分析黑格尔辩证法的，一是将之作为逻辑意义上的思维形式；一是将之作为逻辑展开的创造性原则，进而也是主体把握现实的实践原则。在马克思看来，后者是时代主题的思想回声和主体对时代精神的哲学把握。这正是"否定性的辩证法"的意义所在。

首先，马克思同样积极评价了黑格尔逻辑学的思维形式："在他的思辨的逻辑学里所完成的积极的东西在于：独立于自然界和精神的特定概念、普遍的固定的思维形式，是人的本质普遍异化的必然结果，因而也是人的思维的必然结果。"③ 可见作为独立的思维形式的辩证法显然也是黑格尔逻辑学的积极内核。马克思还说，"由于黑格尔根据否定的否定所包含的肯定方面把否定的否定看成真正唯一的肯定的东西，而根据他所包含的否定方面把它看成一切存在的唯一真正的活动和自我实现的活动，所以他只是为那种历史的运动找到抽象的、逻辑的、思辨的表达"④。这里，

---

① ［德］黑格尔：《精神现象学》（下卷），贺麟、王玖兴译，商务印书馆1979年版，第258页。

② 《马克思恩格斯全集》第42卷，人民出版社1979年版，第163页。

③ 同上书，第177页。

④ 同上书，第159页。

马克思明确说明了黑格尔辩证法的逻辑维度和历史运动维度。意味着"否定性的辩证法"只是在把握现实、关照人的社会生成和自然的向人而生时才是"否定性的"。

其次，《手稿》中无论是对私有财产积极扬弃的共产主义的宏观叙事，还是对劳动异化的微观考察；无论是"人类与自然的和解以及人类本身的和解"的主张，还是自然主义、人道主义、共产主义统一的理想，都是按照黑格尔的思维逻辑程式进行的。在《共产党宣言》中马克思不仅肯定了资本主义的积极成果，而且再现了《手稿》中的宏观历史进程。在《资本论》中马克思按照黑格尔的从抽象到具体的方法，即从普遍性到特殊性再到个别性，展开自己的全部论证，"马克思写于1857年的《政治经济学批判》中《资本章》的结构草案就充分证明了这一点"①。马克思还说，"我公开承认我是这位大思想家的学生，并且在关于价值理论的一章中，有些地方我甚至卖弄起黑格尔特有的表达方式。辩证法在黑格尔手中被神秘化了，但这决没有妨碍他第一个全面地有意识地叙述了辩证法的一般运动形式"②。这说明，作为合理内核的黑格尔辩证法的思维形式，不存在单纯的"否定性"问题。

最后，"德国古典哲学是法国革命的德国版"，因此我们可以把《精神现象学》看作法国革命的思想回声，代表了青年黑格尔对法国革命表现的自由精神的渴望和对其"绝对自由和恐怖"实践的反思。可见马克思说的黑格尔的"否定性的"辩证法，恰恰是对这一隐含的实践关怀维度的揭示。作为绝对精神展开过程之异化、外在化表现出的否定性形式，实际是现实资产阶级革命时代主题的理论折光。

马克思在对黑格尔辩证法的颠倒中，不仅把黑格尔辩证运动的主体由绝对观念转换成实践化生存的人的生活过程，而且把绝对观念自身存在与展开的逻辑转换成实践化生存的人的思维逻辑，开启了辩证法的内在性辩证逻辑维度与外向性的辩证精神维度。

---

① 参见陈晏清、王南湜等《马克思主义哲学高级教程》，南开大学出版社2001年版，第122页。

② 《马克思恩格斯选集》第2卷，人民出版社1995年版，第112页。

三　对马克思辩证法的二维理解与
辩证精神实践的历史反思

21世纪以来，国内马克思辩证法研究硕果累累，主要体现在：一是确立了马克思辩证法对黑格尔辩证法的颠倒，是在主体上实现了由绝对观念到实践着的人类总体的转换，在辩证法的原型上实现了由绝对观念、物质自然到实践原型的转换，并成为教科书化共识；① 二是实现了研究范式上由自然主义到生存论范式的进展；② 三是开启了黑格尔的"实践"对马克思哲学创立的意义研究和"实践智慧的辩证法"研究；③ 四是提出了由矛盾的辩证法向和谐辩证法转变的新思路。④

这些理论创见存在的问题是：基于实践的理论辩证法为何只能解释超验目标而不能把握现实有限事物？生存论范式如果仅在理论视域上展开而不解释当代最为重大的现实生存——经济与社会发展，实质上还是抽象化生存。实践智慧的辩证法与理论辩证法如何沟通？从矛盾辩证法到和谐辩证法的逻辑中介何在？

这些问题的根源在于国内辩证法研究的一大缺陷，就是没有从内在性思考上理解辩证法的逻辑形式，没有从外向性思考上理解辩证法的实践把握；进而将思维逻辑的辩证法与实践把握的辩证法混淆，把否定性、批判性看作马克思辩证法的本质特征。这样就只能概念化解释人的无限自由的生存活动，不能解释现实人的实际生存；不能解读20世纪70年代以来因经济全球化造成的国际秩序，更不能解读中国30多年改革开放的伟大实践，也不能说明"批判—否定性"的辩证法何以实现"对话与宽容"及"自强不息"，更不能说明怎样过渡到"实践智慧"与"和谐思维"。

固然，辩证法的革命性本质出自马克思的名言："辩证法在对现存事物肯定的理解中同时包含着对现存事物的否定的理解，即对现存事物的必

---

① 参见陈晏清、王南湜等《马克思主义哲学高级教程》，南开大学出版社2001年版，第122页。

② 贺来：《辩证法的生存论基础——马克思辩证法的当代阐释》，中国人民大学出版社2004年版。

③ 参见王南湜《作为实践智慧的辩证法》，《社会科学战线》2003年第6期。

④ 张奎良：《和谐社会与和谐辩证法》，《学术论坛》2006年第4期。

然灭亡的理解；辩证法对每一种既成的形式都是从不断的运动中，因而也是从它的暂时性方面去理解；辩证法不崇拜任何东西，按其本质来说，它是批判的和革命的。"① 如果从上下文来看，马克思这里讲的是辩证法的自为的外在性实践把握维度，而非内在性的思维逻辑维度。

其实，辩证法无论在康德还是黑格尔那里都首先是一种相对独立于现实的逻辑形式。黑格尔的辩证逻辑不仅是对康德存在论意义上的二律背反的批判性改造，也是对形式逻辑的批判性继承。黑格尔的逻辑既是绝对观念自身存在（自在）的逻辑，又是存在自身的自我展现（自为）的逻辑；既是存在自身绝对抽象同一、自己规定自己的主观内向的逻辑，又是存在自身自己分化自己、给予自己以客观性的内容并扬弃分化、回归于统一的外向性逻辑。马克思对黑格尔辩证法的实践改造中，将黑格尔自我意识实践展开的辩证法，变成人的实践活动的辩证法，并作为辩证法的现实基础；把黑格尔的绝对观念的存在变成人的现实存在，人的"实际生活过程"。

这就决定了马克思辩证法的两个维度，一是基于实践本源性结构的内在性的辩证的逻辑思维形式；二是受现实宏观实践场域约束的、带着主体价值取向的外向性的方法论原则——被实践环境所约束又把握实践的辩证精神。

对于思维逻辑的辩证法，马克思不仅为其确立了实践性生存活动的本源，同时也继承了黑格尔辩证法这一相对独立的思辨形式。黑格尔的内在性的思维逻辑将"知性或理智"、"辩证的或否定理性"、"思辨的或肯定理性"囊括其中，将之作为"每一逻辑真实体的各环节"。这样黑格尔的辩证思维就将康德空间性的知性逻辑与自己时间性的历史逻辑融为一体。知性的形式思维成为一切辩证逻辑环节的前提，为辩证思维确立了确定性明证性的形式基础。马克思对黑格尔辩证法的这一维度，尤其是其知性前提，是作为自明的东西继承下来并未展开，却被后来研究者所忽略了。

对于辩证精神的辩证法，马克思继承了黑格尔"否定性"的"推动和创造原则"，辩证精神实际上就是黑格尔所说的"思想中所把握到的时代"和马克思所说的"时代精神的精华"。不同在于，"在黑格尔看来，思维过程，即他称为观念而甚至把它变成独立主体的思维过程，是现实事

---

① 《马克思恩格斯选集》第 2 卷，人民出版社 1995 年版，第 112 页。

物的造物主，而现实事物只是思维过程的外部表现。我的看法则相反，观念的东西不外是移入人的头脑并在人的头脑中改造过的物质的东西而已"①。这个"物质的东西"不是费尔巴哈的"自然"和自然化的"人"，也非黑格尔作为独立主体和客观存在的"意识"。因为意识"只能是被意识到了的存在，而人们的存在就是人们的现实生活过程"②。于是，在马克思那里，黑格尔的自我意识的自由自为的否定性创造原则，变成现实的人的能动的实践活动；黑格尔"人的发生的历史"成为"主体的人的现实的历史"③，整个世界历史成为人通过人的劳动而诞生的过程，"自然界对人来说的生成过程"④。那么，辩证精神就不是黑格尔的绝对精神通过异在的自我发现，而是对反映现实实践场域（社会存在）的时代精神的实践把握。如果说，"'时代精神'就是标志社会不同发展阶段的、具有特定历史内涵的'生活世界'的'意义'"⑤，那么，作为时代精神精华的辩证精神就必须受到特定的"生活世界"的限制和实践场域的约束。这就是马克思对黑格尔辩证法的"颠倒"所确立的唯物论原则。它是辩证精神的存在论前提。

通过分析可以得出下述结论：

第一，马克思的辩证法有思维逻辑形式和实践的辩证精神两重维度。作为前者不存在单纯的否定性问题，后者作为主体把握实践的精神理念必然带有否定或肯定性的价值取向，这种取向最终受制约于特定时代的"生活世界"或实践场域。

第二，作为逻辑的辩证法包括知性逻辑并以知性逻辑的明证性、确指性为前提（第一环节），它的有效边界是在确指性的对象间的"联系"和自身"发展"界域。第一环节的知性前提是达于真理性知识的形式依据；第二环节的"否定"是过渡环节，表征对象与他物的差异和"联系"；辩证否定承认事物在运动中的确定性状态的存在，单纯的"否定"就是诡辩和怀疑主义；第三环节的"否定之否定"表征对象的现实"发展"。

第三，作为主体的外向性的把握实践的方法论原则不是纯粹不受限制

---

① 《马克思恩格斯选集》第 2 卷，人民出版社 1995 年版，第 112 页。

② 《马克思恩格斯选集》第 1 卷，人民出版社 1995 年版，第 72 页。

③ 《马克思恩格斯全集》第 42 卷，人民出版社 1979 年版，第 159 页。

④ 马克思：《1844 年经济学哲学手稿》，人民出版社 2000 年版，第 154 页。

⑤ 孙正聿：《哲学通论》，中国人民大学出版社 2000 年版，第 214 页。

的无限自由的绝对否定性，而是受实践场域或条件约束、并带着主体的价值取向的辩证精神。它作为时代主题的反射和回声，可以是否定性的，也可以是肯定性的，关键在于"生活世界"的现实状态和时代主题。

19 世纪是冲突的世纪。这决定了马克思的辩证精神是否定性的，它反映了那个时代极为尖锐的社会矛盾和时代主题。在马克思那里，虽然"否定"是事物发展的动力和自性，但却是与"肯定"相伴的，并且最终是为了"肯定"的动力和方法性范畴。恩格斯在论证了黑格尔否定之否定的思维规律的同时，也论证了辩证法的否定性精神；但是，依然像马克思一样承认肯定的作用，甚至一样承认"英国是唯一可以完全通过和平的和合法的手段来实现不可避免的社会革命的国家"①。当世界进入"帝国主义和无产阶级革命"的 20 世纪时，否定性辩证法得到列宁从理论和实践两个方面的历史性高扬，对立统一规律取代否定之否定规律成为辩证法的实质核心，斗争性成为"绝对的"。辩证精神的实践把握改变了世界的政治版图和历史的走向，无产阶级革命与专政的实践强化了辩证法的否定性精神。

毛泽东将对立统一规律做了"矛盾论"诠释，并确立了辩证法把握实践的唯物论前提——将实事求是作为对中国革命实践进行辩证思考的本体论基础，将实践场域的"实际"作为理论的出发点和立足点，天才地运用了马克思主义的阶级斗争理论，以矛盾对立的形式揭示了中国社会矛盾的现实和解决矛盾的形式，取得了中国革命实践的伟大胜利，显示了否定的辩证精神巨大的实践力量。

然而，辩证精神对实践的成功把握，固化了辩证精神的否定性形式，而忽略了辩证精神实践前提的实践场域。而将否定性上升为辩证思维的逻辑程式时，必然产生两个结果：或是陷入黑格尔所说绝对否定的怀疑主义和虚无主义，或是走入恩格斯所说"在绝对不相容的对立中思维"的形而上学思维方式。不幸的是这种形而上学化的"辩证思维程式"逐渐成为新中国成立后的指导思想，否定性的辩证法成为政治第一、革命至上的意识形态范式的思维逻辑基础；成为"斗争哲学"、"阶级斗争为纲"论、"无产阶级专政下继续革命"论的方法论基石。在把握实践上更是离开了

---

① 恩格斯：《1886 年 11 月 5 日资本论英文版序言》，《资本论》第 1 卷，人民出版社 1976 年版，第 37 页。

活生生的实践场域，沉迷于教条主义的理想幻境，成为的"文化大革命"的理论支点，成为中国社会主义探索步入"迷途"思想助力，从而营造了"十年动乱"的历史悲剧。梁启超在"五四"后曾说："国民若使永远专持'否定'的态度，没有积极的主张拿出来，恐怕成了世界上虚无的国民"，不仅如此，绝对否定性的辩证法，还导致了"怀疑一切、打倒一切"的绝对虚无。

　　理论界至今忽视作为思维逻辑的辩证法与把握实践的辩证精神的差异，并忽视其理论前提，仍将否定性批判性作为辩证法的理论本性，导致辩证思维的肯定性遮蔽和知性前提的遗弃。这是导致辩证法的低俗化理解泛滥、陷入黑格尔早就指出的诡辩和怀疑主义以及人们对辩证法嘲讽与鄙视的主要原因。在实践把握上，过于强调"反思"而忽视对辩证精神的本体论前提——生活世界或实践场域的直面认知，以至于对中国人民伟大的创新实践"理论失语"，也使辩证精神失去解释时代的方法论魅力。

　　恩格斯在谈到辩证法时说，"每一时代的理论思维，从而我们时代的理论思维，都是一种历史的产物，在不同时代具有非常不同的形式"①。那么，随着时代的发展和主题的转换，辩证精神的转向也就成为历史的呼唤。

四　辩证精神的肯定性转向与中国奇迹的创生

　　中国经济奇迹必须从改革开放所造成的巨型社会制度变迁中去解释，这场深刻的变迁又是国家主导的，因此应当从作为国家意志的意识形态范式变迁中去寻找。十一届三中全会使中国实现了意识形态范式从政治第一、革命至上、教条主义到经济中心、改革思维、实事求是的历史性转变。意识形态范式转变的方法论基础，则是辩证精神由否定性到肯定性的精神转向。

（一）辩证精神的肯定性转向与改革开放

　　新时期最鲜明的特点是改革开放，最显著的成就是快速发展，这是中国共产党对中国奇迹原因的抽象表达。意识形态理念由革命到改革、由封

---

① 《马克思恩格斯选集》第 3 卷，人民出版社 1972 年版，第 465 页。

闭到开放，实质上实现了辩证思维由否定性到肯定性的转向。因为改革是制度的肯定性自我完善，而非否定性的制度革命；开放意味着制度的共存并立和相互交融，而非否定性的两极排斥和你死我活。教条主义是辩证精神的天敌，辩证精神教条化更意味着辩证精神的死灭。辩证精神的重生在于对其唯物论前提的恢复和重建，在于对辩证思维的知性逻辑前提的重建。这一前提重新确立就是由教条主义到"实事求是"的转变。正是因此，邓小平才将全部理论、战略、政策诉诸于具体国情之上，开辟了中国特色社会主义道路的创新实践。

改革开放对中国而言开启了一个自己的时代，也凝结着战后的时代精神。20 世纪 70 年代时代主题完成了由战争与革命到和平与发展的历史转换。作为时代主题的理论回声的辩证精神也实现了由否定性向肯定性的转向。这种转向是哲学对时代精神的把握和时代潮流对哲学精神的呼唤，必然产生奇迹般的时代交响。

（二）辩证精神的时代交响与社会主义市场经济的建立

市场经济模式是中国奇迹的主因，这几乎是所有经济学家的共识。但是，将社会主义与市场经济制度结合起来，却是绝大多数经济学家认为不可能的创想。原因在于，以往人们都信奉"市场经济等于资本主义"的理论教条，都在知性思维视域中认为公有制产权形式的社会主义与市场经济不能兼容。"市场社会主义"的理论探索和东欧的相关改革都认为不可能使"市场与计划"兼容，以至于倡导改革的匈牙利经济学家雅诺什·科尔内直到 1990 年还认为，国有企业按市场行事那样的"市场社会主义的基本思想破灭了"[1]。因此，有人认为，"苏联、东欧社会主义国家的解体，在很大程度上与没有能够在社会主义范畴内找到计划于市场有效结合的途径和形式有关"[2]。邓小平关于社会主义市场经济的论述，不仅基于对中国改革开放实践的理论总结，而且基于肯定性的辩证精神。从辩证法的意义上说看似对立的两个事物是可以相容的。这一理论创建和实践选

---

① 张军：《"双轨制"经济学：中国的经济改革》，生活·读书·新知上海三联书店、上海人民出版社 2006 年版，第 52 页。

② 马林：《发展社会主义市场经济完善计划与市场相结合的新体制》，载日山编《著名学者论社会主义市场经济》，人民出版社 1993 年版，第 13 页。

择，成为 20 世纪后半期具有世界意义的伟大事件。

（三）辩证精神的肯定性转向与经济转轨路径的正确选择

20 世纪后半期世界经济转轨大潮中，共识性的观点是由于中国选择了"双轨过渡"，在实现了转轨绩效上伟大的领先，由于独联体国家选择了基于"华盛顿共识"的"休克疗法"，导致"失去的十年"。笔者认为，决策者们之所以选择截然不同的转轨路径，关键在于奉行不同的思维形式。"华盛顿共识"是新自由主义经济学家从现代成熟的市场经济抽象出的标准模式，是知性思维的产物；"休克疗法"也是基于知性思维原则得出的计划与市场绝不相容后的必由之路；他们都是基于"在绝对不相容的对立中思维"、"是就是、不是就不是"① 的形而上学思维方式。它的缺陷是无视市场经济制度建立的"历史过程"，想超越历史完成经济模式的瞬间置换。然而，经济转轨不是精神展开的逻辑过程，而是社会的制度变迁过程。无论是市场经济制度信息，还是系统的法制化规则，以及主体交易的制度平台，它的建立与完善都是一组过程集合，都是对计划经济的否定之否定。把握这一实践过程知性思维无能为力，辩证思维却游刃有余。从双轨并存到并轨运行，从计划经济为主、市场经济为辅，到社会主义市场经济模式的确立，都是辩证思维的逻辑轨迹和辩证精神的实践展开。

（四）辩证精神的肯定性转向与中国的产权革命

诺贝尔奖得主道格拉斯·诺思证明，有效率的产权制度是西方世界兴起的关键原因，也是决定经济效率的关键要素。产权经济学证明，计划经济下公有制企业由于找不到产权实现形式导致产权模糊和产权虚置、缺少责任主体，必然导致经济低效。而计划经济在与市场经济的制度竞赛中纷纷败北，又对此理论做出了经验证实。于是，如何建立有效率的产权制度，成为所有转轨国家面临的攻坚难题。东欧、独联体国家基于形而上学思维采取"全盘私有化"措施，结果不仅没有带来预期效率，却陷入"转轨经济危机"。中国人民以特有的辩证智慧通过三次大的产权革命，解决了这一世界性难题并创造了中国的经济奇迹。首先，农业改革创造了

---

① 《马克思恩格斯选集》第 3 卷，人民出版社 1995 年版，第 734 页。

"统分结合"的联产承包责任制，实现了公有产权财产占有权与用益权的分离，实现了空前的经济效益，为改革开放创造了良好的开局。这实际上是辩证思维的肯定性转向的结果，20世纪60年代就有过成功先例却遭到作为辩证法大师的毛泽东的坚决反对，恰恰是因为否定性的两极思考所致。其次，国企改革是改革难题，破解这一难题的创新方式是将股份制作为国有经济主要的实现形式，建立现代企业制度。其理论前提是，股份制不姓公，也不姓私，关键看控股权掌握在谁手里。于是，国有经济退出一般性经济领域，进入大有可为的命脉产业和关键领域，使国有企业从全面亏损变为充满活力。毫无疑问，改革的基础依然是肯定性辩证思维。再次，确立了公有制为主体多种所有制形式共同发展的基本经济制度，不仅调动了全民的创富能力，而且为转变和优化产业结构创造了所有制前提；更重要的是，正是这种经济制度使国家具有了超常的宏观调控能力，创造了中国经济在2008全球金融危机中一枝独秀、高速增长的经济奇迹。这种两极兼容并生、互相促进、互相转化、共同发展的经济制度，无疑是辩证精神的运行逻辑和实践形式。

（五）辩证精神的肯定性转向与和平国际环境的开辟

中国奇迹的创生，无疑包括张五常、陈志武等所说的积极参与"经济全球化"的原因，固然也是林毅夫等人所说的国家采取了具有比较优势的发展战略的结果；但这一切必须取决于对时代主题与当代世界体系的科学把握和认知，因为它构成了国家对外开放战略的思想前提。建国后30年的"一边倒"战略、"两个拳头打人"战略、"一条线、一大片"战略，"反帝防修"、"大三线"战略，无不打上否定性辩证精神的逻辑印章。而改革开放后的一系列对外理论与战略，无不清晰显示辩证精神肯定性转向的逻辑轨迹。首先，中国以维护世界和平促进共同发展为外交宗旨，坚持走争取和平的环境发展自己，用自己的发展维护世界和平的和平发展道路。其次，中国积极参与全球化，主张建立互利共赢平衡发展的国际经济秩序。再次，中国提出"文明多样性"理论，主张世界上的各种文明、不同的社会制度和发展道路应彼此尊重，在竞争比较中取长补短，在求同存异中共同发展。再次，中国倡导建设持久和平与共同繁荣的和谐世界，主张坚持民主平等、实现协调合作，坚持和睦互信、实现共同安全，坚持公正互利、实现共同发展，坚持包容开放、实现文明对话。最后，中国提出解决港澳台问题的"一国两制"构想和睦邻富邻的周边外交政策。中国的外交理论和战略营造了中国经济全球化的操作平台和经济高速持续增长的和平环境，这一切背后又都洋溢着肯定性的辩证精神。

（六）辩证精神的肯定性转向与科学发展观

科学发展观是 21 世纪中国特色社会主义的理论宪章，它凝结着 20 世纪世界发展理论的优秀成果和全球发展实践的经验教训，立足于中国的国情和实践，贯穿着马克思哲学的理论精神和价值情怀。"以人为本"体现了马克思辩证法的价值旨归，"全面协调可持续"和"统筹兼顾"体现了辩证精神的肯定性取向。

总之，由于辩证精神由否定性到肯定性的转向，促成了国家意志的意识形态理念的变革，使我国成功实现了从高度集中的计划经济体制到充满活力的社会主义市场经济体制、从封闭半封闭到全方位开放的伟大历史转折，创造了举世瞩目的中国奇迹。

马克思主义哲学的指导与中国道路的探索

彭国兴[*]

彭国兴[*]

中国共产党诞生 90 年以来，不仅高度重视对马克思主义哲学的学习和研究，而且始终坚持马克思主义的指导，从而成功地探索出富有中国特色的中国革命、建设和改革道路，这既是中国共产党对中华民族伟大复兴的重大贡献，也是马克思主义理论指导国际共产主义运动所取得的重大成果。

一 马克思主义哲学为我党把握
中国国情奠定了认识论基础

中国共产党人在"五四"时期的众多西方学说中经过比较分析后最终选择马克思主义作为救中国的思想武器，一方面是因为马克思主义自身的科学性，另一方面则是因为深受俄国十月革命胜利所鼓舞。但党的先驱们对马克思主义哲学观点的认识和理解，早期并不全面，而经历了一个逐步系统和深入的过程。

（一）马克思主义能够救中国

1921 年 7 月，中共第一次代表大会的召开，标志着中国共产党的成立。党一经成立，就郑重地把马克思列宁主义写在自己的旗帜上。党的一大通过的中国共产党纲领，则标志着我党"对中国革命问题认识的一次

＊ 彭国兴，第二炮兵工程学院政治理论教研室主任、副教授。

具有划时代的飞跃"①。党的"一大"纲领表明，中国共产党从建党开始就旗帜鲜明有把实现社会主义、共产主义作为自己的奋斗目标。李大钊、陈独秀、瞿秋白、邓中夏、恽代英、毛泽东等党的先驱普遍相信马克思主义是全部社会科学的总代表，只有社会主义、共产主义才能救中国。他们认为马克思主义的唯物史观和阶级斗争学说远比牛顿力学和达尔文的进化论在改造社会方面更为直接、更具威力，因而在实践中，通过创办杂志、组织学会和社团等方式，着重宣传马克思主义关于阶级斗争的学说，积极主张开展民众运动，进行社会改造，强烈呼吁"用革命的手段去占领权力阶级的地位"，以"建立劳动阶级的国家"。②

（二）唯物史观是"人类历史进化"、经济进化的理论

党的创始人之一的陈独秀特别看重作为科学的马克思主义哲学。他指出，所谓革命实际上就是经济自然进化的结果，阶级斗争实际上就是人类历史进化的表现。③ 而科学的威权、科学的万能主要表现在唯物史观可以变动社会，可以解释历史，可以支配人生观。在马克思主义者的倡导下，唯物史观迅速盛极一时。李大钊指出："自有马氏的唯物史观，才把历史推到与自然科学同等的地位，此等功绩实在为史界开一新纪元。"④ 有些人甚至直接将唯物史观看成全部马克思主义，认为"马克思主义底特色，一言以蔽之，就在于有唯物史观"⑤。"忘记了唯物史观就没有了马克思主义。"⑥ 同时，也有人通过与自然科学的比较，从社会科学的角度评论说："真正的社会科学，只是从马克思恩格斯始。……马克思可说是真正社会科学的创造者"，因为"马克思主义的斗争性，不但没有丝毫减低它的科学的价值，反而证明它是唯一的科学的理论。整个的人类科学，只有根据于马克思主义之上，方能得到巩固的基础，而踏上新的发展的阶段"。

① 中共中央党史研究室：《中国共产党历史》第 1 卷，中共党史出版社 2011 年版，第 68 页。

② 陈独秀：《谈政治》，《新青年》第 8 卷第 1 号。

③ 陈独秀：《马克思学说》，《新青年》第 9 卷第 6 号。

④ 《李大钊选集》，人民出版社 1959 年版，第 294 页。

⑤ 光亮：《马克思主义底特色》，《觉悟》1921 年 9 月 23 日。

⑥ 存统：《马克斯底共产主义》，《新青年》第 9 卷第 4 号。

"马克思主义不仅仅是斗争的理论而且还是科学上的唯一正确的理论。"①

（三）"互辩的唯物主义"是所有社会科学的根本方法

与其他党的先驱特别注重唯物史观和阶级斗争不同，瞿秋白更注重从社会科学角度强调唯物辩证法的重要。他指出，完整的马克思主义绝不仅仅是唯物史观，还应包括"第亚力克蒂"（辩证法）的唯物论、经济学说和社会主义三个部分。为了"帮助读者得到对于'马克思主义'一词的正确概念，不至于认为马克思主义就限于唯物史观及其经济学说"，② 瞿秋白进行了大量的翻译和介绍工作，特别是在批判唯心哲学和宗教迷信思想时，他不仅宣传阐释马克思主义辩证唯物论和历史唯物主义思想，而且重视宣传马克思主义的自然科学思想。这就使他成为早期马克思主义者中全面理解马克思主义的先锋。

（四）认清国情就必须将马克思主义与中国实际结合

在运用马克思主义哲学分析认识中国国情方面，毛泽东做出了杰出贡献。毛泽东深刻指出：要认清中国国情，就必须"学会把马克思列宁主义的理论应用于中国的具体的环境……使马克思主义在中国具体化，使之在其每一表现中带着必须有的中国的特性"③。在《反对本本主义》、《实践论》、《矛盾论》等著作中，毛泽东对轻视革命实践、轻视群众斗争经验，动辄照搬国际经验和照抄马列主义"本本"的错误倾向进行尖锐批评的同时，特别强调中国革命斗争胜利要靠中国同志了解中国情况，要靠掌握马克思主义辩证唯物论的认识论和唯物辩证法的对立统一规律，来正确认识中国革命的特点和规律，要靠一切从实际出发，把马克思列宁主义的立场、观点和方法同中国革命具体实践的紧密结合。另外，李达1937年所著的《社会学大纲》，不仅以"当作科学看的历史唯物论"和"当作哲学的科学看的唯物辩证法"作为篇章题目，系统介绍马克思主义哲学，而且还从社会学视角介绍经济学、政治学及意识形态学说。李达特别强调

---

① 梁平：《中国社会科学运动的意义》，《中国现代哲学史资料汇编》第 1 集第 2 册，第 54 页。

② 瞿秋白：《唯物论的宇宙观概说》，《新哲学——唯物论》附录，1941 年霞社校印本。

③ 《毛泽东选集》第 2 卷，人民出版社 1991 年版，第 534 页。

"唯物辩证法是唯一的科学世界观",而唯物辩证法与唯物史观的结合,则是"人类认识史的总计、总合与结论"。① 从某种意义上说,李达的《社会学大纲》是中国人整体理解马克思主义科学世界观的标志。

二 马克思主义哲学为我党探索中国道路提供了方法论指导

中国共产党之所以能在不同历史阶段探索出适应中国国情的道路,与我党长期坚持马克思主义哲学方法的指导密不可分。

(一) 从矛盾分析入手把握中国国情

辩证唯物主义认为客观世界是由矛盾组成的统一体,事物内部的矛盾斗争是事物发展变化的基本动力。我党自成立以来,一方面坚定不移地坚持马克思列宁主义的指导地位,另一方面又从实践中认识到我们所走的道路必须符合中国国情,马克思主义的指导必须从中国的实际出发。关于什么是国情以及认清国情有什么作用,毛泽东深刻指出:"认清中国社会的性质,就是说,认清中国的国情,乃是认清一切革命问题的基本的根据。"② 但是,近代以来的中国的社会性质,由于帝国主义的野蛮侵略,却发生了深刻而剧烈的变化,围绕中国的社会性质到底是什么,不同时期的中国社会各有什么特点等,不同哲学背景的党团或学派曾有不同的认识和解读,甚至相互产生激烈的争论。最终是马克思主义的矛盾分析方法,为我们科学认识国情提供了有力武器。我们党正是运用马克思主义哲学关于矛盾运动发展的基本原理,深刻分析中国的历史和社会状况,深刻分析不同时期中国社会的基本矛盾和主要矛盾,从而科学判定我国不同时期的半殖民地半封建社会、新民主主义社会和社会主义初级阶段等具体国情,并在正确回答和解决中国革命和建设的理论及实践问题基础上,成功探索出富有中国特色的农村包围城市武装夺取政权的中国革命道路、和平赎买平稳过渡的社会主义改造道路和以改革开放为主要特色的中国特色社会主义建设道路。

---

① 《李达文集》第 2 卷,人民出版社 1981 年版,第 10 页。
② 《毛泽东选集》第 2 卷,人民出版社 1991 年版,第 633 页。

（二）从时代主题入手确定党的路线和政策

马克思主义哲学的任务"归根到底，就是要发现那些作为支配规律在人类社会的历史上起作用的一般运动规律"①。为探寻规律，中国共产党紧跟时代发展步伐，坚持运用马克思列宁主义的观点分析各历史阶段的时代主题，并根据两次世界大战期间的革命与战争的时代主题，重点研究中国革命战争的基本特点和规律，明确了党所领导的中国革命的性质及路线政策，即"无产阶级领导的，人民大众的，反对帝国主义、封建主义和官僚资本主义的革命，这就是中国的新民主主义的革命，这就是中国共产党在当前历史阶段的总路线和总政策"②。新中国成立后，我党根据战后国际形势的发展及我国建设的需要，确定了"要在一个相当长的时期内，逐步实现国家的社会主义工业化，并逐步实现国家对农业、对手工业和对资本主义工商业的社会主义改造"的过渡时期总路线。这两条总路线分别指导中国民主革命和社会主义革命取得了胜利。但遗憾的是，社会主义改造完成后，由于过于严重地估计形势，过于相信革命战争时期群众运动的经验，特别是急于建成马克思主义所期望的社会主义和共产主义社会，我们党曾提出了导致"大跃进"和"文化大革命"严重后果的"以阶级斗争为纲"的总路线，给党和国家的事业带来了重大损失。党的十一届三中全会后，以邓小平为核心的党的领导集体，在准确把握和平与发展的时代主题前提下，果断制定了以"一个中心、两个基本点"为主体的社会主义初级阶段基本路线，坚定地走改革开放道路，从而创造了中国奇迹，为国际共产主义运动做出了重要贡献。

（三）从阶级分析入手保持党的革命性和先进性

恩格斯指出"哲学把无产阶级当作自己的物质武器，同样的，无产阶级也把哲学当作自己的精神武器"。马克思主义哲学的诞生，真正给无产阶级提供了思想武器。无产阶级政党用马克思主义哲学指导行动，就必须坚决贯彻马克思主义关于人民群众是历史的创造者、阶级斗争是阶级社会发展的直接动力等基本观点，勇敢地率领无产阶级为解放自己和解放全

---

① 《马克思恩格斯文集》第 4 卷，人民出版社 2009 年版，第 301 页。
② 《毛泽东选集》第 4 卷，人民出版社 1991 年版，第 1316—1317 页。

人类开展有效的阶级斗争。中国共产党作为中国工人阶级的先锋队和中华民族的先锋队，充分发挥了马克思主义哲学的革命性和斗争性，从而在民主革命时期不仅成功地将马克思主义哲学发展为"斗争哲学"，而且成功地用阶级斗争方式将民主革命引向胜利；新中国成立以后，在相当长的一个时期，斗争哲学的特色仍十分明显，但却没有随着社会主义时期阶级矛盾和阶级斗争的变化而进步，以至于发展到"文革"时期党领导群众斗群众，过度的"斗争性"直接伤害到党的先进性；党的十一届三中全会充分考虑中国社会阶级的具体实际，果断地将党的工作重心由"以阶级斗争为纲"转向"以经济建设为中心"，走改革开放道路，从而使马克思主义在中国实现了第二次飞跃，同时也对党的先进性要求提出了更严更高的标准。

三　中国道路的探索实践对马克思主义哲学发展富有启示

经过艰苦探索，我们党在马克思主义哲学指导下成功找到了不同时期不同内容的中国道路。实践证明，中国道路既是马克思主义哲学在坚持原则、尊重规律的前提下深入分析研究解决时代课题的结果，也是其在解放思想、与时俱进过程中克服"左"倾或右倾错误的结果，还是其深入群众、引领群众不断发展创新的结果，从而为马克思主义哲学的中国化、时代化、大众化发展积累了经验，指明了方向。

（一）探索中国道路必须尊重规律

客观规律与人的主观能动性的关系问题是马克思主义哲学的一个基本问题。人们要在认识世界改造世界的活动中有所建树，就必须充分发挥主观能动性。但人们主观能动性的发挥又不是随心所欲的，必须以尊重客观规律和客观条件为基础。违背客观规律和客观条件的盲目蛮干，必然受到客观规律的惩罚。我党历史上走上农村包围城市的革命道路、改革开放的建设道路之前，都分别出现过仅凭自己对中国革命和建设的一腔热血和满腔激情而急于"毕其功于一役"、"跑步进入共产主义"的超越客观规律现象，结果教训非常惨痛。今后，我党在带领全国各族人民认清新形势、探索新道路、解决新问题的进程中，不仅要继续坚持马克思主义哲学的指导，并尽可能地使其中国化，而且还必须把尊重规律作为认识世界改造世界的基本要求。

（二）坚持马克思主义哲学的指导必须解放思想

土地革命战争时期，我党是认识并纠正了党内盛行的把马克思主义教条化、把共产国际决议和苏联经验神圣化的错误倾向之后，才找到了中国革命的正确道路。1978 年，我们党是在冲破"两个凡是"的束缚，克服"左"倾教条主义干扰之后，才开启了改革开放的新时期。此后，中央领导集体在实事求是的思想路线指引下，坚定不移地继续解放思想，继续冲破陈规、开拓前进，先后打破了姓"社"姓"资"和姓"公"姓"私"等思想束缚，打破了对计划经济的崇拜，建立了社会主义市场经济体制，科学揭示了"解放生产力，发展生产力，消灭剥削，消除两极分化，最终达到共同富裕"① 的社会主义本质，并从是否有利于发展社会生产力、增强综合国力和提高人民生活水平三个方面，确立了判断改革开放成败得失的"三个有利于"标准。② 从此，我们党在领导中国特色社会主义建设的具体探索中前进，在解放思想中不断深化对客观规律的认识，在接受实践的检验中不断提高尊重规律的自觉性和坚定性，开辟了中国特色社会主义道路，创立了中国特色社会主义理论体系，绘就了中国特色社会主义科学发展的辉煌前景。

党的历史实践告诉我们，党在探索中国道路的每一次实践创新，以及党的指导思想的每一步理论创新，无一例外都是解放思想的产物。党的十七大指出的"解放思想是发展中国特色社会主义的一大法宝"③，既是对我国 30 多年改革开放实践的经验总结，更是对我党 90 年间探索、认识、尊重共产党执政规律、社会主义建设规律及人类社会发展规律的不懈探索的经验总结。

（三）建设中国特色社会主义必须坚持解放思想与尊重规律的辩证统一

中国特色社会主义的伟大事业，是一项前无古人的事业，我们现在遇

---

① 《邓小平文选》第 3 卷，人民出版社 1993 年版，第 373 页。
② 同上书，第 372 页。
③ 胡锦涛：《在中国共产党第十七次代表大会上的报告》，人民出版社 2007 年版，第 1 页。

到的许多新情况新问题，是马克思主义经典作家不曾遇到的，书本里也没有现成的答案。我们必须把马克思主义的基本原理同中国特色社会主义建设实践紧密结合起来，在尊重中国特色社会主义建设规律的基础上，大胆创新，勇于探索，不断实现思想的新解放、理论的新发展。

当前的解放思想，既需要我们全面了解中国特色社会主义的理论体系，更需要我们深刻了解并准确把握世情、国情、党情的新变化，以此统一和坚定中华民族发展中国特色社会主义的理想和信念；同时，解放思想还需要我们在对社会主义的实践、认识、再实践、再认识的过程中，不断提高对社会主义本质规律的认识和运用能力，以此打破各种旧观念或旧理论的思想禁锢，逐步积累对中国特色社会主义发展规律的新认识，不断提高按照社会主义发展规律解决新问题、化解新矛盾的能力，强化大胆探索、与时俱进的创新能力。

当前尊重规律，既需要我们逐步掌握建设小康社会过程中政治建设、经济建设、文化建设、社会建设的各自规律，更需要我们深入研究中国特色社会主义各项建设和谐发展的共同规律；既需要我们及时总结改革开放取得巨大成就的基本经验和根本原因，更需要我们党在领导继续深化改革开放的伟大实践中，深入探索党的执政规律，在准确把握社会主义初级阶段的主要矛盾和基本特征的基础上，逐步了解和掌握社会主义的发展规律。通过认识规律、尊重规律，使我们的思想同中国特色社会主义发展实践同步。

在新世纪新阶段，发展中国特色社会主义，是一个浩大的持久的系统工程，既需要解放思想，更需要尊重规律。新中国成立以来的历史证明，只有既符合科学社会主义基本原则又切合中国实际的中国特色社会主义，而没有别的什么主义能够发展中国、富强中国、振兴中国；只有在尊重规律的基础上解放思想，才能找到既符合科学社会主义原则，又具有时代特色的社会主义发展道路；只有严格按规律办事，坚持走自己的路，党的十七大提出的中国特色社会主义建设目标，才能顺利实现。

重新发现马克思：德国马克思主义
研究新维度

王凤才*

在德国，目前既有左翼马克思主义精神领袖，如阿本德罗特、柯夫勒等人的思想遗产；又有新老几代马克思主义理论家，如费彻尔、施泰格瓦尔德、霍尔茨、迈彻尔、豪克、阿尔特法特、比朔夫、泽普曼等人的孜孜以求，以及马克思学家，如诺伊豪斯、福尔格拉夫、海克尔等人的不懈努力。所以，毫不夸张地说，作为马克思主义故乡的德国，今天仍然是马克思主义研究的重镇之一。2009 年的德国马克思主义研究，主要体现在以下几个方面。

一 结合 MEGA 阅读马克思

我们知道，"阅读《资本论》活动"，是 2008 年德国马克思主义研究的象征性事件之一。在 2009 年，这项活动得到了进一步延续和拓展。在"马克思—秋季学校"① 主办的系列活动中，"阅读《资本论》"不仅被纳入阅读计划，而且贯彻了既定的阅读方针，这项活动被实实在在地加以推进。由此，马克思思想得到了进一步讨论。譬如：

在"欢迎马克思归来"讲座中，马克思主义研究者莱纳尔（Sabine

---

* 王凤才，复旦大学哲学院教授。

① "马克思—秋季学校"（Die Marx-Herbstschule）是由马克思协会、柏林 MEGA 编辑促进会、卢森堡基金会等联合主办的全德范围内的阅读马克思著作的松散组织，http：//www.das-kapital-lesen.de/。

Reiner）强调，在去年讨论了"资本论"手稿的"直接再生产过程"之后，今年需要讨论"资本的循环过程"。因此，应该将由 MEGA2 摘录片段补充的《资本论》第 2 卷纳入阅读计划。① 在"为什么要阅读《资本论》"讲座中，马克思主义研究者安妮（Anne）指出，在现实社会主义终结之后，"历史终结论"甚嚣其上，马克思理论也变得灰头土脸。不过，今天也出现了服务于社会现实批判的"马克思复兴"。当然，通往马克思之路刚开始常常是困难的，因此，"重新理解马克思"总是需要深入到原始文本之中。那么，应该在何处、如何、和谁一起阅读《资本论》呢？安妮回答说，事实上，自 2006 年 10 月以来，卢森堡基金会就提出了阅读方针，即为了使参与者能够以自己的语言描述被阅读文本的某些段落或尝试着做深入研究，参与者需要做一些准备性工作，但并不要求他（她）们拥有关于《资本论》的丰富的知识；遵循阅读方针的报告人，并不给出关于《资本论》的普遍有效的阐释方式，毋宁说，参与者"每个人都要用自己的头脑来思考"②。

令人欣喜的是，在题为《通过直接的、公平的交换实现解放的梦想：简单再生产批判》的报告中，马克思主义研究者埃尔贝（Ingo Elbe）指出，不仅早期的社会主义乌托邦，而且自由主义经济理论和计算机支持的现实劳动时间标志模式③也产生出了"没有货币、没有利息、没有资本、没有商品交换的"浪漫主义理想；但是，马克思已经知道，简单再生产没有给出无危机经济的社会基础。因为货币、信贷与危机属于商品生产和等价交换的原则，因而主张自由生产者没有货币、没有利息的经济秩序的乌托邦，应该对马克思价值理论的错误理解负责。④

在"结合 MEGA2 阅读马克思"讲座中，埃尔贝说，自从世界经济危机爆发以来，马克思研究的复兴，引发了重新出版马克思读物的热潮。近几年，MEGA2 出版了一系列新的卷次，以及许多新的研究成果，这些成

---

① 阅读计划如下：《资本论》第 1 卷的阅读，总是在周一（19.30—21.30），2010 年 1 月 15 日开始；组长：Valeria Bruschi/ Antonella Muzzupappa；《资本论》第 2、3 卷的阅读，总是在周三（19.30—21.30），2010 年 2 月 3 日开始。组长：Ingo Stützle。

② http://www.das-kapital-lesen.de/。

③ Siehe hierzu, Dem Wert auf der Spur: Von der Unmöglichkeit, den Wert zu messen, ohne sich einen abzubrechen, Eine Kritik der Äquivalenzökonomie und ihrer Kritiker.

④ Ibid..

果引起了公众越来越强烈的关注。①

尤其引人瞩目的是,德国"左翼社会民主主义大学生联合会"(Die Linke. SDS)试图通过《资本论》阅读立即将马克思的政治经济学批判带进大学中;并借助于世界金融危机给资本主义带来的压力,使得诸如"马克思回到了大学校园"这样的口号不仅出现在资产阶级媒体中,而且似乎出现了一波"马克思热"。

德国同仁通过对德国 85 所国立大学与同级别的高校 2008 夏季学期、2008/2009 冬季学期的讲座目录和研究计划中涉及到"Marx"的词条进行检索的结果。② 通过检索得知,德国 85 所高校中的 21 所大学在这两个学期共主办了 60 场出现"马克思"或"马克思主义的"为题的学术活动。③ 根据预告可以看出,大多数活动涉及到严格意义上的"马克思"或"马克思主义",大致可分为三类:一是宏观研究,如:"重新上膛的马克思";"马克思的幽灵";"马克思为了什么? 对一个有广泛影响的思想家的重新考察";"与马克思一起做什么";"历史唯物主义与文化";"马克思在 21 世纪";等等。二是专题研究,如:"马克思主义政治经济学";"马克思的危机理论";"黑格尔、马克思的劳动概念";"马克思的政治学";"马克思的法哲学";"马克思恩格斯视阈中的意识形态—国家—权利";"马克思社会学的现实意义";"作为历史学家的马克思与恩格斯";"马克思的遗产:马克思主义、战争与和平";等等。三是文本研究,如:"《黑格尔法哲学批判》";"《德意志意识形态》";"政治理论:马克思的《政治经济学批判》";"马克思:《资本论》";等等。

不过,该报告的局限性在于,它仅仅是关于"马克思"或"马克思

---

① 2009 年 11 月 27—29 日,在柏林召开了 MEGA2 国际研讨会;发言人大多是国际著名马克思学家,如:Rolf Hecker、Michael Krätke、François Melis、Carl-Erich Vollgraf、Michael Heinrich、Martin Hundt、Dieter Wolf。

② 本次调查试图对下述问题做出回答,即:马克思实际上是否又被大学讲座和讨论班严肃地接受,或者仅仅作为过时的经典作家,作为进入某些大学人文科学图书馆里摆放着的蒙上灰尘的壁龛里的"幽灵"? (Ali-Tonguc Ertugrul/Murat Karaboga, "Marx neu entdecken?" Marx-Veranstaltungen an bundesdeutschen Universitaeten, in: *Zeitschrift Marxistische Erneuerung*, Nr. 77, Maerz 2009, S. 100 – 102.)

③ 在这 60 场讲座中,柏林自由大学(9);明斯特大学(7);弗莱堡大学(6);耶拿大学(6)。根据系科和专业划分:政治学、社会学(25);哲学(16);历史学(6);教育学(5);经济学(4);语言学、文化学(2);法学(1);跨学科或专门的活动(2)。

主义的"研究的量的陈述，甚至根本未谈到"研究的质"。况且，在直接讨论"马克思"或"马克思主义的"研究班中，如马尔堡大学与当时的卡尔·马克思大学的活动预告中甚至没有"马克思"条目。"就此而言，（该报告）不能保证研究成果的完整性。大约 15 个讲座的目录没有显示出来，因为技术难题或者密码保护而无法查阅……我们认为，'阅读马克思活动'应该受到欢迎，并且在大学里确定批判的科学的目标是非常必要的。"①

二　"马克思思想的复兴"

2009 年，德国学者纷纷谈论"马克思思想在科学中的复兴"，用社会学家布德（Heinz Bude）的话说，就是马克思主义理论又一次获得了生命力。② 在这里，德国学者不仅重新阐释马克思，而且细分了不同含义的"马克思主义"，并试图用马克思理论来分析"生态资本主义"是如何可能的？譬如：

在从科学理论视角重新阐释马克思的过程中，德国学者林德纳（Urs Lindner）将马克思的政治经济学批判视为"开创性的"，认为它意味着与新古典主义政治经济学相对立的"社会理论转向"（sozialtheoretische Wende）。③ 这一转向"虽以科学实验为基础并且是形式化的，但在方法论上却突出了历史动力学性质。因而，这个研究首先应该被理解为数据分析过程，理解为对事物'内部联系'的追寻，目的是为了能够对三个阐释模型做出贡献，即功能性阐释模型（哪些功能满足 X?）；系谱学阐释模型（如何实现 X?）；机制性阐释模型（哪些结构过程显示 X?）"。④

埃尔贝则细分了三种不同含义的"马克思主义"，即：（1）最终于 1878 年确立的传统马克思主义，它的"立足点"似乎是《反杜林论》，因而，传统马克思主义的核心原本是"恩格斯主义"（Engelsismus），其

---

① Ali-Tonguc Ertugrul/Murat Karaboga, "Marx neu entdecken?" Marx-Veranstaltungen an bundesdeutschen Universitaeten, in: *Zeitschrift Marxistische Erneuerung*, Nr, 77, Maerz 2009, S. 102.

② Michael Schwan, "Marx-ein toter Hund?" in *Zeitschrift Marxistische Erneuerung*, Nr, 78, Juni 2009, S. 210.

③ Ibid. .

④ Ibid. .

基本特征是：本体论的—决定论趋向（作为一般世界观的科学社会理论与作为其结果的"唯科学主义"）；通过马克思的价值理论，以及对资产阶级国家批判而模式化——简单地、经验地反映社会现象，并试图揭示存在于形式的假象背后的阶级关系。（2）西方马克思主义产生于1918年的工人运动危机，形成于卢卡奇的《历史与阶级意识》、柯尔施的《马克思主义与哲学》。这个思潮集中于"客体与主体互为中介"，从而对传统马克思主义教条进行了彻底批判，但也对马克思理论进行了"歪曲"，譬如：将决定论引向沉思行为，将社会历史过程的"总体性"（Totalitaet）凸显为必要的意义关联（Bedeutungszusammenhang），并强调"物化"（Verdinglichung）原理。所以，西方马克思主义的薄弱环节在于，国家批判与政治经济学批判逐渐消失。"在这一点上不亚于被它们拒绝的传统马克思主义。"①（3）最终于20世纪60年代中后期在苏东国家流传的新马克思主义，是对从前被忽略的马克思主义研究方向的批判性处理，并对马克思思想进行重新解读。这样，在它们那里，政治经济学批判就不再关涉沉思对象，而是关涉资本主义的"理想的剖面"。

作为马克思主义理论家，格尔克（Christoph Goerg）试图研究"生态资本主义"（Oekokapitalismus）是如何可能的？在"资本主义生态文化是常见的，但同时也描述了基本难题"这个前提下，格尔克首先指明：为了进行时代诊断，马克思主义能够做出非常重要的贡献。他强调，作为马克思主义理论之重要组成部分的社会自然关系构想具有非常重要的价值。根据这个构想，自然的社会化过程能够从结构上被加以证实，因为所有社会都必须与自然进行物质变换。格尔克认为，资本主义的非理性与抽象性是能够被认识的，正如它强调尖锐的社会对抗与资本主义发展的历史性（Historizitaet）一样。与此同时，格尔克对资产阶级的现代化观念进行了再创造，并得出了作为时代诊断的结论。就是说，在生态可持续意义上富有成效地利用自然资源，在资本主义逻辑内部只是有限可能的。因为，尽管在绿色技术领域存在着创造新的替代性市场与积累的可能性，但最终是否被利用，以及如何被利用，取决于社会力量关系与社会斗争。所以，从长期看来，生态问题，如再生资源问题、领土的分配与支配问题，由于资

---

①　Michael Schwan, "Marx-ein toter Hund?" in *Zeitschrift Marxistische Erneuerung*, Nr, 78, Juni 2009, S. 211.

本主义的强化而将爆发新的生态危机。这样看来，"这个已经开辟的通往生态资本主义的道路，并不是解决问题的办法，而是问题本身的一部分"①。

可见，对于马克思主义理论，德国学者有不同的解读，甚至有不少争论，② 但对于"马克思是否是一条'死狗'"这个问题，大家的共识是必须用"否"来回答!③ 毋宁说，今天，对马克思主义理论进行批判地吸收、深刻地反思与进一步发展，是非常必要的。

三　公共讨论中的"马克思体系"

笔者说过，"文本考证"是德国马克思主义研究者，准确地说，是德国马克思学家的强项之一。④ 例如：马克思学家、MEGA2 编辑之一的考普夫（Eike Kopf）对《资本论》第 2 卷的文本学研究。尤其是他在《公共讨论中的"马克思体系"》中，对《资本论》第 2 卷在 1885—1895 年间的形成、流变和传播进行了详细考证，并强调恩格斯在"马克思—恩格斯体系"中的重要作用。

众所周知，在马克思逝世两年后，恩格斯将马克思的 8 个遗稿编辑加工成《资本论》第 2 卷。在后来几十年的编辑出版过程中，《资本论》第 2 卷约有 5000 处文本变化，这对这部著作的完善做出了巨大贡献。⑤ 对此，考普夫提出，早在 19 世纪 70 年代末，马克思恩格斯的思想观点就引起了人们的注意。譬如：在《国民经济学讲座纲要》（1878）中，赫尔德（Adolf Held）就引用了马克思恩格斯的观点。在 1879 年的"德国大学生考试复习手册"中，第一次包含了有关马克思的内容。在格罗斯（Gustav

---

① Michael Schwan, "Marx-ein toter Hund?" in Zeitschrift Marxistische Erneuerung, Nr, 78, Juni 2009, S. 211.

② 例如，海恩里希（Michael Heinrich）对政治经济学的批判、德尔（Klaus Doerre）论阶级概念在社会学中的复兴、兰德（Rainer Land）关于生态学的讨论等。

③ Michael Schwan, Marx-ein toter Hund? in: Zeitschrift Marxistische Erneuerung, Nr, 78, Juni 2009, S. 212.

④ 关于德国马克思学家在这方面的贡献，可参阅 http://www.marxforschung.de/verein. htm。

⑤ Eike Kopf, "Das System Marx" in der oeffentlichen Diskussion, in Zeitschrift Marxistische Erneuerung, Nr, 77, Maerz 2009, S. 103.

Gross）的《普通德国人传记》（1884）中，有大约 40 页的《马克思的科学体系》一文。此后，"马克思或社会主义运动的同情者或反对者都以这个新版本为依据"①。

在考普夫的眼里，1885 年 7 月 16 日，伯恩施坦在《社会民主党》周刊"社会政治观察"栏目下让读者看到的东西②是有意义的。该周刊预告，后面的一期将给读者提供一个关于《资本论》第 2 卷的提要，以便说明它要研究的东西。同年 8 月 13 日，该周刊发表了《资本论》第 2 卷中的文章"北德的一般工资与计件工资"，该文详细采纳了《资本论》第 1 卷第 19 章关于"计件工资"的论述。考普夫指出，对于"危害社会秩序法"条件下的德国社会主义运动来说，特别是对其领导力量来说，最有意义的事件是《哲学的贫困》、《政治经济学批判》、《资本论》等文本在（考茨基主编的）《新时代：精神生活与公共生活杂志》上发表（1886）。

早在 1883 年马克思逝世后，德国社会民主党哥本哈根大会就做出决定：党代会应该与恩格斯、马克思建立联系，以便以尊严的方式纪念这位"死者"的思想意义与思维方式。其中，《资本论》第 1 卷德文第 3 版、第 2 卷德文第 1 版，就是这个"尊严纪念"的最重要的因素，并给予《资本论》效果史一个新的推动力。1885 年 7 月 30 日，德国图书交易报"书讯"栏目，为《资本论》第 2 卷做了出版广告。

在考普夫看来，《资本论》第 2 卷比第 1 卷更加远离日常经济问题的观察，但是今天，如果没有关于资本循环过程的清楚的洞见，就不能理解资本主义的生产条件。"迄今为止，资本循环过程越是少地被置于这个语境中来观察，那就给作者提供了越多的机会，也就是使本质上新的观点发挥作用，并且人们可以大胆地断言，《资本论》第 2 卷的新结论与第 1 卷的结论至少具有同样的地位，如果不是根本超越它的话。"③ 因为，在《资本论》第 1 卷当时被抱怨很难理解的地方，在第 2 卷绝大部分手稿被编辑过程中，编者尽力将对象描述得清楚明白。因而，"通过《资本论》

---

① Eike Kopf, "Das System Marx" in der oeffentlichen Diskussion, in *Zeitschrift Marxistische Erneuerung*, Nr, 77, Maerz 2009, S. 104.

② Ibid., S. 105. 现在，《资本论》第 2 卷已经出版了，并被预订了 700 册；第 3 卷不久将要出版。

③ Ibid., S. 109.

第 2 卷的出版，第 1 卷也获得了巨大价值，并使之更容易理解"①。当然不是说，读者可以省去自己的勤奋思考。

在马克思著作传播史上，阿德勒（Georg Adler）第一次以《马克思的价值学说及其对资本主义生产方式批判的结论》（1886）获得了弗莱堡大学的授课资格。两年后，迈耶尔的《马克思恩格斯谈话辞典》第一次出版。在该"辞典"中，恩格斯被作为马克思主要著作的编辑出版者。自 1890 年耶拿出版《政治学词语手册》（6 卷本，外加两卷特刊）② 以来，诸如马克思、恩格斯、《资本论》、社会民主党、社会主义与共产主义等术语，很快被人们所理解。1894 年，《布洛克豪斯谈话辞典》重申，《资本论》是马克思的"主要著作"③。考普夫说，实际上，"《资本论》被视为马克思本人与工人运动的主要著作，并将恩格斯的重要作用强调为自 1883 年以来马克思遗稿的编辑人"④。

在《资本论》第 3 卷出版之前，《社会主义手册》⑤ 第 3 册和第 7 册发表了《资本》、《资本循环过程》等文章，该手册的"第一个贡献是对《资本论》第 1 卷的概要；第二个贡献是对《资本论》第 2 卷的概要"⑥。不过，《资本论》第 2 卷德文第 1 版的历史使命，在德国社会民主党埃尔福特党代会（1891）、工会第一次代表大会（1892）、帝国议会选举（1893）之后走向终结。1893 年 7 月 6 日，恩格斯指出了该版的几个印刷错误；同年 7 月 15 日，恩格斯为《资本论》第 2 卷德文第 2 版写了简短前言。考普夫指出，尽管《资本论》第 2 卷在思想史和社会史上起着越

---

①　Eike Kopf，"Das System Marx" in der oeffentlichen Diskussion，in *Zeitschrift Marxistische Erneuerung*，Nr，77，Maerz 2009，S. 111.

②　由政治学家、法学家 Johannes CoNr. ad/Ludwig Elster/Wilhelm Lexis/Edgar Loening 编辑出版，主要由学生、科学家、政治家、记者使用，并进一步成为图书馆的标准文献，1898—1901 年出版第 2 版。

③　Eike Kopf，"Das System Marx" in der oeffentlichen Diskussion，in *Zeitschrift Marxistische Erneuerung*，Nr，77，Maerz 2009，S. 117.

④　Ibid.，S. 121.

⑤　《社会主义手册》1894—1896 年共出版 14 册，由 Carl Stegmann/Carl Hugo 编辑、沙贝利茨（Jakob Schabelitz）在苏黎世出版。

⑥　Eike Kopf，"Das System Marx" in der oeffentlichen Diskussion，in *Zeitschrift Marxistische Erneuerung*，Nr，77，Maerz 2009，S. 121.

来越大的作用，但"在这里几乎不能对第 2 卷的内容进行精确定位"①；因为在 1885—1994 年间，在书店、图书交易所、杂志的批评性文章中，在来自经济学家、哲学家、社会学家、历史学家、法学家、教会代表关于《资本论》的 180 多篇发言稿中，有 35 篇涉及到对《资本论》第 2 卷的批评。

尽管如此，自 1883 年以来，由于恩格斯作为《资本论》第 2 卷、第 3 卷编辑出版者的贡献，关于马克思对资本循环过程的分析和描述，被官方宣布为进步的科学。在 1895 年恩格斯的科学悼词中，桑巴特（Werner Sombart）说：由于恩格斯的巨大参与，"马克思—恩格斯体系"这个说法"应该是恰当的"。②

四　马克思主义视阈中的"人的形象"

德国的《马克思主义杂志》2009 年第 5 期，以"人及其本性"为主题发表了 8 篇文章，从马克思主义视阈出发讨论了世界图景与人的形象、人与意识形态、人与自然环境等问题。事实上，该杂志 2005 年第 5 期，曾经以"人的形象与世界图景"为主题，讨论了帝国主义意识的瓦解、非理性主义世界图景、马克思主义人类学草案、世界图景与人的形象的大众文化再生产等问题。"今天又以此为重点，原因在于，在'西方价值共同体'中，人与自然被虐待。"③

在《世界图景与人的形象：关于意识形态统治再生产形式》一文中，（乌帕塔尔）马克思恩格斯基金会主席、社会科学家泽普曼（Werner Seppmann）着重讨论了社会理论与社会心理学、异化理论与社会批判等问题。他指出，马克思主义的社会理论，如果还想保留系统整合过程的话，那就必须更加强烈地使用社会心理学的范畴与阐释模式，这关系到认知方式的整合。这种认知方式是在历史唯物主义框架中理解现实问题状况所必需的。而将"心理学要素整合进马克思主义理论框架中的深层的方法论

---

① Eike Kopf, "Das System Marx" in der oeffentlichen Diskussion, in *Zeitschrift Marxistische Erneuerung*, Nr, 77, Maerz 2009, S. 125.

② Vgl, Werner Sombart, Friedrich Engels (1820—1895), Berlin, 1895, S. 20.

③ Vgl, *Marxistische Blaetter*, 05/2009, S. 16.

基础，是历史唯物主义关于社会事件不同要素相互关联的基本观点"①。在这个观点中，主体被理解为既是主动的又是被动的要素：它是生活状况的产品同时又是其创造者。因而，一个试图完整阐发系统整合内涵的马克思主义理论，必须能够像理解客观生活状况与个体关系相互关联模式那样，理解社会发展趋向与自然的——社会的前提。"这个前提对于社会理论的贡献来说，就是异化概念的双重性：马克思在从青年时期到后期的所有著作中都区分了下述两个概念，即'异化'（Entfremdung）与'自我异化'（Selbstentfremdung）。"② 与之相应，是两种相互联系但又不同的社会关系：一是人对生产活动成果（在最广泛的意义上，这个词不仅包括物质产品，还包括精神产品、社会机构等）的关系；二是人对人、对社会、对自身的关系。"在这个关系网络中，心理学也起作用。尽管马克思在世时还不存在心理学。"③

在《人的形象处于危机之中?》一文④中，德国女哲学家赫尔茨（Helga E. Hoerz）指出，以后似乎不再会有社会文化的统一，它或许是族群、民族或区域；也不再会有标准的"人的形象"（Menshenbild），因为统治者、剥削者和富人的要求，与被压迫者、被剥削者和被排斥者的要求不同，相反总是相互碰撞。因而，打上不同文化传统与价值观念烙印的人的形象，常常是相互矛盾的。"从理论上确定人的形象，并在实践上刻画它的重要性，表现为复杂的或多层面的。就此而言，关于人的形象的所有陈述都是在辩证的矛盾中被看到的，某些方面的任何绝对化都是错误的。"⑤ "人的形象是包括社会形象在内的世界图景的一部分。"⑥ 赫尔茨说，在古代，哲学家们就努力阐发人的形象：人被理解为自然存在的本质，它是社会存在着的。每个人的形象都是与人的本质联系在一起的，作为"类存在"

---

① Werner Seppmann, "Welt-und Menschen-Bilder, ueber die Formen ideologischer Herrschaftsreproduktion", in *Marxistische Blaetter*, 05/2009, S. 50.

② Ibid., S. 51.

③ Ibid..

④ 法国马克思主义哲学家塞夫（Lucien Sève）青年时期的著作《人的形象处于危机之中?》一书，是关于马克思主义人类学基本构想的概述。赫尔茨的《人的形象处于危机之中?》一文，是关于如何对待"人的形象危机"问题的论述，也是对塞夫的著作《人的形象处于危机之中?》一书的卓越补充。在该文中，她讨论了人的形象、人的形象与人的本质、世界图景与人的形象等问题。

⑤ Helga E. Hoerz, "Ist das Menschenbild in der Krise?" in *Marxistische Blaetter*, 05/2009, S. 27.

⑥ Ibid., S. 34.

（Gattungswesen），男人和女人本质上是一致的。"按其本质来说，人是具体的—历史的社会关系的总和，而且在个体的形成中，全部自然条件表现为自然的与社会的、理性的与情感的、意识的与无意识的要素的统一。"①因而，不是人的形象处于危机之中，而是人应该在很大程度上为自己设计的东西负责，目的是为了避免作为人的本质的沉沦。

五　马克思主义视阈中的文化

早在 1971 年的德国共产党文化政治论坛上，希培（Richard Hiepe）就说过，文化问题之所以如此重要，主要是因为，"摆在我们面前的任务是，我们需要整个人类"。帕佩（Isa Pape）认为，这个说法至今没有失去意义。② 德国《马克思主义杂志》2009 年第 4 期"编辑前言"指出，新自由主义转型的追求从一开始就有文化斗争性质，即使基本的大众文化产品的使用，也由于收入下降而变为经济危机的牺牲品：不仅"有工作的穷人"，而且所有多子家庭，出于经济原因，到影院看电影、到游泳池游泳、到动物园参观，几乎都是不可能的。因此，今天"捍卫文化"就具有了生存意义。"尽管许多从事社会发展研究的艺术生产者与戏剧导演表明了'批判的'和'颠覆的'自我理解，可他们自身的要求通常总是不明确表达出来。"③

在有关文化问题的这组文章④中，最值得关注的是：《物质再生产、人的自身生产与文化过程》和《文化与抵抗》这两篇文章。

在前文中，马克思主义美学家迈彻尔（Thomas Metscher）指出，人的"此在"（Dasein），即"在世之在"，在本体论上是通过物质的反思结

---

① Helga E. Hoerz, "Ist das Menschenbild in der Krise?" in *Marxistische Blaetter*, 05/2009, S. 29.

② Vgl, "Kultur in Zeiten der Krise", in *Marxistische Blaetter*, 04/2009, S. 16.

③ Isa Pape, "Die kulturpolitischen Foren der DKP", in *Marxistische Blaetter*, 04/2009, S. 87.

④ 该期杂志以"危机时代的文化"为题发表了 10 篇文章，如：《论解放艺术的必要性》、《什么是美的艺术?》、《真正的现实性在舞台上意味着什么?》、《歌德与卢卡奇》、《论金融危机对艺术家社会生活状况的影响》、《对艺术的蹂躏没有终结》、《德国共产党文化政治论坛》等，讨论了为什么说马克思主义对待文化遗产的立场是现实的? 市民社会传统与社会主义传统，资本主义危机与工人阶级的生活、工作条件和文化创造者，新自由主义社会的艺术与文化政策，今日德国解放文化的方向等问题。

构而被刻画的：作为自然主体的人与包围着人的自然之间的实践活动关系，正如它与自然本身的关系一样。这个关系不是事后给予的东西，而是作为唯物主义哲学前提的"事实"。在方法论意义上，它是每一个深刻的理论反思的基础，从而也是文化理论、美学理论、艺术理论的基础。① 但是，"在世之在"意味着，人的自身再生产并不存在于自然关系的直接再生产中，而是处于"现实生活再生产"的核心。因而，人的自身再生产是第一文化事实。换言之，对人的自身再生产的阐释，处于唯物主义文化理论的核心。迈切尔说，"文化形成过程作为人成为人的过程，是通过人自身的活动实现的，它有一个以自我为目的的结构。因而，文化被称为所有人类活动中的自我生产要素，或者说，文化是自我生产行为的总和……人的自我生产被理解为自我目的活动：作为在自身中的目的。人的自我生产过程包括主体与客体、主观的文化与客观的文化，包括作为人的自我与人的世界的生产"②。

在该文中，迈彻尔提出了一些重要观点。譬如：文化是所有现实的创造性形式，从自然物质到使用价值；在自我再生产意义上的文化规定，包含着对把文化确定为简单再生产的事实构成的文化理论的批判；作为自我生产要素的文化，与作为人的自我生产活动范畴的文化，是一致的；文化形成的基础是物质劳动，而劳动就是人与自然之间进行物质变换的中介、调节、控制；自由劳动标志着以卓越的方式拥有文化形成特征的劳动形式，意味着摆脱了排斥特征的劳动形式，是主体的自我实现与自由的现实化，自由劳动的文化价值与自由的、普遍的劳动概念相一致。不过，迈彻尔指出，下述说法，即"在迄今为止的历史中出现的劳动形式，大多数是异化劳动；到无阶级社会中，所有劳动都是直接的自由的劳动"，是最坏的"乌托邦主义"（Utopismus）③。因为，在文化理论的进一步加工中，文化形成维度超越了劳动范畴，扩展到人类活动的整个领域，直到游戏和沉思领域；同时，文化被思考为人与自然的关系：不是与自然相对立，而是与自然处于相互统一中。因而，人的本质生产是自然内部的过程，并处

---

① Thomas Metscher, "Materielle Reproduktion, menschliche Selbstproduktion und kultureller Prozess, Zu den Grundlagen eines materialistischen Kulturbegriffs", in *Marxistische Blaetter*, 04/2009, S. 44.

② Ibid. , S. 45.

③ Ibid. , S. 51.

在自然法则框架中。就是说，人的自我生产本身是自然史的一部分，并运行在它的界限内。但是，这个文化过程，又是人类历史的组成部分，它与自然过程动力学毕竟有着本质的不同："我们称之为'人的本质'（men-schliches Wesen）的东西是历史的，它是在历史过程中形成的。"① 总之，文化是"人类世界的建构"，但它必须采用自由生产者合作创造的形态。

在《文化与抵抗》一文中，泽普曼指出，尽管艺术笼统地可以归属于进步力量，但在后现代主义文化中却导向了错误。不过，"对于世界观功能来说，被创造出来的当代戏剧作品是特别有意义的。它们以特殊方式凝结在传统中：它们是对社会的无序、混乱世界图景的反应，是对作为总概念的畸形人的描述"②。在他看来，以人道主义视阈为中介的艺术优于其他艺术，因为它们不仅为了证实异化的存在，也为了指明一个被思考着的"他者"（Anderes）。

泽普曼强调，对于广泛的艺术抵抗实践来说，许多艺术创造者的意向是批判的——间距的，而且一般情况下不能改变这个意向。"在大多数情况下，它不仅躲在自我进步要求的背后，而且回到艺术可能性的背后。因为在被视为'表现主义的'尝试中，不再存在高级的艺术形态。"③ 事实上，今天，大多数艺术为德国文化官僚机构所藏匿，它们只有很少机会，出现在表现主义艺术展览会上。泽普曼指出，资产阶级意识形态（及其文化实践），完全能够为新世界的构建做出贡献；但在"颓废的"后现代主义美学中能够看到的"遗产"，是几乎没有夸大的理论的与意识形态的"天真性"（Unbedarftheit）的描述——它如此无视一切关于文化力量与文明基础威胁过程的批判性知识，但也能够支配后期资本主义意识形态统治再生产的作用方式。

按照泽普曼的理解，在一般情况下，新先锋主义的自我归属并不适应它的美学创造，但在许多左翼艺术创作中，它由于富有价值的纯朴性而被承认。当然，艺术的可能性视阈却很少被主题化，即使它使可恨的东西与陌生规定问题成为主题，但也凸显了困难的现实与解放诉求之间的差异。

① Thomas Metscher, "Materielle Reproduktion, menschliche Selbstproduktion und kultureller Prozess, Zu den Grundlagen eines materialistischen Kulturbegriffs", in *Marxistische Blaetter*, 04/2009, S. 49.

② Werner Seppmann, "Kultur und Widerstand", in *Marxistische Blaetter*, 04/2009, S. 61.

③ Ibid., S. 62.

因而，在进步的大众意识发展中，期望艺术的直接作用是一种幻想。"只有在具体活动模式和复杂问题的差异中，在考虑到它的多重性及其内在矛盾时，才能够创造一个进步的视角，并引出征服的统治意识形态。"① 按照泽普曼的理解，在马克思主义理论中，美学的自我确证理论与人类历史的意义维度能够联结在一起：被奴役的、屈辱的、贬低的关系应该被推翻，艺术作为知识和信仰的中介是可能的。

在讨论"文化的辩证法"、"文化与解放"时，泽普曼说，尽管文化再生产的特征首先凝结在日常生活的矛盾趋向中，但大众文化的抵抗性潜能是为了促使人们提高生活满意度、保证"生活幸福"（Lebensglueck）。因而，今天研究大众文化具有现实意义。泽普曼正确地指出，最近 20 年来，许多工人运动的斗争激情正在衰退；而且，为了使"利润最大化"（Profitmaximierung）原则不受限制，工薪阶层正处于持续的不安全中。"在以剥削为取向的生活关系转型中，资本使文化进入堕落过程。"② 所以说，尽管存在着解放的可能性，但即使反资本主义的批判力量，至今也不能成功地创造令人信服的"无可替代性"氛围。这样，我们就必须为替代性文化而斗争：这种文化斗争应该成为完全支配大众的规划。"如果它是通过政治抵抗结构与知识分子反对派形象而被影响的话，那它就能够积极地影响关于生活解放和劳动解放的理解过程，以对文化危机作出回应。"③

结　论

综上所述，2009 年的德国马克思主义研究，主要体现在以下几个方面：结合 MEGA2 阅读马克思；马克思思想的复兴；公共讨论中的"马克思体系"；马克思主义视阈中的"人的形象"；马克思主义视阈中的文化。此外，"11 月革命"的历史效果、"后 89 时代"的历史神话、金融危机的深度反思、联合国/欧盟的军事化与国际关系，等等，也是他们关注的热点问题。限于篇幅，在此不赘。由此可见，尽管德国马克思主义研究者

---

① Werner Seppmann, "Kultur und Widerstand", in *Marxistische Blaetter*, 04/2009, S. 66.

② Ibid. .

③ Ibid. .

处境不佳，但却依然活跃。我们认为，尽管他们对马克思有着不同的解读，而且很多研究缺乏原创性和理论深度，但他们对马克思、马克思思想、马克思体系、马克思主义的"热情"和"迷恋"，值得国人钦佩和羡慕；他们的"阅读《资本论》活动"、"结合 MEGA2 阅读马克思"的方式，对中国的"马克思主义理论研究和建设工程"、对我们的马克思主义的中国化、时代化、大众化战略，具有十分重要的启发意义。

第十一届马克思哲学论坛学术总结

孙麾

中国马克思主义哲学研究，正处在极具变革分化组合的时代，在这一时代，各种学术思潮激烈交锋，西方不断推进所谓"非民主化"国家的颜色革命，我们的社会转型面对并经历着非常复杂的问题。在这一过程中，我们的主流思想体系没有崩毁，这一过程就有我们马克思主义学者的重要贡献。

一个可以观察到的事实表明，多重现代性事件的崛起，正在挑战西方优越的思想意识。西方以民主输出的方式在世界一些地区燃起战火，但仍然改变不了这样一个事实：先进、发展、文明，不再是西方国家的标识，西方没有理由把自己看成是人类文明创造的绝对者和引领者，也不再具备对世界历史走向的、终极的解释能力。中国道路正在成为世界范围的主题，虽然她的社会形态的确定性和非确定性，在不同的理论传统和价值体系之间正在进行着激烈争论，虽然对很多的西方的学者来说，他们基于特定的理性模本和价值尺度来认识中国的目的是要改造中国，但是中国道路已经对世界产生了积极的影响，中国道路正在成为学术研究的对象。

在历史和现实的比较中，加深对中国国情和中国道路的理解，就不能不深刻认识中国共产党的历史，不深刻认识中国共产党的历史就不能够准确把握中国道路的内涵。中国共产党坚持马克思主义基本原理同中国革命和建设具体实践相结合，不断推进理论，创新开辟了以建设中国特色社会主义为特征的中国道路，创建了中国特色社会主义理论体系，在科学分析和解决实际问题当中，形成了辩证法的十大关系。中国道路与中国共产党的历史，中国道路与马克思主义中国化的进程，中国道路与马克思主义哲学新形态的理论建构，构成了本届论坛主题展开的三个重要维度。

深刻变化的世界历史图景，要求我们不能用迷信来说明历史。我们要在世界文明体系中赢得思想空间，不能依赖缺乏本土内容和实践经验的抽象理论。我们要在西方价值普世化的精神高地中赢得思想尊重，必须以理论的原创性和民族价值的普遍性作为标志。这就是马克思主义哲学面对的学术语境、这就是马克思主义哲学担负的学术使命、这就是马克思主义哲学展开未来想象的现实基点。

而问题在于，我们能否用马克思主义的理论话语，把当代中国问题表达清楚。是现实适应思想，还是思想趋向现实？要解决这一问题必须反对两种研究倾向。一是将马克思主义哲学西方哲学化，或者将西方马克思主义的论题当作马克思主义的主题，通过所谓规范化、专业化的措辞，置换马克思主义中国化的实际内容，在外部的反思中疏离中国问题与中国现实。二是依偎在马克思主义文本的怀抱里，在所谓原初语境、图像复原、同质性引用之类术语的自我封闭中，自行孕育出一个内部的概念体系，这种在思维中把文献的历史和现实的历史当作意义相同的东西而混淆起来的哲学幻想，同样无以谋划现实的世界。

以经济学为中介是哲学关注现实的方式。显而易见的问题是，经济学家们重返对那个古老的、理想化的经济幻象的迷恋，假设人人都是理性的，假设市场运作是完美的，而且这一切都变得非常的经典，理性的个体在完美的市场中互动，是在色彩夺目的数学外衣装扮下进行的。这种浪漫化的和经过净化的甚至是优雅的万灵药方，完全忽视了那些被经济泡沫所遮蔽的理论盲点，实际上已经偏离现实很远很远。当经济学家们重新思考学科基础的时候，哲学的前提批判应该提供怎样的视角和思维方式？在这里对哲学家而言，有必"要把哲学搁在一旁"，"需要跳出哲学的圈子，并作为一个普通的人去研究现实"，否则马克思主义的思想精髓，就会在哲学家们日益严重的沉溺于小格局的文本解读及其诠释技法中被肢解，就会在无批判意识的、学究式的文本考据中丧失改变世界的进取精神。很难设想，这种书斋中的课题能像恩格斯在1868年评价《资本论》以及马克思那样，把现代社会关系的全部领域看得明白而且一览无余，超越私有制、实现现代社会更替，以及同时表现为从人的奴役状态走向人的解放现实运动和理论向度，构成了马克思一生的问题意识和理论主题。这一主题在我们当前的马克思主义研究中该如何展现，正是检验我们是否承袭马克思主义传统和问题意识的分水岭。